Biografies i Memòries

29

CRISTINA BADOSA

JOSEP PLA

BIOGRAFIA DEL SOLITARI

edicions 62

Barcelona

Aquesta obra ha estat publicada amb l'ajut de la
Dirección General del Libro, Archivos y Bibliotecas
del Ministerio de Educación y Cultura.

Disseny de la coberta: Pep Trujillo.
Fotografia de la coberta: Josep Pla al mas Pla a Llofriu el 1977.
(Fotografia inèdita de Francesc Català-Roca.)

Primera edició: novembre de 1996.
Tercera edició: abril de 1997.

Provença 278, 08008 Barcelona.

Imprès a Novagràfik s/l., Puigcerdà 127, 08019 Barcelona.
Dipòsit legal: B.14.833-1997.
ISBN: 84-297-4210-7.

AVÍS AL LECTOR

El tractament biogràfic de la vida i l'obra de Josep Pla del present llibre pot semblar descompensat. Els primers anys de la seva activitat professional són descrits amb una generositat de dades que només es pot explicar perquè la vida de Josep Pla té uns cicles vitals desiguals. La joventut té l'interès de la recerca, de les primeres experiències literàries i existencials. Moltes opinions literàries i polítiques i moltes preses de posició durant aquest període es consolidaran amb els anys. Els viratges posteriors dependran de les circumstàncies històriques i, també, professionals. Era, doncs, important dedicar una certa extensió a l'etapa inicial de la vida de Pla perquè dóna les claus per entendre l'evolució posterior.

El testimoni d'Adi Enberg ha contribuït a dilatar la primera part de la biografia. Els anys que van viure junts —de 1927 fins al 1939— van ser recollits en la meva tesi doctoral, *Josep Pla. El difícil equilibri entre literatura i política (1927-1939)*. Ara la crònica d'aquests anys ha estat reescrita afegint-hi alguns detalls de la vida privada que no s'avenien al to més erudit d'aquell estudi.

La maduresa coincideix amb la necessitat d'aplegar les experiències personals, en unes memòries que, portat per l'ambició d'interpretar la veu de la col·lectivitat, el van obsedir. La darrera etapa de la seva vida, de 1956 fins a la mort, va estar marcada per l'escriptura laboriosa de les obres completes, només interrompuda pels viatges. L'interès d'aquest procés creatiu és, possiblement, més gran i proper al lector que no pas el primer període. D'aquesta manera queda palès en el llibre; la relació és breu, però densa.

PRÒLEG

El nom de Josep Pla ha format part de l'univers de la meva infantesa. Més que no pas una imatge o una veu, el que aleshores m'atreia era un somni, una fantasia. Tot sovint, una escapada des de Palamós amb els avis o els oncles ens portava a la banda de Llofriu. La visió del mas Pla, daurat en la llum del capvespre, amb el rengle de xiprers foscos i majestuosos que el guardaven, em feia alçar al seient. La resposta a la meva curiositat alimentava la fascinació i el misteri. El personatge fabulós que habitava aquell casalot era un escriptor que parlava de la nostra terra i havia viscut i viatjat a països remots. Un escriptor era aleshores, per a mi, un ésser que disposava d'un gran poder i d'una llibertat infinita. El mas i les ressonàncies del seu nom, que havia sentit al vol diverses vegades, havien creat un personatge de conte infantil, artista i bruixot. Entre les projeccions per a l'edat adulta hi havia la d'escriptor.

En l'adolescència, l'atzar em posà a les mans la primera edició de la Selecta de *Coses vistes*. Era un llibre de cobertes dures, petit, que cabia a la butxaca. Les primeres ratlles em van prendre amb una força que em va fer riure: descrivia el vell Palamós del segle passat. Aleshores, i fins fa ben poc, vivíem al capdamunt del que antigament havia estat un massís de roques, sobre la plaça que servia de mirador i que s'aguantava damunt el mur que donava al mar, com una torre de guaita. Des de qualsevol cambra podia veure el port i la badia sense haver d'estirar el coll. Sentia la remor sorda del mar que canviava de color segons la llum i el vent. El llibre que tenia a les mans tenia el poder d'excitar-me els sentits en una barreja de tensió i sensualitat. A la tardor, quan la platja i els carrers s'havien aclarit de turistes i la pluja i la tramuntana havien esbargit la calda, se sentien, més intenses, glopades de quitrà i anxova, de terra i pinassa, dels taps de suro que transportaven en *fardos* fins al moll carros llarguíssims tirats per cavalls pirinencs. Sentia l'espetec dels fuets, el repicar de la llengua contra el paladar dels carreters i la xiscladissa de les gavines. Passava hores esguardant cada un dels moviments d'uns personatges fantàstics, pidolaires, mig embriacs, mig orats, que s'aixoplugaven en velles barques que jeien a la regolfada més fonda de la platja, a tocar del moll. Després del temporal, esperava amb ànsia la seva aparició. Sortien del ventre de les barcasses, lents, com insectes, i estenien els drapets, les teles encerades sobre les quilles apedaçades, buidaven els pots de llauna. Pardal, Pere Brincs, Carrau. Rondaven per les tavernes de la Planassa i sempre els queia un got misericordiós de rom o d'aiguardent, dels pescadors, mariners, estibadors. Encarnaven una mena de llibertat, la llibertat de la misèria. Pla me'ls feia més reals, perquè eren en els seus llibres.

Estudiant a la universitat, un treball de primer curs sobre *El quadern gris* va servir d'excusa per anar-lo a veure. Pla tenia setanta-quatre anys. He de reconèixer que quan Ciset, el masover, ens va dir al meu company de curs i a mi que Pla ens esperava, se'm van segar les cames i vaig pujar les escales que donaven a la gran sala amb el cor desbocat i un gran buit a la boca de l'estómac. Il·luminat per la llum de la tarda que entrava pels finestrals de llevant i el foc de la llar aculada a tramuntana, era el personatge fantàstic creat per la meva ment infantil i que les fotografies havien alimentat. Els cabells gairebé blancs tirats enrere amb la mà, la còrpora, encara forta, coberta per la bata granat, una bufanda nuada al coll, assegut davant uns papers d'una escriptura minúscula i impecable, una safata al costat amb una ampolla de vi rosat, una gerra d'aigua, un vas, una cafetera, la tassa. Vist amb la perspectiva del temps, no era res més que la imatge que ens n'havien donat entrevistes, fotografies, televisió. Era la representació del *génie de lettres*, de matís quotidià i casolà, que ens servia habitualment *Destino*. Però jo hi intuïa alguna cosa més, confusa i lluminosa, que se m'esmunyia de les mans com un peix a trenc de platja.

Algunes pàgines seves m'havien transportat a un món que no m'era llunyà, però que se'm feia difícil de sentir amb la precisió que ell l'evocava. Era el món de les sensacions de la infantesa, l'embriaguesa dels jocs al mar, la intensitat de les impressions: el gust dolç i amarg de les móres, el descobriment de la vida minúscula i cruel del sotabosc i els roquissers banyats pel mar, la visió, entre el brancatge de les canyes, dels núvols emportats pel vent. La geografia era molt propera, la rememoració de les impressions gairebé física, amb tota la grandesa i potència que dóna la felicitat del present, de la intemporalitat. Tot era, però, intuït i m'hauria estat impossible formular qualsevol pensament. Encuriosit, Pla va encendre un cigarret primíssim i tort. Els ulls eren dues ratlles que amagaven la rialleta mal dissimulada per la boca. Bandejada, amb un dibuix de la mà a l'aire, la llista de preguntetes que havíem preparat amb el meu company, va obrir la conversa amb un interrogatori: Palamós, la vinculació de la meva família amb la indústria del suro, l'ambient literari de Barcelona, els professors de la universitat. Contundent, desfeia tòpics, es responia totes les preguntes, donava la volta a qualsevol comentari nostre, no ens deixava cap escletxa per contradir-lo. «Ah! Així vostès coneixen aquests xicots que han fet l'antologia de poesia catalana! Aquests ximplets que escriuen aquella collonada de la pàtria i Catalunya sobre els versos de Foix: "Em vesteixo d'home antic/ i empaito la masovera,/ i entre pineda i garric/ planto la meva bandera;/ amb una agulla saquera/ mato el monstre que no dic." ¿Creuen que vestir-se d'home antic vol dir disfressar-se de sant Jordi que mata l'aranya? ¿Em volen fer el favor de dir-me què és l'agulla saquera? Eh?» M'havia quedat muda, tenia la gola seca i no entenia res del que m'estava dient. «Vostès el que han de fer és escriure un dietari del que els passa cada dia i deixar-se de collonades!» «I què me'n diuen de la Colometa? Una bleda! Oh, i ara aquesta senyora Rodoreda és una celebritat, fenomenal!» Va ser una representació magnífica, però no havia fet més que excitar la meva curiositat. Em va convidar a tornar-hi, a menjar un arròs amb llagosta que no es va concretar mai per la dificultat d'acordar els seus horaris amb els de la cuinera.

A partir d'aquell dia, la visita a Pla es va convertir, primer, en una necessitat de no sabia ben bé què: potser de mestratge?, d'orientació?, de voler descobrir el secret de la palpitació vital de la seva prosa? Era cert que la fascinació que em produïa em paralitzava a l'hora d'escriure. Amb els anys, resignada en el fracàs i entretinguda per les necessitats immediates, la visita a Pla es va convertir en el ritual obligat sempre que pujava a Palamós. Sola, la majoria de vegades: «Senyor Pla! Senyor Pla!» «Qui hi ha? Ah! És vostè! Entri, entri...», assistia al meravellós espectacle de l'interrogatori previ i del monòleg: «Així que ha conegut en Ferrater, aquest xicot hauria d'escriure en prosa, com l'Espriu, i deixar-se de versos. Però volen ser originals, i que no veu aquesta ampolla! No veu que és ben verda, i què vol dir, sinó que és verda?» Sortia atabalada, carregada de llibres que complicaven la tornada. De visita en visita, la imatge que m'havia fet es va anar transformant en una de més histriònica, divertida. Va perdre la fixació de la fotografia per convertir-se en un personatge teatral, però també, algunes vegades, més humà.

En una de les anades al mas, vaig trobar-hi el seu germà Pere. La cordialitat va fer-se familiar, coneixia els meus avis i els meus oncles, de la joventut i d'haver anat a dinar a casa d'ells a Sevilla i Lisboa, on els havia portat el desplaçament de la indústria surera després de la guerra. Quan ja sortíem, ells per anar a Palafrugell i jo a Palamós, Pere Pla em va preguntar com hi aniria; un excés de confiança em va fer cometre la lleugeresa d'explicar que tornaria en autoestop, com sempre. Em van esbroncar de mala manera. Em van acompanyar amb cotxe fins a la parada de la SARFA de Palafrugell, davant per davant de la casa de Pere i al costat del restaurant Reig, on tenien la tertúlia habitual. Des de la finestreta, els veia tots dos immensos dins el «Quatre quatre», carallargs i empipats, l'un amb la boina calada fins a les celles, l'altre amb la gorra. No es van moure fins que l'auto de línia va arrencar sorollosament.

Cada visita era diferent. Una tarda vaig coincidir amb la filla dels Ensesa de S'Agaró, acompanyada per un polític madrileny. Em vaig voler fer escàpola, però Pla va insistir perquè em quedés. Va presentar-me, molt seriós, per donarme confiança. Davant meu va tornar a aparèixer un Pla histriònic; triturava un castellà que semblava de quatre dies, extravagant i grotesc, feia el pagès i la figuereta a l'una i a l'altre, però el traïa un imperceptible to forçat. Malgrat la comèdia, hi havia un punt de servilisme que m'anguniejava. Una altra tarda érem sols parlant, quan un soroll de pneumàtics a la grava ens va fer callar. Em va manar que anés al finestral. «És un cotxe molt gran?» «Immens, ocupa tota l'era.» «És en Sabater, el secretari d'en Dalí. Un pagès molt llest, porta un anell a cada dit. Un tipus important. Farà carrera, no en dubti. Vostè no se'n vagi i no digui res. Ja veurà...» I efectivament, vaig assistir a una altra transformació seva. Entusiasmat davant els dibuixos i les primeres galerades del llibre que havien projectat ell i Dalí, el van acabar de compaginar allí mateix. Pla semblava una criatura amb una joguina nova. Reia i gairebé saltava d'il·lusió. No vaig tornar a veure'l tan jove i ple de vitalitat, fins que un dia, per casualitat, hi vaig portar uns amics amb qui estava passant uns dies de setembre. Eren més grans que jo, molt divertits i tenien tot l'aire cosmopolita que li podia agradar. Sorprès i encantat, va regalar-nos un enfilall de *boutades* i estirabots brillants, que malgrat la comèdia no mancaven d'una base més que real. El comentari que els establiments turístics només donaven congelats va ser protestat amb indignació pel nostre generós amfitrió, que era restaurador, però per sopar, a casa seva, vam haver de fer un gran esforç per no ennuegar-nos de tant riure davant el rap congelat que havíem hagut de serrar per poder-lo posar a la cassola.

El fet que jo no fos més que una passavolant, massa jove, va estalviar-me d'assistir a totes les representacions, com la de la pujada al Pedró de Pals per contemplar el panorama de l'Empordà Petit, d'altra banda més que vist per mi. Però, en canvi, no el vaig saber escoltar prou quan, empantanegada en la confecció dels índexs a la seva obra, em comentava amb tristesa que aquesta no era la via que em portaria a l'escriptura ni a guanyar-me la vida d'una manera discreta. Em va saber greu no haver passat també per ull quan una vegada, només una de sola, em va alçar la veu, en pronunciar jo el mot democràcia. El to forassenyat, vermell i congestionat, va escridassar-me com si l'hagués insultat. Vaig decidir acabar allí la meva visita per por que no tingués un atac de cor; no feia massa que havia tingut un infart i no m'hauria fet cap gràcia ser la causa de la seva mort. Després vaig saber que els darrers mesos ho feia a tots els joves que l'anaven a veure. L'última vegada que em va rebre, ell era al llit. El dia no convidava, bufava una garbinada freda i humida. Malgrat que l'aparença era sòlida com sempre, hi havia una immensa desil·lusió en les seves paraules, una fatiga en el to. Quan després de dos anys fora vaig tornar, ja no em va rebre. Vaig anar-hi un parell de vegades més, però un dels metges que el portaven em va explicar que li acabaven de fer una transfusió, que estava molt dèbil i que aquella visita no ens faria cap bé, ni a ell ni a mi. Vaig entendre que era la fi. Encara va aguantar cinc o sis mesos gràcies a les transfusions i als serveis de metges i amics. Quan va morir, vaig evitar-me l'espectacle del seu enterrament.

En el decurs dels anys, el lligam amb l'obra i la vida de Josep Pla m'ha apropat al seu ambient editorial, familiar i d'amistats. Moltes pàgines de la seva prosa encara m'exalten com la primera vegada que les vaig llegir, i no seria sincera si digués que els he donat la volta. Un esdeveniment, però, va donar una nova dimensió al meu coneixement de la personalitat humana de Pla. La trobada amb Adi Enberg va tenir lloc precisament quan havia arribat al terreny que ell sempre havia defugit: la vida privada, els silencis —malgrat la perspectiva autobiogràfica de la seva obra—, les circumstàncies i les dificultats que l'havien portat a limitar, per l'escepticisme, la concepció de la vida i del món. Adi era la peça que em mancava. Feia anys que en sentia parlar i, com m'havia succeït amb Pla durant la infantesa, la imaginació havia modelat un personatge de llegenda, aureolat pel misteri. L'aïllament voluntari en què havia viscut els darrers anys, el que n'havia sentit explicar, em portaven a imaginar una Adi Enberg que hauria tingut un paper determinant en la carrera literària de Pla. De la mateixa manera, volia creure que el seu allunyament havia estat la causa d'una crisi creativa que s'hauria clos amb el tifus que Pla va agafar a principis de 1942. Vam arribar a tenir una breu comunicació una mica fantasmagòrica: vaig rebre resposta a una carta per mitjà d'una amiga seva. En vaig conèixer d'altres. Però no vaig poder penetrar mai en el cercle de secretisme que impedia arribar fins a ella. De sobte, un dia de setembre, quan feia mesos que no en sabia res i ja l'havia oblidada, Rosa Pla em va trucar tota amoïnada: havia sabut que la neboda d'Adi l'havia ingressada urgentment en una clínica perquè l'havia trobada mig agonitzant.

Les circumstàncies extremes van dissoldre totes les proteccions i em vaig trobar davant del seu llit emocionada i sense saber gaire què dir. Tenia vuitanta-set anys, una gastroenteritis aguda i els metges l'havien desnonada. El sèrum l'havia eixorivida i tant podia viure unes setmanes com uns mesos. Un cop ingressada en una residència del meu barri, vaig convertir-me en la seva companyia més constant durant els nou mesos que encara va viure. L'anava a veure cada tarda; després de tants anys de reclusió i soledat, desitjava companyia. Sempre havia estat molt sociable. Malgrat l'estat d'eufòria dels primers dies, estava indignada perquè l'havien arrencada de la mort. No es refiava de ningú i em vaig haver de guanyar la seva confiança dia a dia. L'edat no li havia afectat el cap; al contrari, la seva ironia i lucidesa em van fer entendre, des del primer moment, que estava davant d'una persona especial, diferent. Estava en tot, els ulls mofetes, d'un blau intens —un, apagat per una cataracta—, em fitaven. Quan l'efecte del sèrum va baixar i la novetat de la situació es va convertir en rutina, la sensació d'estafa va ser tan gran, que el seu desig de deixar-se morir es va imposar per sobre de tot. El cos se li doblegava, peus i cames havien oblidat la seva funció. Amb un gran esforç vaig aconseguir fer-la seure en una cadira, va amagar el cap entre els braços creuats damunt la taula, «vull morir!», «Adi...», va aixecar el cap i clavant-me els ulls va dir-me uns mots en alemany que vaig suposar que eren de mort: «*Siehst, Vater, du den Erlkönig nicht?*»[1] «Si us plau, no! La necessito, m'ha d'ajudar.» Una infermera i jo la vam portar al llit. Pràcticament ja no se'n mouria.

«Així que vol escriure una biografia sobre Josep Pla?» «Sí.» Es va posar a riure. Estava cadavèrica, el cos blanc, gairebé blau, ja no l'aguantava, però quan reia tota ella s'il·luminava, la pell de la cara, fina i sense cap arruga, agafava un color rosat, la boca sense dents oberta en una expressió mofeta, els cabells blanquíssims, semblava el cap de Voltaire, en una versió bella i refinada. Va alçar la mà, en un gest que em recordava Pla i també la seva germana Rosa. «En Josep sovint em deia que havia d'escriure la seva biografia, jo li responia: creu-me, que en sortiries ben malparat! Això, ho digui a la seva!» «Ho posaré.»

Ara que semblava haver recuperat una espurna d'il·lusió, que havíem allunyat la temptació de deixar-se morir de gana, cosa que qualsevol hauria fet si s'hagués trobat davant d'una dieta tan antipàtica i fada, havia de mantenir el caliu procurant donar una mica de color a una quotidianitat tan pocasolta. Vam fer els possibles per satisfer les seves manies, vam localitzar les velles amistats que encara quedaven i vam aconseguir un règim de visites setmanal prou variat i curiós. Després de tants anys de reclusió, Adi estava encantada de trobar-se amb la gent que estimava. Li agradava xerrar, s'interessava pels problemes dels altres, escoltava amb una atenció fascinada, concentrada.

Les germanes Pla n'havien estat sempre amigues, fins i tot després que ella i Pla se separessin. Adi se sentia lligada a la família Pla, malgrat que no en compartís el tarannà i que tingués plena consciència de les seves limitacions, però la sensació de família l'atreia perquè no l'havia trobada a la seva. Fins i tot en els darrers anys de clausura, Rosa Pla, que vivia a cent metres de casa seva, al carrer Santaló, li trucava sovint. D'aquesta manera em vaig encarregar d'acompanyar les germanes Pla en les visites a Adi. L'atmosfera de cordialitat i la complicitat entre les tres dones no ocultaven les diferències, que eren considerables. Recordo que una tarda els vaig llegir la narració sobre Olga Johansen del llibre *Relacions*.[2] Després d'unes quantes visites totes juntes, vaig entendre que la meva participació en la tertúlia era desitjada i necessària. Passats els primers minuts de novetat i un cop feta la relació de les notícies familiars i de les xafarderies, amb els comentaris adients, la conversa s'esllanguia i naufragava. La lectura d'aquella narració serviria per tornar-la a lligar i portar-la al camp que a mi m'interessava: les relacions entre Adi i Pla. Es van avenir de grat a escoltar-me, van coincidir que el retrat d'Olga Johansen corresponia a Adi. Davant la descripció que el narrador-protagonista feia del propi caràcter, van posar-hi cullerada; quan Pla deia que era «un home sense receptivitat per la vida en comú, sense sentits cordials», tant Adi com Rosa s'animaven: «Te'n recordes, Rosa, quan va trobar la taula bruta, com em va escridassar!» «Oh, sí! Deia que amb la seva brutícia ja en tenia prou! I com se n'anava sense dir-te res i et deixava dies i dies sola..., ja et dic jo que era ben difícil, en Josep!» «Difícil? No tenia generositat, ni caritat, ni sentiments!» Repreníem la lectura: a la meitat de la narració, Maria, que tenia l'orella dura i feia estona que capcinejava, s'havia rendit a un son profund i plàcid; Rosa semblava avorrir-se i remenava tot el que hi havia a la tauleta d'Adi; aquesta em mirava amb la mateixa atenció que al principi i, fentme signes amb el cap de la manera menys dissimulada, m'assenyalava les dues germanes Pla.

Quan l'endemà vaig tonar-hi, el primer que em va dir Adi va ser com li havia sabut de greu el comportament de les Pla, s'avergonyia de la seva poca sensibilitat i de la molta frivolitat. Jo procurava excusar-les, sense donar-hi gaire importància: «Són grans...» «Jo també en sóc, de veia! Cregui'm, sempre han estat així, no els interessa res, només la xafarderia, ja ho va veure: l'una dormint i l'altra furgant-ho tot. Poc que vui pas que vinguin més!» Amb la mà alçada va fer un gest contundent a la manera Pla, el deix empordanès se li enganxava amb una facilitat extraordinària i, a més, era tossuda com una banya de bou. Vaig decidir canviar de conversa. Passades unes setmanes, vaig anunciar-li la propera visita de les germanes Pla; va aixecar el coll i va tornar a dir amb contundència: «Poc que vui pas que vinguin!» Després d'un rosari d'arguments perfectament ineficaços, li vaig demanar que seria una manera d'ajudar-me en la biografia. Va accedir-hi: «Ho faig per vostè!» Va rebre les germanes Pla fent uns morros com una trompeta, però va ser-ne amiga una altra vegada.

Adi no era una dona que es deixés portar si no s'avenia als arguments; quan no estava d'acord amb alguna cosa que l'afectava directament, s'enduria i del llit estant cridava amb el filet de veu que li quedava; vermella i congestionada, llençava enlaire el motiu del disgust, quan era tangible: plats amb menjar, gots, gerres, campaneta amb Verge del Pilar, davant l'esverament d'interns, infermeres i directora de la residència. Quan el motiu del seu disgust era immaterial, encara que ben concret, feia el bot i en parlava, indignada, a tothora. Sortosament, el sentit de l'humor, la intel·ligència i la cultura l'ajudaven a distanciar-se'n, a trobar-hi una solució o a donarhi la volta. El que més enyorava era la lectura; quan la van trobar a casa seva inconscient, tenia al llit *Els quaderns de Malte* de Rilke. Un cop ingressada, ja no podia llegir ni amb l'ajut de la lupa. Jo procurava complaure-la, però després de tants anys de soledat Adi preferia xerrar; qualsevol frase o vers servia d'excusa per encetar una conversa que s'allargava fins a l'hora de marxar. Estava perfectament informada de l'actualitat gràcies a la ràdio i seguia tots els debats i programes culturals que podia. Arribas Castro era el seu locutor preferit. L'entusiasmava la música clàssica i sovint les infermeres li havien de fer abaixar el volum. El sol entrava pel gran finestral il·luminant la cambra, li portàvem flors. Quan vaig descobrir el sentit que les mimoses tenien per a ella i Pla, n'hi vaig portar un gran ram que feia una flaire dolça i intensa. Però el van treure de la cambra perquè feia massa olor. Adi, ofesa i alçant el nas, em va dir: «No tenen cap sensibilitat!» Dia rere dia em contava la història de la seva vida; aquesta biografia és, en part, fruit d'aquelles converses.

I. ELS ORÍGENS I ELS ANYS D'APRENENTATGE (del març de 1897 a l'abril de 1920)

El nom de Josep Pla evoca un món guanyat per l'escriptura: el paisatge familiar, com una roda de carro amb la muntanya de Santa Caterina de Montgrí de botó. És un paisatge suau, cultivat com un hort, el mar i l'alternança de vents del nord i del sud creen miratges d'acostament i esborrament successius sobre les formes immediates, que faciliten la relativització, la contemplació i un sentimentalisme benigne. Els homes i les dones de l'Empordà Petit havien viscut sempre lligats a la realitat, havien emmarcat els somnis i la immensitat del paisatge amb la frugalitat de les seves vides. Quan Pla va néixer, els vessants del litoral encara eren graonats per les vinyes; els treballaven uns homes individualistes i contemplatius. Pescadors, pagesos, botiguers, obrers-artesans del suro i senyors vivien entre la naturalesa i un pòsit cultural de tradició, localisme i associacionisme industrial i recreatiu. I, no gens llunyana, Europa. L'economia de l'Empordà depenia de les fluctuacions polítiques i econòmiques d'Alemanya, França i Anglaterra.

Les famílies Pla i Casadevall provenien de la pagesia, petits propietaris obscurs i humils, que amb el treball havien arribat a finals de segle a un cert benestar auster. De la banda de Llofriu la família no vivia al mas des de la mort de l'avi,

Josep Pla i Fàbregues, tocat per un llamp mentre contemplava una tempesta des d'una finestra. La seva vídua, Maria Vilar, de la família Vilar Colom de Mont-ras, havia criat els seus tres fills a Palafrugell i havia donat carrera als dos nois, agricultura a l'hereu, Antoni, i dret al segon fill, Martí. La noia, Lluïsa, molt educada, bondadosa i «filla de Maria», va fer una vida apagada i beata al costat de la mare, que no va voler que es casés perquè li pogués fer companyia. De la banda Casadevall, l'avi, Pere Casadevall, havia estat el ferrer de Palafrugell; en segones núpcies s'havia casat amb Gràcia Llac i Serra, d'una família de Fitor, a les Gavarres. Del matrimoni havia nascut Maria Casadevall i Llac, que de jove era una bellesa. A la família hi havia també el personatge fantàstic, Esteve Casadevall i Pareres, germanastre de Maria, que havia anat a Cuba i havia tornat amb una fortuna incrementada a Palafrugell gràcies a negocis de suro i a jugades de borsa internacional. El matrimoni amb Beatriu Girbal el va acostar a l'església i en morir va deixar una tercera part de la seva fortuna a la cúria de Girona. L'altra tercera part la va deixar a la seva germanastra, que també va heretar la casa d'estiueig que s'havia fet construir al Canadell. Esteve Casadevall tenia una certa anomenada a Palafrugell perquè havia fet algunes obres socials, les més destacables: la creació de l'Asil dels Vells i la primera caixa d'estalvis. Tant a la banda Casadevall com a la Pla hi havia les dues tendències, segons el grau de riquesa: els més pobres eren anarquistes i els més rics o benestants, catòlics i conservadors.

Antoni Pla i Vilar era alt, ben plantat, molt raçat, polit, de poques paraules. De jove freqüentava el teatre del Centre Catòlic, on feia d'apuntador d'unes obres de tendència moralitzant. Va tenir sempre una tirada pels negocis ruïnosos. Als vint-i-dos anys es va casar amb Maria Casadevall i Llac, que aleshores en tenia vint; van anar a viure a una casa del carrer Nou o del Progrés. La façana donava a tramuntana i la banda del migdia, que era assolellada, donava a l'horta de Jonama.

El 8 de març de 1897 va néixer el primer fill del matrimoni, Josep, era un nen fort i sa. Quan va complir tres anys el van enviar a estudi als Germans Maristes, a l'escola del barri de la Rajola. Pla recordava els jocs d'infantesa: la baldufa, les bales de vidre, saltar i parar, la pilota. D'aquella època, en tenia impressions sensorials: l'olor de suro i de vellut, el magraner florit del pati de l'escola a la primavera, la foscor i el perfum de bolets de la pineda d'En Marquès. El 1904, quan tenia set anys, la família Pla es va traslladar a la casa que el pare va fer construir al carrer del Sol. Aleshores la família havia crescut amb tres fills més: Pere, Maria i Rosa. Pla recordava haver fet la primera lectura llarga i seguida d'una notícia de diari als graons de l'escala d'aquesta casa. Un comentari dels amics del seu pare sobre el nou habitatge el va intrigar durant anys, fins que, després de patir les conseqüències dels seus mals negocis, va entendre que efectivament el seu pare havia fet un bon casament. De la casa del carrer del Sol recordava les tramuntanades, el fred de les habitacions, els mosaics glaçats, els dies de pluja a les golfes jugant a dir missa. Els diumenges anaven ben mudats a ofici. El 20 de juliol, passada Santa Margarida, que era la festa major de la vila, anaven un mes al Canadell, a Calella, a la casa que havia heretat la seva mare. Per a Pla, aquell va ser sempre el mes de la felicitat, la vida a l'aire lliure, pescant, nedant, saltant roques i remant. L'endemà de Santa Rosa, el 30 d'agost, tornaven a Palafrugell. El setembre anaven al mas de Llofriu; el masover els llegia les *Faules* d'Isop, menjaven figues i raïm, escoltaven les contalles a la vora del foc i pujaven les escales per anar a la cambra de dormir tremolant amb l'espelma a la mà: la casa era fonda i les ombres amenaçadores.

Pla va passar l'examen d'ingrés de batxillerat a l'Institut General i Tècnic de Figueres el juny de 1909. El setembre va ingressar com a intern als Germans Maristes de Girona i cada dia anava a classe a l'Institut. A l'internat va aprendre a fer-se el llit i a no refiar-se de ningú. Acostumat a la cuina familiar, trobava que s'hi menjava malament i que tot hi era «arbitrari, fred, corrumput i tronat» [*sic*].[1] Anys més tard explicava que tant els maristes com l'Institut tenien un sistema basat en el tomisme, els sil·logismes i l'ensenyament dels jesuïtes, que ho donava tot per resolt; la vida, però, li demostrava contínuament el contrari. Justificava la seva tendència al racionalisme, el determinisme i el materialisme com una reacció contra aquesta visió massa simplificadora de l'existència. És probable que aquesta tendència l'inclinés més per les ciències que no pas per les lletres. A finals del curs 1912-1913 va ser expulsat dels maristes per haver estat descobert en una escapada amb altres companys a un bordell. El fet el va endarrerir en els estudis, i no va aprovar el batxillerat ni l'examen de grau fins al desembre de 1913.[2]

La vida d'estudiant a Barcelona va ser per a Pla difícil. La ciutat oferia l'ambient de bohèmia i decadència dels anys de la Primera Guerra Mundial. Els cabarets i dàncings, el joc i la cocaïna, els costums cosmopolites havien donat a Barcelona un aire frívol i de modernitat, i també n'havien convertit els barris baixos en el centre de la delinqüència, que era aprofitada pel radicalisme sindical i patronal. Era el temps dels pistolers, les Juntes Militars de Defensa, els sindicats anarquistes, l'Assemblea de Parlamentaris i les vagues. Barcelona i tot Catalunya estaven agitades per la revolta social. La crisi econòmica, deguda a la baixada de les exportacions, i el sindicalisme cenetista havien estat la causa d'una lluita que tenia com a antagonista la patronal. La reivindicació del moviment obrer per unes condicions laborals més justes es va radicalitzar a partir de 1918 i va desembocar sovint en actes de violència, amb morts i ferits. Com explicarà a la seva germana Rosa, des de principis d'aquell any, les càrregues a la Rambla contra manifestants per l'autonomia eren diàries. La universitat, que somicava en la rutina i la tradició, no era gens estimulant per a un esperit inquiet i jove, sensible i fascinat per la realitat dels carrers. Les anècdotes que Pla contaria del seu pas per les aules, tant al curs d'ampliació de ciències com al preparatori de dret, tenen un fons d'autenticitat indiscutible, segons el testimoni d'alguns condeixebles seus i, fins i tot, de persones que hi van estudiar anys més tard.[3]

Pla vivia al pis que els seus pares havien llogat al carrer de Mallorca, prop de la rambla de Catalunya, amb els seus germans Pere i Maria i la tia Carolina. Angeleta es cuidava del servei de la casa. Cada matí a les set es llevaven, ell i Pere, per anar a la universitat. Els seus amics eren Xavier Güell i el poeta Salvador Euras, que els primers anys de carrera havia organitzat una petita tertúlia, el «Caos», al seu pis a la ronda Universitat-València.[4] També freqüentava la companyia de condeixebles com Martí Esteve, Narcís Coromina, Josep Maria Pi i Sunyer i Bonaventura Plaja. Aquest darrer, que era secretari de la Societat Esportiva Pompeia, li havia proporcionat, en els primers anys de la carrera de dret una petita feina com a oficial segon de secretaria al centre. Hi havia d'anar dues hores diàries i cobrava un sou de dotze duros al mes. La seva feina consistia a fer les actes de la societat i els rebuts del mes i portar la correspondència. Segons el testimoni del seu company, Pla havia estat fidel en la rememoració de l'experiència, però havia alterat els motius reals que l'havien portat a deixar la Societat. Segons Pla, s'havien produït un seguit de petits robatoris, que li havien fet entendre la precarietat de la seva situació. Bonaventura Plaja explicava els fets d'una altra manera: la junta directiva de la Societat havia presentat la dimissió als frares caputxins de Pompeia per problemes econòmics, i quan Pla se'n va assabentar, no hi va tornar més.

Bé sigui per la sensació de desplaçament que li produïa la ciutat o per enyorament, les primeres proses que va publicar durant aquest període tenen una temàtica essencialment rural i gironina.[5] S'han de considerar a partir de l'experiència immediata: una Barcelona inhòspita, uns referents culturals marcats per la tendència del moment, un sentiment d'enyorança pel paisatge familiar. Són proses descriptives, d'un ruralisme esqueixat, amb un lèxic arcaïtzant i una sintaxi forçada, que, lentament, seran substituïts per formes cada vegada més apropades a la seva sensibilitat.

L'entrada a l'Ateneu Barcelonès a principis de gener de 1918 va significar el descobriment del món cultural, a través de la seva magnífica biblioteca, que el va obrir al paisatge, a la ciutat, a l'expressió de les idees i dels sentiments. *Dietari del mar de Barcelona, al desembre*[6] ja apunta a una superació del naturalisme dramatitzant dels primers escrits. Ara, durant aquell any 1918, dos fets van afectar Pla fins al punt d'influir en la seva percepció del món i en l'expressió dels seus sentiments: la mort del seu amic i primer mestre en l'escriptura, Josep Ferrer, i l'epidèmia de grip que el va retenir a Palafrugell després de les vacances d'estiu fins a principis de l'any 1919.[7]

A la tardor Pla va publicar alguns escrits al *Baix Empordà*: els primers capítols d'una novel·la, que sortosament no va tenir continuïtat, i unes proses sobre Sa Tuna i Palafrugell. En general, i vistos amb la perspectiva del temps, són reveladors, perquè descriuen uns paisatges, exposen unes idees i expliquen uns efectes meteorològics que seran constants temàtiques i descriptives en la literatura de Pla. El camí vell de Begur, el mar, els efectes de la tramuntana, la contemplació de les vinyes i de les arbredes de pollancres, els viatges en tren apareixien en aquests primers escrits com guspires d'una llum que no s'acabava d'encendre; impressions ofegades per una allau d'erudició lèxica, de retòrica de manual. Enric Bosch i Viola es mofava a *L'Avi Muné* de Sant Feliu de Guíxols dels seus afanys d'escriptor, amb uns resultats tan poc convincents, i es dolia que no hagués volgut continuar el negoci patern de les gasoses, un altre dels seus negocis ruïnosos. Però Pla patia perquè no trobava la seva veu i la recerca l'allunyava de les Gaseosas Esther, o de qualsevol altra activitat que no fos l'escriptura.[8]

L'epidèmia de grip que es va declarar el setembre va retenir els germans Pla a Palafrugell. Josep Pla va començar un dietari coincidint amb el moment més virulent de l'epidèmia. Les primeres anotacions, datades el 13 d'octubre, són breus, disperses, no tenen un fil conductor, i són observacions sobre fets socials, culturals o artístics del moment. En les anotacions següents, el dia 15 d'octubre, Pla va introduir l'element narratiu amb una semblança força esquemàtica d'un personatge, l'Avi Trill. A continuació, seguien unes breus observacions sobre la insensibilitat creixent de Pla davant la mort i sobre l'estil afectat i violinista d'Ors. Malauradament, la impossibilitat de consultar la resta del dietari, tret de la darrera pàgina, no permet de fer-se una idea de l'experiència intel·lectual i íntima de Pla durant aquells mesos. Però, el poc que he pogut llegir sí que dóna, d'una manera molt general, una visió de les dificultats en la lenta adquisició d'una forma d'expressió pròpia.[9]

La superació de l'encarcarament i de la confusió es produiria dos mesos després.[10] Pla rebutjava el romanticisme i dramatisme de la tendència anterior i proposava el realisme com a forma més adient als nous temps: «Abans, era aquesta hora, desordenadament romàntica. A cada cementiri, un pintor terriblement emocionat, a cada ruïna, el fotograf sentimental, cada crepuscle tenia el seu poeta de taberna intel·lectual.

»Abans, comparavem un sufregit de seba amb els estels; ara comparém els estels a un sufregit de seba.» [*sic*]

En aquelles dates va aparèixer per Palafrugell el músic rossellonès Deodat de Séverac. Pla li va fer conèixer el país. El músic tenia preferència pels cementiris a l'hora del crepuscle; quedava absort amb la mirada perduda mentre Pla procurava dissimular les ganes de riure jugant amb el bastó. Anaven de nit a les tavernes a beure ginebra i no es retiraven fins a la matinada. L'estada de Pla a Palafrugell durant l'epidèmia de grip va significar el contacte amb la realitat, la consciència de la mort, de la destrucció implacable que exerceix la naturalesa i, per tant, del rebuig per les formes artificioses i decadents, és a dir pel romanticisme de postal.

Pla no estava sol en la lluita per assolir un estil propi. Alexandre Plana, que va conèixer a l'Ateneu Barcelonès poc després d'haver-hi ingressat com a soci, per segona vegada, a final de gener de 1919, es va convertir en el seu amic i mestre. Plana es va sentir atret des del primer moment per la personalitat de Pla. Un jove que s'imposava el treball i la solitud sobre la dispersió immediata, un natural independent i d'una maldestra franquesa, que podia semblar grolleria i que no era més que ingenuïtat, l'havien sobtat. En una carta del 24 d'abril de 1920, Plana recordava a Pla —que aleshores vivia a París— com un any enrere els havia presentat un vespre a l'Ateneu el poeta Millàs, com si es tractés de dos personatges importants. Presentació profètica, segons Plana. Pla es va treure el barret i el tracte, massa cerimoniós, va trair de seguida el fons burleta. Al principi havia desvetllat en Plana un interès literari, però ben aviat la personalitat de Pla va acabar seduint-lo, sobretot aquella part que «s'esmunyia i no s'en treu mai l'aigua clara». [*sic*][11]

A principis de febrer de 1919, poc després d'haver tornat de Palafrugell, els Pla van desfer el pis de Barcelona. Josep i Pere van anar a viure a una pensió, possiblement al carrer de Pelai. La situació econòmica familiar, que feia anys estava passant per una crisi important a causa de l'ensulsiada del negoci de l'arròs de Pals, havia tocat fons. La grip encara feia estralls a Barcelona i Pla va haver d'enllitar-se dos dies. Habitualment anava a dinar al carrer de Tallers, en un bar on feien abonaments de menjar. Per una pesseta i vint-i-cinc cèntims menjava arròs o verdura, un bistec prim, prim «com una orella de gat» i fruita. Cada dia, entre classe i classe, tenien una hora de descans i Pla, Trias, Nebot i Plaja sortien a fer un volt pel carrer de Pelai i la Rambla. Pla no parava mai de parlar i sempre els contava anècdotes divertides. Però també passava temporades angoixat per la bola de lletres de la liquidació de l'afer de l'arròs de Pals, en el qual el seu pare havia invertit molts diners.[12]

El febrer havia començat la instrucció militar a Barcelona. El Carnestoltes aquell any va ser pobre i sense rua; la ciutat estava agitada per un moviment de vagues continu i a les nits estava completament a les fosques.[13] La vaga de la Canadenca havia fet esclatar el món laboral, la conflictivitat va anar creixent i es va declarar l'estat de guerra, que va durar quatre mesos a Catalunya. La patronal es va organitzar contra els sindicats obrers. Els atemptats d'una banda i l'altra mantenien l'estat de terrorisme permanent. El març va aparèixer a *La Revista*, i gràcies a la influència de López-Picó, una nova narració de Pla: *Història de la indiscreta bondat*, que no tenia cap interès si no era la coincidència d'imatges amb *Els tres primers capítols de la novel·la. L'home de la cama de fusta apel·lat Joan Pins*, publicat pocs mesos abans al *Baix Empordà*. El viatge en tren, la visió del reflex de la lluna en l'aigua dels camps inundats, el rodar de les pollancredes, els llums dels pobles, es repetien de nou com si aquestes imatges representessin alguna cosa més que fragments de prosa ben trobats. Cal també remarcar la inhabilitat en la construcció argumental i el sorprenent epíleg, on descrivia un home sense cames que per alguns trets facials s'assemblava massa a Pla: la berruga a la galta, la cara mòbil, afable i riallera. Aquest home moria de fam, perquè la manca de dramatisme dels seus trets no despertava la compassió de ningú. Un final de narració tan deslligat de l'argument central i amb una al·lusió tan evident als seus trets físics produeix una certa estranyesa, obre fins i tot l'interrogant de les dificultats de relació de Pla amb la gent.

Aquell mes de març, si hem de creure la datació d'*El quadern gris*, Pla va ser presentat per Alexandre Plana a la penya de l'Ateneu o del doctor Borralleres. Màrius Aguilar el descrivia així: «*José Pla, de la Universidad saltó a la peña y ya traía una mueca de adolescente amargado. Le gustaba, a los veinte años, hacerse el pobre, ir desaliñado i decirse artrítico. A momentos parecía taciturno, y a momentos reía como un niño. Leía todo y escribía mucho, y al escribir sufría porque entonces era lento. No se entregaba a una amistad duradera ni a una doctrina permanente, pero asimilaba siempre las ideas, que luego aprovechaba, pues al pasar por su espíritu ya eran suyas.*»[14] Segons Pla, gràcies a Plana i a Borralleres, va ser molt ben rebut a la penya.[15] La publicació d'algunes proses en revistes de Barcelona va ser deguda probablement a la influència d'aquells amics.

Pla va començar a sentir la passió per l'escriptura i la carrera de dret li devia semblar una cosa ben aliena, fins al punt que, segons els seus companys, no és estrany que no la volgués acabar. Van ser ells qui el van convèncer d'arribar fins al final, perquè ja estava aprovat per curs. Precisament aquell mes de maig, segons la datació d'*El quadern gris* que obre les *Obres Completes*, Pla hauria acabat el dietari original.[16] El fragment correspon al dia després de l'acabament dels exàmens, el darrer curs abans de la llicenciatura. Després d'uns dies de tensió i d'estudi intens, recuperava les forces, arraconava mentalment l'edifici de la universitat, que li produïa una franca aversió, i es deixava emportar pel corrent de la Rambla. La descripció que, en aquest dietari inèdit, feia de l'ambient coincidia amb la d'altres testimonis: «Havent sopat em passejo per la Rambla amb les mans a la butxaca, un cigarret a la boca, el nas a l'aire. Molta abundancia de dones del mitjdia de França, imponents, escultural, provocatives. Tot trampa, gracies a Deu! Si no fos trampa, el millor seria fugir camps a través. La Rambla està imponent, de llums, de gent i de diners. Us ofereixen cocaina a tots els establiments, molts estrangers.

»Ens diverteix un senyor petit, gras, lluent, gran nas, sacsons solemnes, calb —va sense barret— vestit de negre, baixant Rambla avall portant a cada braç una cortisana imponent. Si aquest senyor no està perfectament il·lusionat, ho dissimula perfectament. Penso: si tenir ànima és tenir il·lusions, aquest senyor deu tenir una ànima considerable.

»Divago llarga estona pels carrerons i per la Rambla. El cansanci em porta a confondre sovint les ombres amb les formes reals i concretes. Torno a casa amb les primeres llums. Mitj adormit poso coses a la maleta.» [*sic*][17]

El mes de juliol i el següent es va ocupar de la secció «Judiciales» al diari *Las Noticias*.[18] L'entrada al periodisme va venir per exclusió de l'exercici de la carrera de dret, que sempre havia considerat un pur tràmit per a l'obtenció d'un títol universitari. La col·laboració a *Las Noticias* va ser facilitada per Joaquim Borralleras, que el va presentar a Josep Miró i Folguera, redactor en cap del diari. Les columnes, anònimes, de la secció «Judiciales» d'aquells mesos de juliol i agost tenen un to certament planià, plenes d'un dinamisme que les allunya de l'ensopiment habitual del gènere. Pla va romandre poc al diari. La inquietud del jove periodista i el seu acusat sentit del ridícul el van fer topar amb l'esperit de la direcció.[19]

D'altra banda, el 5 de setembre es va haver d'incorporar al regiment d'infanteria d'Àsia, 55, al convent de Sant Domènec de Girona. Un servei militar ben curt, perquè era soldat de quota i excedent de *cupo*. Un company de regiment ens descriu Pla com un jove atrevit, enjogassat, un punt impertinent, inconscient, provocador i ple de vitalitat.[20] Els seus bons companys Juanito Reig i Josep Camós li apreciaven la corda maliciosa que compartien. Les classes teòriques d'instrucció eren motiu de bromes que evidenciaven, no tant la ignorància dels pobres quintos, com l'estultícia dels comandaments militars.[21] Les anècdotes sobre el desvergonyiment de Pla amb les noies pageses del mercat de la Rambla gironina, les quals engrapava sense gaire contemplacions, o el tracte que donava a la imatge de sant Corneli, com si fos un vell conegut, eren actes de provocació, però també d'afirmació de la personalitat. Entre ell i els seus companys hi havia l'escriptura. La solitud i la reflexió de l'artista hi posaven un tel de respecte.

Alexandre Plana, mentor sol·lícit, el va anar a veure a Girona, segons explica a *El quadern gris*. És possible que d'aquesta trobada hagués sortit la discussió sobre l'estil, que va significar, segons Pla, el canvi de to i perspectiva. El moment, degudament literaturalitzat, pot correspondre més o menys als fets, però el canvi ja s'havia esdevingut uns mesos abans, com demostra la darrera pàgina del dietari 1918-1919. Va ser un procés lent i gradual, en el qual no podem ignorar la influència de Plana. La solució que li proposava d'escriure d'una manera natural i seguint el propi temperament presentava una dificultat: la inexperiència, que només l'escola de la vida, les lectures i la pràctica de l'ofici podien resoldre. Pla havia de cercar en ell mateix la veu que s'adigués a les sensacions que li produïen els paisatges i l'experiència vital quotidiana.[22]

De retorn a Barcelona, després de fer el servei militar, Pla va haver de reprendre l'activitat periodística. Amb l'apaivagament de la conflictivitat obrera, s'havia arribat a una certa normalitat civil i els diaris havien tornat a sortir; Pla no es podia girar de feina.[23] Però la situació no era tan tranquil·la com ell volia fer creure i més aviat semblava que volia evitar que la família s'angoixés. Durant l'estiu i principis de tardor de 1919, la Federació Patronal va utilitzar sovint el locaut i el terrorisme. Els Sindicats Lliures, a sou de la patronal i a les ordres del govern, van actuar amb violència contra els cenetistes. El 24 de novembre va aparèixer la primera col·laboració de Pla a la secció «Los libros» de *La Publicidad* nocturna, on alternava la crítica literària i musical, amb una única incursió en el camp de la política.[24]

Els articles sobre literatura descobreixen una maduresa crítica que sorprèn.[25] El tema central seria el paisatge i els homes que havia conegut, la qual cosa no deixava lloc a l'excés retòric, pel qual sentia la prevenció de qui havia aconseguit desempallegar-se'n. La forma quedava determinada pel contingut. L'adopció del contrast representava donar el significat complet a un món que estava format d'antinòmies; el reconeixement de la quotidianitat com a base temàtica l'obligava a cercar associacions insospitades, noves imatges, a utilitzar termes comparatius dissemblants i a defugir les metàfores artificials i massa cerebrals. Acceptava uns principis tècnics que havien de donar l'encaix harmònic als assumptes i personatges de les seves històries. Finalment, per la utilització d'anècdotes a partir d'una anècdota general, s'allunyava definitivament de les tendències noucentistes.

En aquests articles, Pla explicava també el reconeixement i l'acceptació de la seva personalitat humana, que era la que vertebrava tot el corpus literari que s'havia anat construint seguint el propi temperament. Pla dividia els homes en dues categories: els pares de família i els rellogats. Els primers tenien un camp de domini molt ben marcat: la família i el treball, eren fàcils de governar i s'impressionaven pel poder. Pla, evidentment, s'afiliava a la segona categoria. El rellogat, com ell, era un home complex, irrespectuós i violent, barreja d'ingenu, il·lús, orgullós i esquenadret, que es complaïa en la farsa humana, enamorat de la naturalesa, dels actes bells i inútils. Li agradava ser manat discretament i alhora tenia sempre desperta la capacitat de sorpresa i d'entusiasme. Pla es feia seu el rol, perquè volia creure que ho portava el risc de l'ofici, i això l'eximia de moment de qualsevol responsabilitat.[26]

La prosa que Pla va publicar a la revista *D'Ací d'Allà*, «L'Eternitat de Pere Brincs, home de Bagur»,[27] encaixava perfectament amb aquests postulats teòrics i n'era l'aplicació pràctica. L'estil de la narració era més àgil i visual que no pas el de les proses anteriors. La millora afectava fins i tot l'argument, que, sense arribar a cap complexitat, esdevenia coherent. La història, completament anecdòtica, d'un home indolent i contemplatiu, que se satisfeia amb el treball mínim de la seva vinya, no donaria gaire de si. Però l'element descriptiu, tant del paisatge com del personatge, es convertia en central i donava intensitat i lirisme a la narració. La quotidianitat era el tema entorn del qual giraven els moviments del protagonista, impregnava el to general de la història amb un detallisme sensual. Pla semblava haver traslladat a Pere Brincs molt del tarannà propi, no només per la indolència i gust per la badoqueria, que segons ell li eren innats, sinó també pel sentit d'independència i una certa basarda pel desconegut i l'aventura. Però la badoqueria de Pla era només contemplativa, perquè estava molt a l'aguait de la seva situació professional. Entre la professionalització, que podia portar a una certa submissió al poder, i la llibertat, es decantava per aquest estat.[28]

D'ençà que havia tornat del servei militar, Pla vivia en una nova pensió. Allí havia conegut la filla de la dispesera, Mercedes, amb qui havia començat a sortir. Però el seu futur professional i també la seva vida prendrien, a partir d'aleshores, un nou tomb que l'allunyaria de Mercedes i de la categoria dels pares de família i l'aproparia cada vegada més a la categoria dels rellogats. Les relacions amb membres de la Penya de l'Ateneu que tenien una certa influència en el món de la cultura, la col·laboració a *La Publicidad*, el darrer article sobre Rovira i Virgili, que tenia un càrrec important als serveis de premsa de la Mancomunitat, van ajudar segurament al seu ascens professional. El 19 d'abril de 1920 va ser enviat a París per cobrir la plaça de corresponsal del diari, amb un sou de vuitanta duros, vuit-cents francs, per una mitjana de vint articles mensuals.[29] Alexandre Plana, amic fidel, el va acompanyar a comprar la maleta i l'abric que necessitava per a l'estada a França, amb els diners que li havien enviat els seus pares. Però, abans de marxar, Pla s'havia distret d'acomiadar-se del seu bon amic, i la raó havia estat Mercedes. El que havia semblat un amor ocasional s'havia convertit en una passió que la partença havia atiat. Aquell dia, Pla li va demanar oficialment relacions; «Ja veieu si és absurda la vida! Ja us contaré».[30]

II. LA CORRESPONSALIA A PARÍS
(de l'abril de 1920 al febrer de 1921)

Només d'arribar a París, Pla es va trobar amb Joaquim Borralleras, que l'esperava al Quai d'Orsay. Sigui certa o no l'anècdota de la passejada amb cotxe de punt descobert pels bulevards, la seva entrada a París va ser eufòrica. Segons deia en una postal al seu amic Josep Maria Junoy, França era tan perfecta que tornava a la boca. La companyia de Quim Borralleras li va facilitar el contacte amb els artistes catalans residents a la capital francesa, com Pere Ynglada, Lluís Garriga, els germans Mompou, Campmany i Domènec Carles, que cantava a tothora cuplets. Vivia amb ells a l'Hôtel Rouen, al número 13 de Notre-Dame des Victoires. Pocs dies després d'haver-se instal·lat, s'havia inscrit a l'Association de Journalistes Étrangers, a la Maison de la Presse, que presidia un periodista holandès. La seva impressió de París i França era, de moment, superficial: coneixia el carrer, les llibreries de vell, els marxants, el mecanisme i la humanitat del metro, la col·lecció Camondo del Louvre, el Vieux Colombier i la Malmaison. Al vespre anava a la tertúlia de La Rotonde, que era el quarter general dels artistes catalans: Manuel Humbert, Josep de Togores, Mercadé, Joan Miró, Enric Ricart, Pere Ynglada (germà d'Apa), Benvingut Sala; i també de Laiar Wetzinger, d'artistes russos, polonesos, suïssos i d'alguns sud-americans.

La situació de França era crítica. El país es recuperava lentament de la devastació de la guerra, i les reparacions que havia de pagar Alemanya segons el Tractat de Versalles no acabaven d'arribar. Els espanyols i els catalans que vivien aleshores a París, tot i la debilitat de la pesseta, estaven en una situació de privilegi que tampoc no es deixava notar gaire, perquè la qualitat dels serveis era directament proporcional a la misèria del país.[1] Pere Ynglada s'havia convertit en l'amic inseparable de Pla; l'acompanyava a tot arreu, l'orientava, li donava idees per als articles.

El 24 d'abril va rebre la primera carta d'Alexandre Plana, que es queixava que Pla no s'hagués presentat a l'Ateneu per acomiadar-se com havien quedat. Per a Plana, la personalitat voleiadissa, impressionable, immediata, que es deixava endur per una fuga sentimental, era producte de la immaduresa i enterbolia el Pla escriptor i afable. Plana havia conegut Mercedes feia poc, quan aquesta li havia portat les notes de Pla sobre Enric Casanovas. Aleshores Mercedes li havia demanat el seu parer respecte a la relació amb Pla; Plana li havia contestat: «*La mejor piedra de toque en estos asuntos es la ausencia. Créame Vd. es lo mejor. O deshace los lazos o los hace más fuertes. Vds verán ahora.*» Plana li explicava l'entrevista i afegia que s'havia de malfiar de les dones i només creure la meitat del que deien, perquè el seu art era la falsificació.[2] Però Pla estava dominat per una passió amorosa i considerava els consells paternals de Plana una indiscreta intromissió en la seva vida privada, que ni la diferència d'edat no justificava. No en volia saber res, dels consells, de les recomanacions de sentit pràctic, d'advertències sobre la hipoteca de futur per un amor ocasional. Pel que feia a la mare de Mercedes, la dispesera —extremadament vulgar—, estava molt orgullosa de la relació i havia esbombat als quatre vents l'imminent casament de la seva filla amb el jove escriptor. Davant l'amenaça de la dispesera d'anar a passar l'estiu a Palafrugell per conèixer la família Pla, Plana, esverat, volia fer comprendre al seu amic l'error de barrejar la família en l'afer. Però el més greu era que s'estava esdevenint un fet insòlit en Pla, que rares vegades es repetiria: davant l'estupor i desolació de l'amic, ¡Pla estava enviant els estalvis del seu magre sou a Mercedes! Pla va reaccionar ofès per la intromissió de Plana i el va acusar d'haver-lo traït, perquè el seu germà Pere i Josep Maria Junoy s'havien assabentat de la relació secreta. Un secret molt mal guardat, matèria pública en l'ambient de la dispesa. Va fer el bot durant unes setmanes, es va distanciar de Plana tractant-lo de «vos» i demanant-li que li retornés la novel·la i el dietari que li havia deixats abans de partir a París. Plana insistia en la seva innocència i en va convèncer Pla, que finalment va suavitzar la seva actitud amb la condició de no parlar més d'aquell assumpte sentimental. Però el comporta ment de Pla era ben ambigu respecte a la seva promesa, i hauria d'empassar-se la relliscada de Plana d'haver informat candorosament Mercedes —que no en sabia res— del seu projecte d'anar a passar l'estiu a Holanda.

La corresponsalia a París havia començat amb empenta. Els primers articles de Pla havien estat molt ben rebuts. Però la precarietat econòmica i la llunyania el submergien sovint en la malenconia i l'enyorament, se sentia mig esborrat, espiritualitzat. Els porticons de la finestra de la seva cambra d'hotel no tancaven, passava fred, a la paret tenia penjat l'anunci d'una barberia, menjava als bars i *bistrots* i la seva indumentària era tan limitada que Lluís Garriga li havia hagut de regalar un vestit: «Hi ha coses que no m'amoïnen gens, com són ara tot aquest ram que en podríem dir comprensivament, *de portar roba dels altres.*»[3] La manca de confort no li impedia de treballar com sempre; és més, potser a causa de les inclemències del temps i del ritme de vida de París, Pla es va dedicar intensament a la lectura, en especial dels clàssics francesos: «La vida que jo faig aquí és una mica monòtona, ja que treballo molt. Em llevo a les 8, esmorzo a un bar, treballo a l'habitació fins a les 11 i mitja. Dino a les 12 al restaurant. Torno a treballar, torno a anar al restaurant a les 7 i després vaig a passeig o em tanco a casa a escriure o a llegir fins a les 11 que me'n vaig al llit.»[4] Si no hagués estat pel cost de la vida hauria desitjat fins i tot casar-se, fet que li hauria permès de viure modestament i acompanyat i treballar amb unes certes condicions. Hi havia altres raons encara menys romàntiques que el feien desitjar canviar de condicions: evitar les dones de bulevard i els restaurants. Les primeres li feien por per la seva propensió a les malalties venèries, i el menjar que donaven als restaurants li enervava l'estómac.[5]

La feina de periodista tampoc no l'acabava de satisfer. Se'n queixava contínuament a les cartes a Josep Maria Junoy, a Josep Maria de Sagarra i a la seva germana Rosa. Haver-se de fixar només en l'anècdota, treballar amb quatre tòpics sense temps d'aprofundir en res, haver de parlar de tot li donava la sensació d'estar en fals. Malgrat que el seu temperament s'inclinava pel vagabundeig, la improvisació, la visió irònica del món i de la moral —qualitats que s'adeien a la professió periodística—, se sentia intel·lectualment insatisfet i, cosa que li semblava encara més absurda, mancat d'ambició per superar la situació de privacions materials a què el periodisme semblava abocar-lo. Fins havia pensat a presentar-se a oposicions de notaria, però la perspectiva d'una dedicació massa intensa als estudis l'aturava: «És clar que no tinc cap llei de voluntat i no faig més que seguir el vent que bufa, és clar que és terriblement difícil arribar a ésser notari pels estudis que s'han de fer...»[6] La dedicació a la literatura semblava confirmar-se com l'única sortida possible. Des de la seva arribada a París, havia provat de trobar altres fonts d'ingressos, fos fent de traductor a l'editorial Garnier Frères, fos col·laborant per a algun diari madrileny. Respecte a la primera possibilitat, les referències havien de venir d'Eugeni d'Ors; Emili Junoy, germà de Josep Maria, havia de ser qui li havia de facilitar l'accés a la premsa de Madrid. Voltat de catalans a París, no només en rebia idees i orientació, sinó que estava en una situació privilegiada per analitzar la seva situació d'estrangeria.[7]

La influència dels amics de la penya de l'Ateneu, Junoy, Borralleras, Sagarra, Ors, Pujols i, per sobre de tots, Alexandre Plana, havia marcat els inicis literaris de Pla. Per aquesta raó, en aquesta etapa ja professional, si bé encara d'aprenentatge, el seu concepte sobre l'art i la creació artística era confús, manllevat. El mes de maig es va editar (amb data d'abril) a les «Publicacions de la Revista» la plaqueta *Enric Casanovas*, amb un colofó de Josep Maria Junoy. Alexandre Plana no es va limitar a fer possible l'edició del llibret. Va modificar-hi i va afegir-hi alguns fragments imitant l'estil de Pla, a partir d'articles publicats en revistes literàries i artístiques de Barcelona, i en va corregir les proves.[8] Pla s'aniria desvinculant a poc a poc dels aspectes més radicals i dogmàtics exposats a *Enric Casanovas*, i només en conservaria aquells que s'adiguessin amb el seu temperament i amb les tendències més atractives dels nous corrents culturals europeus vistos de París estant. El seu refús de l'originalitat o la imitació de cartró i la idea que la vida havia de ser la qualitat permanent de l'obra d'art, serien sempre presents en la seva obra. Però, originàriament, aquests principis eren més de Plana que no pas de Pla. La influència d'Alexandre Plana aniria més enllà. Pigmalió amorós i amatent, li enviava llibres: *Reflexiones* de Pío Baroja, *Pinya de rosa* de Joaquim Ruyra, *L'Odissea*, traduïda per Carles Riba. Pla l'havia fet dipositari del seu dietari i del començament d'una novel·la. Havia arribat a parlar amb Josep Carner per publicar-la a l'Editorial Catalana. Li suggeria la possibilitat d'escriure una novel·la sobre París aprofitant alguns dels articles més brillants «on hi ha la part més viva de tu mateix»; s'oferia a fer-li esquemes i li proposava que anés enviant les parts que escrivís per aconsellar-lo.[9]

Però Pla no se sentia inclinat a projectes llargs com novel·les o dietaris; la dificultat de mantenir el to en cent planes l'aturava. Tampoc no creia en la necessitat de registrar les pròpies emocions. Se sentia impotent en la construcció d'estructures argumentals i davant el seguiment psicològic d'un o diversos personatges. La novel·la, o el que entenem per narrativa de ficció, demanava unes qualitats, un artifici —per a ell era artificialitat— que no creia posseir o als quals es girava d'esquena. Pla era un observador de la realitat que l'envoltava, era capaç d'analitzar amb agudesa i detall la psicologia del caràcter conservador dels francesos,[10] però no s'avenia a fer servir les seves observacions per a ornar socialment uns personatges o unes situacions, i menys encara per a fer-ne el tema d'una narració.

Tot i això, el projecte d'escriure una novel·la s'anava perfilant, encara que l'entusiasme semblava venir més d'Alexandre Plana que no pas de Pla: «A estones perdudes faig una novel·la sobre gent perduda i enfonsada que trobo vagabundejant per París. Aprofitaré articles de "La Publi" i gairebé us haig de dir que faig molts articles pensant amb la novel·la. Serà cosa de golfes i de buscar un xic i capbussar en la dimensió pintoresca de les coses. Serà difícil fer-la enquibir en els motllos de l'Editorial però ho provarem.» El comentari a Sagarra era una repetició dels consells incessants que rebia de Plana. La qualificació que feia dels catalans, en una carta a Junoy, com a gent escèptica i antidramàtica, s'ha d'aplicar al mateix Pla. Amb una personalitat tan poc inclinada a deixar-se portar per les il·lusions, tan impermeable als grans sentiments i a les ambicions materials, és normal que no fos donat al joc d'inventar situacions, d'estudiar els plecs d'un caràcter i les relacions humanes.

El 4 de juliol, Pla va tornar a Barcelona, destituït per Romà Jori, director de *La Publicidad*, per haver plagiat un article de la premsa francesa. *Los libros de junio*[11] era una traducció literal de la crítica literària de *Le Temps*. Segons explicava Joan Salvat-Papasseit a Torres Garcia, Jori havia enviat un telegrama a Pla ordenant-li que no ho fes més i aquest havia respost que quasi tot el que havia fet fins aleshores era producte del plagi. La impertinència de la resposta havia provocat la reacció immediata de Jori: l'havia suspès de pagament i l'havia expulsat del diari. Salvat-Papasseit comentava: «Com que tot això vol dir que no hi ha moral, almenys que hi hagi una "moraleja", com en les faules. MORALEJA: això vol dir que a casa nostra no ens escau tenir ni posseir ni un mal periodista. Som una pobra gent que havíem donat carta blanca a un cínic. L'havíem exaltat intel·ligent, fàcil de ploma i de judici "pla" i ens ha sortit sabata. Tot(s) ne tenim la culpa, i els professionals, més. Ara que, vostè i jo, no som professionals; ni ganes. ACABAMENT: En J. Millàs-Raurell —otro tal para cual— escriu tot aquest merdé (perdonin) a En Carles Riba, que ara es troba a Florència. Carles Riba contesta an En Millàs: "no entenc perquè us extranya això d'En Pla. Jo sempre he cregut que vós i ell éreu, a Catalunya, els dos escriptors joves més capaços d'un vergonyós cinisme devant d'una quartilla". I prou.» [*sic*][12] El comentari, a més de moralisme, traspuava una certa satisfacció. La ressenya de Pla sobre *Poemes en ondes hertzianes* havia ofès Salvat-Papasseit perquè l'havia valorat com un bon plagiador.[13]

L'endemà d'haver deixat París, apareixia a *La Publicidad* el seu darrer article, «Nota sobre Stendhal», on elogiava les qualitats de plagiador de l'escriptor francès. La versió de Pla sobre el conflicte era matisada segons el grau de confiança dels seus interlocutors. Confessava a Josep Maria Junoy el delicte de plagi i es lamentava de la seva ingenuïtat per haver triat una publicació, *Le Temps*, massa coneguda a Barcelona. Estava, però, d'acord amb el judici de Romà Jori sobre la seva incapacitat per al periodisme i estava decidit a deixar, no només la professió, sinó també qualsevol vel·leïtat literària.[14] La versió a Sagarra havia passat per un sedàs de formalisme i d'autocontenció. Remarcava les estretors econòmiques que l'ofegaven, el sou insuficient, la desproporció amb el nombre d'articles que havia de fer, la puja del franc. No deia res de l'article plagiat; només es queixava que per ordres de Jori havia hagut de suspendre, sense cap raó aparent, el viatge a Spa, i de la impossibilitat que durant més de tres setmanes el director el rebés. Explicava novament, sense cap convicció, la intenció de preparar oposicions a notaria.[15]

A partir d'aquí, les explicacions de Pla a Sagarra ens permeten reconstruir les seves peripècies durant aquell estiu de 1920. Davant la dificilíssima situació que estava passant i les perspectives professionals cada dia més negres, havia decidit deixar Mercedes. És possible que el desig s'hagués refredat molt durant l'estada a París, i no pas a causa dels consells de «l'oncle Alexandre», sinó per la distància i també pel fet d'haver-se-li obert els horitzons. La noia li agradava i tenia el sentit pràctic de la vida, però no era capaç «d'emportar-se'l».[16] Va anar a Maó per posar fi a la relació, però en comptes de trobar la calma que esperava, l'estada a Menorca havia fet créixer la seva confusió i estovament. Va tornar a Calella, però les tres setmanes que hi va passar amb la família el van acabar d'enervar. Seguint el consell d'Enric Jardí, es va posar a estudiar el programa de la carrera consular, però les oposicions es van convocar abans d'hora i va decidir d'abandonar i no examinar-se. A mesura que passava l'estiu, estava més decidit a marxar a Anglaterra o als Estats Units, primer com a agent comercial, però més endavant, conscient de la manca de qualitats mercantils, a l'aventura. Durant el mes d'agost va rebre dues cartes d'Alexandre Plana. La primera, a Calella, on l'amic esperava que gràcies a la calma hagués trobat una orientació. La segona carta havia estat enviada a Puigcerdà, on Pla passava uns dies amb Josep Maria Junoy. Pla i Junoy van trobar Deodat de Séverac, el cardenal Amétte i Francesc Cambó a Font-romeu. Plana havia fet gestions perquè Jori acceptés novament Pla al diari amb un sou i unes condicions de treball dignes. Jori va accedir als tractes i va enviar una carta a Pla oferint-li altra vegada la corresponsalia de París per mil francs al mes, a canvi de dotze a catorze articles, i la promesa de buscar-li un diari madrileny per poder arrodonir el sou.

Pla va tornar a París el 10 de setembre, però l'assassinat de tres membres de *La Publicidad* va portar com a conseqüència la suspensió del diari indefinidament. Pla es va trobar novament en l'aire; una situació que aquesta vegada li resultava ben agradable. Com que no tenia res a fer, es passava el dia divagant pels volts del Pantéon o del Val de Grâce, badava o llegia assegut en un banc del Luxembourg o a la Biblioteca de Sainte Geneviève, on demanava el *Diccionari Filosòfic* de Bayle. La lectura del diccionari li produïa una sensació de malenconia i de fatiga. No anava mai a la Biblioteca Nacional, perquè l'enorme quantitat de llibres l'aclaparava. De vegades sopava en un *bistrot* d'obrers polonesos jueus a prop de les fortificacions del *XVème* amb Fabian de Castro, que li contava anècdotes sobre Picasso, Manolo i Moréas. Després anaven a fer una estona de tertúlia a la Clôserie des Lilas i a La Rotonde de Montparnasse. Vivia al Namur Hôtel, al 39 del carrer Delambre; hi havia calefacció central i a l'habitació tenia aigua calenta i freda. El seu company d'hotel era el pintor Ricart. Però es passava una bona part del temps, com sempre, a l'habitació: «Aquí, a París, es fà molta vida d'habitació. Tan poca que s'en fa a Palafrugell i a Barcelona, a on tothom i a tot hora, es al carrer! A les habitacions d'aqui, empró, s'hi está molt bé i dona gust estarsi. Jo, que a Palafrugell no soc mai a casa i a Barcelona tampoc, m'he acostumat a aquesta vida tan distinta i m'agrada moltíssim.»[*sic*][17]

Rosa Pla havia deixat feia poc l'escola i Pla actuava de germà gran donant-li consells i explicant-li quines havien de ser les qualitats de les noies, com saber compaginar el treball d'una casa amb la lectura. El fragment té un regust d'època molt marcat i també ens permet saber quina era la seva visió de la funció de la dona: «Em sembla molt be continuar el francès, mirar si es possible de procurarse un utillatge comercial. Però també es important, d'una importància incalculable aprendre les coses de la casa, de cusir, de fer els llits, etc. etc. Sapiguer, un xic tan sols, lo que la mamà us ensenya cóm ningú ho sap fer al mon. Si apreneu això, podeu estar ben contentes. La noia ideal seria la [que] sapigués fer la carn d'olla i al mateix temps sapigués llegir novel·les. ¿Comprens Rosa?» [*sic*]

L'agost, el seu amic Pere Ynglada havia estat designat per la Mancomunitat delegat oficial de Catalunya, i ell, ajudant del delegat, a la sala dels catalans del Saló de Tardor. El càrrec el va tenir enfeinat durant uns dies. El diari va reprendre l'activitat i Pla, a partir del 28 de setembre, va continuar publicant-hi els seus articles. Donava una relació detallada dels expositors catalans i de cada un dels actes. Lluís Nicolau d'Olwer, Francesc Pujols, Canals, Sunyer, Ribé van anar a París. Frantz Jourdain i Nicolau d'Olwer pronunciaren els discursos inaugurals. La delegació catalana fou convidada a l'ajuntament de París, a l'ambaixada d'Espanya i als domicilis del mariscal Joffre, de Pans i de Brousse.[18] Tota la premsa es va fer ressò de l'esdeveniment, però Pla estava descontent del resultat de l'exposició dels catalans. L'organització des de Barcelona no havia fet pràcticament res i tota la responsabilitat havia recaigut sobre Ynglada i ell, que, fins i tot, havien hagut de penjar els quadres. Creia que s'hauria d'haver presentat una retrospectiva i, també, hauria calgut deixar pas als joves. La conclusió que en treia era contundent: «El català a Barcelona és una cosa tràgica però creieu que a fora de Barcelona de tan tràgica que és resulta absolutament emmerdant.» [*sic*][19]

Aquesta segona etapa de la corresponsalia a París era temàticament la continuació de la primera. La majoria d'articles, com ja era habitual, eren dedicats a la política, a la literatura, a la cultura en general i, encara que més rars, a la descripció de la ciutat.[20] La idea bàsica dels articles sobre política tenia el complement definitiu en una carta dirigida a Sagarra, on criticava el sistema democràtic com el més oposat a l'ordre social: «A mi, em tenta Rusia, no per Rusia precisament, sinó perque Rusia representa a Occident lo contrari de la Democràcia. Es la Democràcia, amic Sagarra, lo que no em deixa dormir de gust. Es [a] dir la llibertat del bolsista a fer una millonada amb un cop de telefon i la llibertat del patró a escanyar l'obrer i la llivertat de l'obrer d'arrivar a ésser patró es a dir director. Això es lo que verdaderament clama venjança.» [*sic*]

Pel que feia a la qüestió literària, Pla semblava no poder superar l'estancament creatiu de feia mesos. Fos quin fos el motiu, es trobava en el mateix estat que quan havia arribat a París per primera vegada, només que la il·lusió inicial s'havia esvanit. Ara ja no pretenia portar cap dietari, com explicava en un article sobre el seu divagar per la ciutat: «*No cometeré, sin embargo, la imprudencia de comprarme un "carnet" y un lápiz.*»[21] Estava massa capficat pel seu futur professional, en el qual la carrera periodística es començava a perfilar com una única sortida, cada vegada més amenaçada per la inseguretat. L'empresa Tayà podia trontollar com feien els bancs. El Banc de Barcelona acabava de fer fallida, molts dels inversors que s'havien enriquit durant la guerra estaven passant per un moment crític. La revolta social s'havia intensificat, les vagues havien esdevingut cada vegada més nombroses i l'economia en patia les conseqüències. Pla es queixava de la manca d'autoritat per aturar l'espiral de desordres: la vaga general, la violència, l'assassinat de Layret. L'amoïnava haver d'adaptar-se a un diari que defensava el desordre i que el feia viure en la inseguretat: «El burgés ja no es pot permetre el luxe d'esser anticlerical, antimilitarista i anarquista diletant... per estètica. I si encara es vol permetre aquest luxe —com s'el vol permetre "La Publi", es ésser criminal, simplement. Lo noble és ésser conservador integral o revolucionari integral. Ja veureu com no maten cap redactor del *Correu Català* ni de *La Vanguardia*. Aquests diaris fan el que han de fer. I en canvi, aquests pobres xicots de "La Publi"! Aquests pobres xicots víctimes de lo que és més fals de tot, d'aquesta barreja d'anarquisme, de financierisme i democràcia!» [*sic*][22]

La inquietud de Pla era justificada, el diari estava passant per dificultats econòmiques greus que el van obligar a prescindir dels corresponsals a l'estranger.[23] Pla, com Sagarra, va haver de tornar a Barcelona el gener de 1921. El seu desig d'anar a Berlín com a corresponsal quedaria, de moment, en suspens. La represa del contacte amb el país li va donar alguns temes per als seus articles. El xoc amb la realitat el feia ser extremadament crític. Es queixava que la manca de normalitat política, cultural i social dificultés la independència en el camp de la creació: en pintura o en literatura. Denunciava el cas de Carles Riba, que era prou greu. La seva contribució a la recuperació nacional gràcies a la traducció de *L'Odissea* hauria d'haver facilitat que pogués deixar les feines a preu fet per poder-se dedicar exclusivament a la creació.[24] Però el país no donava per a gaire, i la prova n'era, segons Pla, la universitat, que assumia una funció completament oposada a la que li corresponia. En comptes de formar, la universitat desensibilitzava els estudiants, els tancava a la curiositat i a la comprensió.[25]

La política espanyola tampoc no satisfeia les necessitats del país. Pla tornava a sorprendre amb un elogi a la personalitat política de Francesc Cambó, tot i criticar-ne l'excés d'ambició. Aquesta admiració evidentment venia, en part, dels suposats orígens empordanesos, és a dir dels valors humans primaris que els empordanesos encarnaven: sinceritat, naturalitat i franquesa, que per a Pla eren a la base de la convivència i de qualsevol activitat.[26] En general, la nova sèrie d'articles sota l'epígraf «Pall Mall» tenia més força que no pas la de París.

III. TEORIA I PRÀCTICA POLÍTICA I LITERÀRIA. EL VIATGE A ITÀLIA I LA MARXA SOBRE ROMA (del febrer de 1921 al gener de 1923)

El mes de gener, Pla havia començat la col·laboració al «Butlletí de les Joventuts Nacionalistes de Catalunya», vinculat a la Lliga, amb un article sobre la influència a Catalunya del diari *L'Action Française* i del seu equip dirigit per Charles Maurras. L'article va ser contestat per J.V. Foix, que es va sentir al·ludit, i es va originar una polèmica que es va allargar fins al maig de 1924.[1] Pla havia explicat i elogiat el sistema del moviment francès i, per extensió, del seu diari, que es basava en el classicisme estètic. La posició de Pla respecte a *L'Action Française* era crítica. Defensava la influència positiva que havia tingut sobre els conservadors, perquè els havia donat intel·ligència, els havia convertit en «realistes integrals intel·ligents», però no acabava d'entendre com el moviment resoldria el problema social i nacionalista. El debat va servir també per plantejar el problema de les limitacions de la llengua catalana en el camp professional de la literatura. En contra de l'unilingüisme de l'escriptor català defensat per J.V. Foix, Pla, que vivia del periodisme, acceptava per necessitat la utilització paral·lela de la llengua castellana.[2]

Pla va passar uns deu dies a Mallorca, entre el 10 i el 20 de febrer, convidat per Joan Estelrich. L'estada es pot seguir en el *Diario de un viaje a Mallorca*. El més destacable de tota la sèrie era l'estil, especialment en els fragments on descrivia el paisatge o feia el retrat d'algun personatge, remarcant o aprofundint algun aspecte poc comú, oferint una perspectiva nova. Les metàfores sensuals, culinàries o desmesurades fins al grotesc feien més propera la realitat, la vitalitzaven o li donaven una dimensió humorística. L'estada a Mallorca va servir també perquè Pla fos incorporat com a corresponsal d'*El Día de Mallorca*, que estava a punt d'aparèixer, i que era finançat per Joan March i dirigit per Joan Estelrich.

Poc després de desembarcat a Barcelona, Pla va ser enviat a Madrid. Des de principis de març fins a finals d'abril, Pla va fer la crònica de la vida pública i cultural madrilenya. Retratava els polítics del Congrés i els personatges que freqüentaven les tertúlies, descrivia els racons, monuments i paisatges de més caràcter. Pla sentia profundament l'estranyesa de Madrid, la impressió d'estar en una ciutat mancada d'arrels, i entenia que la raó del seu emplaçament, de l'arquitectura, s'havia de buscar en la monarquia. L'artificialitat s'alimentava de l'element oficial i de l'opositor. El paisatge castellà tampoc no li facilitava l'acostament: la terra era eixuta, pelada. Aquesta impressió i la de desarrelament, la manca de continuïtat entre la ciutat i el camp, li produïa una sensació d'angoixa i d'enyorament que compartia amb molts viatgers.

El contacte amb Madrid li feia avinent la qüestió de Catalunya. Malgrat que el moviment catalanista donava impuls a la capital de l'Estat, en canvi aquesta capacitat de reacció positiva tenia l'antítesi en una actitud d'incomprensió. Pla evidenciava novament la debilitat dels arguments dels seguidors d'*Action Française*, és a dir dels redactors de la revista *Monitor*, davant la realitat espanyola i, a més, remarcava l'irònic contrasentit d'un nacionalisme català que per naturalesa hauria d'haver estat antilegalista i revolucionari i, en canvi, s'arrapava al diari *L'Action Française*, el «*manual de la inteli-*

gente memez conservadora», mentre que els que es deien espanyols eren uns «*revolucionarios tremendos*».[3]

Durant l'estada a Madrid, Pla va conèixer algunes personalitats del món cultural. A banda dels qui formaven la tertúlia dels cafès Pombo i Regina, va simpatitzar amb el grup de la revista *España* i el seu fundador, Luís G. Bilbao. També va freqüentar la companyia de Lluís Bagaria, Julio Camba, Pío Baroja, Miguel de Unamuno a Salamanca i Eugeni d'Ors. Pla va dedicar un article a aquest darrer, on n'elogiava la personalitat i l'obra, perquè tenia com a fonament la potència intuïtiva sobre la base de l'esforç. Per a ell, Xènius era l'exemple de l'home que es comprometia i s'arriscava, sense caure.

A principis de març, Pla va ser víctima d'un malentès que segurament va contribuir a fer-lo més sensible als obstacles que presentava la vida. L'assassinat de Dato, el 8 de març, en mans de tres anarquistes catalans va portar la policia a detenir tots aquells que eren catalans o tenien accent català. Pla va ser retingut unes hores a la Direcció General de Seguretat.[4] Les tres cròniques que va escriure aleshores reflecteixen la situació angoixosa per la qual estava passant, tot i que no feia cap referència a la detenció.[5] Pla es penedia d'haver-se trobat a Madrid durant aquells dies i aprofitava l'incident per fer una reflexió sobre la condició animal de l'home. Davant els esdeveniments i la irracionalitat humana, prenia la posició de l'ase de Buridan: es declarava feble, innocent, ingenu, apartat de xafarderies i sorolls. Aquesta tendència per apartar-se dels desficis dels homes anava prenent cos en una mena d'independència existencial que s'havia anat formant durant aquells anys. Des de molt jove, Pla se sentia deslligat de vincles afectius massa forts o comprometedors. Possiblement a causa d'un temperament tímid, una afabilitat i simpatia que li facilitaven la relació amb les persones, però, alhora, l'en distanciaven. La vida familiar, sempre una mica distant, mancada de diàleg i d'exterioritzacions sentimentals, com aleshores s'esdevenia a la majoria de famílies de classe mitjana del país, havia contribuït d'una manera decisiva a modelar el que ara anomenava el seu «buridanisme».

D'entre els articles que va escriure durant els darrers mesos de 1921, cal remarcar-ne una sèrie de caràcter autobiogràfic, bé que dissimulat sota un personatge de ficció, i una altra sobre Dostoievski i el sentit de la literatura. Entre els uns i els altres hi havia una estreta relació. Des del primer article sobre Santaniol, era evident la identificació del protagonista amb els personatges torturats i amorals de Dostoievski i, també, amb l'autor. Quan Pla es confessava literàriament balbucejant i plagiador, era absolutament sincer. De fet, aquesta valoració era producte de la inseguretat i, també, del sentit del ridícul. Pla ho reconeixia, com no s'amagava tampoc de posseir una certa intuïció. Però per sobre de tot es considerava un mistificador, fins i tot d'ell mateix. Com a mistificador, la seva idea del ciutadà ideal, que també havia descobert a les novel·les de Dostoievski, era la d'un personatge viu, murri, xerraire i antisentimental. I si dic personatge, és perquè aquesta és exactament la impressió que es desprèn dels articles sobre Santaniol. Pla no només descrivia un personatge que era ell, disfressat d'un altre, i que era el mateix de Pere Brincs, sinó que, a més, ens revelava el mètode de ficció que utilitzava tant en l'escriptura, com en la creació de la imatge que volia donar d'ell en la vida real. Tot i que afirmava no sentir cap inclinació per parlar de la seva persona, l'escriptura era ja una projecció dels sentiments, idees, desitjos... en suma, de la seva personalitat. La humiltat de Pla, d'altra banda certa i possiblement deguda a la seva inseguretat, es compensava amb la murrieria i la simpatia que eren degudes al seu afany d'independència intel·lectual i també a la necessitat d'interlocutors.[6]

Pla concretaria aquesta teoria en el camp literari en una

petita sèrie dedicada a Dostoievski, en la qual incidia en la necessitat d'estudiar la part biològica de l'inconscient. Seguint l'orientació de Nietzsche, reivindicava el dualisme, és a dir l'equilibri entre els dos termes d'una contradicció. Aquest dualisme era bandejat per la tendència occidental a separar i aïllar un personatge del caos. El resultat era una literatura convencional i mancada d'audàcia, que no s'arriscava pels camins obscurs de la bogeria i no qüestionava els valors establerts.[7]

Pla tornava a ser a Barcelona el mes de maig i a Palafrugell i a Calella quan la calor de l'estiu li va començar a fer incòmoda la ciutat. Durant aquells set mesos, només interromputs per un viatge a Portugal, Pla va anar donant més consistència al fons ideològic i estètic d'un sistema que fins aleshores havia exposat sense cohesió i al fil de les circumstàncies. El seu concepte sobre la creació artística s'afermaria en una visió ja totalment personal, que tindria per base les qualitats que sempre havia valorat. Es tractés del paisatge familiar, de la pintura, de l'arquitectura, de la filosofia, del periodisme, de les sardanes..., o bé de la literatura de Stendhal o la de Molière, sempre en destacava les qualitats que tenien un sentit alliberador, és a dir que l'aproximaven a la naturalesa i a l'home. D'altra banda, el record i la memòria, l'experiència, anaven prenent una importància fins aleshores inèdita. No és que Pla tingués cap projecte que es basés en aquestes qualitats, però sí que començaven a ésser tingudes en compte.[8]

Durant el setembre i l'octubre, Pla va dedicar quatre articles a exposar, amb més precisió que anteriorment, les seves idees sobre l'estil. De la sèrie, l'article sobre la darrera novel·la de Carles Soldevila va provocar la rèplica d'aquest, i es va originar una polèmica força interessant que posava en qüestió la llengua literària. En síntesi, Pla es posava al costat d'una literatura plena de substància humana i de primitivisme, que rebutjava la buidor i el noucentisme. Dissentia de la proposta estètica d'Eugeni d'Ors, que defensava el joc, la retòrica abans que la vida. Pla creia que l'escriptor no podia prescindir del fet social, i posant com a model Georges Sorel, invertia els termes de la teoria orsiana: és a dir que la forma havia d'estar al servei del contingut. Es queixava que s'hagués sacrificat la llibertat dels escriptors en nom del purisme i per la por als castellanismes. Les circumstàncies professionals havien portat Pla a escriure en castellà. Per tant referir-se als castellanismes en la llengua literària catalana, en articles escrits en castellà, resultava força extravagant. Tot i això, s'entenia perfectament que Pla es decantava per una llengua catalana més col·loquial.[9] El punt central de la polèmica era l'estil. Pla considerava que no es podia parlar de l'estil en termes absoluts, sinó d'estil bo i d'estil dolent, amb tots els matisos intermedis. L'estil dolent era el personal i l'estil bo l'impersonal, el que no ho semblava, i que ell anomenava «natural». Consistia a ordenar d'una manera intel·ligent les coses, les idees i les paraules, les unes darrere les altres, sense confondre mai el principal d'allò accessori. La polèmica s'acabava aquí. Pla va continuar exposant encara les seves idees sobre literatura; fins i tot va arribar a valorar el periodisme, perquè el mantenia en contacte amb la realitat.[10]

Les teories de Pla sobre creació literària tindrien ben poc sentit si no les hagués portades a la pràctica. Durant els darrers mesos del 1921 i els primers del 1922, va assolir una expressió lírica fins aleshores encara incerta. El paisatge de l'Empordà el retornava a la realitat.[11] Passada la canícula, Pla retrobaria Calella. A la tardor, el poble li oferia noves perspectives. El paisatge havia perdut la duresa de l'estiu, la diversitat del mar convidava a la divagació i a la contemplació, les activitats que més s'adeien al seu esperit.[12] Pla va donar l'essència d'aquest paisatge en unes magnífiques proses, que seran la superació de les que ja havia escrit el 1919. La diferència estava en l'esforç d'expressió per donar el màxim contingut a la imatge i a la impressió que l'havia colpit profundament. Aquest esforç es concentrava a l'entorn de l'adjectivació, a la recerca del terme exacte, que, pel fet de no existir la majoria de vegades, havia de crear per acumulació. Les sinestèsies, les imatges i metàfores, on el desig humà i la bellesa de les coses es confonen, donen força i relleu a la descripció perquè humanitzen els paisatges.[13] L'evocació, l'experiència vital, la memòria es convertirien a partir d'ara en un element essencial de la seva prosa, perquè eren el que el lligava al misteri dels paisatges, de les coses i de les persones.

L'Empordà Petit, i més concretament el paisatge que s'abraçava des de l'ermita de Sant Sebastià, s'enriquia poèticament perquè hi havia la força del sentiment, les impressions, el record i, per sobre de tot, la consciència de pertànyer a aquella terra. Tots els paisatges d'aquestes proses estaven lligats a la seva experiència, fins i tot el que es veia des de la muntanya de Montjuïc o des de la finestra del quarter de Girona on havia fet el servei militar. Però el que els donava més intensitat era que en tota la seva bellesa, voluptuositat i indiferència servien d'escenari a uns personatges que venien a representar la inconsciència humana, la vanitat i, també, la il·lusió i el dolor, perquè el seu món primitiu i fantàstic no s'adeia a la realitat. Gervasi, Carrau, Pardal, Ramon de Montjuïc són personatges vulgars que l'astúcia aureola de poesia i llegenda, víctimes de la pròpia fantasia i d'un cofoisme que a voltes voreja la transgressió de l'ordre. Finalment són sotmesos a l'atzar, la seva mortalitat i vulnerabilitat accentuen el contrast amb la inconsciència còsmica. Hi ha uns trets comuns en tots els personatges i amb els quals Pla s'identificava: la tirada a la vida contemplativa, el gust per la mistificació, la badoqueria. Fins i tot les febleses són compartides, i aquesta humilitat en reconèixer-se en la vanitat i la peresa, en la limitació i el somni ens fa els personatges molt pròxims, encara que massa desdibuixats i mancats d'interès humà. En conseqüència, davant la incapacitat per seguir les regolfades dels sentiments i les passions, ha de construir l'entrellat argumental d'aquestes narracions amb un mínim d'elements de ficció, a partir d'esdeveniments quotidians i, algunes vegades, banals.[14]

Però Pla no limitaria la seva activitat al camp de la literatura; el periodisme el portaria, a partir d'aleshores i d'una manera intermitent, a participar activament en la política. La notícia de la candidatura de Josep Pla a les eleccions provincials va aparèixer a finals de maig de 1921 al *Baix Empordà* i a *La Publicidad.* Havia estat presentat al districte de la Bisbal per la Lliga Nacionalista del Baix Empordà, presidida honoríficament per Francesc Cambó. Malgrat la sorpresa que li havia causat la proposta de la seva candidatura, que havia estat motivada per la necessitat de fer una oposició forta contra la Unió Monàrquica, Pla se sentia plenament identificat amb la causa nacionalista. La qualitat que tots els amics de la penya de l'Ateneu destacaven de la seva personalitat política era el fet que representava els valors de l'Empordà. Segons Sagarra, un «llevat de catalanisme racial», que no estava, però, tancat, sinó obert a tots els corrents del món modern. Pla explicava que, tot i la força estàtica dels seus instints racials, la cultura havia estat determinant en aquest seu gust pel canvi que significava l'exercici de la política. Així mateix responia a l'advertència de Màrius Aguilar a *El Día Gráfico* sobre la por que l'entrada en la política no signifiqués la pèrdua de la seva independència. Pla, en canvi, es queixava de la seva impossibilitat d'entrega absoluta, i per tant allunyava el perill de la pèrdua de la llibertat intel·lectual. Va agrair en una carta a Josep Maria Junoy els elogis públics i les demostracions d'amistat durant el període electoral. La campanya va ser dura. Van recórrer tota la comarca en els tres cotxes que els havien deixats. Només van tenir dos o tres dies de pluja que van refrescar una mica l'atmosfera seca i polsosa. Però el pitjor era que el distreia de la seva activitat professional.[15] Irònicament comentava que havia recollit a la mà dreta «tot l'àcid úric» del districte. El que més el va sorprendre va ser la seva capacitat per improvisar discursos. Va ser el candidat més atacat per la premsa rural de Girona, inspirada per la Unió Monàrquica Nacional, que el tenia per un intel·lectual descregut.[16]

Les eleccions van estar marcades per les tupinades per part de la Unió Monàrquica i, menys, per part de la Lliga, que d'aquesta manera pretenia contrarestar les accions irregulars de la primera. Pla va haver de sotmetre a votació el seu escó, perquè electors de Ventalló, Rupià i Casavells n'havien impugnat la minoria d'edat política. L'existència, però, de precedents, la conveniència de posar la voluntat del poble al davant de la llei, la titularitat de l'advocacia i el compliment imminent de la majoria d'edat van ser les raons que van permetre a la comissió permanent de la Diputació de Girona ratificar la validesa de l'elecció en el ple constitutiu del 2 d'agost. Tot seguit, Pla va passar a ocupar el càrrec de secretari de la mesa pel fet de ser el més jove.[17]

A principis de novembre va arribar a Lisboa la Comissió Catalana que anava a inaugurar l'Exposició d'Art Català. A més de Josep Pla, formaven part de la comitiva Nicolau d'Olwer, Francesc Pujols, Joan Estelrich i Màrius Aguilar.[18] Feliu Elias, delegat de la Junta de Museus, els esperava a l'estació. Durant els dies que va durar la visita, els delegats van ser rebuts per les màximes autoritats del país i, fins i tot, pel president de la República. L'exposició va tenir un gran èxit de públic i crítica. Estava instal·lada a la Societat Nacional de Belles Arts, i era una retrospectiva d'escultura, pintura contemporània i ceràmica, amb un total de cent cinquanta obres i uns cent vint artistes. Però, per a Pla, aquella mostra ingent ni era representativa ni tenia prou qualitat. Segons ell, el defecte més gran havia estat haver recollit el contingut de la darrera Exposició de Primavera, que presentava una mitjana de mediocritat amb prou feines interessant. Plató Peig, gerent de la raó social Souza-Figuereido, va obsequiar la Comissió Catalana amb una excursió a Cintra, Cascaes i Monte Esori. La crònica de l'exposició i de l'estada de la Comissió a Lisboa va ser descrita per Pla a *La Publicidad*, *El Día*, *La Veu de Catalunya* i el *Baix Empordà*.[19] Pla explicava en detall a *El Día* de Mallorca la conferència de Joan Estelrich sobre Joan Maragall i l'iberisme. La teoria iberista, defensada també per Miguel de Unamuno i Oliveira Martins, era considerada massa mítica i abstracta per Pla, que, per contra, defensava una comunitat d'interessos econòmics i militars, el que en uns articles a *La Publicidad* anomenaria una *«entente cordiale»*. Pla tampoc no estava d'acord amb Francesc Cambó i molts polítics catalans que veien la solució del problema català a Lisboa.[20] Havia abandonat la proposta separatista, que sis mesos abans havia considerat preferible a la iberista, i s'apuntava a un federalisme basat en un compromís d'entesa econòmica i militar entre les diferents nacions ibèriques.

Cal també fer esment de les simpaties, moderades, que durant aquests mesos Pla va demostrar per alguns aspectes de l'anarquisme. Hi va dedicar una sèrie de cinc articles a *El Día*, segons ell, per sentit de la responsabilitat. Durant la tardor, el Sindicat Únic s'havia radicalitzat i havia organitzat diverses vagues. Pla comprenia les causes que portaven al sindicalisme, que explicava com, en part, inherents al comportament social humà, és a dir perquè l'home es movia en la dicotomia de només poder viure en societat, però, alhora, de voler destruir les formes socials establertes. L'atac violent de l'anarquisme contra l'autoritat era, segons ell, una conseqüència de les injustícies i desigualtats socials; és més, els fets demostraven que la qualitat moral dels anarquistes era sovint superior a la de la resta dels mortals. Per explicar el fons ideològic del moviment, feia la història de l'anarquisme francès i donava el testimoniatge directe dels principals líders sindicalistes del nostre país, Salvador Seguí i Ángel Pestaña, que havia entrevistat a la presó Model de Barcelona per al diari *El Día*. Per a aquests darrers, l'anarquisme tenia la consciència religiosa que mancava al capitalisme, perquè els anarquistes creien en la bondat natural de l'home. Postulaven també l'evolucionisme i la conservació dels valors de la civilització. La simpatia de Pla per les teories estètiques i socials de Georges Sorel, un dels màxims ideòlegs de l'anarquisme francès, l'apropaven insospitadament a algunes de les seves propostes, com l'antiintel·lectualisme i la valoració de la intuïció com a via per arribar al fons de les coses o, en l'àmbit polític, el rebuig de la democràcia pel fet de ser un producte de la raó i per tant de l'artificiositat. Però Pla no podia estar d'acord amb la utilització de la força i la defensa de la vaga general, és a dir de la violència des de baix.[21]

Durant l'estada a Barcelona i a Calella, Pla havia treballat en una novel·leta de costums, *Las alimañas*. A la segona línia de l'epíleg figura la data de novembre de 1921, i tot fa pensar que l'hauria enllestida durant aquell mes. Pla havia comentat al seu germà Pere que li volia enviar una novel·la curta que havia escrit. La hi havia publicada l'editor Gas i comptava guanyar-hi unes 125 pessetes. El tema i l'argument de la narració estaven molt lligats a la seva realitat quotidiana i urbana: el món de les dispeses. Des que els seus pares havien hagut de deixar el pis del carrer de Mallorca, el febrer de 1919, els germans Pla havien viscut en algunes pensions. L'aiguabarreig d'aquell medi era el cultiu idoni d'un dels personatges que més semblaven atreure el jove escriptor: el rellogat. La gent perduda representava un tipus social que pel seu esborrament passava normalment desapercebut. L'observació d'aquests ambients l'aproximava a una realitat on la moralitat estava subordinada a les necessitats immediates i, per tant, l'home i la dona es mostraven amb una nuesa que, algunes vegades, vorejava l'animalitat. D'altra banda, la situació de provisionalitat li permetia eludir l'aprofundiment en l'estudi dels caràcters i de les passions. La novel·leta, tot i revelar algunes ingenuïtats, resulta prou convincent.[22]

Mentre Pla esperava poder anar a Gènova, a la conferència internacional que de moment s'havia ajornat, freqüentava la penya de l'Ateneu. Econòmicament estava prou satisfet. A més del sou de *La Publicidad*, rebia cent pessetes mensuals per la col·laboració a *El Día. Las alimañas* li havia reportat una petita quantitat.[23] Continuava col·laborant, molt esporàdicament, al *Baix Empordà*. A principis d'abril, poc abans d'anar a Gènova, Pla va signar el manifest de la convocatòria de la Conferència Nacional Catalana: *Motivació*. Aquesta *Motivació* venia a ésser un resum de l'ideari d'Acció Catalana. La finalitat del moviment era bàsicament la recuperació per part dels catalans del dret a regir-se lliurement. La proposta no s'allunyava de la que Pla havia defensat a les pàgines del *Butlletí de les Joventuts Nacionalistes de Catalunya*. Entre els signants del manifest hi havia amics com Alexandre Plana, Estanislau Duran i Reynals, Joan Crexells, Miquel Roger i Crosa i Josep Maria de Sagarra, a banda dels dirigents Jaume Bofill i Mates, Lluís Nicolau d'Olwer i Antoni Rovira i Virgili.[24]

Durant els preparatius de la Conferència Nacional Catalana, Pla va haver d'anar a Gènova. El 8 d'abril ja apareixia el primer article a *La Veu de Catalunya*, on explicava la transformació que havia sofert la ciutat i l'ambient previ a la Conferència Internacional per la Pau. Pla cobriria la informació de la conferència fins a la cloenda a finals de maig per a dos diaris més, l'habitual *La Publicidad* i *El Día*. Cal esmentar també la publicació d'un article al *D'Ací d'Allà* i la reproducció d'un altre al *Baix Empordà*. Pla ironitzava sobre la participació d'Espanya en la conferència. La política de neutralitat i la manca d'homes prou preparats per representar Espanya a escala internacional li feien més palès el trist paper de comparsa que havia acceptat de tenir un país que s'havia tancat a l'exterior. Lamentava que Francesc Cambó no hagués estat present a la conferència, perquè hauria donat una lliçó d'internacionalisme a Espanya. La conferència de Gènova va permetre a Pla de veure directament l'actuació diplomàtica dels grans polítics del moment: Lloyd George, Barthou, Walter Rathenau, Txitxerin, i, també, de conèixer personalment els periodistes de més prestigi: Henry Bidou de *Le Temps*, Giglielmo Emmanuel del *Corriere della Sera*, Luigi Salvatorelli de *La Stampa* i Edouard Helsey de *Le Journal*.

Però va ser Josep Carner qui el va guiar a Gènova i a Itàlia. Era vicecònsol i treballava a les ordres de Gaspar Bertran de Lis, cònsol general d'Espanya a Itàlia; el canceller era Marian Ganiguer, de Palafrugell. Tots dos admiraven Carner i li feien la feina fàcil. Pla l'anava a veure sovint a l'oficina del consolat, a Via Maragliano. Tenien llargues converses, els diumenges a la tarda anaven al teatre, passejaven pel barri del port, s'aturaven als bars, freqüentaven els diversos sopars i reunions que exigia l'activitat diplomàtica, jugaven al pòquer amb alguns periodistes catalans i espanyols: Josep Miró i Folguera, Agustí Calvet, Julio Álvarez del Vayo. Pla estava fascinat pels recursos verbals i el sentit de l'humor barceloní de Carner, però també l'interessava l'activitat política que de manera indirecta projectava des de Gènova. Per mitjà de la correspondència abundant i continuada amb Jaume Bofill i Mates, Carner hauria contribuït a la creació d'Acció Catalana.[25]

Pla vivia a l'hotel Milano, prop de l'estació principal. Cada matí anava a llegir el *Corriere della Sera* al quiosc de Rosetta Lagomarsino, que li ensenyava alguns rudiments d'italià. La relació era candorosa. La noia vivia a Portoria, un barri pobre. El seu pare era cec i estava enamorada d'un mariner que feia el servei. Els diumenges menjaven pollastre rostit i *panettone*, i ell li feia declaracions d'amor sense cap resultat. Se'n tornava a la matinada a l'hotel i bevia un parell d'ampolles de Barbera amb el porter, que era coix i bon coneixedor dels vins.

Quan es va acabar la conferència, Pla va decidir anar a Florència. Va llogar una cambra en un casalot del Borgo degli Apostoli. Va coincidir amb el seu amic Lluís Llimona, fill del pintor Rafael Llimona, que estava fascinat per la pintura dels primitius de la Toscana. Vivia a la Pensione Balestri de la *piazza* Mentana, a prop del Lungarno, davant del *Fascio di Combatimento*. Des de feia dos mesos, l'activitat del moviment feixista havia anat en augment; la situació era en aquell moment de confrontació amb els comunistes. Els camises negres havien assaltat cooperatives, havien devastat cambres de treball, havien assassinat. Les represàlies contra els comunistes amb oli de ricí eren una pràctica normal. Pla definia el partit de Mussolini com «l'expressió biològica de la transformació de la burgesia i del socialisme italià»;[26] volia creure que era l'avançada de la nova democràcia, però, alhora, temia que no fos més que la manifestació del reaccionarisme burgès. A principis d'agost i a Milà, en plena vaga, Pla ja entenia que el feixisme era una força destructora i que l'argument sobre el restabliment de l'ordre era una excusa demagògica per imposar-se.[27] Els articles de Pla sobre el feixisme no van passar desapercebuts, possiblement per mitjà del consolat italià a Barcelona. El cas és que va estar a punt de ser expulsat pel govern Facta, però gràcies a les gestions d'August Matons, el cònsol d'Itàlia a Barcelona va aturar l'enquesta que es feia sobre ell.[28]

Durant els mesos d'estiu, *La Publicidad* va passar per un

nou canvi de propietat. Acció Catalana, gràcies a les aportacions d'alguns dels seus membres —Lluís Guarro i Casas, Ramon d'Abadal i Vinyals, Josep Barbey i Prats, Amadeu Hurtado i Francesc Montplet—, va comprar el diari el 15 d'agost. Lluís Nicolau d'Olwer va ser nomenat director de la nova *La Publicitat* i Carles Capdevila, redactor en cap. Mentre el nou diari es consolidava, les condicions econòmiques eren més estantisses que mai. Pla se'n queixava, però la pesseta estava forta i li permetia fer una vida normal. Als vespres, anava a buscar el seu amic Lluís Llimona a la Pensione Balestri. L'arquitecte Josep Francesc Ràfols i Fontanals també va freqüentar un temps la pensió fins que va decidir traslladar-se a Fiesole. Ràfols era creient i practicant; anava curt de diners, perquè la pensió de la Junta para la Ampliación de Estudios arribava tard, però, tot i això, mai no va deixar de fer caritat a un pobre que, segons l'anècdota que circulava, es feia passar per cec, encara que anava al cinema. Tots tres, amb un pintor mexicà que també vivia a la Pensione Balestri i que havia fet la guerra amb Panxo Villa, solien passejar per Florència de nit. Després de sopar, anaven a un gran cafè de la Via Cavour, on tocava un quintet que feia les delícies del company mexicà. El cafè era freqüentat per nombrosos turistes, però el centre d'atenció era Giovani Papini, que estava d'actualitat perquè havia derrotat la tendència que representava el filòsof i historiador Benedetto Croce com un «erudit momificat» i un esperit «hegelianoide».[29]

Pla va descobrir a Florència el valor de l'obra sòlida: «A florència tinc la sensació de trobar-me al costat de gent que es proposaren un fi individual, inmoral, per tant anaren a darrera de lo seu sense cap escrupol. I avui, per mi, això es lo mes fort del món.» [*sic*][30] L'esperit florentí en l'escriptura era Maquiavel, que aleshores Pla llegia exhaustivament. Anaven sovint al museu dels Uffizi, a la plaça de la Senyoria, a Santa Maria Novella. Ràfols tenia una gran admiració per Ruskin, però Llimona i Pla el trobaven massa esteticista i etrusc. Tampoc se sentien atrets per les teories de Bernard Berenson, que trobaven orientalista i, en el fons, buit. Pla i Llimona coincidien en els gustos; van entendre que a Florència i a Catalunya hi havia un fons gòtic comú i es van apassionar per la pintura de l'escola toscana: Pietro della Francesca, Masaccio, Paolo Uccello i, per sobre de tots, Benozzo Gozzoli, que arribava a «l'entranya viventa de les coses».[31] Per coneixe'ls millor van decidir fer algunes excursions a Perúgia, Assís, Orvieto i San Gimignano delle Alte Torre. En els articles que Pla va enviar a *La Veu de Catalunya*, la pintura quedava, però, algunes vegades en un segon terme, en benefici del paisatge i de les ciutats. A Siena es va comprar les *Vides dels pintors, arquitectes i escultors* de Giorgio Vasari, que esdevindria un dels seus llibres de capçalera. Van anar a Pisa amb Camps i Margarit i Palà, i van visitar el cementiri, la catedral i la torre inclinada. Lluís Llimona el va convèncer d'anar a Roma. Pla no s'hi va poder negar. Davant les dimensions de Sant Pere se sentia aclaparat i el barroc de Bernini l'embafava. La ciutat li produïa la mateixa sensació inhòspita que Madrid. Per refer-se de la sensació deshumanitzadora que li produïa el barroc va proposar una excursió a Nàpols. La visita al museu grec el va reconciliar amb l'art. El panorama des del *belvédère,* sobre el golf ple de veles, a la caiguda de la tarda, el va retornar a la vida. Pla encara va anar a Milà i a Venècia a mitjan agost.[32]

Quan va tornar a Catalunya a final d'agost es va trobar que la majoria dels components de la penya de l'Ateneu estaven estiuejant: Alexandre Plana a Tossa i Quim Borralleras a Prats de Molló. Va anar a passar uns dies al Canadell, però aviat va tornar a Barcelona, perquè l'ambient de xerrameca buida l'exasperava. Un conflicte lingüístic provocat pel jutge de la Bisbal el va posar en contacte amb la realitat política del país. Davant les provocacions anticatalanes del fill del jutge, aquest havia fet empresonar els bisbalencs que l'havien respost. Pla se solidaritzava amb aquests nacionalistes.[33] Enmig de l'ambient de buidor estiuenca i de crispació política, la seva sensació d'estrangeria i d'exili s'exacerbava i li despertava el desig de tornar a Itàlia. També volia anar al centre d'Europa, però el viatge depenia d'una entrevista amb Francesc Cambó. Estava d'acord a assumir el seu destí de rodamón, però en les millors condicions.[34]

A Barcelona, tenia una habitació al «Falcó» i dinava sovint amb els amics que ja havien tornat de l'estiueig, com el matrimoni Güell i Quim Borralleras. A final de setembre va assistir, com a diputat, a la Conferència Nacional Catalana. La seva activitat política havia estat, en aquest sentit, ben breu. Els viatges continus li havien impedit complir amb les seves obligacions de diputat provincial per la Lliga. I, de fora estant, en tenia ben poques ganes. A principis d'octubre, *La Publicitat* ja estava completament catalanitzada i la direcció li va apujar considerablement el preu dels articles, però *La Veu de Catalunya* no li va renovar la col·laboració i Pla es va haver de posar en contacte amb Vinardell per poder treballar a l'*Informaciones* de Madrid i va proposar a Joaquim Montaner d'*El Sol* l'exclusiva dels reportatges sobre Itàlia, Europa central i els Balcans. Tot plegat comptava que li reportaria més de mil pessetes al mes.[35]

Pla va arribar a Florència a final d'octubre. Amb una certa inconsciència, havia decidit complir la promesa que havia fet a la seva germana Rosa d'endur-se-la a Itàlia. El viatge va ser molt llarg, van arribar a Ventimiglia després de trenta hores de tren. La primera impressió que van tenir va ser la d'una gran confusió. El ministeri Facta patia una crisi irreversible i Mussolini havia pres la iniciativa política fent entrar el feixisme a la legalitat en el discurs del congrés de Nàpols. Alhora que donava unitat al partit, inscrivint-lo a la Casa de Savoia, ordenava la marxa sobre Roma. Els germans Pla van viure de primera mà l'experiència, ja que van haver de travessar la zona Pisa-Florència en plena mobilització feixista. Els trens i les carreteres estaven presos pels camises negres que es dirigien a Roma enarborant banderes i cartells amb la divisa «*O Roma o morte*», cantant himnes i cançons patriòtiques, agitant els fusells i els garrots. L'estat major s'havia instal·lat a l'hotel Brucaris de Perugia. Estava format per un quadriumvirat presidit per Mussolini, que dirigia les esquadres que anaven a Roma. Cada esquadra tenia un metge, una farmaciola i un capellà. Els homes anaven molt ben equipats amb fusells, punyals i barres de ferro. Les esquadres tenien noms impressionants: la «*Venenosa*», la «*Desesperada*», la «*Menefrego*». Malgrat que Pla es feia ressò de les esperances d'un retorn a l'ordre que el cop de força de Mussolini despertava en el poble, era ben conscient, i així ho manifestava, de la teatralitat d'unes idees polítiques mancades de fons programàtic i d'un sindicalisme simplista i superficial.[36]

La intenció de Pla havia estat la d'escriure una breu història del feixisme des d'una perspectiva més periodística que no pas crítica, però la precipitació dels esdeveniments l'havia obligat a seguir les incidències de la marxa sobre Roma. Des del primer article remarcava el caràcter repressiu del moviment feixista i, si en algun moment es feia ressò de les ànsies d'ordre de la societat italiana, també deixava clar que la violència feixista havia estat una de les causes principals d'aquest desordre. S'ha de tenir en compte la cautela de Pla en els primers articles, perquè existia l'amenaça real d'una possible expulsió del país.

A final de novembre estava novament instal·lat a l'hotel Milano de Gènova. El viatge amb la seva germana pel nord d'Itàlia havia estat molt interessant. Havien estat a Florència, Bolonya, Venècia, el llac Como i Milà. Però les vacances li havien resultat cares: en un mes havien gastat quatre mil lires, i havia hagut de demanar diners al seu pare. No és, doncs, estrany que les cartes d'aquest fossin una mica eixutes, com «*un pedido de cervesa*».[37] A Gènova, havia presentat Rosetta a la seva germana i s'havien fet bones amigues. Josep i Rosa Pla havien estat convidats per la família Lagomarsino i Pla demanava a Rosa, un cop arribada a Palafrugell, que escrivís a Rosetta. Fins i tot tenia la intenció de fer venir a Itàlia la seva germana Maria, que s'havia quedat una mica moixa després del viatge de Rosa, i volia portar-les, totes tres, a Barcelona i a Madrid.

Però aquells desitjos no s'avenien amb la realitat immediata. Se sentia cansat per l'excés de feina i per una compensació econòmica que li semblava sempre poc gratificant. Els articles per a *El Sol* li resultaven difícils i laboriosos; malgrat tot, van tenir una gran acceptació, fins al punt que *La Publicitat* li va arribar a prohibir la col·laboració al diari madrileny, perquè la considerava de més qualitat que no pas la que feia per a ells. El disgust de Pla va ser important i li va fer formular el desig, que ja havia estat reiteradament expressat, de deixar el periodisme, en un to de resolució que aquesta vegada semblava definitiu. Efectivament, Josep Carner ja feia temps que el volia convèncer de la conveniència de buscar en la carrera diplomàtica el coixí econòmic que necessitava per poder-se dedicar a la literatura de creació. La seva intenció de passar un any i mig a Londres i a Irlanda tenia com a finalitat aprendre prou la llengua anglesa per a poder entendre-la i ésser capaç de traduir-la. Un cop tornat del Regne Unit, es volia presentar a les oposicions. El seu projecte immediat era el de passar el Nadal a París i poder ser a Londres per Cap d'Any.

Pocs dies després havia de variar lleument el programa: havia d'abandonar Gènova durant les festes de Nadal i ser a Lausana per Cap d'Any per fer el seguiment de la conferència. Després, tenia la intenció de passar uns dies a Ginebra i instal·lar-se a París el 10 de gener.[38] Però va haver d'ajornar el viatge fins al març. Des de Gènova, Pla va continuar les seves cròniques a *La Publicitat,* ara a la primera plana i, des que havia hagut de deixar *El Sol*, d'una extensió considerable.

El seguiment del fenomen feixista, la seva forta base nacionalista, li feien buscar les raons de la impossibilitat d'un nacionalisme català alliberador. Pla deixava ben clara la seva posició respecte al nacionalisme català, que distingia dels nacionalismes agressius i conservadors: «Si fos francès o anglès o italià, jo no seria nacionalista, sinó internacionalista i liberal. Com que sóc català, haig d'ésser nacionalista, mentre, ben entès, no hàgim resolt el nostre problema ni tinguem la llibertat assegurada. Quan tot això sigui resolt demanaré que m'esborrin del nacionalisme, perquè no crec que el poble català tingui tants defectes per creure's —com creu un filòsof del carrer de Provença— el poble ungit i el millor poble del món. Creieu que una temporada de contacte amb el feixisme m'ha fet avorrir la cançó patriòtica, i creieu, sobretot, que si l'amor de pàtria necessita tant de rebombori per fer-se conèixer, jo em puc perfectament passar d'aquesta llei d'amors tan sublims.»[39] Pla proposava d'abandonar la política ibèrica i particularista per una política internacional; posava com a exemple d'agressivitat nacionalista el feixisme italià, no pas per la seva violència, sinó perquè era la demostració que el món era de qui el volia, i en canvi negava un nacionalisme acadèmic, electoral i plutocràtic com el català, que, segons ell, convertia la nostra política en buida i trista.[40]

Una polèmica arran d'una conferència d'Eugeni d'Ors a Castelló d'Empúries que al·ludia un article de Pla i que va ser contestada per Lluís Nicolau d'Olwer i Josep Maria Junoy, li va permetre de completar la posició respecte a la política nacionalista catalana i també la literatura. Es congratulava de no haver format mai part de cap capelleta, naturalista, modernista o noucentista, i d'haver seguit un camí completament diferent, personal.[41] Pla, una vegada més, expressava la seva independència literària i proposava un programa que, precisament per la senzillesa i modèstia, xocava amb les tendències oficials, fossin noucentistes o avantguardistes.[42]

IV. EL VIATGE AL RUHR I LA CORRESPONSALIA DURANT LA REPÚBLICA DE WEIMAR (del febrer de 1923 al febrer de 1924)

El diari el va enviar al Ruhr el febrer. Estava una mica acovardit perquè no sabia l'alemany, però esperava sortir-se'n com sempre. Li sabia greu de deixar Itàlia pel clima benigne, el menjar, la vida regalada que s'havia acostumat a dur-hi, l'amistat de Josep Carner i, sobretot, Rosetta. Mig en broma, mig seriosament, Pla es plantejava la possibilitat de casar-s'hi; considerava que a 26 anys ja era prou vell i no es podien dir criaturades. Segons ell, havia compromès molt la noia i demanava a Rosa, en un to que traïa una certa incredulitat, que fes un sondeig familiar per saber com rebrien un nét o nebot. Però en una carta posterior, i amb la distància que posava el temps i la geografia, Pla rebaixava molt el seu entusiasme inicial. Si d'una banda se sentia atret per la idea del matrimoni, perquè ja en tenia l'edat i li agradava Rosetta, que era llesta i plena de vitalitat, de l'altra es considerava massa egoista, gandul i, cosa que era pitjor, mancat d'una posició sòlida. Aquest era segurament el motiu més important: haver de fer-se una posició laboral i econòmica significava, haver d'assumir uns lligams que defugia i renunciar a una llibertat que era inherent a la seva personalitat. Pla animava, però, la seva germana Rosa perquè convidés Rosetta a passar una temporada a casa de la família, a Palafrugell.

Va fer una primera escala a Ginebra. Durant els dos o tres dies que va passar a Suïssa, va poder comprovar l'oposició a l'ocupació del Ruhr per França. Va arribar a París a finals de febrer i va anar a Colònia a principis de març. Havia triat aquella ciutat perquè era a prop del Ruhr, hi feia menys fred, s'estalviava els inconvenients de l'ocupació i tenia els correus assegurats.[1] Durant el trajecte en tren per les regions franceses i belgues, va poder contemplar un paisatge devastat per la guerra: runes, arbres mutilats, esquelets de ferralla, desferres de canons i tancs, cementiris amb creus blanques. A partir d'Aquisgrà començaven les retencions de trens i a Colònia els horaris ja no servien. El port estava completament paralitzat i la ciutat estava ocupada per les tropes angleses. Pla s'havia instal·lat al millor hotel; tenia calefacció de gas i aigua calenta i només pagava 27.000 marcs al dia (unes dotze pessetes), que a Alemanya era un preu desorbitat. Pla recorria cada dia les poblacions ocupades i tornava a Colònia al vespre. El Ruhr era una de les regions més riques d'Europa, però el seu mecanisme de funcionament era molt complex. Per dificultar-ne el control francès, els alemanys feien actes puntuals de sabotatge que bloquejaven el sistema. Un altre mètode era el pagament per part del govern alemany de subsidis perquè els seus obrers no treballessin. D'aquesta manera, l'ocupació francesa era només militar i d'una eficàcia econòmica nul·la. Malgrat la tristesa i la monotonia, Pla resistia bé perquè hi estava només de pas. L'ambient de les poblacions del Ruhr no donava cap més opció que no fos el treball. Alemanya li resultava palesament depriment: les descripcions que feia de les diferents ciutats visitades no enganyen.

Pla estava fermament decidit a donar un nou tomb a la seva carrera professional. Però aquesta intenció no s'adeia gaire amb les del diari, que el volia de corresponsal mòbil per cobrir els esdeveniments importants que tinguessin lloc a Europa. De totes maneres, s'entossudia a anar a Londres.

Comptava que els articles sobre el Ruhr li permetrien guanyar un marge de tres o quatre mesos sense haver de treballar. Insistia en el projecte professional d'entrar en la carrera consular, i, portat per la responsabilitat de l'hereu, aconsellava sobre la manera com s'hauria d'orientar la vida dels tres germans.[2]

A final de març, Pla havia tornat a París. Vivia a la *rue* Bréa i passava bona part del temps amb Joan Estelrich i Vicenç Solé de Sojo. Però l'estada va durar poc, perquè *La Publicitat* el va enviar a Lausana per cobrir la informació de la Conferència sobre Turquia. El 23 d'abril ja havia publicat el primer article. Pla va tornar a Gènova a mitjan maig. Suïssa no li agradava gens, la trobava trista, avorrida, insípida, germànica, uniformista: «En general aquests països tan civilitzats, tan ordenats i tan ben presentats, com Alemanya i Suïssa, són fets per gent mecanitzada i automàtica. Amb Alemanya, però, encara s'hi pot passar, perquè si els alemanys no fossin mecanitzats, què serien, Mare de Déu? Imagineu-vos fora de la mecànica la millor Alemanya possible. Figureu-vos una Alemanya convertida en una enorme òpera de Wagner. Encara seria més ridícul.»[3] Pla havia d'arreglar a Gènova unes qüestions de passaport. No havia rebut cap ordre del diari i no sabia què havia de fer. El seu desig era d'anar a Constantinoble, però el tràmit per obtenir el permís del govern d'Ankara, per mitjà de l'ambaixada espanyola a Roma, era massa lent. Davant la proximitat de l'estiu, preferia abandonar el projecte de Turquia: havia proposat al director del diari un altre viatge d'un mes i mig per l'Europa danuviana, Belgrad-Viena-Budapest-Praga. De Praga, i pel centre d'Europa, volia anar finalment a Londres. Precisament *El Liberal* de Madrid el pressionava perquè es traslladés a Anglaterra. Se sentia econòmicament satisfet perquè tenia dues mil cinc-centes lires i un vestit nou que li esqueia, portava barret fort i tenia el propòsit d'enviar regularment cent pessetes a la seva mare. Continuava veient Rosetta, que, malgrat les moltes dificultats que li posava l'Estat italià, persistia a voler-se fer el passaport per poder anar a Palafrugell. També veia sovint Josep Carner. En les moltes converses que tenien, sovint sortia el tema del pare de Pla, que Carner considerava un senyor. Aquesta nova perspectiva permetia a Pla valorar unes virtuts del seu pare que fins ara no havia sabut entendre, possiblement a causa de la distància generacional i, també, pels mals moments que li havien fet passar les seves aventures econòmiques.[4]

La visió privilegiada que la corresponsalia li permetia tenir de la política europea eixamplava la seva comprensió del fet nacionalista. Els esdeveniments polítics de Bulgària i de Bèlgica li feien veure que Europa estava en els inicis de les lluites per les nacionalitats. Pla trobava les arrels del nacionalisme en la pagesia.[5] La seva definició encaixava cada vegada més amb la concepció del lloc que, com a home, havia d'ocupar i de la seva funció social i creativa com a escriptor. La relació directa amb la terra i, en el seu cas, amb l'Empordà Petit el portava a estimar un paisatge que s'havia guanyat la bellesa pel treball. Era un paisatge bell perquè era útil, i, per tant, civilitzat. El pagès n'era l'artífex i el seu amor per la terra era una reacció natural, el seu nacionalisme era biològic i també constructiu. És, doncs, lògic que Pla busqués la naturalitat en l'escriptura, ja que el ritme de la seva frase havia d'harmonitzar amb la naturalesa. Establia un paral·lelisme entre el treball del pagès a la terra i el de l'escriptor amb el llenguatge: tots dos havien de construir a partir del caos.[6]

Pla va tornar a Catalunya a mitjan juny. Va passar com sempre l'estiu entre Palafrugell, Calella i Barcelona. Des que Pere havia tornat del servei militar, Pla havia intentat trobarli feina, però les seves gestions no havien servit de gaire. En canvi, els consells que li havia donat per carta sobre la manera d'entendre la vida, en tot cas, donaven la seva faceta pràctica i realista. En el centre de la seva visió de la dinàmica del món, Pla hi havia posat l'atzar, que el portava a una actitud gairebé esportiva, com era la de prendre gust pels obstacles. Les vacances van estar amenitzades per la presència de Rosetta Lagomarsino. Gràcies a la seva germana Rosa, havia aconseguit fer-la venir. Va ser acceptada al Canadell amb una clara reticència per part dels pares, que no acabaven d'entendre com el seu fill podia estar enamoriscat d'una noia tan espellifada. Maria i Rosa van haver de donar-li algun parell de mitges i, fins i tot, deixar-li roba. Pla la va portar a Barcelona i li va fer veure la Generalitat. Però, davant l'aparició de polls en la magnífica cabellera de Rosetta, se la va voler treure de sobre i Pere la va haver d'acompanyar a la frontera. La família Pla va veure la partença amb satisfacció i alleujament.

Pla va tornar a Alemanya a final de juliol, tot passant per Àustria. En un article remarcava la recuperació del país, que contrastava amb la situació de bancarrota d'Alemanya, i elogiava la política administrativa del seu dictador.[7] El primer d'agost ja era a Berlín; el dia 2 va enviar una postal a la seva germana Rosa amb la nova adreça, la pensió Iderna, al número 21 de Geisberg-Strasse. El primer que havia fet en arribar a la ciutat havia estat anar a veure Eugeni Xammar, que coneixia de la penya de l'Ateneu i que feia més d'un any que vivia a Berlín. Aquest li havia recomanat la pensió; el barri on estava emplaçada era una mena de Montparnasse. Li costava dos-cents cinquanta mil marcs diaris, i un mes després li costaria trenta milions. Menjava sempre al restaurant. Gastava cada dia un milió de marcs. Treballava de nits com era el seu costum i de dia sortia amb Xammar. Pla el considerava un home extraordinari; n'admirava la seguretat, la capacitat d'observació i d'anàlisi, la facilitat per convertir les seves opinions polítiques en articles, el domini dels idiomes i l'experiència cosmopolita. Pla s'havia deixat seduir per la personalitat d'un Xammar culte i refinat —com també en altres moments de la seva vida havia quedat captivat per la maduresa i l'experiència d'Alexandre Plana, per la facilitat de llenguatge de Francesc Pujols, per la sensibilitat i el domini de l'idioma de Josep Carner. Si fa no fa una dècada més grans que ell, eren els seus mestres i amics. Tret d'Alexandre Plana, tots exercien un sentit de l'humor que en certs cercles era considerat pertorbador i que, per aquesta raó, atreia Pla.

Els alemanys eren finalment conscients d'haver perdut la guerra i, tot i la tristesa que ofegava la ciutat de Berlín, pel temps tardoral i per la misèria que ho impregnava tot, Pla va tenir una entrada prou agradable: una pesseta forta, l'amistat del matrimoni Xammar i una vida nocturna, de restaurants, cafès i cabarets, activa. Eugeni Xammar havia organitzat una penya molt divertida al Romanischen Caffe de Charlotenburg, el barri jueu. Hi assistien el rus antibolxevic Tasin, Bayo, alguns periodistes italians i alguns professors de filosofia espanyols pensionats. La seva activitat periodística consistia a anar cada dia al Ministeri de Serveis Estrangers i, sobretot, passar hores repapat en una butaca de casa el seu amic Xammar, xerrant interminablement sobre la situació política. D'aquestes converses, n'havien sortit una gran quantitat d'articles que, segons diverses opinions, eren el millor que s'havia escrit sobre Berlín. Pla estava parat de la seva capacitat d'adaptació i de la seva gran intuïció. No gosaríem discutir la possessió d'aquestes qualitats, però també cal reconèixer que tot ajudava, sobretot Xammar. I, molt especialment, la companyia de la seva nova amiga, Aly Herscovitz, que havia conegut al Romanisches Caffee. Tenia divuit anys, no era gaire alta, era pleneta, rossenca, amb els ulls grisos i les dents molt blanques, anava vestida d'una manera informal. Era d'una família de comerciants jueus de Leipzig. La va convidar a sopar algunes vegades i al cap d'unes setmanes ella s'havia instal·lat a la cambra que ell tenia llogada a la casa de la senyora Behrens. Encara que no va saber mai del cert com es guanyava la vida, havia entès que feia de secretària i d'intèrpret acompanyant. Tenia una bona formació i parlava prou bé el francès i l'anglès. Era molt activa, alegre i animada, li agradaven els llocs on hi havia molta gent, sempre tenia gana i set i fumava Murattis. Malgrat que econòmicament anava una mica justa, no la va sentir mai queixar-se.

L'únic obstacle a la completa felicitat de Pla era el caràcter alemany, que no s'adeia al seu tarannà. Considerava la raça alemanya mancada d'intel·ligència, «dolenta» i dura.[8] Completava la suma de defectes en els articles. El que abans de la guerra havia estat una gran virtut, com el fet de viure al dictat, ara era una de les causes de l'asfíxia del poble. Si abans tenien els dons de l'organització i de la disciplina, ara dubtava que els haguessin tinguts mai, i més aviat creia que la seva naturalesa s'acordava amb l'anarquia, conseqüència de l'ansiositat i de la golafreria. I era precisament aquest desenfrenament de la voluptuositat el que més l'horroritzava. Com a mediterrani sentia un fàstic pels excessos i, a més, es malfiava d'aquells que demostraven incapacitat d'arrelament, de sentir-se units a una terra i als seus morts. Pla desconfiava d'aquesta raça que veia anar endavant amb una força que només es podia explicar per aquestes «qualitats».

La negativa d'Alemanya a pagar immediatament les reparacions de guerra havia creat una situació de misèria que s'acreixia dia rere dia. L'habitació costava a Pla la meitat del preu que havia concertat a principis de setmana, però el gerent de l'hotel també acabava pagant la meitat del que havia concertat amb el propietari i els empleats. D'aquesta cadena de gent que robava i s'havia de deixar robar, els més perjudicats eren els qui n'estaven al final, és a dir els obrers i els assalariats, que pràcticament treballaven de franc i compraven amb paper mullat. Pla denunciava aquesta situació en nombrosos articles, perquè creia que destruïa el fonament de la moral: la gent honesta i patriòtica s'havia convertit en la més pobra, mentre que els pròfugs de la guerra i els especuladors estaven fent fortunes immenses. L'agonia de la classe mitjana li semblava especialment patètica, era l'ase de tots els cops, les restes del seu naufragi es podien seguir als antiquaris i a les cases de préstecs. Sovintejaven els suïcides per misèria. Les esperances de salvar el país es van fixar en Stresemann, que havia acceptat la cancelleria amb el repte d'aturar la depreciació. Pla valorava el coratge del nou canceller, perquè afrontava el problema real de cara. Ell i Xammar havien anat a la recepció que havia fet a la premsa estrangera. La impressió dels dos periodistes catalans havia estat més que positiva, perquè havien reconegut un dirigent capaç de treure el país del marasme anàrquic.

La vida a Berlín era trista, s'havia tallat l'electricitat i Pla trobava un aire revolucionari en la mitja claror dels diumenges a la tarda. De totes maneres, estava bé i creia que hi havia bones condicions per treballar, no hi havia sorolls i tothom tenia casa amb jardí. Però la devaluació feia mal, hi havia molts homes demanant caritat, encara que als cabarets es veien moltes dents d'or. Els serveis estaven mig paralitzats i els articles de Pla arribaven a Barcelona amb més d'onze dies de retard. Les intencions de marxar a Anglaterra encara eren fermes. Tenia la intenció de deixar Berlín entre el 15 i el 20 d'agost per anar a Londres via Amsterdam i Bèlgica. Havia projectat fer algunes excursions per aquest país, però Londres era el seu objectiu prioritari. Volia estar-s'hi fins al febrer i anar després a Madrid per examinar-se a les oposicions de cònsol. Joan Raventós, Bayo i Madariaga l'estaven ajudant en les gestions. Esperava el programa d'oposicions i els apunts que li havia d'enviar el professor Martí Jara des de Madrid. Semblava, doncs, que l'exemple i la influència de Josep Carner eren profunds i l'havien sotragat intensament. La nova amistat d'Eugeni Xammar li havia revifat encara més el desig de normalitzar la seva vida professional i literària.

Malgrat les caigudes ocasionals en la malenconia, reconeixia que la vida lluny del país li provava; s'adeia al temperament de rellogat que s'anava construint, en part, per protegir-se de la inestabilitat que suposava la professió de corresponsal a l'estranger i, també, perquè aquesta actitud li facilitava l'ajornament d'un compromís massa rígid amb el seu avenir. El model de cosmopolitisme, cultura i llibertat personificats per Carner i Xammar l'atreia. Estava il·lusionat per fer una vida que li permetria alternar la relació amb els centres de poder europeus, les festes de l'alta societat, les tertúlies literàries i la vida nocturna; i tot això amb la seguretat d'un sou convincent.

L'altre projecte més immediat era un viatge de quaranta dies a Rússia amb Xammar, per després tots dos escriure'n un llibre. Hi volien anar el setembre i Pla ho estava negociant amb *La Publicitat*, amb *El Sol*, amb Joan Estelrich d'*El Día* i amb Marcel·lí Domingo, que volia fer un diari a Madrid. Quan havia arribat a un acord econòmic amb aquest darrer —la seva col·laboració a canvi de quatre-centes pessetes—, Pla es va fer enrere, perquè estava en desacord amb les seves idees polítiques. També estaven en contacte amb Andreu Nin i la Sindical Roja de Moscou. Però el viatge es va anar ajornant, entre altres raons perquè, amb l'arribada de la dictadura del general Primo de Rivera, els mitjans de comunicació es van haver d'adaptar a unes tendències que no comptaven amb la política i l'organització social i econòmica de la Unió Soviètica. *La Publicitat* li censurava els articles i li havia prohibit parlar de política.[9]

A mitjan setembre, la situació econòmica alemanya s'havia agreujat. La primera mesura de Stresemann per estabilitzar el marc mitjançant una política d'impostos havia fracassat estrepitosament. La raó era que s'havia arribat a un cercle viciós: com que l'Estat no ingressava prou amb els impostos perquè es desvaloritzaven immediatament, el pressupost era mínim i s'havia de compensar el dèficit amb la fabricació de nova moneda. El marc havia tocat sostre: tenia una cotització nominal, una cotització efectiva i una cotització oficial. La xifra de la cotització nominal doblava la de l'efectiva i la cotització efectiva doblava la xifra oficial. No ha d'estranyar que Pla declarés que a Alemanya estava aprenent a comptar. A finals de setembre s'havia arribat a quatre-cents cinquanta milions de marcs per dòlar i a Berlín un bitllet de tramvia valia vint milions: «Allò que fa tres anys es deia, bromejant, que el marc arribaria a servir per empaperar les habitacions, ha arribat a ésser una realitat. Costaria molt menys d'empaperar una habitació de marcs que empaperar-la amb paper de floretes, papallones, garlandes i altres foteses d'ús corrent.» [*sic*][10] La situació havia esdevingut tan grotesca que Pla estava d'acord amb la premsa de Berlín de considerar Alemanya un país sense moneda.[11] Els alemanys, que havien viscut sempre seguint ordres, ara se sentien perduts i la situació se'ls escapava de les mans. Encara que no es veiés la misèria, perquè el món oficial la tapava, la desnutrició i la tuberculosi eren malalties freqüents, la mortalitat infantil havia arribat a una freqüència alarmant, la criminalitat augmentava i també els robatoris. La gent tenia l'obsessió de fer cua per comprar aliments abans que no es volatilitzessin els marcs. Pla estava colpit pel dolor del poble alemany i se sentia incòmode en la seva situació d'estranger privilegiat, perquè cobrava en la divisa del seu país. Cada dia havia de fer la batalla de les cases de canvi i suportar les baralles, a cops de puny, amb persones de totes les races que feien cua.

Es va començar a trobar malament. El que en principi va ser un refredat mal curat, es va allargar més d'un mes i va derivar en una mena de depressió deguda a l'esgotament i al que ell en deia el «meu caràcter». Aquest caràcter estava compost per una sèrie de qualitats pròpies de la branca Casadevall, que combinaven l'activitat frenètica, la simpatia i l'humor, amb períodes depressius, quan la seva extremada lucidesa els feia sentir el dolor de la vida. Aleshores tendien a replegar-se, a només veure el cantó negre de les coses. Emmalaltien per una barreja d'hipocondria, desgana i tendència real a l'artrosi. Les causes eren moltes: la situació alemanya, el cop d'Estat de Primo de Rivera, el fred, la seva eterna situació de precarietat, l'enyorament. Escrivia a la seva germana Rosa: «La tardor de Palafrugell es una cosa magnifica. Aquells dies tan clars, que semblen de vidre, les tardes de sol amb la seva naturalitat que fa pensar amb el temps i amb l'eternitat i fan venir pell de gallina, les nits, amb una punta de boira en els fanals, tot això ho veig tan clar que es impossible separarme'n i ho porto sempre clavat. Es curiós la quantitat d'arrels que tenim, nosaltres. Quan mes lliures i desarralats ens pensem esser, mes ens goberna la terra i els antepassats. El meu unic problema es distreure'm d'aquestes coses però no puc.» [*sic*]

Gràcies al bon amic Xammar i, també, a l'escalf de la companyia d'Aly, va superar lentament la crisi. L'obsessió d'anar a Anglaterra encara es va mantenir unes setmanes fins que a finals de setembre va rebre un telegrama del diari en el qual li pregaven que es quedés a Alemanya, perquè consideraven la situació molt interessant. Estava al dia de la situació de Catalunya gràcies a la premsa espanyola que rebia Xammar, i es queixava de la suspensió de moltes societats nacionalistes, com la Central d'Acció Catalana. Però la llunyania li feia creure que, malgrat que el sistema dictatorial depengués del mal humor dels seus generals, podia fer, per reacció, un bé a Catalunya.

Tot i que no s'acabava de trobar bé a Alemanya, Pla portava un ritme de producció periodística molt intens i començava a pensar en un parell de projectes. Demanava al seu germà que li enviés tots els articles que havia escrit a *La Publicidad* i a *La Publicitat*, perquè volia reunir-los, traduirne els més interessants i reescriure'n d'altres per fer-ne un llibre. També volia saber quin to tenia la col·lecció «La Novel·la d'Ara», perquè hi volia enviar algun conte. De moment *La Publicitat* n'hi havia publicat un parell: *L'home fatal* i *Crítica musical*,[12] que no passaven d'un costumisme lleument humorístic. No eren pas narracions que destaquessin. Mantenia amb convicció la posició d'independència que l'havia caracteritzat des dels seus inicis, posant-se al costat de Josep Maria Junoy, Francesc Pujols i Josep Carner i distanciant-se de Josep Maria de Sagarra, l'última obra del qual, segurament *Les veus de la terra*, considerava un «*dramón*» dolent i sense interès.

La independència era la raó de la desconfiança dels lectors, que se'l miraven amb recel i por. Aquesta posició es reforçava, en Pla, per la seva visió de la vida, que basava en la idea del domini de l'atzar. Com comentava a la seva germana Rosa a propòsit del festeig de Pere amb Maria Miquel, a la vida calia triar sempre el camí de la llibertat, malgrat que això signifiqués aparentment anar en contra d'aquesta idea. «Hi ha un moment, en la vida d'un home intel·ligent com En Pere en que s'obren dos camins: o la llibertat per tota la vida o la servitut per sempre. No s'ha pas de dubtar ni un moment. Si el matrimoni es el camí de la llibertat, la vida, que es una cosa fatal i material, la biologia, que es un fet i no un camí com pretenen la gent que tenen del món una visió religiosa, espiritualista i falsa, mana que es tiri al dret. Les coses, fent-les d'aquesta manera, no surten, ni pitjor ni millor de com haurien sortit. Tot es fatalitat, atzar i instint. Lo altre es una pintura agradable però convencional.» [*sic*] Aquesta posició no era una estratègia fàcil per justificar la seva independència, sinó que era una situació real que vivia quotidianament. La inseguretat a Alemanya era completa, de manera que s'assemblava cada vegada més a la naturalesa salvatge, tot depenia de l'atzar.

Un cop recuperat de la crisi, Pla va començar a trobar-se

bé a Berlín. Ell i Aly Herscovitz feien una vida regalada amb els diners que cobrava del diari. Freqüentaven assíduament el Romanisches Caffee, els restaurants i els cabarets. Confessava que amb aquells diners a Catalunya hauria anat molt justet. Per ajudar econòmicament la noia va concertar amb el seu germà, que treballava com a químic a Manufacturas de Corcho, dirigida per Joan Miquel, el pare de la seva promesa, que li encarregués traduccions, pel mòdic preu de vint-i-cinc pessetes, cada vegada que en rebés un bon feix. D'aquesta manera Aly podria disposar d'un capitalet gràcies al canvi de moneda. Ja no desitjava deixar Alemanya i tenia por que el diari no l'enviés a Barcelona o a Orient. Havia començat a estudiar l'alemany amb l'ajuda d'Aly i, de moment, semblava renunciar de bon grat al projecte d'anar a Anglaterra i de presentar-se a les oposicions a cònsol, que, d'altra banda, havien estat suspeses.[13]

A final d'octubre es va produir una onada d'agitació a moltes zones d'Alemanya: algunes ciutats renanes es van declarar independents i es va crear el nou Estat del Palatinat, que era una part de Baviera corresponent a l'Alemanya no ocupada. Baviera era més separatista, germànica, antiberlinesa i reaccionària que mai i Saxònia era profundament comunista. Davant d'aquesta situació, el diari el va enviar a cobrir la informació sobre els esdeveniments. El 4 de novembre, Pla va sortir de Berlín per anar a Colònia i uns dies després van aparèixer les cròniques que van publicar-se fins a principis de desembre. Pla va trobar la conca del Rhur molt pitjor que quan hi havia anat el febrer: era el caos i res arribava a l'hora. El dia 8 de novembre al matí, en un ambient festiu i patriòtic, Hitler va proclamar el cop d'estat a la cerveseria Münchener Bürgerbrauteller. Va nomenar Von Kahr dictador. Al cap de dues hores, Von Kahr ordenava la detenció de Hitler i Ludendorff. El cop de timó a la dreta ja estava donat i això era possible perquè, segons Pla, la massa necessitava una mà forta que la governés i si no la trobava a l'esquerra la cercava a la dreta. De totes maneres, Pla era molt reticent respecte a l'ideari hitlerià, especialment pel que feia a la qüestió racial, com va exposar en una entrevista que va publicar sobre Hitler.[14] A finals de novembre va caure el govern Stresemann. La situació econòmica va millorar, gràcies a la liquidació del separatisme renà i a la dissolució de la República.

Des que havia tornat del viatge per Colònia, Baviera, Weimar i Dresde, Pla semblava entrar en una etapa de vitalitat creativa. Els projectes eren tan abundants que semblava impossible que els pogués emprendre tots. Volia vendre una novel·la-fulletó de setanta-cinc quartilles a *La Publicitat*. Informava Sagarra de la conversa que havia tingut amb Plana sobre el llibre que havia començat a confeccionar a base d'articles i narracions i de la proposta que havia fet a Antoni López Llausàs per publicar-lo. En un to més combatiu, volia convèncer Sagarra sobre la necessitat de renovar l'escena teatral catalana i li proposava d'estrenar al Romea l'adaptació d'Ambrosini sobre *L'Idiota* de Dostoievski, que havien traduït de l'italià ell i Eugeni Xammar. En la mateixa línia d'activisme cultural, li explicava el projecte que tenien amb Josep Carner i Eugeni Xammar de fer una revista a la manera anglesa, que tractés sobre política, literatura i crítica. A tot això, s'hi han d'afegir els articles que escrivia habitualment per al diari. Projectes i el que ja eren materialitzacions molt concretes i ben encarrilades tenien una base comuna que era la de forçar la substitució d'una llengua, o massa aigualida o massa encartonada, per una de més clara i entenedora.[15]

Però les circumstàncies polítiques no afavorien la comprensió d'unes intencions que, per força, havien de resultar poc atractives al nou directori. La resposta general als seus projectes semblava ésser el silenci. La nova situació li portava a la memòria el perill del feixisme, encara que valorava positivament l'anticatalanisme de Madrid, perquè el centralisme provocava la reacció catalanista i, paradoxalment, afavoria els interessos catalans.[16] A final de desembre explicava a Lluís Nicolau d'Olwer el seu neguit per no poder ésser a Catalunya i conspirar contra el nou règim, alhora que passava a exposar una proposta d'estudi per organitzar una oposició nacionalista a partir de les societats esportives.[17] Segons ell, aquest estudi s'havia de fer en tres mesos a unes dues-centes o dues-centes cinquanta pessetes al mes. Posteriorment comptava publicar el report a càrrec seu, d'Acció Catalana o de la Mancomunitat.

Sense rebaixar gens les intencions renovadores del programa literari de Pla, cal també dir que, amb la recuperació del marc després de la caiguda del govern Stresemann, la seva economia s'havia debilitat. Per aquesta raó buscava de treure un rendiment al seu ofici. La correspondència amb Nicolau d'Olwer i Carles Riba és en aquest sentit prou il·lustrativa i desesperada.[18] La insistència perquè li fossin pagats els contes que havia enviat a *La Publicitat* és patètica.[19] Pla necessitava aquests diners per traslladar-se a París a final de febrer, però davant la urgència i les dificultats que aquests diners arribessin a temps, si mai arribaven, va recórrer al seu pare. Finalment, Pere va enviar-li les dues-centes cinquanta pessetes que necessitava. Pla estava desconcertat davant la poca receptivitat dels seus pares. El fet que el consideressin un mal negoci reforçava la incomunicació.

Fos perquè ell també es considerava un mal negoci o perquè veia molt clar que amb un a la família ja n'hi havia prou, es preocupava per la situació laboral del seu germà, fins al punt que volia saber cada una de les seves gestions i converses per tal d'aconsellar-lo. Pla tenia també un sentiment de la família molt arrelat que el feia patir, tant per ser-ne l'element diferent, com per la concepció productivista que s'havia donat a la vida familiar. Però el pitjor era el deseiximent sentimental i l'absència en un moment especialment familiar com era el Nadal. És possible que aquestes circumstàncies influïssin en la crisi que havia passat feia poc. «Jo he passat la nit de Nadal i de Cap d'Any molt sol i he pensat molt amb vosaltres i amb les coses que passen a casa nostra.»[20] Pla no estava tan sol, tenia la companyia d'Eugeni Xammar i d'Aly Herscovitz. Amb ella, la seva hostatgera, la senyora Behrens, i una noia de Hannover havien anat a missa el dia de Sant Esteve. Les cançons i l'ambient l'havien emocionat. Les condicions meteorològiques també ajudaven a crear una atmosfera d'estampa nadalenca: feia un mes que nevava. Aquella nit la nevada va ésser espectacular.

Les proses literàries que va escriure durant aquest període recullen fidelment la seva experiència vital immediata. La solitud, la manca de comprensió familiar, l'enyorament agreujat pel clima inhòspit, el desarrelament que traspuava el caràcter alemany en totes les seves manifestacions, la situació política i econòmica del país i, també, la política del directori a Espanya i Catalunya; tot plegat havia de marcar els arguments i el to d'aquestes proses. Malgrat que algunes narracions van ser publicades uns anys després, es pot gairebé afirmar que, per la temàtica, van ser escrites durant aquests mesos. Quatre elements s'ajusten perfectament a les circumstàncies que aleshores vivia molt directament: la descripció ambiental, és a dir Berlín durant la depreciació del marc; les víctimes més innocents d'aquesta situació, com eren les criatures suïcides; les anècdotes sobre el grup format a l'entorn d'Eugeni Xammar; la percepció gairebé onírica que de la realitat exterior li feia tenir la malaltia i també la sensibilització extremada dels sentits.[21] És difícil saber si alguna d'aquestes proses era la que havia enviat a Carles Riba, com a principi d'una novel·la, perquè li donés el seu parer i el corregís. ¿Era la novel·la que pocs mesos després seria anunciada a *La Publicitat*, amb el títol de *Berlín-Oest?*

Cal remarcar que les impressions, desencisades i tràgiques, d'aquestes proses eren projectades per una veu narrativa que s'anava perfilant d'una manera més segura i matisada i que es confonia amb la del mateix Pla. Es fa difícil traçar la ratlla entre el Pla narrador i el Pla biogràfic. El 1921, havia utilitzat el personatge de Santaniol per definir-se, exagerant l'ambivalència dels seus sentiments, autoacusant-se de vanitós, mancat d'ambició, feble i mistificador. Ara completava el retrat amb una crítica a la seva herència «d'honradesa i bona criança» i al llast de cultura, que eren un fre a la completa independència.[22] Bé que es reconeixia els mateixos defectes d'abans, en aquestes narracions destacava també els aspectes positius d'aquells: la vanitat ara no era vista com una qualitat negativa, sinó com el motor de l'home.[23] La dualitat de tendències semblava ésser encara l'eix més important del seu caràcter, però ara s'acordaven a la seva personalitat real, que tenia molt del caràcter Casadevall: passava de les exaltacions violentes a la misantropia. Les caigudes en la depressió l'afeblien fins al punt de convertir-se en una víctima propiciatòria. Tenia una clara tendència a discutir, fins a l'esgotament, de qualsevol cosa. Rarament deia el que pensava i la feblesa el portava a l'estat contemplatiu. Però a aquests trets de la personalitat Casadevall, se n'hi han d'afegir d'altres que es fan difícils de separar de la imatge pública que d'ell volia donar. Aquí jugava amb l'ambigüitat, que li permetia de tenir una actitud de compromís relatiu, és a dir que tot i que professava la subversió contra les formes establertes —tant en el camp de la vida com en el de la literatura i la política—, es mantenia a distància. Pla havia trobat, i no d'ara, la fórmula per preservar la seva independència, la seva privacitat, que consistia a manifestar la inseguretat dels seus sentiments i, d'aquesta manera, la seva passió pels contraris: no saber on començava la sinceritat i on la comèdia i vacil·lar entre cinisme i ironia, puritanisme i ordre. Només reconeixia un element de «consolidació»: la manca d'ambició. El personatge narrador era un calc de l'Stavroguine de Dostoievski que Pla havia llegit quan era corresponsal a París.

Aquesta actitud, tan lligada a la seva personalitat, es materialitzava en l'escriptura. El periodisme li permetia de projectar la dualitat de tendències i donar també una imatge d'incorformista i de rebel, perquè tenia com a objectiu essencial divertir i evitar de deixar-se atrapar per la comèdia burgesa o l'eixarreïment academicista. Com a il·lustració del que era la realitat més crua, Pla contava una anècdota emmarcada per la paròdia: en uns putxinel·lis a Lió va veure una escena exemplar: «El pare contemplava un delicat paisatge i vet aquí que es presenta el fill, de puntetes i sense dir res li dóna un cop de garrot al cap.»[24] L'exemple també es pot llegir des de la perspectiva personal: les tensions amb el seu pare eren vistes des de la banda d'aquest, potser per una concessió a la mala consciència, malgrat que Antoni Pla no semblés gaire disposat a comprendre el seu fill.

Però Pla també s'obria a la dimensió onírica. Quan els seus sentits i la seva ment estaven dominats per unes condicions que no eren les normals: l'esgotament, l'insomni, la malaltia, una situació de misteri... aleshores s'acostava al desconegut, a una realitat màgica que enriquia de subjectivisme la visió més directa i quotidiana i alhora empetitia l'home, el feia més humil perquè estava completament indefens davant una naturalesa que el dominava.[25] Aquesta tendència per obrir-se a la dimensió misteriosa l'acostava novament als russos i a Dostoievski i explica per què també se sentia atret per Pirandello i Barrès, capaços de descobrir-nos una realitat més profunda.[26]

En els mesos següents, Pla va desenvolupar en diversos articles, tant en el camp teòric com en el creatiu, qualitats que serien essencials en la seva literatura. Va comentar algunes lectures, i en va destacar els trets que més s'adeien al seu temperament literari, com el cas de Joseph Conrad i Josep

Maria Junoy o Alexandre Plana. Totes les reflexions tenien, com a matèria d'observació i font de sensacions, la vida. A partir d'aleshores, la sensualitat es convertiria en un dels seus temes predilectes; la valoraria com el lligam més íntim de l'home amb la naturalesa i, per tant, enriquidora del jo interior i base de les arrels i dels principis de l'individu.[27] Una narració aparentment tan poc rellevant com *Negre i taronja* il·lustrava aquest principi. El jove, que anhelava entrar en la vida dels sentits i de la sensualitat, era no només frenat en el seu desig, sinó que aprofitant-se de la seva feblesa era castigat pel representant de la moral, el capellà.[28]

Durant els mesos de febrer i març, Josep Pla i Eugeni Xammar van emprendre des de *La Veu de Catalunya* una campanya contra la premsa castellana de Barcelona. La causa era un article que Manuel de Montoliu havia dedicat a les biografies dels periodistes il·lustres publicades per l'Asociación de la Prensa Diaria.[29] La sèrie va originar una viva polèmica en la qual van participar, a més de Pla i Xammar, Manuel de Montoliu, Josep Maria Junoy i Josep Maria de Sagarra. La qüestió central dels articles era la posició que davant del fet de Catalunya havien pres els periodistes i polítics del país: els uns, reaccionant d'una manera europea, havien contribuït a la seva construcció, però la majoria ho havien fet amb una mentalitat provinciana.[30] Si més no, la sèrie va contribuir a animar el panorama, segons Sagarra «ensopit», de la premsa diària.

V. PROCESSAMENT PER INJÚRIES CONTRA L'EXÈRCIT. LA TERTÚLIA DE LA ROTONDE DE MONTPARNASSE I ADI ENBERG. VIATGE A RÚSSIA I ANGLATERRA (del març de 1924 al novembre de 1925)

Com ja havia anunciat a Josep Maria de Sagarra i a Carles Riba, a final de febrer Pla deixava Berlín i Aly Herscovitz. El viatge en tren per Alemanya li va fer veure l'abast de l'expansió del partit de Hitler. Va passar uns dies a Brussel·les coincidint amb la crisi política belga.[1] A la seva arribada a París a principis de març es va trobar amb una situació econòmica i política complexa: el franc estava en plena davallada. Aquesta baixa de moment no es notava en la vida diària. Comparat amb Alemanya, França era, segons Pla, el país de l'opulència. Això explicava la presència a París de dos-cents mil estrangers que contribuïen a afavorir la balança comercial. Entre aquests hi havia els espanyols exiliats de la Dictadura.[2]

La Rotonde de Montparnasse aplegava aquella primavera i estiu un grup d'espanyols d'allò més heterogeni. L'atzar feia seure a la mateixa taula personatges ideològicament tan allunyats com Santiago Alba, Francesc Macià, Joan March, Marcel·lí Domingo o Miguel de Unamuno. Els periodistes gaudien de l'aiguabarreig intel·lectual i de l'ambient de conspiració; rumors i comentaris eren sovint divulgats per la premsa. Es teixien intrigues i complots. Circulaven pamflets i revistes d'oposició al règim del directori. Francesc Macià i Josep Pla van conversar segurament més d'una vegada i aquest darrer va trobar, en el líder d'Estat Català i en el grup d'oposició al règim que s'estava formant, l'organització i la passió política que reclamava la societat catalana.

El mes de maig Pla va signar, juntament amb Josep Carner i Ribalta, A. Trias i Josep de Togores, un manifest d'intel·lectuals catalans a París contra la situació creada a Catalunya arran de la dictadura de Primo de Rivera. El manifest apareixia en el primer número del *Butlletí de Catalunya* d'Estat Català. Pla publicava un article en el segon número defensant la necessitat de la constitució d'un front únic català que tingués prou força per pressionar políticament, fins i tot utilitzant la lluita armada, el govern del directori i forçar-ne la caiguda, fet que permetria obtenir els drets polítics de Catalunya, és a dir l'autogovern. Pla defensava en la figura de Francesc Macià una política portada amb prou passió i coneixement de Catalunya per sintonitzar amb l'opinió catalana que reclamava una actitud més contundent respecte al govern de l'Estat.[3]

Els mesos següents va publicar una sèrie de tres articles, sota el títol genèric de «Notes de crítica política», a la *Revista de Catalunya*, dirigida per Rovira i Virgili i que va ser anunciada per *La Publicitat*.[4] La sèrie és interessant, tot i les limitacions imposades per la censura, perquè Pla hi plantejava algunes de les qüestions més urgents sobre les causes de la paralització de la política catalana. Analitzava la incapacitat de la burgesia per deslligar-se dels seus interessos de classe i de la institució monàrquica, i la impossibilitat de l'obrerisme de sortir de la irrealitat, és a dir de l'esquematisme de confondre Catalunya amb la burgesia catalana. Per aquesta raó proposava un relleu generacional i social protagonitzat per la classe mitjana urbana i rural. Aquesta classe tindria la responsabilitat de cohesionar un jo col·lectiu català, deixant de banda el sectarisme d'Action Française, que tant havia seduït una certa intel·lectualitat burgesa catalana. També hauria de dur a terme el procés de subversió i revolució que predicava el moviment obrer i, finalment, el més difícil si no impossible, el de forçar un canvi de règim i plantejar la independència de Catalunya.

Cal remarcar la coherència de la posició de Pla, sobretot si tenim en compte que no era un ideòleg sinó un transmissor d'estats d'opinió, a voltes catalitzador i també provocador. Però Pla era ben conscient que la política catalana era pràcticament inexistent, perquè la indústria i l'economia estaven encara en una fase de consolidació i es redossaven en l'aranzel espanyol per mantenir-se dretes. Els moviments socials, d'altra banda, burgesos o proletaris, no tenien un projecte nacional prou operatiu. Per aquesta raó Pla cercava l'impuls de renovació en les classes mitjanes que políticament s'aproximaven més i més al republicanisme. Pla havia abandonat la moderació d'Acció Catalana per defensar i col·laborar amb un partit, Estat Català, que estava activament compromès en la recuperació de les llibertats de Catalunya. La posició de Pla no s'ha de veure com un viratge, sinó com la manifestació del seu caràcter possibilista i també vitalista; una adaptació a les necessitats del nou moment polític que reclamava acció i no pas elucubracions intel·lectuals sobre el poder o crítiques mancades del fons de compromís necessari per tenir alguna efectivitat.

La nova posició política de Pla s'havia anat modelant amb l'experiència directa del procés feixista, que l'havia fet decantar vers el liberalisme.[5] Les tertúlies dels exiliats catalans a París l'havien refermat. La col·laboració al *Butlletí* era segurament el resultat de les converses amb Francesc Macià i, també, la coincidència en la necessitat d'organitzar un front únic de forces polítiques catalanes que, segons escrivia aquell agost Macià a Pla, «concentri tots els esforços i totes les energies de la Nació Catalana per a obtindre la seva llibertat per la violència». De la breu correspondència, una carta de Pla, dues de Macià i una de Xammar a aquest, se'n desprèn que Pla i Xammar estaven disposats a ajudar d'alguna manera a la revolta. L'objectiu exacte del viatge que els dos periodistes havien de fer a principis d'octubre al nord d'Àfrica no era precisat, però devia estar relacionat amb la necessitat de temptejar la possibilitat d'una aliança del Rif en el cas d'una revolució contra la Dictadura, com també de fer un reportatge sobre la qüestió del Marroc, sempre sensible en l'opinió espanyola. El motiu que va fer que finalment no es dugués a terme el viatge s'ha de buscar en la impossibilitat de Macià de finançar-lo. Queda clar en les cartes de Pla i de Xammar que tots dos li demanaven cobrir les despeses mínimes del viatge i les pèrdues que significaria haver de deixar la col·laboració a la premsa durant un mes. Pla estava fins i tot disposat a renunciar a la feina de *La Publicitat* per dedicar-se al projecte polític de Macià si aquest n'hi garantia els mitjans. Però Macià només li podia oferir una subvenció de dos-cents francs mensuals perquè ajudés Josep Bordas de la Cuesta en la redacció del *Butlletí de Catalunya* i, tot i que esperava poder-li fer una oferta a l'alçada de la seva categoria, li aconsellava que no deixés la seva feina segura per una altra que depenia de la recaptació d'uns fons encara molt hipotètics. Pla quedava, però, de moment, a les ordres de Francesc Macià.[6]

Joan March era un altre dels exiliats de la Dictadura. S'havia fugat a França la primavera de 1924, fugint de la justícia espanyola després de ser acusat de falsedat. Durant la Primera Guerra Mundial, March havia denunciat el seu antic soci Francesc Garau i el pare d'aquest per espionatge a favor d'Alemanya, acusació que els va valdre tres mesos de presó i d'incomunicació a França. La campanya de moralitat que estava duent a terme el directori havia animat els Garau a iniciar el procés contra Joan March, que, en el seu moment, havia estat desestimat. Durant l'exili a París, March rarament sortia de l'hotel; tot i això, va arribar a coincidir més d'una vegada amb Josep Pla. En una d'aquestes trobades és possible que Joan March, directament o per mitjà de Joan Estelrich, li proposés d'escriure al seu diari *El Día* sobre la política militar d'Espanya al Marroc i, més concretament, sobre les intencions abandonistes de Primo de Rivera, que amenaçaven els seus interessos comercials tabaquers. Joan March havia dipositat les seves esperances en el directori per poder recuperar el seu antic monopoli, però les manifestacions reiterades de Primo de Rivera per limitar la intervenció militar d'Espanya al Marroc feien preveure el final del monopoli del negoci del tabac.

Joan March no va haver d'insistir gaire per convèncer Josep Pla perquè exposés la lamentable política colonialista espanyola al Marroc i les seves conseqüències. Pla estava ben disposat contra la política del directori i, com que la tàctica d'oposició contra el règim de Joan March coincidia, en les seves intencions immediates, amb la de Francesc Macià, no va dubtar d'emprendre la campanya des d'*El Día*. Pla era un coneixedor privilegiat del problema: el seu germà Pere havia estat a Melilla gairebé dos anys, entre l'octubre de 1921 i mitjan 1923, fent el servei militar a la Cuarta Comandancia de Sanidad Militar. La llarga corresponsalia a França, Itàlia i Alemanya li facilitava la comprensió del problema en la dimensió internacional i afinava el seu sentit crític sobre l'orientació de la política exterior, si en tenia, de Primo de Rivera. Els tres articles que va publicar a *El Día* de Mallorca durant els mesos de juny i juliol són una denúncia del propòsit abandonista del dictador.[7] El 24 d'octubre va ser dictada a Palma de Mallorca una ordre de requeriment militar de recerca, que va aparèixer el 6 de novembre al *Boletín Oficial de la provincia de Gerona* i va ser reproduït tres dies després per *La Publicitat*. Pla era declarat rebel en cas de no presentar-se davant del comandant jutge de la Capitania General de

Balears, Gabriel Riera Aleman. Pla no ho va poder fer perquè estava viatjant per Europa central.[8]

L'atmosfera intel·lectual i artística a París era aleshores molt densa. Hi havia moltes tertúlies on es reunien pintors, escriptors, periodistes, escultors, poetes, polítics, ideòlegs i marxants d'art. Luis Buñuel anava al Sélecte i Pau Gargallo, Munch, Pere Pruna i Illya Ehrenburg anaven al Dôme, que estava davant de La Rotonde. En aquest cafè es reunia la colònia espanyola i catalana. Anys enrere hi havia anat sovint Lenin, però, tot i això, i segons algun sindicalista català, era considerat un cafè per a aristòcrates. La concurrència catalana era molt abundant, segons els dies arribaven a ocupar nou taules. A més de les personalitats que havia fet emigrar el directori, també s'hi trobaven periodistes com Joan Estelrich, Joan Baptista Solervicens, Eugeni Xammar quan era a París, Joan Casanovas i la seva acompanyant; també hi anaven Paquito García Lorca, Domínguez Rodiño, Francisco de Cossío, Corpus Barga i algun artista, com Apel·les Fenosa i Manuel Humbert. Un grup de iugoslaus acabava d'animar el tot. Algunes vegades també s'incorporava al grup una dona jove, d'uns 25 anys, alta, rossa, de pell molt blanca i fina, galtes rosades, pòmuls sortits, ulls enfonsats d'un blau líquid, petits i penetrants com l'acer, front ample, mans llargues. Se sabia que era filla del cònsol de Dinamarca a Barcelona, un noruec que s'havia traslladat a Catalunya provinent de Bereng i que tenia una agència comercial de transport marítim. Adi Enberg, que era el nom de la dona, parlava perfectament el català com a primera llengua, perquè havia nascut a Barcelona, i amb una envejable fluïdesa, l'alemany, el francès, el castellà i l'anglès. També parlava i llegia l'italià, el suec, el noruec i el danès. Sense ésser bella, tenia una gran elegància natural i un gust equilibrat i sobri. El seu sentit de l'humor subtil, la discreció del seu tracte havien atret l'interès de la colònia catalana, que aviat l'havia integrada com un membre més. La tertúlia de La Rotonde era tocatardana, quan tancaven el cafè n'obrien un altre i així es passaven la nit xerrant de local en local.

Després d'una separació matrimonial traumatitzant, el seu pare, Halfdan Enberg, l'havia enviada una temporada a Londres i a París, a la pensió que portava la vídua Sinding, al Boulevard Montparnasse 126. Exactament al pis de sobre hi vivia Léon Blum. Stephan Sinding, el difunt marit de la senyora Sinding, havia estat ambaixador de Noruega i escultor, germà del compositor noruec Christian Sinding. Per la casa, encara hi passava gent important, entre els quals Fabre, Sáenz de la Maza, que va donar el primer concert a la seva habitació —per cert, decorada amb pintures de Stephan Sinding. També hi passaven alguns periodistes —un crític de *La Semaine* va regalar a Adi un llibre i més d'un vidu ric que buscava una mare per a les seves criatures la va festejar. Malgrat les pretensions de la casa, la mestressa era molt garrepa i autoritària. Es guardava per a ella la millor fruita i a les noies només els donava una pometa minúscula. A la pensió, també hi vivia una dissenyadora de moda romanesa. Halfdan Enberg l'havia enviada a aquesta pensió, perquè coneixien molta gent important i, segons Adi, volia que es casés amb algú de *château* que alternés pel consolat noruec a París. Alhora li va posar un compte en un banc noruec, d'on ella podia treure el que volia.

El seu gran amic i confident d'aleshores era Apel·les Fenosa. Adi li contava com el seu pare li havia reservat un destí de puta i Fenosa la consolava com podia. Adi seguia classes de música i cant, perquè la seva mare volia que fos cantant d'òpera, amb madame Litschvinne, que era soprano i amant d'Alfred Cortot, un dels components del trio de Pau Casals. Fins i tot va arribar a conèixer el director d'orquestra rus i també contrabaix Serguei Kusevitscki. Tant ell com tots els mestres de música i el doctor deien que tenia unes cordes vocals i una oïda excel·lents. Adi va formar part durant un temps del Cor Català de Fontbernat; recordava que havien cantat al Salon Gaveau davant una assistència de cinc o sis persones, entre els quals hi havia la princesa Vasnatsche. També van cantar a l'École Militaire, davant el general Joffre; aquella vegada eren unes dues-centes persones al cor i ella es va posar al final. Quan el general va demanar qui era aquella noia rossa, li van dir que «*une journaliste espagnole*». Efectivament, Martí Esteve, director de *La Publicitat*, li havia encarregat de fer la crítica musical de París; d'aquesta manera podia anar a tots els espectacles i concerts sense pagar, només havia de pagar *les droits des pauvres*.

Josep Pla es va fixar ben aviat en aquella dona rossa, que es deia catalana, però que no ho era ben bé, simpàtica, expansiva i, alhora, prudent. Adi també es va fixar en aquell escriptor que era felicitat per tothom i que entre enriolat i avergonyit encaixava el nou èxit. Encuriosits es van apropar l'un a l'altre i aviat xerraven amb tota naturalitat com dos vells amics. No és certa la versió que dóna de l'inici de la relació Domènec de Bellmunt.[9] Ella mai no el va conèixer, com pretenia aquest, ni mai li va fer confidències sobre Pla ni li va demanar que fes d'intermediari. Tot i que Pla era certament molt tímid, ella mai no havia estat recaragolada amb els homes, ni amb ningú, i sempre s'adreçava a tothom directament. L'atracció era molt forta, i ben aviat es van convertir en el centre d'atenció de la colònia catalana i espanyola. Quan al vespre es trobaven a la tertúlia de La Rotonde, l'aproximació era immediata i els qui eren al seu entorn quedaven en un segon pla. Passejaven, van sopar alguna vegada junts i la fascinació va ser cada vegada més forta. Estaven sorpresos de coincidir, no només intel·lectualment, sinó, cosa que era més important, en el gust per l'aventura de la vida i per tot allò que se'ls escapava, com ara els grans misteris de l'existència. Compartien un mateix sentit de l'humor, carregat d'intencionalitat i d'ironia, i en el fons eren dos bohemis que desitjaven viure el seu somni de llibertat amb totes les comoditats del món. Per a Pla, Adi era l'encarnació del somni que estava acariciant feia mesos: era filla de diplomàtic i estrangera, com l'esposa de Josep Carner; era distingida i ben segur que el seu pare l'ajudaria, a ell, en la carrera consular que havia seguit el seu amic i que li servia de model a imitar. Adi admirava Pla: la contundència de les seves opinions, la seva rialla franca, l'agudesa, la seguretat en els judicis. Es mostrava sensible i atent. Pla va haver d'anar a Ginebra, i es van separar amb la promesa de tornar-se a veure. Abans de deixar París encara va cobrir la informació de la conferència de Londres sobre les reparacions de guerra.[10]

A final d'agost, Pla es va traslladar a Ginebra per seguir les incidències de la Cinquena Assemblea de la Societat de Nacions. Es va fixar molt especialment en les discussions sobre els drets de les minories nacionals, que no figuraven entre les qüestions més importants en el programa de l'assemblea. Per a Pla, el fet que la Societat tractés la qüestió li feia guanyar importància i actualitat. Segons ell, la Societat era per a Catalunya una possibilitat diplomàtica. El 13 de setembre, Pere Sacrest, d'Olot, el va recollir a Ginebra. El matrimoni Sacrest l'havia convidat a acompanyar-los en el seu magnífic Hispano de vuit cilindres nou de trinca, conduït pel xofer, en una llarga excursió per Europa central. Havia acceptat immediatament, convençut que el seguiment del viatge havia d'interessar el diari.[11] Segons una informació facilitada per Pla en un article, les condicions del viatge no podien haver estat millors: els hotels més luxosos, la cuina més exquisida.[12] Des de Suïssa van pujar per Àustria, Hongria, Txecoslovàquia i Alemanya fins a arribar a Bèlgica. La nota lírica d'estil impressionista domina la majoria dels articles sobre el viatge, sempre combinada amb els comentaris sobre la situació política i socioeconòmica. Els més interessants són els que dedicava a la situació de les minories al·lògenes a cada un d'aquests països, que li servia de pretext per reprendre el tema que semblava interessar-lo més des que havia tornat a París. Pla posava novament com a base del particularisme la sensualitat, capaç de vèncer qualsevol principi assimilador, perquè es basava en els instints més terrenals del poble. «És aquest materialisme puixant, aquesta glopada de sang, el que dóna la força a aquests moviments i la seva virilitat. Tothom té dret a la seva sensualitat i no hi ha res més sensual que tenir una pàtria. I encara potser és més sensual i més infinitament agradable voler-la tenir.»[13]

El desembre va aparèixer a la col·lecció de la «Novel·la estrangera» la traducció feta per ell, ajudat per Aly Herscovitz i Eugeni Xammar, d'*El lladre de criatures*, d'Erkmann Chatrian. Globalment la versió era prou correcta, sobretot el segon conte, *El tresor del vell cavaller*, però les primeres pàgines evidenciaven tots els tics del principiant: utilització excessiva de la forma del gerundi i dels adjectius possessius, traduccions massa literals que forçaven la sintaxi natural del català. El nombre d'errades tipogràfiques era considerable. L'experiència traductora de Josep Pla no va tenir continuïtat. A final de desembre, de tornada a París, va coincidir amb una crisi de govern provocada per la qüestió financera que havia de fer caure el ministeri Herriot. Per aquelles dates, Pla va rebre una carta d'Aly Herscovitz on li demanava ajut. Segons Pla, Aly havia d'ingressar en un hospital, perquè li havien diagnosticat una sífilis avançada.[14] La por que la seva família de Leipzig se'n pogués assabentar l'obligava a recórrer al seu amic. Pla li va proposar de venir a París i, gràcies a una recomanació, la va fer ingressar en un hospital del Boulevard de Port-Royal. Un cop es va haver recuperat va decidir quedar-se a viure a París. Amb el que guanyava fent de model per a alguns escultors, va arribar a poder fer una vida independent.

El mes d'abril va arribar la seva germana Maria, convidada per ell. Era un viatge promès de temps, des que havia anat a Itàlia amb Rosa. L'estada de Maria va ser, però, més tranquil·la. Donat el temperament retret de la noia, el seu gust per la vida casolana i ordenada, Pla va decidir estalviar-li la bohèmia i li va presentar alguns dels matrimonis catalans establerts a París com els Ynglada i els Dunyach. Josep Dunyach tot just havia acabat el bust en bronze de Pla i estava a punt de portar-lo a Barcelona. També li va presentar el gravador E.C. Ricart. Per aquelles dates Pla va rebre la notícia del prometatge de la seva germana Rosa amb Josep Mompou, que era aleshores el pintor de moda de les Galeries Dalmau. Pla semblava encantat i fins va arribar a convidar la seva germana perquè deixés al seu promès alguns dels llibres de la nova biblioteca que s'estava fent laboriosament. Tenir una bona biblioteca havia estat una de les seves obsessions; el seu pare havia reunit els quatre llibres justos de la carrera i Pla hauria desitjat poder llegir els clàssics de jove. D'aquí, les visites i l'amistat amb els llibreters de vell d'Itàlia i França, gràcies als quals havia aconseguit aplegar les millors obres de la literatura occidental. Pere era l'encarregat de recollir els paquets que li enviava per correu i de muntar els prestatges. La bona disposició a deixar els llibres a Josep Mompou explica de quina manera aprovava aquell prometatge.

Rosa era una bellesa, de temperament inquiet, divertida, amant de la lectura i amb una inclinació natural per les arts. Tenia molts pretendents. El seu flirt a la platja del Canadell amb Josep Mompou havia donat un disgust al seu admirador més fidel, Andreu Rosa, i havia aixecat un núvol de comentaris. L'anunci del prometatge i del proper casament per l'octubre havia de dissoldre les xafarderies. Rosa era la germana preferida de Pla, perquè era la més jove i per l'extraordinària semblança física i de caràcter. Com a primogènit se sentia responsable del futur de la resta de germans i estava content que la més jove hagués trobat la seva via. De moment, i juntament amb Pere, encara era la principal interlocutora familiar. Les cartes que Pla li enviava eren plenes d'encàrrecs: que li digués a la Maria d'escriure als seus amics de París, que fes saber al seu germà Pere que a la fàbrica estaven molt contents d'ell, que demanés al seu pare com estava la qüestió d'Aigua-xellida, que agraís a la mare una camisa que li havia enviat, que no lloguessin la casa al coronel Martí, que fessin els compliments al matrimoni Dunyach quan anessin a Palafrugell. I també encàrrecs literaris: que li enviés els contes que li havia publicat *La Publicitat* en els «Contistes Setmanals», segurament pensant ja en un proper aplec de contes, o que li fes arribar un exemplar de «La Novel·la d'Ara» per saber-ne la llargada amb la intenció explícita d'escriure'n una.

La Publicitat va anunciar el 20 de febrer l'aparició del número de l'*Anuari dels catalans* corresponent als anys 1924 i 1925. Entre les col·laboracions més destacades esmentava un compendi de la *Història de Catalunya* de Ferran Soldevila i *Una dotzena de retrats a la ploma* de Josep Pla. Segons explicava Carles Soldevila al *Full de dietari*, l'atractiu dels retrats estava en la combinació de tendresa, lirisme, ironia i escepticisme. Pla havia sabut harmonitzar el caràcter dels personatges, el seu comportament, amb l'entorn. Un procediment per acostar-los al lector era la relació de complicitat que establia amb aquest, per mitjà de la ironia crítica. El tot era amenitzat amb anècdotes generalment divertides que donaven el to humorístic. El risc de fer uns retrats sobre els intel·lectuals més significatius del moment s'havia convertit en el reclam més atractiu de la sèrie gràcies a l'habilitat de Pla, que havia sabut dibuixar uns personatges coneguts de tothom sense caure en la caricatura. Ell mateix tancava la sèrie amb un autoretrat a manera d'exculpació. Seguint la línia dels que ja havia publicat anteriorment en forma d'article, Pla s'autodefinia com un ésser feble, malejat per la cultura, provocador i, quan tenia una ploma a la mà, ofensiu. L'experiment havia estat un èxit i l'atractiu principal d'aquest anuari.[15]

El maig va aparèixer el primer llibre llarg de Pla, *Coses vistes*, que també inclouria aquesta sèrie de retrats completada per vuit més, alguns dels quals havien estat esbossats en articles anteriors, durant el seu viatge pel Ruhr l'hivern de 1923. Pla reiterava en el pròleg del llibre el que ja havia declarat en l'entrevista amb Carles Soldevila: que ell no servia per escriure novel·les, sinó per no treballar, per llegir i badar. L'afirmació tenia una ombra d'indolència. L'aire de desmenjament li permetia de distanciar-se d'un compromís amb el renaixement literari i, declarant-se independent, reivindicar l'espai d'una literatura de to menor, deslliurada de «sublimitats».[16] El llibre era un primer intent de memòries, fragmentades i unides pel fil d'una veu narrativa que parlava des del record i l'experiència. Estava format per quatre sèries que aplegaven alguns articles que Pla havia publicat en castellà entre 1921 i 1922, i que el seu germà i Alexandre Plana li havien enviat a Berlín, seguint les seves instruccions. Pla els havia reescrit en català i els havia enriquit literàriament —sobretot les descripcions paisatgistes. Els personatges havien guanyat en versemblança i naturalitat, eren més matisats i intencionats en el diàleg. La resta eren narracions sobre el món quotidià que havia conegut durant l'exercici de la professió de periodista —el món de les dispeses i dels rellogats, l'ambient de Berlín durant la depreciació del marc, l'entorn d'Eugeni Xammar, els retrats dels intel·lectuals i els artistes que havia conegut—, que havien estat refetes a partir del castellà o bé les havia conservat en català sense tocar-ne res. El personatge-narrador era també objecte narratiu, fet que li permetia d'explicar la seva actitud davant la vida i l'activitat creativa a partir de la perspectiva ambivalent i ambigua que era habitual en Pla i que finalment es resolia en la reivindicació de la llibertat individual.

Si hem de creure la notícia que donava a peu de pàgina Carles Soldevila, el llibre va tenir un èxit immediat i els dos mil exemplars de la primera edició es van exhaurir en vuit dies. El 14 de juny *La Publicitat* n'anunciava una segona edició, que també seria de dos mil exemplars.[17] Per celebrar l'èxit del llibre, els companys de Pla a París li van oferir un sopar d'homenatge, que també va servir de comiat, perquè el diari l'enviava, finalment, a Rússia. Segons la seva versió, la penya de l'Ateneu li va subvencionar aquest viatge gràcies a les mil pessetes que van recollir i que van enviar a *La Publicitat*. Francesc Cambó li va fer donar el visat per mitjà del ministre francès Anatole de Monzie. Eugeni Xammar i Andreu Nin van fer també algunes gestions per a un viatge que havia estat pensat anys enrere.[18] Però Pla havia estat també enviat en missió especial a la Conferència de la Societat de Nacions que se celebrava a Varsòvia sobre els drets de les minories. Lluís Nicolau d'Olwer havia estat en contacte amb ell a París durant la primavera i li havia encomanat la representació de la Delegació Catalana. El 26 de juny *La Publicitat* anunciava el seu viatge a Rússia, via Alemanya i Polònia.

Venint de París, Berlín li semblava una ciutat provinciana i sense vida. Havia recuperat el sentit de l'ordre, el benestar i l'avorriment. La moneda s'havia estabilitzat, però la vida era tan cara que no s'hi podia fer res. La impressió que li feia Alemanya en general era de provincianisme i mal gust, i els articles que va escriure tenien un to de marcada ironia. Pla va arribar a Varsòvia el 3 de juliol al matí, possiblement acompanyat d'Eugeni Xammar. Encara que en la correspondència amb Nicolau d'Olwer no era explícitament anomenat, Pla hi utilitzava la primera persona del plural. Xammar, a més de viure a Berlín i d'acompanyar-lo a Rússia, era l'home idoni per moure's en el esculls burocràtics de la Societat de Nacions. Pla s'hi va estar una setmana. La missió que li havia encomanat Nicolau d'Olwer era confidencial. L'objectiu principal era l'entrada de l'Associació Catalana a la Unió Internacional d'Associacions de la Societat de Nacions, cosa que van aconseguir el primer dia.[19]

Pla va enviar des de Varsòvia i Polònia una breu sèrie en la qual oferia una visió impressionista i plena de contrastos. Va haver de romandre tres dies a Riga per arreglar el visat i el passaport. El 20 escrivia la primera crònica des de Moscou, que apareixeria una setmana després. En total se'n van publicar unes quaranta. Els primers dies es va allotjar a l'hotel Savoy i és possible que pocs dies després, quan va arribar el matrimoni Xammar, es traslladessin tots a l'hotel Luxe, on s'estava també Andreu Nin. Pla havia informat el seu germà que a partir del 8 de juliol el podrien escriure a l'hotel Luxe de Moscou. Andreu Nin era un home petit, fort, bru, els cabells rinxolats, anava vestit de rus i amb el cap descobert; Pla el considerava una gran persona i un ingenu. Aleshores era regidor de Moscou en representació dels comunistes refugiats; els va fer de cicerone, i és possible que, a Josep Pla, li fes alguna cosa més. Totes les dades que formen l'essència de la majoria dels articles havien d'ésser proporcionades per algú ben informat. Qui millor que Andreu Nin, que va estar amb ells tots els dies i que parlava la mateixa llengua? Segons explicava Víctor Alba en una entrevista, Xammar li va dir que Pla no prenia mai notes i era perquè Nin ja li fornia tota la informació per escrit.[20]

L'estada a Rússia, segons el testimoni que Pla donava anys més tard a l'*Obra Completa*, els va fer entendre dues coses: que el poble rus vivia d'il·lusió i que els eslaus tenien una mentalitat estranya, entre infantil i poca-solta. Aquesta manera de ser era il·lustrada per una anècdota esdevinguda a Xammar en plena plaça Roja. Mentre badaven davant les parades dels venedors ambulants, un pispa li va robar l'estilogràfica, i la gent que ho va veure es va burlar d'ells. Pla i el matrimoni Xammar es van quedar glaçats davant d'una reacció tan primitiva. Però l'actitud de Pla durant aquell viatge no estava tan marcada per l'escepticisme com anys després. Entre els Xammar, que eren els clàssics representants de la visió crítica i occidental, i Andreu Nin, que era un comunista enamorat del poble rus, Pla es va mantenir, des del primer article, en una posició oberta i de comprensió. Intentava explicar el que veia, d'una manera objectiva, amb la voluntat de no deixar-se portar per la primera impressió, utilitzant el mètode empíric i donant prioritat a la informació i a l'acumulació de fets concrets i no pas a la consecució de conclusions. Tret dels articles descriptius sobre ciutats i paisatges on dominava el to líric i la nota impressionista, la majoria tenien l'estructura i el contingut del reportatge. Pla formulava un seguit de preguntes, essencials per conèixer la realitat russa, que eren contestades de manera exhaustiva per un interlocutor ben informat, presumiblement Andreu Nin.

Per fer comprendre millor el funcionament de l'Estat i la societat russos, Pla partia de la comparació, i no de la perspectiva, amb Occident. És més, a l'inici del reportatge, l'actitud de Pla era clarament positiva, destacava l'alegria i la vivacitat de la població, la naturalitat en el vestir i en el comportament. Però al final del viatge, Pla havia canviat l'optimisme per una actitud més escèptica. Tot i que reconeixia que l'organització socialista estava eradicant el pitjor defecte de la raça eslava, que era la mandra i la deixadesa, també veia que la prosperitat econòmica era l'única condició perquè aquell sistema de legalitat i justícia es pogués mantenir. El darrer article de la sèrie era dedicat a Trotski. L'estada dels Xammar i de Pla havia coincidit amb la lluita entre Trotski i Stalin. Durant el dia la vida era normal, però de nit podien sentir des de la cambra de l'hotel, amb la ciutat completament a les fosques, ràfegues de trets de metralladora i canonades llunyanes. El mutisme sobre els fets era absolut.

La senyora Xammar se'n va tornar aviat a Berlín, avorrida de la mentalitat eslava, que no entenia, i d'una ciutat que no oferia cap dels atractius de les ciutats occidentals. El seu marit va aguantar uns dies més, però també va tornar abans que no havia previst; el seu liberalisme anglòfil xocava amb el socialisme d'estat. Pla es va quedar sol amb el matrimoni Nin i les seves filles. Pocs dies després va arribar el comunista rossellonès André Marty amb la seva mare i la seva esposa. Pla el va trobar a la cambra de Nin; el definia com un comunista del gènere fanàtic cridaner.

Des de Rússia, Pla va anar baixant fins a Perpinyà per reunir-se amb Joan de Linares, que feia d'intermediari entre ell i Joan Miquel. La trobada tenia com a finalitat arribar a un acord econòmic, per tal que Pla pogués continuar escrivint i publicant llibres. L'èxit de *Coses vistes* hauria estat determinant en la decisió de Joan Miquel. La segona edició del llibre era pràcticament venuda i Pla volia aprofitar l'èxit per fer-ne una tercera i començar l'edició del reportatge sobre Rússia. L'estada d'una setmana a la capital del Rosselló li va eixamplar el cor: significava el retorn al paisatge familiar, baldament fos a l'altra banda de la frontera. Després del viatge a Rússia, era un bany de prosperitat i de llibertat. S'allotjava a l'Hôtel de France, angoixat novament per qüestions econòmiques. Tot i que el llibre s'havia venut bé i ell n'anava seguint curosament les entrades i sortides, la primera liquidació encara li era insuficient. Havia descartat la possibilitat, suggerida per Joan Miquel, de col·laborar a la premsa castellana, perquè estava massa compromès amb la causa catalanista i hauria estat pres per un trànsfuga. Però, en canvi, havia demanat un augment al diari, que li permetés viure amb una discreta tranquil·litat.

Joan Miquel li va fer una proposta que el va interessar. La multinacional nord-americana Armstrong havia comprat totes les accions de Manufacturas de Corcho, dirigida per

Joan Miquel i Enric Vincke, i l'empresa s'havia convertit en Manufacturas de Corcho Armstrong, S.A., però la direcció continuava essent la mateixa. L'empresa no només es dedicava a la fabricació i exportació de taps i articles de suro, sinó també a la fabricació de tubs metàl·lics flexibles. Enric Vincke tenia una manufactura a Londres, Cork Products, on havia enviat el seu fill Marcial, casat de nou, i Joan Carreras, que en seria delegat comercial. Joan Miquel havia tingut la idea d'enviar-hi també Josep Pla, que feia temps hi volia anar per aprendre l'anglès. Pla va acceptar immediatament.[21] Quan va rebre el sou de *La Publicitat* va tornar a París a recollir les coses que havia deixat al taller de Josep Dunyac. La trobada a La Rotonde amb Adi Enberg va ser més que cordial. La distància i els mesos no havien afeblit els sentiments; al contrari, tant Adi com Pla guardaven el record ben viu de les hores que havien passat junts. El corrent de simpatia es va revifar. Malgrat els contertulians, que no els deixaven de petja, els amics d'Adi, que la protegien com si fos una germana, i el poc temps de què disposaven, perquè ell havia de traslladar-se a Londres, van poder gaudir d'unes hores junts. Adi estava encantada de la conversa provocadora i alhora atenta de Pla. Pocs dies després aquest es va traslladar a Londres.

L'empresa era a Victoria Street. Joan Carreras el va introduir a les oficines. De seguida es va trobar bé amb el matrimoni Carreras, perquè eren gent senzilla. També es va fer amic de Marcial Vincke. Es va posar a treballar immediatament en el llibre *Rússia*; aviat en va acabar l'ordenació i el va enviar perquè pogués aparèixer per Nadal. El fet que Joan Miquel hagués decidit ajudar-lo en la carrera el feia ser extremadament responsable. Ell mateix tenia interès per seguir-ne tot el procés d'edició: des de la correcció, el nombre d'exemplars i d'edicions i el preu fins a la publicitat. També va començar les classes d'anglès amb el professor que li havia presentat Carreras i que era el mateix de l'esposa de Vincke.

Les classes representaven una nova despesa que no havia entrat en els seus càlculs immediats.

L'entusiasme inicial de viure a Londres i de treballar a l'empresa Vincke es va anar convertint, de mica en mica, en avorriment i angoixa. Tot ajudava: les vuit hores de feina que s'havia imposat durant cinc setmanes per tal d'acabar un tercer llibre abans de Nadal, el clima d'Anglaterra, la vida cara de Londres i també el menjar, que trobava absurd. La companyia del matrimoni Vincke, que al principi Pla havia descrit com d'allò més agradable, amb les setmanes es va deteriorar. La senyora Vincke va començar a malfiar-se de Pla, i fins va arribar a acusar-lo d'haver estat enviat per Joan Miquel per fer d'observador de l'empresa. La situació va esdevenir tan tensa que en comptes d'acompanyar el matrimoni Vincke a París per passar-hi el Nadal com tenien previst, Pla hi va viatjar tot sol, aprofitant que els Vincke havien hagut d'anar a Hamburg.

El poc temps que feia que s'estava a Londres i el fet que no hagués deixat pràcticament el cercle del personal de l'empresa expliquen que la seva visió del país fos limitada. Però això no significa que l'anàlisi que feia de la vida anglesa, encara que exterior, no fos interessant, fins i tot plena d'agudesa. En cap moment no s'havia integrat i, per tant, no podia valorar els aspectes positius de la quotidianitat britànica. «Londres és una ciutat d'un confort mitjà més que mediocre i d'una cuina amb poques esperances.»[22] Aquesta trista constatació li servia per titllar els anglesos d'il·lògics i de valorar l'aspecte més cosmopolita de la ciutat, és a dir el que provenia de l'emigració. Però també admirava la vida tranquil·la de portes endins, la vida que no podia fer perquè s'havia de ser milionari i disposar d'una companyia femenina intel·ligent.

VI. LA VIDA A LONDRES. LA VAGA GENERAL
(del desembre de 1925 al juny de 1926)

A mitjan desembre, Pla va travessar el Canal per dirigir-se a París. Va fer el viatge voltat d'anglesos retirats que anaven a hivernar al Mediterrani. La capital francesa li va semblar trista a causa, segurament, de la crisi financera que estava passant l'estat. La seva intenció era passar el Nadal a Niça o a qualsevol altre lloc assolellat i càlid per fugir del temps horrorós d'Anglaterra. De moment es va estar gairebé una setmana a París; necessitava l'ambient de les tertúlies, l'escalf humà que no sabia trobar a Londres i l'amistat d'Adi.

A París va rebre una carta de Joan Estelrich, en què anunciava que el processament que tenien tots dos pendent, l'un com a autor de l'article i l'altre com a director del diari que l'havia publicat, havia estat sobresegut. Pla demanava a Pere que ho fes saber a tothom i, molt especialment, a Joan Miquel. Tenia ganes d'embarcar-se a Marsella per anar a Ciutat de Mallorca i d'allí a Barcelona per passar-hi uns quants dies. L'estada a Marsella l'havia retornat al Mediterrani. La vida del carrer sota el sol, el color, les olors, la confusió de rialles, cants i crits li alimentaven les sensacions que a Londres havia hagut de mantenir en estat de letargia.[1]

Va passar el Cap d'Any a l'Hôtel de Brussel·les de Niça; d'allí, i descartada la hipòtesi d'anar a Mallorca i a Catalunya, va seguir fins a Montecarlo i Mentone, on va passar uns pocs dies per tornar, tot seguit, a París. El canvi d'ambient només l'havia distret momentàniament de la depressió i de la irritació que li causava la llarga situació d'interinitat. Tenia la impressió d'estar perdent el temps. La situació econòmica, com sempre, l'acabava d'ofegar. El diari li devia diners i no li havia pagat el viatge a Niça. Tot i que *La Publicitat* havia tancat amb superàvit, tenia endarreriments i, sobretot, manca de capital.

Pla estava satisfet de com havia anat la venda de *Coses vistes:* ja no se'n podia trobar cap exemplar a les llibreries. El llibre sobre *Rússia* estava tenint un èxit discret. Les primeres crítiques havien coincidit amb l'aparició del reportatge i s'havien anat succeint durant els mesos següents. Tret de la tergiversació sobre les intencions —com, per exemple, la de Joan Forment, de *Justícia Social*, que el definia com un tèoric revolucionari que havia fet una apologia del govern soviètic—, en general, la crítica coincidia a elogiar la prosa i la vocació periodística de Josep Pla i a valorar molt positivament la informació exhaustiva, destinada a un públic català que no acabava de tenir una idea exacta del que estava passant a Rússia.[2] Personalment contribuïa com podia a la seva distribució. De moment ja n'havia venut cinquanta exemplars entre els seus amics de París i Londres i esperava col·locar-ne cent més entre els filocomunistes. També n'havia organitzat la propaganda subterrània entre aquests ambients i un mes després de la seva sortida ja en tenien mig tiratge venut. Va dubtar un temps sobre fer-ne una edició castellana i una de francesa, però, encara que la direcció de la política europea portava a interessar-se per llibres sobre la pràctica del comunisme, va acabar desinteressar-se'n.

Havia enviat a Armengou una primera part d'un proper llibre, *Llanterna màgica*, i abans de deixar París per tornar a Londres, tenia la intenció d'enviar-n'hi la segona part. Tot i el desori econòmic, Pla només tenia la preocupació de quedar bé amb Joan Miquel: volia fer-li saber el sobreseïment del seu cas (fins i tot ho portava *La Veu de Catalunya*), les condicions de publicació dels seus llibres i la seva venda. Comptava amb la complicitat del seu germà i, cosa que era més important, amb la constància de la feina: tres llibres en un any i la col·laboració habitual a la premsa. Fins i tot havia provat alguna gestió de negocis; havia anat a una missió comercial soviètica: volia donar una sorpresa a Vincke, perquè a Rússia demanaven aglomerat per fer frigorífics industrials. Pla també estava decidit a acabar la novel·la que tenia començada i per això plantejava al seu germà la possibilitat de traslladar-se unes setmanes a Ceret.

Una nova notícia va alterar els plans de Pla. El trencament inesperat del prometatge de la seva germana Rosa amb Josep Mompou. Pel que semblava, Josep Mompou havia canviat d'actitud i s'havia tornat egoista, complicat i vulgar; però, els motius del trencament a banda, el que interessa és com Pla jutjava el comportament del pintor, i posava de manifest una preferència per la naturalitat i la senzillesa i la seva aversió per la pedanteria i la gent que volia figurar. Pla, a més, patia pels mals moments que havia passat Rosa, el sofriment que li havia portat aquella relació, com havia perdut el bon humor i l'alegria; per aquest motiu la va convidar a passar una temporada amb ell a París, per curar-la dels mals d'amor i treure-li del cap la idea que no es podria casar. Pla insistia en cada nova carta, en total tres, perquè fes un esforç per oblidar tot el que havia passat i perquè liquidés, al més ràpid possible, tot allò que quedava pendent després d'una ruptura: presents, correspondència. Tenia pressa per saber la resposta de la seva germana abans no hagués de tornar a Londres. A principis de febrer, Rosa va anar a París acompanyada pel matrimoni Dunyach. Li portava el paquet de roba interior d'estiu i de camises que els havia demanat amb insistència. Pere va haver d'escriure al diari per demanar que el seu germà es pogués estar a París uns quants dies més per assumptes familiars.

Rosa portava també, aquesta vegada, els diners de la seva estada. El seu germà Josep havia escarmentat del viatge a Itàlia, en el qual van gastar quatre mil lires en un mes i va haver de demanar diners al seu pare. Ara la situació tampoc no era gaire brillant, i els dos germans s'havien d'estar a la mateixa cambra d'hotel. Al matí, Pla feia anar Rosa a passejar o al restaurant i ell aprofitava per quedar-se al llit, i d'aquesta manera s'alternaven. Als vespres anaven a La Rotonde; Rosa s'estava al primer pis, on feien ball, s'hi passava hores, ho ballava tot, sobretot el «Valencia», que estava molt de moda. El seu germà Josep es quedava a baix, xerrant amb l'escultor Josep Dunyach i la resta de contertulians, entre els quals hi havia Adi Enberg.

Adi havia deixat feia poc la pensió de la vídua Sinding i havia llogat un petit taller a Montmartre, al número 61 de la rue Damrémont, passat el pont de Clichy. El barri no era gens elegant; la planta baixa de l'edifici estava ocupada pel petit comerç. La casa era molt gran, hi havia cinc tallers, tots compartien la mateixa comuna. L'escala era plena de vida i d'entrades i sortides. Un dels tallers era ocupat per un pintor valencià i la seva dona. L'home anava sempre al mercat i la seva dona li donava encàrrecs fins a darrera hora, cridant per l'escala, per la finestra. El sindicalista Armengol, que era molt amic seu, la va ajudar a arreglar el taller. Des que s'havien conegut, el xicot havia esdevingut el seu amic més fidel i servicial. Era molt pàl·lid, tenia els cabells negres i rinxolats i els ulls petits i negres, rodons. Estava afiliat a la Confederació i no se sabia per què estava fugitiu a París. «Feia molta bondat, però com tants anarquistes considerava axiomàtic que posseïa la veritat i era una mica pedant.»[3] Armengol li va construir un replà on va posar el llit, amb unes escales de fusta per pujar-hi. Li va fer també un lavabo, amb només aigua freda, i un prestatge per posar-hi els pots de cosmètica i els perfums. També tenia una petita cuina amb cortines. Una biblioteca i un armari separaven aquesta part de la sala d'estar, on hi havia el divan, un piano de cua llogat i una estufa, perquè era molt fredolica. Acompanyada per Armengol anava a La Rotonde a prendre cafè i a parlar amb els seus amics. Armengol no la deixava de petja; qualsevol xicot que s'acostés a ella era immediatament fitat pel sindicalista o interpel·lat de mala manera si creia que anava més enllà del tracte de camaraderia. Com quan es va llançar sobre un noi suec, que treballava a casa de la vídua Sinding, perquè havia fet un petó a Adi, o quan va escridassar Joan Casanovas perquè li donava copets al peu per sota la taula, tot i anar acompanyat de la seva amiga. Però Armengol no deia res davant l'interès creixent de Pla per Adi.

Una nit que excepcionalment no anava acompanyada ni de la gossa ni d'Armengol, Pla, que feia estona que era al costat parlant amb ella, li va dir que li volia deixar un llibre, però que el tenia a la cambra de l'hotel. N'hi havia parlat amb tant d'interès, que ella va acceptar de seguida la proposta de Pla d'anar immediatament a l'hotel a buscar-lo. Pla es va quedar sorprès. Van pujar a la seva cambra i li va deixar el llibre. Molt nerviós, va voler continuar la conversa que havien tingut a La Rotonde. Però les paraules els feien nosa i van deixar que els cossos es trobessin. Es van estimar amb desig. A partir d'aquell dia la relació entre ells dos va canviar; havia començat «de la manera més natural del món, sense pensar, ens agradàvem, era una qüestió de "*peau*"». Aviat, els membres de la tertúlia van estar assabentats que sortien.

Pla se sentia atret per aquella dona que no es comportava com les altres, que no estava tocada pels prejudicis habituals de les noies catalanes de la seva classe, que era una gran lectora i una bona coneixedora de la literatura universal, molt sensible, discreta i amb un gran sentit de l'humor. La seva calma amagava una força i uns nervis que només rares vegades delataven els seus ulls. Tota ella respirava seguretat i un cert misteri. Se sabia que s'havia separat del seu marit, però ella no parlava mai d'una etapa de la seva vida que volia oblidar. Li va explicar a Pla que el seu pare l'havia fet estudiar comerç i quan va acabar la va fer treballar al seu despatx. Hi anava només un parell d'hores al dia i cobrava una quantitat desorbitada de diners. Però el seu pare tenia uns altres projectes per a ella. Quan va complir disset anys la va casar amb el seu cosí que vivia a Lió. Segons ella, era només una adolescent i no sabia res de la vida: «Era com un vas d'aigua buit.»

El seu marit era un empresari ric que es va distanciar aviat del seu sogre. Van viure tres anys a Lió en una casa gran enclotada en un jardí; l'únic que es veia des de les finestres eren arbres. A la casa, també hi vivia el pare del seu marit, que estava casat amb una fornera galtavermella que amb prou feines parlava. Tot i que eren rics, el seu marit l'obligava a fer algunes de les feines més dures de la casa. Adi havia de baixar sovint a buscar carbó al celler i tenia tanta por que portava un revòlver gran de la Primera Guerra Mundial que ell guardava al calaix de l'escriptori. Però el cert era que qui treballava era la fornera. Tots deien que Adi era la «Marqueseta del Sucre». Anaven a menjar a Chez Léon i la Mère Filliaux, que tenien molta anomenada, però feien poca vida social i Adi s'anava decandint dia a dia. Va arribar a trobar-se tan malament que els seus pares van creure que es tornaria boja i van amenaçar el seu marit que si no es traslladaven a viure a París l'anirien a buscar i la durien a Barcelona. El seu marit finalment va decidir trobar-li feina a París i van viure allí dos anys més. Però el matrimoni no anava bé, les discussions, la crispació i les tensions havien fet impossible la convivència i Adi va deixar el seu marit i va tornar a casa dels seus pares.

Aquesta versió era, però, incompleta. Amb el temps, només després de guanyada la seva confiança, Adi podia descobrir, amb disgust i tristesa, la cara més sòrdida d'aquesta etapa de casada. Segons ella, el seu marit, que afectivament era bastant desafortunat i poca traça, tenia relacions amb la seva madrastra sense amagar-se'n gens. Un cop a París i desempallegada dels sogres, la convivència que en un principi s'havia fet més distesa es va enverinar novament. Adi va avortar pocs mesos després d'haver quedat embarassada, amb tant mala fortuna que ja no podria tenir fills. Els seus pares la van haver d'anar a buscar i es va estar a casa d'ells set mesos, tancada a la seva cambra, presa d'una depressió i acompanyada només de la seva mare. Quan es va haver recuperat del tot la van enviar una temporada a Londres i després va tornar a París, però ara a casa de la vídua Sinding.

Adi admirava Pla, que aleshores portava l'aurèola d'escriptor rebel. Era simpàtic, atractiu, si bé una mica deixat; tenia sensibilitat i la seva conversa era com un riu, plena d'idees i no només de paraules, ràpid, divertit; amb aturades sobtades, l'interrogava, la contradeia, l'escoltava. Pla va presentar Adi a Rosa quan es van trobar el primer dia a La Rotonde. Pocs dies després que la seva germana s'hagués instal·lat a la seva cambra, Pla, en comptes de retirar-s'hi quan tancaven els cafès, acompanyava Adi al seu taller i algunes nits s'hi quedava. Adi, en comptes d'estar-se tot el vespre a la tertúlia, com feia sempre, ara pujava al primer pis, a la sala de ball. S'havia fet amiga de Rosa i gaudien ballant amb tots els xicots que els ho demanaven. Rosa tenia molt d'èxit, tan bonica i alegre. El pintor Lluís Mercadé es va convertir en un dels seus pretendents més entusiastes. Pla feia els impossibles perquè la relació fes camí; Adi s'ho mirava divertida i sorpresa. Aly Herscovitz encara era a París, Pla la veia sovint, Adi i Rosa la recordaven perfectament; aleshores feia molt bona cara i freqüentava els mateixos cafès que tots ells.

Rosa va marxar de París amb Josep Dunyach la segona

meitat de febrer. La seva presència s'havia convertit en un problema, no tant per la relació entre ells dos, sinó per la situació de nervis i disgust que els altres membres de la família contribuïen a crear; en aquest cas la seva mare. Quan, gràcies a l'estada a París i a les moltes hores de parlar-ne amb la seva germana, havia aconseguit retornar-li la tranquil·litat i l'alegria de viure, la seva mare li enviava una carta de Josep Mompou que tirava tota la feina feta per terra. Pla insistia en la necessitat de liquidar d'una vegada la qüestió i retornar a Mompou tot el que tenia relació amb ell. Però es dolia, sobretot, de les repercussions que tota aquella situació estava tenint en la seva economia i en la seva feina. Havia trencat la tranquil·litat que necessitava per escriure. Estava en una situació moral molt baixa, tenia la sensació d'haver perdut tres anys i li costava molt concentrar-se. Considerava que els darrers articles que havia enviat eren molt fluixos. Se sentia novament ofegat per la situació econòmica: la seva germana havia arribat a París amb els diners justos i havia gastat molt i, novament, havia de demanar a Pere que l'ajudés a pagar aquestes despeses.

De totes maneres, l'estat anímic de Pla era bastant lògic després de la tensió produïda per l'acabament del nou llibre. *Llanterna màgica* estava compost, com *Coses vistes*, per material divers: breus narracions o, com les anomenava ell mateix, capítols de novel·les, articles de viatges i retrats.[4] Pla responia en el pròleg a les crítiques i també als elogis que li havien fet del primer llibre. La seva actitud davant de les unes i dels altres donava la mesura de la seguretat en el camí de les lletres que professionalment havia pres. Tot i que interiorment agraïa els elogis, també se'n malfiava. Pel que feia a les crítiques que havia rebut per l'ús de paraules vulgars, les reivindicava, perquè formaven part del seu estil, és a dir de la visió que volia donar del món —realista i crua— i, a més, estava convençut que eren un reclam.[5] Pla prometia la repetició d'aquests defectes i prevenia el lector, o desafiava el crític, davant dels paranys i plagis dels seus llibres. També responia a aquests darrers quan es negava a fer una novel·la, no pas perquè es tanqués al gènere —havia explicat reiteradament a Pere que n'estava escrivint una—, sinó que al·legava manca de condicions i culpava el periodisme de devorar-li el temps.[6]

Llanterna màgica tampoc no donava solucions a la crisi de la novel·la. El tema d'algunes noves proses reprenia la dimensió autobiogràfica de *Coses vistes*. En primer lloc, oferia una altra versió del retrat del narrador. *Carta d'un home jove al Dr. X*[7] presentava per primera vegada la figura del pare, sempre per demostrar la manca d'amor del fill, el deseiximent emocional, la confirmació del fill com a hereu dels defectes del pare. Però Pla encara estava més interessat a mostrar altres aspectes de la seva personalitat: d'una banda, i a la manera dels herois de Dostoievski, la recerca de la identitat, el trasbals que li produïa la mobilitat i la inseguretat dels seus sentiments i, de l'altra, la dificultat de separar la seva veu de la dels altres. Només hi havia dos mètodes, segons ell, per marxar d'ell mateix i dels altres: el mutisme i la contemplació del carrer. Més que un programa, el que exposava era un desig de contrarestar una tendència natural a la intervenció constant, verbal o escrita, pública o privada, i de fondre's en l'anonimat de la massa. La popularitat li feia més difícil de trobar la pròpia veu narrativa, preservar-la del domini de les veus dels altres, fer valdre la seva independència sense que signifiqués un enlairament o un distanciament intel·lectualista, sinó un reconeixement amb el carrer.

El tren era també un mitjà que s'adeia amb aquest desig de fondre's i perdre's, en aquest cas no en una massa canviant, com el carrer, sinó en un món canviant que mantenia durant el seu trajecte un petit nucli relativament estable: el dels passatgers, units per la mateixa experiència del viatge. La història sentimental entre el narrador i una dona misteriosa a *El que també pot esdevenir*[8] revelava alguns dels trets més evidents de la personalitat de Pla. La timidesa, només dominada en situacions que s'escapaven de la quotidianitat, com el viatge, el gust per les imatges sempre renovades, l'atracció per la dona enigmàtica. En aquest sentit es podria perfectament identificar el personatge femení amb Adi Enberg. Encara que la descripció de les seves faccions no li corresponia, el físic en general, l'estil, l'experiència vital —un marit que l'enganyava— i el temperament eren els d'Adi. La situació tenia la palpitació de la il·lusió. «La vaig veure com una d'aquestes garbes de sensibilitat i de nervis que a París s'amaguen sovint sota una carn ondulada de nacre. Ara que escric aquestes ratlles, penso en la facilitat amb què aquella dona m'interessà. És que hi ha, però, res més picant que una dona a les primeres hores de conèixer-la? Després, si voleu, tot cau i res no interessa. Una primera conversa és sempre una delícia d'eufòria, de desvergonyiment i d'oblit de tot.»[9] La trobada es resoldria en no res, en una trobada i prou, i els protagonistes, com les imatges fugaces de la finestreta, com la massa anònima del carrer, es perdrien engolits per vides diferents i desconegudes. El narrador confessaria que aquella trobada el va colpir tan profundament que va estar enamorat d'aquella dona durant un any. No cal dubtar d'identificar aquest tret sentimental amb el caràcter de l'autor, malgrat que fes els impossibles per amagar-se'n.[10]

De contingut menys intimista, *El meu pas per la S.S. Pompeia*[11] ens descobreix una tendència, que va conservar tota la vida, a deixar-se enlluernar per les classes privilegiades, o de l'alta burgesia, que amb matisos diferents arribava fins i tot algunes vegades a l'adulació. Però ja aleshores l'esperit crític i la capacitat de donar la volta, amb sentit de l'humor, als prejudicis més petrificats l'arreceraven, relativament —perquè una cosa és la racionalitat i l'altra l'instint de supervivència—, de caure en la mitificació. Pla confessava haver viscut dos sentiments: el de sentir-se aixoplugat en aquella atmosfera que sabia freqüentada pels noms més il·lustres de la societat catalana, que ell només podia entrellucar de lluny, i el sentiment de servei. «Vaig sentir néixer, a la fi, espontàniament, la valoració moral de la meva posició.»[12] Pla s'explicava aquesta reacció com un producte de la ingenuïtat pròpia de l'adolescència i de l'educació familiar «puritana i severa».[13]

El març encara havia enviat un original a Joan de Linares perquè el donés a Ignasi Armengou. Linares i Pere havien estat designats per Joan Miquel i Josep Pla perquè portessin les edicions dels seus llibres. Joan Miquel només havia posat dues condicions al seu mecenatge: la regularitat i la qualitat en la producció. Malgrat les dificultats i la desorientació, el nou llibre havia anat prenent forma. Pla no s'havia arriscat gaire i havia utilitzat la mateixa fórmula de *Coses vistes*, que havia tingut tant d'èxit.

Per assegurar-se que el llibre no tingués gaires faltes d'ortografia, va proposar-ne una revisió a Alexandre Plana amb la condició que se'n respectés l'estil original. Pla creia que si no posava una mica de truculència als seus llibres, no es vendrien. Ara i adés insistia que Plana no modifiqués res del llibre, en especial tot allò que era picant, sense consultar-li-ho.

La segona estada de Pla a Londres va significar la integració en el món britànic. Deixava de veure la ciutat amb ulls d'estranger i, de mica en mica, assaboria les moltes qualitats d'una societat profundament arrelada en la tradició i la llibertat. Havia entès que sota la fredor i la indiferència, que al principi havia pres per formes del menyspreu, hi havia un fort sentiment de respecte per la independència, la pròpia i la dels altres. Anglaterra li agradava perquè era un país on el més important eren les persones. Però a més l'atreia la dualitat de la manera de ser dels anglesos, alhora pràctics i somiadors, la tendència natural a tancar-se en ells mateixos, a crear-se un món fantàstic, a gaudir somiant i donant voltes a les coses. Sentia el fons de misteri del país que tant plaïa als seus habitants, perquè excitava la seva imaginació. Londres, efectivament, era la ciutat de les novel·les: combinava la quotidianitat més natural, el cosmopolitisme, l'excentricitat i un clima que posava un joc d'ombres i boires, que allunyava la realitat immediata per crear-ne una de més inquietant, interior, imaginada i, també, real. Pla estava fascinat per l'espectacle de la gent, la tirada per la disfressa acolorida, els captaires que distreien amb enginy les cues de cinemes i teatres, l'ambient de la City. Però per damunt de tot se sentia cridat per un carrer, Fleet Street, que el transportava als seus somnis d'infantesa. Tenia davant dels ulls els noms dels diaris més importants d'Anglaterra que de petit l'havien fet somiar amb coses «llunyanes i incomprensibles». Passejant ara per Fleet Street li excitava el record més que no pas la imaginació. Era un carrer carregat d'història que, en comptes d'inquietar, reposava. La primavera anglesa, la naturalesa, l'ambient de passat que penetrava tota la societat eren un bàlsam.

Haver comprès perfectament el tarannà britànic no volia dir que Pla s'hagués integrat del tot en la seva societat. Donades les dificultats inicials que posen els anglesos en el tracte i la barrera de l'idioma, li resultava més fàcil deixar-se agombolar per la nova reconciliació dels Vincke. Passava sovint els caps de setmana a casa seva, s'hi quedava a sopar —feien arrossos plegats i amb el matrimoni Carreras. Però al cap d'unes setmanes tornaven les reticències i les tensions, especialment provocades per l'esposa de Marcial Vincke, que ara feia córrer que Pla volia emborratxar el seu marit, al qual d'altra banda no calia empènyer gaire perquè begués. Per aquesta raó va rebre amb un cert alleugeriment el trasllat de Marcial Vincke, que l'agost s'havia d'instal·lar definitivament a Palamós. En canvi, la relació amb els Carreras era cada vegada més cordial i no parava d'elogiar les qualitats del gerent.

El mes de març, pocs dies després d'haver arribat a Londres, passava comptes amb la seva germana del viatge a París i d'un petit deute ben curiós de Rosetta Lagomarsino pel qual ell havia de pagar uns seixanta-cinc francs, quinze pels cabells, segurament pel tractament contra els polls, i cinquanta pel viatge de retorn a Itàlia. Malgrat les cinc-centes pessetes que rebia puntualment cada mes de Joan Miquel, la seva situació econòmica era marcada, com sempre, per la provisionalitat i les dificultats. La sensació de precarietat era la causa principal de l'angoixa que l'oprimia i que s'agreujava quan s'adonava que el periodisme no feia més que perpetuar-la. Només veia una manera de sortir de l'atzucac i era poder anar a treballar a les oficines de Cork Import de Nova York i disposar de prou temps i tranquil·litat per escriure llibres.

Però, no només aquesta possibilitat semblava de moment molt remota, sinó que dos fets més van contribuir a agreujar aquesta situació. La detenció de Miquel Ferrer, amo de la Llibreria Italiana i administrador de les obres d'Edicions Diana, va significar, momentàniament, la pèrdua dels exemplars del *Rússia* que hi estaven en dipòsit i dels diners dels ja venuts.

Ignasi Armengou estava desolat pel tancament de la Llibreria Italiana i per no haver seguit el consell de Pla de retirar a temps els exemplars del *Rússia*. De totes maneres, tenia la confiança de poder recuperar els llibres que estaven en dipòsit quan s'aixequés la clausura.[14] Efectivament, a primers de juliol, Ignasi Armengou anunciava a Pere Pla l'aixecament de la clausura de la Llibreria Italiana i li pregava que es posés en contacte amb Jordana, que en representació de Miquel Ferrer s'havia de fer càrrec de les existències. L'objectiu era retirar, com més aviat millor, els exemplars del *Rússia* que hi havia al local.[15]

L'altre fet va ser l'amonestació que va rebre de Joan de Linares, que assumia la responsabilitat d'intermediari més enllà de les seves atribucions, com era donar per pràcticament inexistent el darrer llibre de Pla, perquè havia de ser corregit i molts capítols provenien d'articles ja publicats. El ruixat era segurament desproporcionat i, vist amb perspectiva, semblava més dictat per una visió limitada de les possibilitats literàries de Pla i per una actitud excessivament paternalista. Des del punt de vista de l'època i de Palafrugell estant, la vida de Pla no només era atípica i havia trencat amb tots els models de comportament de la seva classe, sinó que, per damunt de tot, tenia, segons com es mirés, un matís subversiu: feia temps que vivia a l'estranger, fet que contribuïa a fer-li entendre totes les coses del seu país amb distanciament i per comparació; els seus articles, quan feien referència a Catalunya, eren molt crítics; havia estat processat per injúries a l'exèrcit i havia de viure exiliat; les seves relacions sentimentals anaven més enllà del que aleshores s'entenia al nostre país per un «nuviatge» i les noies amb les quals sortia s'escapaven del patró «virtuós».

Pla en cap cas no era una criatura. Reconeixia les seves mancances, però creia que Linares s'havia ultrapassat en unes funcions de conseller editorial que, òbviament, li venien grans. Pla no era tan esquenadret com suposava Linares; des que havia acabat *Llanterna màgica* s'havia dedicat a un nou llibre que havia començat feia temps. Esperonat per la consideració tan poc falaguera que hi havia a l'entorn de Joan Miquel, prometia un llibre, completament inèdit, per al setembre. A més, Pla prenia la iniciativa i proposava l'estratègia publicitària per al llançament del llibre, amb una llista dels periodistes, crítics i escriptors que li semblava que podien ser més receptius al llibre.

La intenció de Pla en proposar una llista tan extensa no era només la d'assegurar la publicitat del llibre, sinó també la de contarestar els articles negatius que, com era d'esperar, apareguessin. L'article de Rossend Llates l'havia indignat.[16]

Pla ho considerava una traïció per part de la *Revista de Catalunya* i de Rovira i Virgili, però, seguint el bon consell d'Ignasi Armengou, renunciava a defensar-se.[17] L'article certament era molt dur: ironitzava sobre la manera de fer periodisme de Pla, l'anomenava «el príncep dels publicistes catalans» i l'acusava d'haver plagiat la narració *Un àngel* que havia tret de *La Confessió de Stavroguin*, de Dostoievski. La semblança entre les dues narracions és sorprenent i, efectivament, l'edició francesa del 1922, que es troba a la seva biblioteca, demostra que Pla l'havia llegida.[18] L'argument és bàsicament el mateix: una criatura innocent i indefensa és castigada injustament per un robatori que no ha comès. L'acusació desencadena la tragèdia que acaba en el suïcidi de l'infant. Els remordiments del protagonista-narrador coincideixen, excepte que Dostoievski els dóna una dimensió cristiana i Pla no. Cal afegir que l'escriptor rus porta la descripció dels sentiments del protagonista a un grau d'anàlisi psicològica que Pla amb prou feines esbossa, perquè es queda en els dubtes i la superficialitat d'un caràcter ambivalent. Pla és incapaç de portar a la pràctica allò que tant admira en els escriptors russos i en especial en Dostoiesvki: la passió en la descripció dels misteris del comportament humà.

Durant aquells mesos, Pla va continuar fent costat a la seva germana en la resolució del trencament oficial amb Josep Mompou i va procurar portar amb prudència i seny la responsabilitat de bon alcavot. Abans de continuar els apropaments amb el nou candidat a pretendent, el pintor Lluís Mercadé, Pla volia estar segur dels sentiments d'ella i evitar-li més disgustos. Alhora, i segurament per animar-la, el mencionava contínuament i, fins i tot, li enviava una postal que havia rebut del pintor des de Vence. Però encara portava la seva responsabilitat de primogènit més lluny: seguia les relacions de la seva germana Maria i Francis, el seu pretendent, amb un gran interès i, amb un gest de generositat sobtada, que l'honrava, arribava a renunciar a la seva part d'herència en favor de les dues noies. «Quan vingui el Dr. Prats i es parli de tot, ja se li pot dir que tot el que hi ha a casa és vostre, de la Maria i teu, la meitat de dones en aquest país ja tenen prous inferioritats perquè no s'hagin d'arreglar les coses d'aquesta manera. Espero que això doncs ja està entès. En Pere serà el millonari de casa i jo em sembla que sempre iré tirant amb un dèficit crònic, pobret i alegret.» [*sic*] Efectivament, Pere anunciava el seu prometatge amb Maria Miquel per Sant Joan. La complicitat amb Rosa, sobretot en qüestions sentimentals, va ser sempre superior que amb els altres germans. Pla estava content que la seva germana petita s'escrivís amb les amigues d'ell. Com ja havia fet amb Rosetta Lagomarsino, ara la convidava a continuar la correspondència amb Aly Herscovitz. La noia encara va viure una temporada a París i pensava tornar aviat a Leipzig, on els seus pares li volien posar una botiga de «novetats» per tenir-la quieta i ocupada. Poc després d'haver deixat París, Aly el va escriure des de Rostock, al Bàltic, on s'havia traslladat amb la seva família per vendre teixits. Segons li explicava ja tenia promès, una persona d'uns quaranta anys, «aixurida i de bon veure» [*sic*]. Pla comentava a la seva germana «Aquesta noia té el do de comprendre la vida, però ha passat moltes hores desagradables.»

A principis de maig es va declarar la vaga general a tot Anglaterra, exactament el 3 de maig a les dotze de la nit. La indústria del carbó n'era la causa principal. Pla anava seguint tot el procés a les seves *Cartes de Londres*. Descrivia la nova situació creada per la vaga a Londres. S'havia reduït l'enllumenat urbà i la ciutat estava a les fosques. Moltes fàbriques, com les d'acer, tancaven, mancades de matèria primera. El govern havia recomanat als ciutadans que s'abstinguessin de menjar calent i de desprendre electricitat. Hyde Park, confiscat per les autoritats, s'havia convertit en el centre d'aprovisionament de llet de la ciutat. Els transports públics havien quedat paralitzats i els seus treballadors substituïts per voluntariat. El fenomen del voluntariat impressionava Pla. La mobilització general de la població li feia conèixer l'altra cara dels anglesos: la flegma habitual era substituïda per l'activitat en el sentit més esportiu. La vida londinenca reprenia a un ritme més desballestat, però sempre amb indulgència, cordialitat i bon humor. Fins i tot la joventut daurada s'havia abocat amb tota la il·lusió patriòtica i frívola i, a empentes i rodolons, havia fet circular metro i autobusos. Un altre fet que impressionava favorablement Pla era que, durant la vaga, no s'havien produït ni actes de violència ni de sabotatge, tret d'alguns incidents protagonitzats per miners, com el llançament de patates, cebes i cols contra el parabrisa d'algun autobús conduït per alguna senyoreta amb els cabells a la *garçonne*, o per algun xicot d'aire esportiu amb la bufanda del *college* al vent. Tot i el bon humor, el comerç, la indústria, els transports i les comunicacions estaven semi-paralitzats.

Davant les dificultats per fer arribar els seus originals al diari, Pla va haver de traslladar-se a Calais. El 15 de maig es va desconvocar la vaga general. Però la vaga dels miners encara va continuar. A més de la incertesa econòmica, Pla havia d'aguantar també la inestabilitat d'una situació d'exiliat forçós que, tot i el sobreseïment de la seva causa, semblava eternitzar-se. De moment, tampoc no tenia gaires ganes de tornar. La situació política creada pel directori l'indignava. La vida social de Barcelona sota el nou règim li semblava, des de la distància, una mascarada.[19]

VII. EL NORD D'EUROPA, MEANWOOD, UN TERCER LLIBRE DE NARRACIONS I LA RELACIÓ AMB ADI ENBERG (del juny de 1926 al febrer de 1927)

La Publicitat i havia decidit d'enviar-lo al nord d'Europa perquè fes un reportatge. L'itinerari començava a Bruges, seguia per tot Bèlgica (Ostende, Gant, Brussel·les i Anvers) i tot seguit continuava per Holanda i Dinamarca (Rotterdam, la Haia, Copenhaguen). Després aniria a Estocolm, continuaria a Steting, a Berlín i acabaria el viatge a Ginebra per, finalment, tornar a Londres. La sèrie *Suite Nòrdica* s'iniciava a Flandes el 27 de juny i s'acabava a Hamburg el 27 d'octubre. En total, quatre mesos d'articles que s'apartaven del model de reportatge que havia seguit en la sèrie sobre Rússia. L'esperit que el guiava ara era el del plaer del viatge. El desig de canviar d'ambient i de fugir de l'ofegament que li produïa la seva situació era ja palès en el primer article: el tren li obria la gana, el contacte amb la maleta l'omplia d'optimisme, el fet de dormir cada nit en un llit diferent el guardava d'insomnis i viatjar d'una banda a l'altra li permetia treballar amb ordre.[1]

Pla no es conformava de donar una visió impressionista, més o menys sintètica, de cada país que visitava, sinó que buscava la relació entre societat, paisatge, arquitectura i art. Quan manifestava la seva predilecció per ciutats que alhora tenien personalitat i noblesa, com Hamburg, Bruges, Gènova, Venècia... es posava, més per gust del natural que per ideologies, al costat del particularisme i de l'esperit local. Volia deixar ben clar en tots els quadres de la sèrie que no tenia la sensibilitat dels grans monuments, sinó del carrer, que avorria el quixotisme i l'idealisme i que, en canvi, sentia el dolor de la insolidaritat. El fet que Pla destaqués en el seu viatge pel nord d'Europa l'esperit de civilització significava, si bé indirectament, una crítica contra la situació de Catalunya i d'Espanya, que anava des de la política i l'administració fins a la societat i la cultura, passant, fins i tot, per les dones i la qüestió lingüística. Les reflexions sobre tots aquests temes enriquien la crònica d'un viatge que per aquest motiu s'aproximava a les cròniques de Heinrich Heine. Pla, com l'escriptor alemany, també es deixava portar per la descripció lírica del paisatge i de les escenes de la vida del carrer. En aquestes darreres s'apropava al tractament dels pintors holandesos. Les descripcions paisatgístiques arribaven al grau màxim de plasticitat i de profunditat poètica quan la sensibilitat li descobria aquella essència de bellesa i eternitat que els lligava al seu record. El cel ample i canviant d'Holanda que tenyia la terra i l'aigua de colors sempre diferents, el crepuscle que comparava amb l'ala d'una papallona que s'anava tancant amb l'altra ala, que era la terra, els molins: «Aquests molins d'Holanda tenen una manera de rodar tan natural i asserenada, que cada vegada que m'hi encanto davant em sembla que hi ha alguna cosa del meu cos —el cor— que es posa a donar voltes com els molins, per pur esperit de delícia. He de posar-me la mà al pit perquè m'agrada massa.»[2] El to poètic de la prosa de Pla no havia passat desapercebut i era elogiat per Rovira i Virgili.[3] Però al costat dels fragments de prosa on barrejava imaginació i realitat, on el paisatge li mostrava aquella escletxa per on s'escolava la fantasia, també trobem fragments, pocs, d'un lirisme adotzenat.

Pla va rebre a Oslo un xec del seu germà per poder seguir el viatge. Tenia la intenció de traslladar-se l'endemà mateix a

Bergen i, des d'allí, a Torgen, Estocolm i, finalment, arribar a Berlín cap al 10 d'agost. L'estada a Estocolm a principis d'agost li va despertar el desig del Mediterrani i de l'Empordà. El doctor August Pi i Sunyer, que va trobar al Congrés Internacional de Fisiologia, el va fer decidir-se a comprar una barca per poder passar dos o tres mesos de l'estiu navegant amb Hermós.[4] Pla va baixar des dels Països Escandinaus fins a Alemanya. A Berlín va passar moltes hores amb el matrimoni Xammar i els va acompanyar un cap de setmana a practicar el piragüisme als afores de la ciutat. Però pocs dies després va haver de deixar Alemanya, perquè va rebre un telegrama de Joan Estelrich que li demanava que anés a Ginebra per assistir a un congrés sobre minories. La precipitació de la notícia l'havia obligat a fer el viatge d'una tongada, és a dir 24 hores seguides de tren. Durant la conferència es va allotjar a l'hotel Victòria.[5] Cansat de Suïssa, va deixar poc després la ciutat —malgrat les protestes de *La Publicitat*, que l'hi volia més temps— per anar a Perpinyà, on s'havia de trobar amb el seu germà. Impossible la trobada, va decidir tornar a Anglaterra, prescindir de la mensualitat que li passava Joan Miquel, deixar l'oficina de Londres i anar a Meanwood, on una família li havia fet uns tractes molt ajustats, a canvi de l'estada i de classes d'anglès. La necessitat de millorar la seva situació econòmica l'obsessionava. Londres era, per a ell, una via morta, que només li portava tensions. Desitjava que el traslladessin a l'oficina de Nova York, on esperava que, gràcies al matrimoni del seu germà amb la filla de Joan Miquel, podria aconseguir una posició sòlida.

Pla va arribar a París a primers d'octubre i es va estar amb Adi Enberg uns dies. Es respirava una atmosfera de conspiració entre els membres del grup dels catalans de La Rotonde. Macià estava preparant el complot de Prats de Molló. A mitjan mes, Pla va tornar a Londres i pocs dies després es va traslladar a la casa de la família Binns a Farmhill Crescent,

Meanwood, que estava a quatre quilòmetres de Leeds. El lloc era molt tranquil, s'hi feia vida de pagès, el menjar era bo i abundant. La família que l'acollia i la gent del poble tenien tota la cordialitat i hospitalitat dels Middlands. La vida hi era molt barata i senzilla. Pla esperava viure amb només dotze lliures al mes. Les activitats socials es limitaven als pubs, les reunions socials, els concursos de gossos, flors, pastissos, melmelades i els partits de rugbi els diumenges a la tarda, a tres penics l'entrada. Comparat amb Londres, aquest ambient el relaxava, perquè no hi havia «vicis ni porqueries» i perquè li permetia disposar de moltes hores per escriure. Pla seguia l'actualitat a través de la premsa diària i de les converses amb els seus veïns. Continuava enviant els seus articles a *La Publicitat*. Les conseqüències del conflicte miner i de la vaga general s'havien traduït a les eleccions municipals en un clar triomf socialista, sobretot a les grans ciutats.

Des de la roina i la tranquil·litat de Yorkshire, Pla dirigia també la liquidació dels seus llibres i preparava la producció del que estava escrivint. Tot un equip compost per Ignasi Armengou, Joan de Linares, Antoni López Llausàs, Pere Pla i, incidentalment, Josep Maria Xammar, Carles Esplà i Alexandre Plana seguien —els uns des del camp administratiu, de producció i de comercialització, els altres fent-se càrrec de la traducció o correcció d'estil —el procés d'edició dels llibres de Pla. De moment i sobre el paper, tenia la possibilitat de retornar els set mesos de sou a Cork Products, que sumaven tres mil cinc-centes pessetes. Aquest fet i les quatre lliures que estalviava cada mes el tranquil·litzaven, fins al punt que es feia la il·lusió de voler regalar un abric de pells a la seva mare —present que no va poder fer-li mai—, de la mateixa manera que tenia pressa per prescindir de l'ajut de Joan Miquel i dels serveis de Joan de Linares. Volia demostrar que era capaç de guanyar-se la vida amb la seva feina. Estava tan angoixat per la dependència que fins i tot se li havien apagat les ganes de treballar a l'oficina de Nova York quan el seu germà s'hagués casat amb la filla de l'amo, Maria Miquel.

Des de principis de novembre, Pla anava enviant al seu germà capítols de *Relacions*, el nou llibre que havia començat. Amb el poc que havia escrit estava esperançat i havia tramès la primera part del manuscrit a Carles Esplà, que vivia a París, perquè el traduís al castellà. Pretenia introduir-se en un mercat més vast i estava segur que seria el millor llibre de l'any. Pla havia fet un gran esforç per respectar la sintaxi natural del català. Va arribar a reescriure algunes planes quatre o cinc vegades. Estava tan segur del resultat que es prometia deixar d'escriure si el llibre era un fracàs. Aquesta vegada estava obert a totes les crítiques i esmenes que li fessin el seu germà, Alexandre Plana o Ignasi Armengou. Tot i la bona acollida dels amics, Pla estava segur que *Relacions* suscitaria el rebuig de la gent que no volia soroll. Per assegurar-se que aquesta vegada l'estil no provocaria les irades reaccions de crítics i escriptors benpensants, havia demanat al seu germà que fes llegir el manuscrit a tres o quatre persones més, entre elles Carles Soldevila.

El que en principi havia de ser una novel·la amb un fil conductor, el viatge pel nord d'Europa, i un narrador que comentava l'espectacle de paisatges, ciutats i persones des d'una perspectiva volteriana, es va convertir en un aplec de narracions unides per la mateixa veu narrativa. Aquest canvi en el projecte inicial semblava que era degut al fet que el llibre havia sortit massa curt. Els capítols que originàriament havien de formar part de la novel·la tenien una unitat temàtica que, per abreujar, podríem qualificar de volteriana: el pretext del viatge obria la porta a l'observació dels hàbits i el comportament de cada país que visitava. A la manera dels contes de Voltaire, els diàlegs i els comentaris, d'una gran vivacitat, atreien l'interès del lector per un enfilall de reflexions i d'idees que altrament haurien resultat ben àrides. Les conclusions eren sempre les mateixes: la vida és dominada per l'atzar, la providència no existeix i per tant monarquia i Església no fan sinó encobrir, sota fórmules de criança i moralitat, pretensions de domini i poder. Els instints primaris de l'home, la sensualitat i l'estultícia, s'imposen per sobre de l'erudició, sovint massa allunyada de la realitat, per poder-los contrarestar. Pla assolia l'equilibri entre les reflexions més o menys filosòfiques i les impressions sensorials, en comentaris de to humorístic, anècdotes, descripcions líriques del paisatge i de l'arquitectura.

Els tres capítols que no pertanyen a la novel·la originària tenen un interès desigual pel que fa a l'aportació biogràfica. La narració sobre la descripció d'un primer amor tendia al grotesc. Les justificacions del narrador per reproduir literalment la conversa entre els joves enamorats li servien per defensar els principis del realisme i eren una resposta a les acusacions de plagiari. «Els crítics han confós la meva inhabilitat per escriure una pàgina clara amb les meves suposades preferències eslaves. Tots els occidentals que no sabem escriure ens assemblem als russos.»[6] Pla justificava el seu comportament donant més detalls biogràfics en un nou autoretrat, al sisè capítol. Explicava el seu deseiximent com una conseqüència de la manca de cordialitat en la vida familiar, de la qual només havia conservat el pòsit de les formes de la religió, «la sornegueria diplomàtica dels capellans i frares».[7] La vida d'internat en un col·legi religiós l'havia format en l'individualisme i la seva visió «excessivament» justa del món li dificultava el tracte social i l'impossibilitava per a la cooperació. De la mateixa manera que no volia intervenir en els afers dels altres, Pla tampoc no podia tolerar que els altres li creessin incomoditats ni intervinguessin en la seva vida. «He estat generós amb l'únic intent que em deixessin tranquil. Puc dir, doncs, que si el meu individualisme ofensiu ha estat de fet una cosa inexistent, el meu instint de conservació ha estat un sentiment silvestre, tosc i primari.»[8]

La manca d'interès pel vici, la virtut, la vanitat i l'ambició el feien passar pel món sense necessitat de comprometre's. Una posició que, d'altra banda, també era conseqüència de la constatació de la mediocritat general, no pas perquè se sentís superior en cap sentit, sinó perquè els orígens pagesos el mantenien en contacte amb els fenòmens naturals, que el feien més sensible a les mancances humanes. Però Pla tampoc no volia deslligar-se de la realitat d'aquest cantó miserable de l'ésser humà. «Arribar a casa aclaparat, plorant, després d'una nit de disbauxa, era per al meu esperit un exercici absolutament necessari. Sense això m'hauria semblat que vivia fora del món i que les coses dels homes no m'interessaven.»[9] L'altra força que el mantenia lligat a la realitat era l'egoisme, que havia portat a una certa perfecció gràcies a la discreció.

Pel que feia a la vocació literària, explicava que havia triat la carrera de dret per tenir temps de fer «el que em donés la gana. Com que per arribar a tenir una mica de sensibilitat s'ha d'haver gandulejat molt, puc dir que ho vaig endevinar».[10] El periodisme li havia permès dedicar-se a l'escriptura i li havia acabat d'arrodonir el temperament, entre la sornegueria antisocial i la manca de compromís. El preu que n'havia de pagar era el de ser un desplaçat que no acabava de trobar l'encaix.

En aquesta situació i a l'edat de trenta anys, amb una personalitat completament formada, descrivia el canvi que s'havia produït en la seva vida amb l'aparició d'una dona cinc anys més jove que ell. L'anàlisi detallada dels sentiments de cada un i del procés de la relació refermava el narrador en actituds de misantropia que, finalment, es confirmaven de pedra picada: l'egoisme i la manca de caritat acabaven per fer naufragar el matrimoni. Pla tenia segurament por o se sentia incapacitat per portar una relació sentimental a l'estabilitat de la convivència. En aquesta narració la identificació amb Josep Pla i Adi Enberg no només és evident, sinó que va ser confirmada per ella i també per Ibáñez Escofet.[11] Davant del canvi tan radical que havia d'esdevenir-se amb l'entrada d'Adi Enberg en la seva vida, Pla tenia la necessitat d'autoanalitzar-se. El final lamentable de la història —el narrador abandonava la dona estimada perquè s'havia posat malalta d'un tifus— era segurament escrit a manera de conjur, amb el sentiment, més fort que no pas una intuïció, que aquella relació estava condemnada pel seu individualisme i egoisme. «I jo sóc una persona vaga, aclaparada d'horror i de perversitat, que donaria la vida per un bri de tendresa, de cordialitat i de calma.»[12] Tota la història i la confessió del protagonista tornaven a tenir un regust de Dostoievski prou evident.

Seguint els consells d'Alexandre Plana, Pla va decidir reescriure el pròleg. En la nova versió va suavitzar el to massa dur contra la crítica i el va girar humorísticament. Preferia eludir el que anomenava els elogis de la crítica per no caure en la vanitat. D'altra banda, ja no es podia parlar de novel·la.[13] Davant la dificultat d'una definició de gènere, Pla es limitava a reconèixer que el llibre estava compost per «un seguit d'escenes de la vida humana» i desenvolupava la idea sobre la importància que tenien en una obra els detalls, amb la referència als pintors holandesos. Però la causa real de la impossibilitat de Pla per arribar mai a la novel·la era, segons Carles Riba, la pressa, que el feia passar per sobre de l'evolució dels cors i de les situacions. Aquest tret el feia caure perillosament de la banda de la banalitat. Pla, evidentment, es cobria amb el pretext de posseir «un primari sentit comú literari» i plantejava un dels problemes importants de l'ofici: la capacitat de l'escriptor i de l'artista per captar el que amaga la cara de la gent.[14]

Pla va haver de demanar que li busquessin algú que estigués disposat a fer-li un préstec per a l'edició de *Relacions*. Ja no volia dependre de Joan Miquel i volia eixugar el deute que havia contret. Joan Planas i Martí, de Manresa, s'havia ofert en un principi. Pla volia garantir-li el reintegrament de la suma i fer-li les liquidacions per avançat. Però el préstec no va materialitzar-se mai. Malgrat la qualitat del llibre, la publicació estava en un punt mort i Pla va pensar que l'hauria de guardar en un racó de calaix. A final de gener, Ignasi Armengou li escrivia per recomanar-li novament Antoni López Llausàs, perquè per la seva condició d'impressor, administrador i llibreter era qui més li convenia. Ningú altre no estava amb millor disposició per comprar-li el llibre i no li aconsellava que se l'editès pel seu compte, perquè li costaria de cobrir les despeses. Poc després, Pla va rebre un primer contracte a nom d'Antoni López Llausàs per a la impressió de *Relacions*. López va establir el contracte definitiu per la impressió de 3.000 exemplars al preu global de 3.400 pessetes; administraria el llibre amb el 40% de descompte i faria una liquidació a Pla al cap de dos mesos de publicar-se. Del 60% que havia de correspondre a Pla, l'editor cobraria primer les 3.400 pessetes i n'entregaria la resta a l'autor. Si no s'haguessin cobert, al cap de dos mesos farien una segona liquidació, i després les farien trimestralment.[15]

La situació de Pla al diari era anòmala. Continuava enviant-hi els articles, però s'estava plantejant de deixar-lo, encara que no tenia gaire clar com es podria guanyar la vida un cop descartat el mecenatge de Joan Miquel i la possibilitat de continuar a Cork Products de Londres. Buscar col·laboracions en altres diaris hauria significat tempteigs durant dos mesos com a mínim. Per a ell la solució, que no ho era, hauria estat no haver d'escriure per a cap diari. De moment havia demanat a Xammar que fes gestions al *Diario de la Marina* de l'Havana.[16]

Durant aquells mesos la relació entre Pla i Adi Enberg

havia madurat. Ell sentia més i més la necessitat d'una certa estabilitat. El 8 de març havia de fer trenta anys i, tant pel que feia a la vida professional com afectiva, vivia a la mateixa intempèrie que quan en tenia vint-i-tres. Com succeïa sempre que les seves relacions arribaven al grau de la confiança, Adi Enberg es va incorporar a l'equip dels seus «secretaris». A final d'octubre, Adi enviava a Pere per correu certificat el manuscrit que li havia donat Josep de la primera part del llibre. Pla es permetia comentar al seu germà que la simpatia i les moltes altres qualitats d'ella l'havien fet entrellucar la possibilitat del matrimoni, no tant perquè n'estigués enamorat, sinó per la necessitat de posar una mica de confort a la seva vida. Adi va passar el Nadal amb ell a Londres. Pla no tenia gaires ganes d'anar a París, perquè s'havien convertit en el centre de les xafarderies, acrescudes per la indecisió de tots dos. Londres els acollia discretament: teatre de Bernard Shaw, concerts i el recer confortable dels pubs quan queia una gotellada. Pla li va regalar el darrer llibre, *Llanterna màgica*, dedicat: «A Adi Enberg. Que amb la seva naturalitat m'arrivara a fer trobar interessants les coses mes perilloses de la vida. Josep Pla. Meanwood.» Va descobrir, de mica en mica, com era la família d'Adi, com havia estat la seva infantesa, el seu matrimoni amb el cosí de Lió.

Adi Solveig Enberg havia nascut el 15 de maig de 1901 a Barcelona, al mig del carrer, com li agradava de fer creure tot rient, mentre explicava que la casa del seu pare, on va néixer, al carrer dels Santjoanistes, és actualment travessada de dalt a baix pel carrer de Lincoln. Era una casa de camp molt gran, la banda de darrere donava al carrer de Guillem Tell. El seu pare, Halfdan Enberg, l'havia comprada a uns aristòcrates que hi passaven les vacances quan Sant Gervasi era un poblet d'estiueig. El jardí tenia una extensió considerable; a la part del davant hi havia un gran rengle de plàtans, algun cedre i sis o set avets. Una heura amagava la paret que donava al carrer. A la banda del darrere, hi havien plantat arbres fruiters: un nesprer, llimoners amargants, quatre o cinc figueres i, enmig, una gran mimosa. La casa del servei era al fons del jardí, on també hi havia una caseta per guardar-hi llenya i les eines i una barraca amb quatre cabres que proporcionaven la llet per a les criatures. Al davant del jardí es veia passar el tren de Sarrià. Un dia, jugant amb la seva germana Ina, es van enfilar a la mimosa i, de sobte, com que la nit abans havia plogut molt i la terra era tova, van sentir un gran soroll i van caure totes dues a terra, amb mimosa i tot, que s'havia vinclat amb el pes de la terra molla. El seu pare les va renyar, molt enfadat. La casa era de dos pisos, a la planta baixa hi havia una sala d'estar, una sala d'estiu, una biblioteca, un menjador i una sala on el seu pare havia fet instal·lar un billar, malgrat l'oposició de la seva esposa. Al cònsol, li agradava d'oferir sopars, en cristalleria de roca, xampany francès, caviar rus... El pis superior l'ocupaven tres dormitoris, tots amb sol, i una habitació per planxar i guardar-hi roba. Adi recordava la torre immensa del seu veí, el marquès de Brusi, que era molt ranci: la seva esposa portava els guants blancs sargits i ell utilitzava una targeta per viatjar gratuïtament en el tren de Sarrià. Un dia convingut de la setmana es formava la cua de pobres que venia buscar l'almoina. El criat del marquès els donava els diners.

Els Enberg —s'escrivia Eenberg— provenien de Bereng, a Noruega. La seva àvia era aristòcrata; Adi recordava una fotografia seva amb un coll rígid i un posat molt tibat. A Bereng ja gairebé no hi tenien família, perquè s'havia dispersat, i només hi quedaven l'àvia aristòcrata i dues tietes insuportables. El pare d'Adi, Halfdan Enberg, havia anat a treballar de jove a Sevilla, on va instal·lar un negoci, i més endavant es va traslladar a València i finalment a Barcelona. Era un home molt alt i quan passejava per la Rambla passava d'un pam la resta de la gent. El coneixia molta gent. Segons la seva filla, era vanitós i en vint-i-cinc anys no va saludar mai els seus veïns taverners; la gent li deia «El Rei» perquè anava tibat i entonat, amb l'uniforme de cònsol general de Dinamarca. Tenia tres fills de la primera esposa, que era noruega. El matrimoni es va separar i Halfdan Enberg va enviar el seu fill gran, que només tenia quatre anys i era tan bell que li deien «el príncep», a Noruega. Es va tornar a casar, aquesta vegada amb Olga Wretman Wilson, sueca d'Estocolm, que treballava a Barcelona com a massatgista amb el doctor Cardenal. Era una dona simpàtica, oberta, divertida, d'idees socialistes, tenia molt d'esperit i era molt més intel·ligent que el seu marit, encara que estava completament mancada de sentit pràctic. A banda d'uns avis, Adi no recordava cap família a Estocolm. El matrimoni Enberg-Wretman va tenir tres fills: Adi, Ina i un nen que va morir molt petit de meningitis.

Adi era completament noruega i s'assemblava al seu pare; la seva germana Ina era com la seva mare, molt bonica i tota ella tendresa. Va estudiar al col·legi alemany, només als matins perquè no feia llatí. Considerava un descrèdit emportar-se els llibres a casa per estudiar. Tot i així, se'n sortia prou bé, davant el desconcert i la impotència dels professors, que la volien castigar perquè no feia els deures. A la pissarra, havia arribat a solucionar problemes que no havia preparat, traduïa correctament textos de Goethe, de l'alemany al francès, que no havia vist mai i recitava correctament la lliçó d'història que ni s'havia mirat. La seva gran especialitat era la Revolució Francesa. Fins i tot els professors la van felicitar per una redacció sobre la muntanya de Montserrat, on no havia estat mai, perquè era l'única que havia vist la muntanya amb ulls i sensibilitat. Els companys de classe sí que hi havien anat i li havien explicat quatre coses. Li agradava molt de llegir, tant que quan tothom se n'havia anat a dormir, ella encenia una lampadeta, bevia una tassa de cafè del termo que tenia a sota el llit i llegia tota la nit fins que clarejava. L'endemà anava a l'escola com si res. Segons els metges, tenia una salut de ferro. També li agradava molt d'escoltar quan el que explicava el seu interlocutor era interessant i nou; hi posava tots els sentits, premia la boca i els ulls li brillaven de curiositat i concentració. Es passava el dia al carrer jugant i barallant-se amb els nens.

Halfdan Enberg havia llogat una part d'una casa de pagès a les Ferreries, a Sant Quirze Safaja. Des que tenia dos anys, Adi hi passava els estius amb la família. Halfdan Enberg era molt popular entre la colònia d'estiuejants, perquè organitzava competicions esportives. Adi i la seva germana corrien nues pels camins i els camps. Els pagesos deien que per on passaven els gossos només hi passaven les filles del cònsol. La seva germana Ina freqüentava la colònia d'estiuejants, però Adi preferia jugar amb els fills dels pagesos i ajudar-los en les feines del camp. Treballava com un jornaler més i, tret de segar, perquè a casa seva tenien por que es tallés, ho feia tot. Era tan forta que ajudava el masover i quan l'acompanyava a Granollers amb la tartana a les cinc de la matinada, paraven a la fonda i el masover demanava «dos de barreja» —vi amb aiguardent— per a tots dos. Ja ho deien al masover: «Teniu sort, perquè l'Adi fa el jornal d'un pagès.»

Passat el Nadal de 1926, Adi va tornar a París, on havia viscut uns mesos d'agitació. Ajudava com podia els seus amics en activitats polítiques més o menys clandestines: algunes vegades deixava el taller al seu gran amic Met Miravitlles, que s'hi reunia amb companys independentistes. Entre ells, hi havia Martí Vilanova i també Semard, que era el cap dels comunistes i que una vegada s'hi va deixar el bastó. Adi va anar fins a casa seva per tornar-l'hi. Sovint passava per a la redacció del diari comunista *L'Humanité* a recollir fulls de propaganda contra la dictadura del general Primo de Rivera i els donava a Jaume Miravitlles, que els distribuïa a les manifestacions que es feien als Champs Élisés. Jaume Miravitlles era aleshores d'Estat Català i va participar en els fets de Prats de Molló, al costat de Francesc Macià. Va ésser detingut com la resta de membres que integraven aquell exèrcit. Segons el testimoni de Miravitlles, quan els inculpats es van presentar al jutge, els va demanar el grau que tenien en aquell exèrcit, i tots van contestar que eren comandants, capitans o tinents. Quan va tocar el torn a Miravitlles va respondre la veritat: que només era soldat. El jutge va exclamar: *«Voilà le soldat de l'armée catalane!»*[17] Segons el pla de Macià, els soldats s'havien d'allistar voluntaris a mesura que l'exèrcit de graus s'anés introduint al territori català. Adi anava tant com podia a visitar el seu amic Miravitlles a la presó; li portava llibres, pastissos i, també, banderetes catalanes per als altres exiliats. Algunes vegades havia coincidit amb Maria Macià, que anava a visitar el seu pare.[18]

Adi va reprendre la vida de sempre a París; anava a la tertúlia de La Rotonde amb Apel·les Fenosa i Armengol, sortia a passejar amb Francisco de Cossío i ajudava com podia els seus amics. Per exemple, a la seva amiga irlandesa Agnes Caroll, que tenia una filla de pocs mesos que es deia Marlène. Els pares d'Agnes l'havien treta de casa, quan van saber que estava embarassada. Per poder sobreviure donava classes d'anglès en un sisè pis on vivia. Quan estava malalta, Adi la substituïa gratuïtament. *«Surtout ne flirte pas avec aucun étudiant, parce que l'on perd l'élève et l'amant»*, li deia la seva amiga. Tenien un alumne que treballava en un bar de mala mort on llogaven habitacions. Les dones que les freqüentaven sovint s'hi deixaven peces de roba interior, ell les arreplegava totes i les guardava per fer-ne un aixovar per a la seva promesa quan es casés. Apel·les Fenosa, que era un parell d'anys més gran que Adi, anava sempre molt just de pressupost. Compartia estudi amb Armengol i sovint li demanava que lliurés les escultures als clients, perquè si ho feien, ell o

Adi agafarien un taxi i el negoci no li sortiria a compte. Armengol ho feia serrant les dents i reprimint la indignació. Adi, que tenia compte obert en un banc, li havia de deixar sovint diners: vint o trenta francs. Fenosa li deia: «Tinc tres finlandeses, Adi, i necessito diners per convidar-les a un cafè o a una copa...», i ella n'hi deixava. Fenosa sempre els hi tornava. Ella no portava el compte, però ell sí i no va fallar mai. Un dia que l'escultor anava curt, li va demanar que l'acompanyés a veure el seu marxant, Khanweiler, per demanar-li un avançament. Segons ell, si Adi venia, el marxant no s'hi podria negar. Van agafar un taxi, tant a l'anada com a la tornada, i després va convidar Adi; amb tot això ja s'havia gastat un trenta per cent del que li havien avançat. Adi contava nombroses anècdotes que els havien succeït, a tots tres. Sortien sovint de nit, anaven a un *night club* de la plaça Saint Michel on tothom podia cantar o tocar algun instrument. Algunes vegades, Domínguez Rodiño, que escrivia frases com *«Las mujeres suecas esculpidas en mármol rosa»*, volia convidar-hi Adi, però ella se'l treia de sobre dient-li que ja tenia companyia. Ofès li clavava: *«Soy redactor de* La Vanguardia» i ella arronsava les espatlles. Al club, hi trobava un altre dels seus admiradors: el noi que passava el platet i que no cobrava mai a Adi, al contrari, li besava les mans. Però no hi havia dubte que qui més l'estimava era Armengol.

De mica en mica, el grupet es va dispersar. Apel·les Fenosa, que era pròfug, un dia els va dir que tornava a Catalunya. Ells no s'ho van creure i els va demanar que l'acompanyessin amb taxi al Quai d'Orsay. Ho van fer, més divertits que altra cosa, però, quan el taxi va parar davant l'estació, van començar a entendre que la cosa anava de debò. Fenosa va anar a la guixeta, va comprar un passatge i va pujar al tren que anava a Portbou. Va passar la frontera a peu. Fenosa ja no podia viure a París, enyorava Catalunya. Quan Jaume Miravitlles va poder sortir de la presó, va decidir tornar també a casa. Es van acomiadar fora del taxi, es van abraçar molt fort, amb molt de sentiment, i ell va marxar sense voler que l'acompanyés fins al tren. El taxista li va dir: *«C'est triste de quitter le chéri»* i ella li va contestar que no era el seu estimat, sinó un molt bon amic.

Des de Meanwood, Pla li escrivia cada setmana. La necessitat de viure junts es feia més i més viva. Finalment, ell li va escriure que s'hi volia casar. Segons Adi, l'intercanvi epistolar va anar de la manera següent: «Vingui a París i, si encara l'interessa l'assumpte, en parlarem», va escriure ella. Pla i Adi es tractaven aleshores de vostè, tot i la confiança, però mai de vós. Adi comentava, amb un somriure una mica mofeta, que només els d'Estat Català parlaven de vós. Ell va respondre: «No vindré a París, per no fer un altre ridícul.» Pla creia que Adi jugava amb ell i que deia als seus amics de La Rotonde que només havia d'escriure que vingués, per tenir-lo allí. Adi va respondre a la carta de Josep: «Ens podem trobar a mig camí, a Londres.» Havia pres aquesta decisió després de molts dubtes i d'un enfrontament amb el seu pare. Quan Halfdan Enberg va saber les intencions de la seva filla de casar-se amb Josep Pla, li va escriure una carta dient que «no volia que es casés amb un *limpiabotes*». Ella es va indignar i aquella nit, per fer-se passar el disgust, va sortir amb una seva amiga danesa i van agafar una borratxera impressionant amb tres còctels de vodka. Quan es va haver asserenat va escriure al seu pare que demanés informes a Martí Esteve, a *La Publicitat*, on treballava Pla, abans de prejutjar i el va amenaçar de no casar-se amb ningú si no era amb Pla. Fins i tot el seu bon amic Armengol li va recomanar que es casés amb Pla, perquè tenien els mateixos gustos i aficions i s'ho passarien molt bé. Sense esperar la resposta del seu pare va passar de les amenaces a l'acció, malgrat que l'enfrontament pogués portar com a conseqüència la congelació del compte corrent. Adi ja hi comptava; des de París va trobar feina d'institutriu amb una família molt rica de Maid Vale, un barri de classe alta de Londres. Pla se'n sentia d'allò més orgullós i comentava al seu germà que donava gust viatjar amb una dona així, que sabia anar pertot arreu. Adi havia pogut arreglar la qüestió de l'estudi de París, perquè Eugeni d'Ors, que hi havia anat feia poc, el va voler llogar tot seguit. Li va donar deu mil francs, però Adi es va oblidar de dir-li que només hi havia una comuna en tot l'edifici, un simple forat. Reia només de pensar què devien fer totes aquelles senyores tan elegants que sempre l'acompanyaven.

No es podia dir que estiguessin enamorats l'un de l'altre; s'admiraven, s'agradaven. La primera raó que portava Pla al matrimoni era que Adi li agradava. Val la pena fer la citació d'aquest fragment de carta a la seva germana Rosa, datada el 17 de gener, quan ell era encara a Meanwood: «Es molt neta, agradable, poc agitada —ja en soc prou jo— i estar al seu costat no cansa gens. Després perque em pot ajudar, perque es una persona que te molts mes el·lements que jo per guanyar-se la vida, si es necessari. Després es cuidarà de totes les meves coses practiques, car jo, soc una verdadera criatura i no se com aquell que diu arreglar res. Finalment perque em penso que ella m'estima molt mes a mi que jo a ella. Fa molts anys que porto una vida fantàstica i tinc oblidades o no se el que son moltes de les coses de les quals la gent parla. Em penso que em tornaré una persona normal, molt equilibrat, sense aquestes desproporcions que avui sento, que em tornaré, per dir-ho curt, un home en tota l'extensió de la paraula.» [*sic*]

Pla encara explicava millor en la narració, que tenia com a protagonista Olga Johansen, és a dir Adi Enberg, en què consistia la qualitat d'«agradable» d'Adi: provenia de la sensació de «netedat moral i material que donava».[19] El sentit de la dignitat formava part de la seva essència; la tossuderia, la crispació quan se la contrariava en les conviccions, que anaven estretament lligades a aquest sentit de la dignitat, eren de pedra picada, no es podia fer res més que cedir a la seva voluntat. Pla no va tenir temps aleshores de conèixer aquest aspecte, inflexible i aspre, del seu temperament. De moment, Adi li feia el mateix efecte que un bàlsam, completament abocada als seus amics, sobretot si podia suavitzar-los el dolor escoltant-los. Una qualitat que va conservar fins al final de la seva vida. Igual que la impressió de «netedat material» que tota ella irradiava, fins i tot quan tenia vuitanta-cinc i vuitanta-sis anys. Malgrat que se li marcaven els pòmuls, el nas se li havia afinat i allargat, la pell es conservava rosada i fina, sense ni una arruga. El front, amplíssim, ben llis, i les galtes enfonsades, d'un rosa que només va apagar la mort. Els ulls, d'un blau viu, però amb una punta de metall. Els cabells blanquíssims. Les mans llargues i primes. Sempre vestida de colors clars, sedes, caixmirs, llanes pures, que conservava d'anys i anys, gastats per les rentades i l'ús. No va perdre en cap moment l'aire de «luxe suau» que fascinava Pla, una elegància discreta i natural, el posat aristocràtic del seu pare. Era cert també, fins i tot quan la vellesa l'havia mantinguda pràcticament incomunicada, que al seu voltant hi havia un grup d'amistats fidels i admirades. Pla escrivia sobre aquesta gent i els sentiments d'Adi: «Feia tan goig, que vivia rodejada d'una col·lecció de persones desgraciades que l'adoraven. No hi ha res millor que poder exercir la vanitat davant de les persones que ens agraden. Olga tenia a l'entorn seu una banda d'àngels malcarats que se la miraven amb ulls de vedella degollada.»[20] Al final de la seva vida hi havia de tot, li agradava d'escoltar, posava els cinc sentits per entendre el problema o el sofriment de la gent, els aconsellava, animava i tranquil·litzava. Sabia trobar el punt d'ironia de les situacions més doloroses. Era a les portes de la mort i ensenyava el sistema de relaxació xinès als seus interlocutors presos d'angoixa. Però també gaudia amb la conversa culta, fins i tot quan vorejava el caire de l'escàndol social. El coneixement dels clàssics alemanys, francesos i anglesos, Baudelaire, Verlaine, Rilke, Goethe, Edgar Allan Poe... no era literari, sinó més aviat viscut. Quan els recitava o parlava d'ells ho feia des de l'experiència o la necessitat, mai amb intencions intel·lectualistes.

Pla, aleshores, mantenia una actitud racionalista i distant respecte al sentiment amorós. En la narració sobre el matrimoni entre el narrador i Olga Johansen arribava a un deseiximent materialista que anys més tard indignaria Adi, perquè el sabia cert; era una de les coses que no li perdonava, encara que Pla en aquest sentit no l'havia enganyada mai. «Pensava en aquella època que el que s'anomena l'amor no és més que una idealització poc reeixida d'una de les obligacions més implacables i obscures de l'espècie humana. Creia que només una cosa pot justificar i explicar el matrimoni: el confort i el benestar purament físic que l'estat matrimonial dóna, de vegades.»[21] Més endavant Pla utilitzava un terme, «bon negoci», que irritava Adi, fins i tot després de 46 anys de no conviure amb ell: «Veia a Olga com el summum del confort en aquest món. És per això que fàcilment i insensiblement la seva suavitat inefable em penetrà i em semblà que potser no faria cap mal negoci tractant de casar-m'hi.»[22] Les raons que el portaven a valorar aquell matrimoni com un «bon negoci» eren les moltes virtuts d'Adi; en primer lloc, la sensació de confort que irradiava, el fet que fos agradable, molt forta i políglota; d'altra banda, la situació econòmica de la família no era gens menyspreable. Pla també es descobria un materialisme carregat de puerilitat interessada. Adi li havia escrit que havia dipositat en un banc tots els objectes essencials d'una casa. Podria deixar de viure en hotels i tindria el que sempre havia somiat: una casa i una persona que cuinés i li ordenés totes les coses.

VIII. JOSEP PLA I ADI ENBERG COMENCEN UNA VIDA JUNTS. VIATGE DE NOCES A CÒRSEGA I RETORN A CATALUNYA (del març al setembre de 1927)

Ja abans d'acabar *Relacions*, l'esgotament intel·lectual, l'angoixa dels articles diaris, els anys d'exili, el clima plujós i fred del nord l'havien fet decidir-se a casar-se i canviar de vida. Volia viure un any a Mallorca o a Calella sense la pressió de la feina i de les relacions socials. Però per poder deixar d'escriure una temporada «aquests articles idiotes i inútils»[1] necessitava diners. Tot i que sabia que Adi era rica, no gosava ni esmentar la qüestió. Mentrestant, Halfdan Enberg havia entès que Pla no era un enllustrador de sabates; era més que una promesa de la prosa catalana, era una realitat. No només era respectat a Catalunya —una narració seva havia estat seleccionada a l'antologia *Selecta de contistes catalans* de la Biblioteca Popular l'Avenç—, sinó que també ho era a Itàlia i França, on s'havien traduït alguns contes seus per incloure'ls en antologies de narradors catalans i revistes de literatura. Halfdan Enberg estava tan impressionat que va accedir que la seva filla «es casés» amb Pla i, a més, com a present de noces els va regalar les cinc mil pessetes que necessitava per publicar *Relacions.*

Els projectes immediats de la parella eren el repòs i el retorn a Catalunya: volien llogar una casa a Còrsega per poder descansar lluny de les xafarderies de l'estiueig de Calella i de la vida social de Barcelona. Tenien por que, si tornaven, ell seria engolit per «l'engranatge» del diari i del llibre i pels compromisos i homenatges i Adi «es veuria obligada a fer la mateixa comèdia amb els seus amics sobretot amb els escandinaus de Barcelona». Com era natural volien estar sols i evitar «les tortures de les amistats». A Còrsega volien fer una vida natural i tranquil·la: «Llogarem una casa moblada o sense, a devant de l'aigua i farem el que ens semblarà. Jo escriuré un llibre que fa molt temps que tinc pensat. La Adi portarà la casa i cuinarà. Te un fonograf amb moltes sardanes i quan ens anyorarem tocarem sardanes. Després ens banyarem i jo em podre tornar negre com era abans. No es pas res de l'altre mon ja ho veus i em sembla que no es pot pas dir que tenim pretensions de cap classe. Però a aquesta noia, li convé molt aquesta vida i a mi encara mes». [*sic*] Després de Còrsega tenien la intenció de tornar a Catalunya. Pla havia pensat d'arreglar la casa de Calella; volien una casa, «un punt fix» que li permetés guardar les coses i els llibres, fer-s'hi enviar la correspondència, disposar d'un racó tranquil per poder escriure i, de tant en tant, marxar de viatge sabent que es podia comptar amb un recer segur. Tot plegat significava que haurien de fer obres a la casa del Canadell: xemeneies a totes les habitacions, aigua corrent, un bany. Pel to general de la carta a la seva germana, era clar que Pla havia superat la depressió i que la perspectiva d'un canvi immediat en la seva vida l'havia distret del cansament.

El 21 de febrer apareixia a la premsa la notícia del casament d'Adi i Pla: «*HOY SE HA CASADO, EN PARIS, EL ESCRITOR JOSEP PLA — Ayer llegó de Londres y esta mañana ha contraído matrimonio con una distinguida señorita noruega, cuya familia vive en Barcelona y es apreciadísima en el mundo consular y comercial. Los novios partirán esta noche hacia Marsella, donde embarcarán para hacer un crucero por el Mediterráneo, comenzando por Córcega.*»[2] Dos dies després el *Diario de Gerona* es feia ressò de la notícia: «*Ha contraído matrimonio en París el publicista y ex diputado por La Bisbal, José Pla, con una distinguida señorita noruega. Enhorabuena».*

Però els fets havien anat d'una altra manera: Pla i Adi no es van casar mai d'una manera oficial i encara menys a París. Pla va arreglar els papers i el passaport amb un amic seu del consolat d'Espanya a Londres, de manera que figuressin com a matrimoni. En primer lloc, Adi no es podia casar perquè no estava divorciada, només separada, una situació que va durar molts anys i de la qual no parlava mai. La raó que ella donava per no legalitzar la seva relació amb Pla era que el seu pare s'hi havia oposat i li havia escrit prohibint-li que es casés amb aquell «*limpiabotes* i bohemi». Pla havia fet tota la comèdia del consolat a Londres, perquè altrament la seva mare no acceptaria mai que visquessin plegats.[3] En una notícia, com les anteriors, que havia aparegut a *La Vanguardia*, informaven que el capità del vaixell que els havia portat a França els havia casat.[4] Halfdan Enberg estava disgustat, perquè no s'havia fet un casament real, però també estava content, perquè Pla era un escriptor més important que no es pensava.[5] Era evident que els prejudicis familiars havien pesat en el moment de fer el simulacre. Pla havia quedat amb els seus pares que es trobarien a Narbona perquè es poguessin conèixer: «M'agradaria molt que el papà i la mamà vinguessin a Narbonne. Passariem un dia tots plegats i si volen podran coneixer la mare d'ella, que em sembla que vindrà. Però si no volen coneixer-la es igual perque tota la comèdia que s'acostuma a fer en aquests casos entre les families queda entre nosaltres completament suprimida. Però a la Adi li agradaria molt de parlar amb la mamà i el papà i de coneixel-s. A mi també m'agradaria. I m'agradaria, sobretot, perquè veurien que una persona divorciada i protestant pot ésser una persona com una altra.» [*sic*][6]

Quan van arribar a París van ésser molt felicitats per tots els amics i, després de recollir tot el parament que Adi tenia dipositat al banc, van baixar fins a Narbona, on els esperaven la mare de Pla i la d'Adi amb la gossa Bella, que havia d'anar amb ells a Còrsega. Adi n'estava molt d'aquella gossa, la hi havia regalada el seu marit quan la policia de Lió els va matar el gos de la casa. L'acompanyava arreu i estava molt ben ensinistrada. Li agradava la música clàssica i bordava amb desfici a qualsevol home que no fos amic d'ella. La mare de Pla va estimar Adi només de veure-la. L'endemà la parella prenia el tren que els havia de portar a Marsella. Van arribar-hi al matí i van anar a menjar una bullabesa a Martigues. Al vespre es van embarcar en direcció a Còrsega, carregats de *mundos*; només els llençols de fil n'ocupaven un de ben gros; també portaven el gramòfon i Bella. Pla, amb el nou barret fort i la corbata fosca que s'havia comprat, l'abric llarg, voltat de maletes, baguls i gossa, era la imatge de la felicitat: «Tot això em fa molta gràcia, perquè quan s'han passat tants anys sense tenir res més que una maleta, tenir tantes coses i ademés una dona, fa molt estrany.»[7] Si més no, el fet de saber que podia disposar dels cent mil francs que Adi tenia dipositats en un banc li donava una gran tranquil·litat. Mai abans no s'havia sentit tan a recer. Estava convençut que estava en el gran moment de la seva vida; com més coneixia Adi més li agradava, la trobava bonica i una persona excel·lent, ella se l'estimava i ell també. S'havia casat, o gairebé, amb una escandinava, filla d'un diplomàtic, i cada vegada s'acostava més al model de Josep Carner, casat amb una xilena, filla també de diplomàtic, i d'Eugeni Xammar, casat amb una alemanya.

Poc després de salpar de Marsella, van caure rendits al llit de la cabina i no es van despertar fins a la matinada davant d'Ajaccio. Després d'instal·lar-se a l'hotel van fer un esmorzar de forquilla i van poder comprovar que a Còrsega feia molt fred; pocs dies abans hi havia hagut un temporal de pluja i neu que l'havia aïllada de la costa. Les ganes de banyar-se i prendre el sol es van desfer al moment de desembarcar. Els primers dies es van estar a l'hotel, Chez Chavier Mercoury and Carlotte Propriétaires, Napoléon XII, a Ajaccio. El confort hi era molt mediterrani: no hi havia cap porta ni finestra que tanqués, la xemeneia no tirava i inundava la cambra de fum, les aixetes no rajaven d'una manera normal. Ben aviat es van traslladar a una casa, Villa Yolande, a la plaça Miot. Només la carretera els separava del golf. La casa tenia tres habitacions i una cuina. Després d'arreglar-la havien aconseguit crear-hi un cert confort.

L'admiració i l'amor d'Adi estaven al punt més alt, perquè difícilment s'hauria deixat convèncer per les raons antifeministes que, aprofitant l'avinentesa, Pla exposava en un article. De tots els treballs que els eren dats a les dones, només la cuina, segons ell, els permetia demostrar la seva intel·ligència: «Per què no aprofiten el seu darrer baluard de la intel·ligència, que és la cuina? Car suposo que no hi haurà pas ningú tan ximple per a creure que una dona pot demostrar el seu talent fent d'advocat o fent de regidor, escrivint a màquina o fent aquarel·les.»[8] L'observació era impressionant i era la conclusió a tot un seguit d'arguments, alguns d'allò més rebregats, com el del govern indirecte de les dones. Però no seria justa si no remarqués la seva crítica als treballs auxiliars a què podien accedir les dones, els únics, i que eren pretextos per evitar que poguessin demostrar la seva intel·ligència. Malgrat les matisacions, el gruix de l'anàlisi de Pla era simplificador, perquè partia d'un tòpic: la suposada fortalesa de les dones i la seva superioritat respecte als homes.[9] La reacció antifeminista de Pla, tot just iniciada la vida en comú amb Adi, té una raó lògica, encara que possiblement inconscient. Els anys de corresponsal a Europa no havien modificat les seves conviccions sobre la funció de la dona. El model de la seva mare pesava per sobre de canvis i modernitats. Era cert que aleshores Adi era una cuinera discreta. Ho havia demostrat a l'hora de posar-se als fogons. Cal tenir en compte que la precarietat de les condicions de la casa no ajudava. Les decepcions gastronòmiques de Pla van ser contínues. El peix al romaní li quedava cru; l'arròs, pastat; els fideus, enganxats a la cassola. Adi tampoc no havia fet mai cap sofregit, però després d'una demostració de Pla, ho va agafar de seguida. Les altres moltes qualitats d'Adi, tots els seus coneixements eren completament esborrats a l'hora d'anar a taula. Adi sabia fer alguns plats importants: el *boeuf à la mode,* el *pôt flamand,* el rostit. Però Còrsega no era lloc de cuina francesa, ni de carns. Si Pla aguantava era perquè li agradava molt Adi, però un cop constatat que ella no sentia cap inclinació per portar una casa, no es podia estar d'expressar la seva contrarietat per escrit; una manera eficaç de fer-li saber el que en pensava i n'esperava, tot evitant la topada directa.

Pla estava encantat amb el caràcter de la seva dona, que era afectuosa, sense ser embafadora. El divertia la seva capacitat de sorpresa, la barreja d'innocència i de mundanitat. Al matí, es passaven hores al llit abraçats, sense dir res. Deixaven anar la Bella, que quan ja en tenia prou d'empaitar conills, rascava la porta per entrar. Obrien la finestra que donava a les muntanyes cobertes de neu rosada, a l'altra banda del golf. Del llit estant escoltaven els *lieder* de Schubert al gramòfon. Havien pogut trobar una agulla nova per reemplaçar la que havien perdut durant la travessia. El sol i l'aire fred, que cremava, inundaven la cambra, el cel era molt blau i el vent portava de tant en tant l'olor intensa de les mimoses: «Us feia l'efecte de menjar l'essència d'una confitura ideal.»[10] Aquella olor va quedar gravada a l'esperit de Pla per sempre, associada a aquells dies d'amor i felicitat com mai no havia sentit abans. També els arribava l'olor de la farigola, del romaní i de la reïna dels pins. La barreja de romanticisme apassionat i de racionalisme francès d'Adi fascinava Pla. Tenia rampells sentimentals que se l'emportaven i que arribaven a arrossegar Pla. Voltada d'una naturalesa lluminosa i després d'un llarg hivern a París i Londres, el primer alè de primavera l'havia presa completament. Corejava el *Ganymede* de Goethe que sonava al gramòfon, el color dels seus cabells es confonia amb els grans rams de mimosa que havia aplegat per adornar la casa.

Es llevaven tard, quan el sol era alt i havia escalfat la cambra. Adi hauria volgut fer alguna excursió per l'interior de l'illa, però Pla també havia d'escriure, cosa que els escurçava el dia. Cap al tard passejaven amb Bella. Seguien la carretera al fil de la costa, deixaven la platja enrere i vorejaven les roques roges. Al capdamunt de la carretera, abans que no s'iniciés el declivi a l'altra banda, hi havia unes roques monstruoses, de colors que Pla qualificava de modernistes i que Adi recordava perquè l'havien impressionada molt. Al fons veien les illes Sanguinàries. També anaven algunes vegades al cinema. Li agradava molt escoltar Pla, trobava la seva conversa fascinant i ell estava encantat de poder exercir la vanitat i d'haver trobat una interlocutora tan entusiasta. La confessió continuada li resultava «deslliuradora»; «pot ensopir i cloroformitzar el dolor del pensament i cicatritzar, en certes persones, el fracàs de la vida».[11]

A Còrsega havien trobat la tranquil·litat que buscaven. La gent tenien la bondat de la pobresa digna, no tenien la malícia italiana, vivien com podien i jugaven als jocs d'atzar. La feina de la casa era mínima, Adi donava classes d'anglès a Pla i també havia començat a traduir el *Viatge a Itàlia* de Heine. Pere els havia enviat la versió castellana. Pla havia començat un nou llibre, *El triangle*, i seguia atentament l'edició de *Relacions*. Des d'Anglaterra havia enviat a la *Revista de Catalunya* i a *La Nova Revista* de Josep Maria Junoy uns quants articles llargs que van aparèixer durant aquells mesos. S'havia fet subscriptor de *La Nova Revista* quan encara era a Leeds. La seva creació era una empresa arriscada i, donada l'amistat amb Josep Maria Junoy, no va dubtar d'ajudar-lo i d'enviar-li articles.[12] Pla hi va creure des de l'inici malgrat les advertències d'Ignasi Armengou, que estava segur que la revista no viuria gaire. Pla havia explicat a Junoy que el secret perquè la revista es mantingués durant un cert temps estava en el to, que havia de ser entre literàriament interessant i divertit: «La gent parla de l'assaig sense saber el que és. L'assaig a França és o un discurs o una recenció. A Anglaterra que és el país clàssic de l'assaig és una cosa divertida, lleugera, mig profunda i mig drôle.» [*sic*][13]

La vida i els problemes immediats l'estiraven com sempre i, malgrat que durant mesos havia acaronat el seu somni de repòs, ara, en la calma d'Ajaccio, no podia evitar d'interessar-se pel comerç del suro i volia estar en contacte amb Francesc Girbau de Portovecchio. També volia saber més notícies sobre la bòbila que estava muntant el seu pare a Palafrugell. Però la seva preocupació principal era la inseguretat del retorn a Catalunya. La intenció era d'anar a Barcelona a darrers d'abril o a primers de maig; per prudència preferia que Adi s'avancés mentre ell es quedava a l'altra banda de la frontera. Ignasi Armengou i Alexandre Plana li ho havien recomanat amb arguments de pes: tenien por que algú el denunciés. La idea era enviar tot l'equipatge per vapor directament a Barcelona, on Adi hauria d'arribar abans que Pla, entre altres raons perquè la seva mare estava malalta i l'havia d'ajudar. Ell es quedaria a Portvendres i, si les coses es complicaven, tornaria a Anglaterra un parell de mesos. Volia evitar a qualsevol preu ésser detingut, ni que fos només tres dies; no volia fer quedar malament Joan Miquel i Halfdan Enberg. No creia que la presó fos el lloc més adient per fer la coneixença del seu sogre.[14] Adi, efectivament, comentava que el seu pare no hi hauria anat mai i que li hauria servit per dir allò de: «Veus, el *limpiabotes!*» Acompanyada de Bella, va anar a Palma de Mallorca per informar-se si el tribunal havia comunicat la retirada de l'ordre de detenció. Va anar de poc que la gossa no mossega el mosso que va recollir la maleta de la cabina. El 25 d'abril va enviar des de Palma de Mallorca una carta a Pere per explicar-li que havia pogut comprovar que Pla era considerat en rebel·lia per no haver-se presentat al judici. Aquest era un problema menor que es podia resoldre i no representava cap entrebanc per entrar a Catalunya. Adi va anar a Marsella, on l'esperava Pla, i des d'allí van dirigir-se a Portvendres.

Durant aquestes setmanes, Pla va seguir el procés de publicitat que acompanyava la sortida del seu llibre. Des d'Ajaccio ja s'havia queixat sobre els comentaris d'Alexandre Plana respecte al temps que havia dedicat al nou llibre. Plana creia que l'havia escrit massa de pressa. Pla considerava absurd de justificar un llibre per l'estona de dedicació. Li semblava extraordinària la fama de gandul que corria sobre ell, quan el seu ritme de producció era incessant. Per la seva banda, estava gestionant amb l'Editorial Europa la venda, per set-centes pessetes, de l'edició dels seus articles de Madrid. Amb aquests diners i el que donessin les traduccions al castellà pensava liquidar el deute amb Joan Miquel, l'obsessió que no l'abandonava mai.[15]

Pla esperava que el llibre sortís com a màxim el 25 de març. L'havia dedicat al seu germà: «L'esperit constructiu de la família, recordant la nostra infantesa i els nostres somnis»; era el seu present de noces, juntament amb els diners que li havia donat Junoy pel darrer article que li havia enviat. *Relacions* va aparèixer el dia 26. Quatre dies després les perspectives de venda no podien ser més optimistes. L'acollida havia estat bona i, en conjunt, el llibre agradava a tothom, fins i tot els capellans el compraven.[16] Davant la possibilitat d'una reacció negativa de la crítica catòlica, Pla havia demanat la solidaritat dels amics: Plana, Aguilar, Fabra, Sagarra, Rahola, Carner, Gaziel. Ignasi Armengou s'havia encarregat de la publicitat a la premsa, encara que estava segur que una polèmica acabaria de llançar el llibre. Escrivia a Pere Pla: «Com vostè ha dit no ha sorgit, efectivament la polemica que esparavem. Jo crec però que després de la consigna del silenci, tan observada per la "Veu" per no fer propaganda del llibre, algu el combatrà. Aixis que calgui però aprofitar algun atac per a reaccionar avisaré al seu germà. En ultim terme potser aquest atac es podria provocar, organitzar, m'enten? Ja veurem. No fora tampoc estrany que dintre de dues o tres setmanes aparagues un setmanari literari, des de on es podria fer tota l'atmosfera favorable pel llibre.» [*sic*] Tres setmanes després, Ignasi Armengou tornava a escriure a Pere Pla. El seu desig de polèmica s'havia acomplert: «Avui li acompanyo els retalls de *L'Esquella, La Noche,* elogiosos i els de *La Veu de Sabadell* i *El Correo Catalan.* Li enviaré tambe la *Gaseta de les Arts.* Després d'això i l'article d'En Saltor des de La Veu que vostè ja deu tenir es pot ben dir que l'esperada reventada es un fet consumat.» [*sic*] En aquest sentit, les acusacions que Pla havia rebut d'immoral per part de Josep Maria Capdevila a *La Paraula Cristiana* li servien per reivindicar aquesta funció de crític social que havia de complir l'escriptor.[17]

Tot i les queixes de Pla per l'incompliment de les promeses que li havia fet Rovira i Virgili de parlar del llibre, *La Publicitat* n'havia publicat l'anunci redactat per Alexandre Plana. Melcior Font i Carles Soldevila havien estat els primers de fer-ne la crítica. Font, perquè va recollir les primeres reaccions i l'ambient d'expectació que s'havia creat entorn del llibre; Soldevila, perquè va celebrar-ne la publicació «no amb vint-i-una canonades, sinó amb quaranta-dues». Pocs dies després, va aparèixer un llarg article d'Alexandre Plana i més endavant un article de Tomàs Garcés que, basant-se en les qualitats que demostrava en la narració sobre Roby, insistia sobre les possibilitats de Pla com a novel·lista.[18] Molt de passada i sense parlar del llibre, l'anomenava Josep Maria López-Picó a les pàgines de *La Revista.* Pla li havia dedicat un retrat a *Llanterna màgica,* en el qual concentrava tot el seu antagonisme intel·lectual i literari per aquella impossibilitat que tenia el poeta de «distingir el que *eren* les coses del que *eren* les paraules, el que *era* veritat del que *era* mentida». López-Picó i *La Revista* representaven per a Pla l'encarnació més obscura del noucentisme.[19] *El Día* li feia una entrevista, Agustí Esclasans li dedicava un llarg article a *Ciutat* de Manresa[20]... Breu, l'estratègia publicitària organitzada per Ignasi Armengou s'havia acomplert amb escreix: ressenyes i crítiques apareixien en tots els diaris i revistes de Catalunya i, fins i tot, en algunes ciutats de l'Estat espanyol.[21]

Però no tots els articles havien pogut ser publicats: el de Sagarra havia anat a parar al cove. Pla li havia demanat la seva contribució amb el pretext que la crítica oficial jutjava la literatura «desde punts de vista extrevagants» [*sic*], és a dir que tenien més en compte les seves idees sobre religió que no pas la qualitat de la seva prosa.[22] Pla li havia presentat el nou llibre com la prova que en català es podia fer una literatura perfectament normal: «Jo em penso que el lector català corresponent al lector de tot arreu existeix». Per aconseguir desvetllar l'interès d'aquest lector proposava l'acció directa: «Però encara que no existís l'hauriem de crear a cops d'escandol o a la callada. Jo em dedico a això i em sembla que vos feu el mateix.» [*sic*] Aquesta proposta d'activisme literari coincidia amb un article seu on responia a dues cartes a *La Publicitat* que l'al·ludien directament. Pla plantejava dos problemes: l'edició en català i la condició professional dels escriptors. Criticava la manca de professionalitat dels editors, la dispersió del negoci en moltes mans, la poca malícia a l'hora de fer la propaganda dels llibres i la incapacitat de dir mentides. La seva conclusió era que la gent havia de llegir per plaer i no per patriotisme.[23] La polèmica es va allargar durant setmanes i, entre altres, hi van intervenir Melcior Font i Carles Soldevila.

Coincidint amb l'aparició del llibre, Pla havia participat en una altra polèmica originada per un article de Carles Riba sobre la responsabilitat social i política dels intel·lectuals. Pla, des de l'inici, es va decantar a favor dels polítics, perquè jugaven més fort i estaven en contacte amb la realitat; a més considerava immoral que, gràcies al domini del discurs, l'intel·lectual fos capaç de justificar-ho tot, fins les més grans barrabassades. Carles Soldevila va protestar per aquesta visió simplificadora i materialista, però Riba i Pla coincidien en l'estratègia: tot es reduïa a una qüestió de tacte, saber trobar la solució a cada moment entre la teoria i la realitat. Pla considerava necessària la desacralització de l'intel·lectual, un procés que ja havia dut a terme el poble.[24] Més d'un any enrere i des de París, Pla havia defensat el treball de renovació estilística dels periodistes. Carles Soldevila havia defensat la mateixa teoria del periodisme com la millor escola literària i havia donat una llista de grans escriptors de la literatura universal que havien estat periodistes.[25] En canvi, Pla no deixava gens bé els artistes. Voltat de pintors i escultors, havia aprofitat el centenari de la mort del pintor David per deixar-los com la gent més corrupta i infatuada. Covards i «tartufs» en el passat per haver hagut de dependre de la noblesa i de l'Església, avui, amb la democràcia, s'havien convertit en simples comerciants que havien d'utilitzar les seves manies com a reclam.[26] Pla considerava que la desmitificació de l'intel·lectual i de l'artista havia d'anar seguida d'una redefinició de la seva funció en la societat contemporània: la de crear una tradició cultural que fes arrelar una vida social civilitzada, és a dir que tingués com a base la llibertat i la dignitat.[27]

Des de Portvendres, Adi va haver d'anar a Barcelona per cuidar la seva mare i ajudar-la en les feines de la pensió que havia obert després de separar-se del seu marit. Una de les prioritats era resoldre la qüestió de l'entrada de Pla a l'Estat espanyol. Durant el trajecte en tren, dos policies es van instal·lar al vagó on era Adi, que tret d'ella era buit. Els policies no li van dir res. Quan va baixar a Figueres, un dels policies, Figueruelo, s'hi va apropar i li va dir que havia tingut por que no aguantés el viatge i s'escapés a la primera estació on paressin. Després de saber que aquest era el policia que li havia recomanat Pla, Adi li va demanar que l'ajudés a investigar si encara tenia antecedents o el seu cas havia estat sobresegut. Un cop a Barcelona, Adi i Pere es van posar en contacte com els havia demanat Pla. Era la primera vegada que es veien, però els va semblar que es coneixien de tota la vida. De tots els germans Pla, Pere va ser sempre el preferit d'Adi. Després d'explicar-li la conversa amb el policia, Adi li va demanar que li escrivís quan sabés alguna notícia. Però els dies passaven i Pere no deia res, tampoc sabia com estaven les gestions de Figueruelo. Adi va escriure a Pere per confirmar la segona cita que havien de tenir tots dos, aquesta vegada al Continental, a les dotze, com havien convingut, i proposava la intervenció d'Halfdan Enberg, atès que el cas semblava estancat. Pocs dies després va rebre una carta de Figueruelo a l'Ateneu on deia que contra Pla no hi havia res i que podia entrar tranquil·lament a Espanya. Tots els contertulians de la Penya van llegir la carta.

Al maig, Pla encara era al Rosselló i des de Portvendres ja podia assaborir el primer tast del país: la visió de les vinyes el retornava, al recer de civilització que havien acumulat les generacions.[28] Les notícies que rebia d'Adi i de Pere eren d'allò més optimistes, però encara no s'atrevia a entrar; en part tenia l'excusa del diari, de la por que tenien de veure'l fondejar al passeig de Gràcia. Pla els era més rendible quan viatjava. Malgrat tot, volia instal·lar-se a Barcelona i fer un parell de viatges que li servissin per escriure articles. Alexandre Plana havia de parlar amb Rovira i Virgili i preparar-li el terreny.[29] La seva situació econòmica continuava el procés d'estabilització dels darrers temps. A partir d'aquell mes, *La*

Publicitat i la *Revista de Catalunya* li asseguraven mil pessetes mensuals. La col·laboració en aquesta darrera semblava ja ferma; hi acabava de publicar un parell d'articles sobre Anglaterra i un article sobre Còrsega i n'havia enviat un altre sobre Chesterton. Les notícies d'Armengou sobre les vendes del llibre eren immillorables: el 17 d'abril, vint-i-dos dies després d'haver aparegut a les llibreries, se n'havien venut mil quatre-cents exemplars i estaven segurs que l'edició s'exhauriria en un termini relativament curt.

Pla va decidir d'emprendre una nova aventura literària abans d'entrar a Catalunya, aquesta vegada amb Manolo Hugué; volia escriure'n la biografia. Feia poc que l'escultor havia sortit d'una clínica de Perpinyà després d'haver-hi estat ingressat gairebé dos mesos. Al tren, Pla es va trobar un seu deixeble, l'escultor lleidetà Biosca, que també l'anava a veure. Però quan van arribar a Ceret, Totote, és a dir *madame* Manolo, els va dir que, per prescripció del metge, el seu marit havia anat a Prats de Molló a fer la convalescència. Van decidir anar-hi també, i van recalar a la fonda de l'Ocell. Manolo tenia llogat el pis de dalt del fuster Farreny i un estable que havia convertit en taller. No va voler que Pla es quedés a la fonda i el va fer instal·lar a casa seva. Els primers dies van estar sols i la gran preocupació era preparar el dinar i el sopar. Manolo era un gran cuiner i mentre pelaven patates o esclovellaven pèsols li contava episodis de la seva vida, anècdotes. De vegades havien d'interrompre la feina perquè Manolo tenia necessitat de pintar o dibuixar alguna imatge que se li posava al davant. Quan havia acabat tornaven a la feina de la cuina i Pla, amb un paper i un llapis a la mà, prenia notes. Va aconseguir de posar un cert ordre cronològic als diversos episodis i anècdotes de la seva vida i al cap d'uns quinze dies ja tenia pràcticament el gruix del llibre.

Pla havia parlat a Manolo sobre la seva dona, Adi, i aquest, tot encuriosit, va voler que vingués. No hi van valdre les protestes de Pla, i Manolo va enviar un telegrama a Adi pregant-li que pugés, urgentment, a Prats de Molló. Adi i la seva mare es van esverar molt quan van rebre el telegrama. Van creure que havia passat alguna cosa a Pla. Quan Adi va arribar, després d'un viatge inacabable en tren i auto de línia, es va trobar que l'esperaven Pla i Manolo amb un somriure radiant a la cara. Abans que no pogués obrir la boca, Manolo li va dir que Pla estava malalt d'enyorament, que no podia viure sense ella i com que no s'atrevia a enviar-li un telegrama ho havia fet ell. La qüestió era que Manolo la volia conèixer. Pla es va traslladar a la fonda de l'Ocell amb Adi. Passaven el dia passejant amb Manolo, que no parava de parlar i contar anècdotes de la seva vida. Adi recordava com s'estava fins a la matinada al cafè, xerrant, voltat de gent. Però el més colpidor per a ella va ser la cura de cireres de l'escultor, veure com se les menjava a les fosques, amb cucs i tot.

Pla i Adi Enberg van entrar a Catalunya a principis de juny. De manera provisional es van instal·lar a casa d'Olga Wretman i van anar a Palafrugell, Llofriu i Calella a visitar la família i els amics. A Barcelona, Pla va tenir temps de treballar sobre el llibre de Manolo i de redactar-ne el pròleg. Però una nova catàstrofe va acabar d'enfonsar les, amb prou feines, ressuscitades Edicions Diana. La desaparició del gerent, que s'havia fugat a l'estranger amb els diners de l'empresa, va obligar Pla a buscar-se una nova editorial. Va arribar a un acord amb Sallent, del grup de La Mirada de Sabadell, que estava format per Joan Oliver, Francesc Trabal, Josep Carner, Carles Riba, Guerau de Liost i Armand Obiols.

Un cop enllestit el més important, Pla i Adi van decidir passar unes setmanes del mes de juliol a Londres per acabar de recollir les coses. Pla va anar enviant cròniques sobre l'actualitat política anglesa i a final de mes van tornar a Barcelona per instal·lar-se definitivament a Catalunya. Entre Barcelona i Calella de Palafrugell, Pla va acabar la versió definitiva de la *Vida de Manolo*. Una petita polèmica originada per una semblança necrològica sobre Cristòfor de Domènec li permetia d'exposar les seves idees sobre el retrat; es tractava de l'aplicació de la seva teoria sobre el natural i el realisme. Però la defensa de la malícia i de la trampa, que ja havia explicat amb motiu del retrat de Joaquim Ruyra, el portaven més enllà de les formes, baldament hagués d'exagerar els trets fins a la caricatura. Aquest truc li permetia descobrir la cara oculta de les persones.[30]

La *Vida de Manolo* era el seu primer intent en el camp de la biografia. Pla prometia en el pròleg una aproximació realista i gens convencional. «Més que a sortir de la vida, doncs, aquest llibre, en realitat convida a entrar-hi i a veure les coses de part de dins i de baix estant.»[31] La biografia volia ser un document humà d'una època a través del temperament de Manolo Hugué. Per aconseguir que el llibre fos atractiu com una novel·la, Pla havia alternat la reconstrucció de l'època, els llocs i els personatges que havia conegut l'escultor amb anècdotes i opinions del protagonista. També contenia una sèrie de reproduccions de les seves obres.

El tiratge era molt curt, de sis-cents exemplars, al preu de catorze pessetes, i l'edició era d'una gran qualitat. La venda es feia per subscripció directament a Josep Pla, al núm. 22 del carrer de Madrazo, cantonada amb el carrer de Lincoln, és a dir a la pensió que havia obert la mare d'Adi Enberg i on s'havien instal·lat durant aquells mesos. Amb la perspectiva de quatre anys de producció en forma de llibre de narracions, retrats, viatges i una biografia, Pla tornava a la idea intuïda el 1921 de donar unitat a la seva obra i convertir-la en unes vastes memòries. «Hi sortiran totes les coses que hauré vist, i tots els homes i les dones que hauré tractat. El millor i el pitjor de cada casa, en fi. D'aquesta manera podré anar-me'n d'aquest món havent pagat el preu de l'entrada, que és el que hem de fer tots en la mesura de les nostres forces.»[32]

IX. EL TOMB POLÍTIC I LA NOVA CONSCIÈNCIA LITERÀRIA (de l'octubre de 1927 al setembre de 1929)[1]

El retorn a Catalunya significaria la represa del contacte amb la realitat física i política catalana, que es concretaria en la col·laboració en la premsa que acabava d'aparèixer gràcies a l'expansió dels mitjans de comunicació del país. Pla es va incorporar al diari vespertí *La Nau,* d'Antoni Rovira i Virgili, amb una sèrie d'articles, sota el títol genèric de «Viatge a Catalunya», que volia contribuir a la recuperació de la identitat catalana, prou afeblida d'ençà de la proclamació de la Dictadura. La sèrie era formada per vint articles que tenien com a tema comú el paisatge familiar. Tot i que era palesa la influència dels *Quadres de viatges* de Heine, que Adi li havia traduït mentre eren a Còrsega, la perspectiva s'acostava més a les *Mémoires d'un touriste* de Stendhal. L'egotisme li permetia de lligar el paisatge a l'experiència personal; l'explicació dels orígens i l'observació dels homes facilitaven la recerca del «jo».

Tres paisatges familiars marcaven la seva visió del món i, per tant, de la vocació literària: la plana de Boet, la plana del Rosselló i el coll de Can Marquès del Puig, al camí vell de Begur. Plaer estètic i experiència els enriquien simbòlicament. La plana de Boet des de la carretera de Sant Sebastià estava lligada a la presència de la mort; les primeres provatures literàries de l'adolescència i de la joventut, durant l'epidèmia de grip, li havien revelat la bellesa de la naturalesa immediata. La impressió d'infinit des del far de Sant Sebastià li havia fet dibuixar la pròpia cosmologia, un poble i cementiri familiar a cada punt cardinal, emmarcats pel cel, el mar i la terra. Les vinyes de la plana del Rosselló simbolitzaven la lluita de l'home per dominar la naturalesa informe, eren la civilització. Finalment, el paisatge que es veu des del coll de Can Marquès, vora la costa, era sensual i salvatge, contrastava amb les vinyes i oliveres del litoral. Sant Sebastià de la Guàrdia i el coll de Can Marquès s'havien convertit, a més, en espais de felicitat.

El 26 d'octubre Pere Pla i Maria Miquel es van casar a l'ermita de Sant Sebastià. Hi havia tota la família Pla i la família Miquel, i Alexandre Plana feia de padrí de la núvia. Pla i Adi van passar per primera vegada uns dies a Llofriu. Eren feliços i la fotografia que se'n conserva, l'única d'ells junts, és la imatge de la satisfacció. Adi es va sentir fascinada per la solidesa i l'austeritat del mas. Encara no feia fred i només havien d'encendre la llar al vespre. Adi havia estat molt ben rebuda per tots els Pla i els pares estaven encantats que una dona tan distingida, elegant, natural i simpàtica estigués enamorada del seu fill. S'estaven a la cambra de l'esquerra, mirant a l'era, davant de l'habitació dels pares, que era a la dreta. La primera nit es van estimar amb passió i tendresa, Pla podia ser d'una sensualitat exquisida. Ella va dormir i descansar com mai no ho havia fet en tota la vida. Cada dia passejaven com era el seu costum. Anaven a Palafrugell a peu, al Canadell, a Calella; Pla la va portar al coll de Can Marquès pel camí vell de Begur. Adi va quedar impressionada pel paisatge abrupte i salvatge, el verd gairebé negre dels arbres, amb la taca del mar turquesa al fons. Van baixar pel pendent agafant-se als troncs dels arbres i van descansar en un replà resguardat pels arbres i matolls. Es van estar allí, l'un contra l'altre, els cossos encara palpitants coberts pel brancatge que fressejava, mirant el mar en silenci, fins que el cel es va tornar malva i van veure les primeres estrelles. Van somiar de fer una cabana per una nit, però començava a fresquejar i la humitat ja havia mullat la pinassa, i van tornar gairebé a les fosques, abraçats i rient a cada empassegada amb les pedres del camí.

Malauradament, no van poder estar al mas tants dies com haurien desitjat, ja que Pla volia tornar a Barcelona per seguir el procés dels seus llibres i perquè l'activitat periodística, cada dia més dinàmica, n'exigia la presència i la participació. El *Viatge per Catalunya* estava tenint una gran acceptació, tot i les reticències dels sectors més localistes i puritans. D'altra banda, la *Vida de Manolo* s'estava venent bé, i amb una part de les liquidacions anava tornant el préstec que li havia fet Joan Miquel. Les crítiques no van aparèixer fins al febrer; mentrestant, Pla havia traduït i publicat a *La Nova Revista* un article de Víctor Castre, a nom de Sra. Pla, per tal de preparar l'ambient. En general hi havia unanimitat sobre l'atractiu del llibre, atractiu que, en bona part, era degut a la identificació entre biografiat i biògraf.

Possiblement a causa del ritme de treball, més fort de l'habitual, per poder complir amb tots els compromisos, periodístics i editorials, Pla va patir un esgotament que, afegit a l'abús del cafè, del tabac i de l'alcohol, que li eren indispensables per escriure, va derivar en una lleu intoxicació hepàtica. Ell ho explicava com una «desmineralització» del sistema nerviós, amb dolors a l'estómac i al fetge. Es va haver de medicar, i Adi i Olga Wretman li feien seguir un règim molt rigorós. Des que havien tornat d'Ajaccio vivien a casa de la mare d'Adi, quan eren a Barcelona. Primer perquè aquesta estava delicada de salut i necessitava que l'ajudessin per portar la residència, i en segon lloc perquè les relacions d'Adi amb el seu pare, tot i ser cordials, no tenien la fluïdesa de les de la seva mare i sempre es barallaven. Pla hauria preferit viure a casa del cònsol; quan van anar a dinar a casa seva, va quedar encantat per la seva elegància i naturalitat; Halfdan Enberg i Adi eren clavats. El va meravellar la casa tan gran i amb tant de servei per a un home sol. De totes maneres, no es podia queixar, perquè Adi i la seva sogra estaven només per a ell. Es llevava a partir de les quatre de la tarda i ja li tenien el dinar a punt; Adi estava pendent d'ordenar-li totes les coses, de fer-li rentar la roba. Quan va estar malalt, s'estava amb ell tota la tarda fent-li companyia; si es trobava bé, sortien cap al tard i anaven a una tertúlia o altra, en especial a la de l'Ateneu.

Des que Pla l'havia presentada als seus amics, havia estat rebuda com un membre més de la penya. La seva vasta cultura, en especial germànica, els havia fascinat. Però l'atractiu d'Adi estava, sobretot, en el temperament, la naturalitat, la discreció, l'elegància distingida, el sentit de l'humor i la ironia que, amb la intel·ligència, formaven un conjunt d'una simpatia irresistible i que, a la llarga, es convertia en interès. Adi era una dona interessant. El físic ajudava i no pas perquè fos bella, era diferent. Alta i esvelta, les cames boniques, el coll llarg i les mans fines, els pòmuls marcats, els ulls d'un blau intens, els cabells de mel, la pell molt blanca, plena i tibant, els llavis prims i el mentó voluntariós, tenia l'elegància natural dels Enberg. Qualsevol moviment del cap, de les mans, del cos tenia una distinció tota espontània. El contrast entre el físic tan escandinau i la parla tan catalana, sense accent, amb un ús constant dels col·loquialismes, produïa una impressió, primer, de sorpresa i, un cop l'interlocutor s'hi habituava, de familiaritat. Adi tenia també un perfecte domini del llenguatge de la roba, habituada a les modes de París, a la qualitat i a la tendència del moment, que havia incorporat al seu rober —«Quan era rica!», com deia—, li havia donat un aire molt personal, amb un toc imaginatiu ben britànic. Els caixmirs blau cels i beix, les sedes salmó i perla, les llanes, les faldilles llargues i fosques, els jerseis ajustats, les bruses folgades i caients, els fulards de sang de bou o de cendra, cap joia ni perfum, ni tan sols portava rellotge. Tenia un aire alhora cosmopolita, confortable i perfectament natural. Es va fer amiga de tothom, però Eugeni Xammar, Carles Soldevila, Josep Maria Junoy i Alexandre Plana van convertir-se, de seguida, en els més amics de tots. Carles Soldevila li va demanar de col·laborar al *D'Ací d'Allà*, i Adi va accedir a escriure-hi uns petits fragments sense signar. També es va proposar la traducció de la biografia de Charles Dickens escrita per Chesterton i, encara que *La Nova Revista* la va anunciar com si Adi en fos la traductora i Pla el prologuista, el cert és que no la va arribar a traduir mai. Adi seia a la tertúlia entre els seus amics, amb qui canviava algun comentari divertit, i seguia atentament, sota una flegma aparent, els duels entre Francesc Pujols i Quim Borralleras. Els dits llargs aguantaven el platet i la tassa de cafè, somreia i no hauria gosat mai intervenir, ja que no tenia cap vanitat i menys la de voler-se fer veure, jugar a la sàvia o a la intel·lectual. Pla, malgrat la «desmineralització», irradiava felicitat i, amb Adi al costat, havia guanyat.

La presència física de Pla en l'ambient periodístic havia de provocar malentesos i topades que acabarien en autèntiques polèmiques i serien la causa del seu cessament a *La Publicitat* i de la confrontació amb Antoni Rovira i Virgili. El rumor de la compra, per part de la CHADE (Companyia Hispano-americana d'Electricitat), de l'illa de cases entre la plaça de Catalunya i els carrers de Pelai i de Bergara on hi havia la redacció de *La Publicitat*, va provocar el daltabaix. Pla l'havia donat a Rovira i Virgili per bo i aquest ho havia fet públic i ho havia hagut de desmentir poc després. Però la ironia estava en el primer article de Pla a *L'Opinió*, on, a manera de declaració d'intencions, expressava la voluntat de contribuir a la creació d'una premsa que fos un instrument d'informació i no feta a estones perdudes «omplerta amb informacions estranyes i amb solos de clarinet de primera plana». Rovira i Virgili es va sentir al·ludit i va desqualificar Pla aquell mateix vespre en un article a *La Nau*, que va fer reproduir l'endemà mateix a *La Publicitat*. El consell de direcció d'aquest diari, malgrat considerar la reacció de Rovira i Virgili exagerada, es va posar al costat d'aquest i va castigar Pla amb una suspensió de sou i de treball per dos mesos, encara que no va ser destituït com volia Rovira. Segons Pla, la línia política de Rovira al diari feia temps que era qüestionada i es volia forçar la seva dimissió a la direcció. Pla no va acceptar la sanció i va preferir dimitir. Tenia la vaga esperança de dirigir el diari, però la seva dimissió va provocar les dimissions de Nicolau d'Olwer i de Rovira a la direcció del consell. Pla quedava econòmicament malparat, els llibres s'havien venut i cobrat, els guanys de *L'Opinió* eren discrets. Sortosament, tenia *Cartes de lluny* en premsa, havia començat una biografia sobre Cambó i Adi tenia unes dues o tres mil pessetes amb les quals podia comptar.

Pla havia posat, de moment, les esperances en *L'Opinió*, un setmanari que semblava seguir la línia de revista crítica i literària europea que sempre havia desitjat. Havia nascut a la penya de l'Ateneu i era de tendència liberal. Tenia el suport econòmic de Joan Casanelles i Joan Lluhí n'era el director. La col·laboració de Pla palesava, al principi, l'entusiasme de disposar d'una tribuna per lluitar contra el provincianisme periodístic i demostrar el que entenia per professionalitat i nivell europeu. La ideologia dels seus articles era bàsicament liberal, com ho havien estat els de *La Publicitat*. I tampoc no va estar exempt de polèmiques: l'una en defensa de la novel·la *All i salobre* de Josep Maria de Sagarra, que havia estat atacat d'immoralitat pública per *Catalunya Social*. L'altra era la represa de les diferències amb Rovira i Virgili, a partir d'una discussió política que amb la publicació del *Cambó* de Josep Pla s'aniria convertint en una revisió de les opcions del catalanisme. Però la col·laboració de Pla a *L'Opinió* va ser breu, només dos mesos, del 3 de març al 5 de maig de 1928, a causa del to doctrinal i antiperiodístic que va prendre sota la direcció de Lluhí. Ignasi Armengou i Just Cabot van distanciar-se'n de seguida que es van adonar de la nova orientació.

Un mes després apareixia a la col·lecció «Contes i Novel·les» de *La Nova Revista* l'edició de *Cartes de lluny*, a partir dels articles sobre el nord d'Europa ja publicats a *La Publicitat* amb alguns altres d'inèdits. La teorització sobre el viatge continguda en el pròleg donava una visió prou completa de la seva actitud davant la realitat i, encara que creia que la millor posició era la de l'estoïcisme —és a dir de mantenir l'equilibri entre els contraris—, s'inclinava més per la fugida. Amb la publicació del llibre es consolidava literàriament com a autor realista, del gènere narratiu de memòries; el seu projecte a partir d'aleshores seria recollir les seves experiències i les dels homes del seu temps en unes vastes memòries. La defensa de «l'estil descordat» en el pròleg era una conseqüència lògica de la tria pel realisme, però *Catalunya Social, La Nau* i *La Noche* es van veure embolicats en la continuació de la polèmica sobre la immoralitat en la literatura, perfectament grotesca, amb Joaquim Civera i Sormaní com a contraopinant. Si haguéssim de creure tot el que es van arribar a creuar, resultaria difícil saber si *Cartes de lluny* era un llibre pujadet de to, dins el gènere pornogràfic, o es tractava d'una mena de catecisme per a infants.

Però quan Pla havia encarrilat finalment un projecte literari ambiciós, amb la publicació de dos llibres, *Vida de Manolo* i *Cartes de lluny*, i amb l'aparició d'una sèrie d'articles, *Viatge per Catalunya*, el deixava de banda per col·laborar en la construcció política de Catalunya. Es podria objectar que la biografia de Cambó formava part d'aquest projecte inicial d'escriure unes vastes memòries, però la funció immediata del llibre i el contingut n'estaven ben lluny. Segons Pere Rahola, la idea va sorgir a la Penya del Dr. Borralleras. Davant el desprestigi del govern per culpa de la mala gestió de la Dictadura, que havia portat a l'endeutament de l'Estat espanyol, Francesc Cambó va creure que podria ocupar l'espai conservador, que s'havia afeblit, i influir en el poder. Una finalitat que hauria d'aconseguir una formació de centre-dreta. Per aquesta raó calia fer una revisió del plantejament ideològic, abandonar el particularisme de Prat de la Riba i reforçar l'intervencionisme en l'estat. Els llibres que van circular a finals de 1927, *El silenci de Catalunya* de Francesc Cambó i *Els polítics* de Lluís Duran i Ventosa, tenien com a finalitat exposar la nova ideologia de la Lliga, que es podria resumir en la necessitat de dotar Espanya d'un ideari col·lectiu, l'iberisme, i d'una estructura vertebradora, una unitat hispànica i federal.

L'acceptació de l'encàrrec, per part de Pla, de difondre la nova política regionalista i la figura del seu líder, Francesc Cambó, va ser rebuda positivament per aquest. Era un escriptor que tenia la virtut d'interessar el gran públic, de provocar adhesions i polèmiques. Per la seva banda, Pla estava més que satisfet, ja que la seva situació econòmica des que havia deixat *La Publicitat* no era gens brillant. La figura de Cambó l'atreia perquè la seva política volia portar al camp de la vida pública el mateix que ell s'esforçava per portar al camp de la literatura: realisme. La realització vital d'aquest ideal estètic, que ell anomenava vitalisme, només tindria lloc en el terreny de la política i més concretament en la Lliga. Cambó li va facilitar bona part del material d'arxiu, i tant ell com Lluís Duran i Ventosa el van ajudar amb el seu testimoniatge. L'aparició del llibre el 17 de juliol de 1928 a les Edicions de la Nova Revista va provocar un debat que va desembocar en una revisió dels continguts ideològics de les dretes i les esquerres catalanistes, que permetria plantejar una política nacional. En total van arribar a aparèixer més de cent cinquanta articles, es va donar una conferència i la cosa va acabar amb la dimissió de Rovira a *La Publicitat*.

Els dos volums següents del Cambó no van ser, ni de lluny, tan polèmics com el primer, encara que es van vendre molt bé. El més destacable, com a anècdota, del segon volum va ser un opuscle de rèplica, obra d'un obrer taper de Palafrugell, Emili Pellicer, d'una ingenuïtat esborronadora. La poca repercussió del darrer volum va estar condicionada pel pacte de silenci de les esquerres. L'efecte sorpresa s'havia esvaït i el debat original s'havia diluït en el replantejament polític. La diferència entre aquests volums era deguda a la modificació del criteri inicial. Si el primer volum era un anecdotari sobre la vida de Cambó, en els dos següents Pla havia convertit la biografia en una història del catalanisme. Aquesta nova perspectiva li permetia criticar la política de l'esquerra i fer el panegíric del biografiat i de la Lliga, com, també, respondre a les acusacions d'oportunisme per haver-se passat a la Lliga. El transfuguisme de Pla no era degut a una evolució ideològica, sinó a un canvi de tàctica, ja que considerava més operant el realisme i professionalisme de la Lliga que no pas les vaguetats intel·lectualistes d'Acció Catalana. La nova filiació l'obligava, fins i tot, a rectificar les crítiques que havia formulat sis anys abans contra Cambó i la Lliga. Pla els havia acusat aleshores d'haver donat suport al cop d'estat del general Primo de Rivera.

Extenuat pel ritme de treball a què l'havia obligat el primer volum, com sempre que es dedicava intensament a un llibre, Adi i ell van decidir canviar d'aires. A principis de juliol de 1928 van agafar un tren que els duria al sud d'Itàlia. Més endavant pensaven arribar als Balcans i a Turquia. *El Sol* de Madrid li havia proposat una col·laboració que li havia de permetre cobrir les despeses del viatge. Adi, com sempre, pagava la seva part. Viatjar, realment, els unia, s'entenien de meravella. Des de Torí fins a Trieste l'atmosfera política era completament feixista. Adi comprava sempre que podia la premsa escandinava per contrastar-la amb la italiana, i li traduïa les notícies més significatives. Reien divertits per les tergiversacions i la retòrica grotesca que caracteritzava la darrera. Van anar a Milà, al llac de Como, Venècia, des d'on van agafar un vaixell fins a Trieste. Allí Pla va rebre una carta d'Estanislau Duran Reynals que li demanava que es tornés a incorporar a *La Publicitat*, però la seva renúncia era irrevocable.

De Trieste van anar en tren fins a Zagreb, on van arribar a mitjan juliol. Iugoslàvia estava passant per un procés d'unificació molt dolorós per a Croàcia i Eslovènia, que perdien totes les llibertats polítiques i econòmiques i se sotmetien al centralisme serbi. A Belgrad, Adi i Pla van sojornar al Consolat espanyol. El seu desig era anar a Istanbul, però, aclaparats per la calor, ho van haver de deixar córrer. Estirats al llit amb les portes i les finestres obertes —amb prou feines si passava una mica d'aire—, van resoldre anticipar l'objectiu final del viatge i anar a Suècia. Van anar fins a Bucarest fent un petit creuer pel Danubi, i des d'allí van agafar un tren que els portés a Varsòvia, on van passar un parell de dies. L'anècdota que els va succeir en un restaurant on van anar a sopar, encara feia riure Adi al cap dels anys. Amb l'excusa que sabia llengües, Pla va voler, tant sí com no, que fos ella qui triés el menú. No hi valgueren raons que no sabia ni un borrall de polonès, de manera que va fer la comanda per a dos i va demanar un plat de cada un dels tres grups que hi havia a la carta, suposant que els grups corresponien a la divisió d'entrants, el tall i les postres. Van quedar amb la boca oberta quan el cambrer els va servir tres menús a cada un: tres entrants, tres segons plats i tres postres. Adi va esclafir de riure davant els divuits plats, mentre Pla l'escridassava: «De què serveix de tenir una dona que sap llengües, si resulta que no entén res!», es va alçar, va llançar el tovalló i, picadíssim, va sortir del restaurant. A la nit es van reconciliar. L'endemà van anar a Danzing i es van embarcar, després d'un bon sopar sense sorpreses, però a la nit es va aixecar un temporal al mar Bàltic que els va ben sacsejar. Pocs minuts després d'haver salpat, havien tret tot el sopar. Pla, estès al llit amb l'estómac completament buit, pàl·lid i marejat com una sopa, va demanar a Adi, amb un filet de veu, que fes alguna cosa per alleugerir aquell malestar que l'estava matant. Adi va sortir amb penes i treballs de la cabina i, arrapada als passamans dels passadissos, les cames fent-li tentines, va arribar fins a la cuina, on li van donar un combinat que els va calmar una mica. Van desembarcar a Kalmar molt desmillorats.

Van arribar a Estocolm el 25 de juliol al matí. Poques hores després, i mentre Adi desfeia les maletes a l'hotel, Pla va anar a veure el cònsol d'Espanya a Estocolm, Magnus Nordbeck, que havia conegut a casa de Halfdan Enberg i que li va lliurar una carta de Carles Capdevila pregant-li de reincorporar-se al diari. Pla, sorprès per la insistència, va respondre que un retorn a la situació anterior era impossible i va demanar que li fessin una proposta econòmica concreta. No estava disposat a dependre d'algú, és a dir de Rovira i Virgili, que, en qualsevol moment, es podia tornar a girar contra ell. Se sentia, a més, recolzat pel sentit de la dignitat i la determinació d'Adi, que posava la llibertat al davant de tot. Gràcies a la família Enberg que encara li quedava a Estocolm, al cap d'una setmana van poder llogar un petit apartament per cent vuitanta corones, al número 5 de Baldersgaten. Tenia dues cambres, cuina i bany. El fet que a Estocolm la vida fos relativament barata els feia planejar una estada més llarga del que havien pensat en principi. De les sis mil pessetes que li havia donat la biografia sobre Cambó, Pla ja n'havia cobrades tres mil cinc-centes, que cada mes li havien enviat en pagaments de cinc-centes pessetes. La primera edició de quatre mil exemplars de *Cartes de lluny* s'estava pràcticament exhaurint i la col·laboració a *El Sol* els permetia viure. Adi també disposava d'un coixí de tres mil corones sueques que, en el cas d'un imprevist, els donaria uns quants mesos de marge. D'altra banda, estava decidida a donar lliçons d'idiomes i, amb l'ajut de la seva família, el volia introduir en el món literari i periodístic d'Estocolm. Però gràcies al mecenatge de Cambó, l'estada a Estocolm, de fugida es va convertir en recer per poder treballar amb més calma. Poc després d'haver-se instal·lat, el seu biografiat li va proposar de col·laborar a *La Veu de Catalunya*. Davant l'èxit del primer volum —la primera edició s'havia exhaurit i se n'havien venut més de tres mil cinc-cents exemplars—, Cambó el va convèncer de continuar la redacció de la biografia, fins i tot n'hi va fer l'esquema. L'enrenou que havia provocat el primer volum obligava a donar resposta i feia preveure una acollida igualment polèmica. Pla havia rebut els retalls de la premsa que li havien enviat el seu germà Pere, Alexandre Plana i els que li van portar el matrimoni Rosa en la visita que els van fer a la capital sueca.

De totes maneres, aquesta primera estada de Pla i Adi va ser breu. El clima trist i fred —havien hagut d'encendre la calefacció a principis d'agost— el deprimia. La vida interior nòrdica li agradava, perquè era tranquil·la, civilitzada i confortable, però se sentia massa aïllat. Com confessava al seu amic Alexandre Plana, tot i que els consols de la vida de casat eren importants, tenia una necessitat cada vegada més apressant de Mediterrani, de carrer, de tertúlia i dels amics de sempre. Sadurní Ximènez va aterrar a temps per distreure'ls unes setmanes. Davidson, que era director de la Secció de Premsa del ministeri d'Afers Estrangers, on Pla anava sovint per informar-se del que s'esdevenia al món, li va anunciar l'arribada de l'estrafolari periodista i aventurer menorquí. Com que, en el seu historial, hi constava ser una mica espia, Davidson va creure que calia vigilar-lo. El rei Alfons XIII havia de visitar la capital sueca i, com és normal, es temia la possibilitat d'un atemptat.

Ximènez tenia aleshores setanta anys, venia de fer l'ascensió a l'Olimp amb un grup d'estudiants pensionats de l'Escola Nord-americana d'Atenes i anava vestit de rigorós estiu meridional. Era com el personatge d'una novel·la de ficció: havia estat des de policia del darrer soldà de la Porta Otomana, Abdul Hamid II, fins a agent i amic del negus Menelik d'Abissínia, a més d'espia en els serveis russos contra l'Intelligence Service a les fronteres de l'Índia i d'amic i protegit del *chocolatier* Meunier i de Francesc Cambó. Havia estat casat amb una aristòcrata russa que havia conegut a la Vall del Nil. La seva intenció era anar a Finlàndia per obtenir el visat i entrar a Rússia per mirar de recuperar les propietats de la seva esposa que havien estat requisades pels comunistes. El personatge era menut, encarcarat, miop, fantasiós, tossut i anticomunista. Divertits, Adi i Pla el van convidar a dinar diverses vegades. Adi conservava a la memòria un dels reptes més grans de la seva vida: preparar un arròs a la cassola amb ingredients de llauna de conserva; se'n va sortir discretament i només de pensar-hi s'enriolava. Pla es va prendre seriosament la funció de vigilància encomanada per Davidson; però més que res el personatge era prou pintoresc i personificava, amb un matís de guillat, l'ideal de «rellogat» de la seva joventut. Es va convertir en el seu escuder amb una fidelitat digna de consideració. Quan totes les gestions per interessar els representants suecs de les institucions culturals, polítiques i religioses pel món antic van fracassar, va fer els possibles per aconseguir-li les cent corones que necessitava per anar a Finlàndia. Una parenta d'Adi, Elisabeth Berggren, que era directora de la biblioteca municipal d'Estocolm, va aconseguir que una de les conferències, que es donaven els dijous a la tarda per a les criatures del barri, anés a càrrec de l'insigne erudit. Adi recordava com el sostre de la sala d'actes de la Biblioteca era decorat amb un cel blau ple d'estrelles i de constel·lacions. Les criatures tenien uns sis anyets i, d'entrada, van quedar bocabadades, no entenien res del que els explicava aquell senyor tan estrany, només es van eixorivir quan al final els van repartir unes bosses de caramels. L'home estava radiant, vestit d'estiu, amb el ramet que li havien ofert a la mà, entre Adi i Pla, que l'havien d'aguantar cada vegada que patinava sobre el glaç amb les soles de cuiro.

Pla estava esgotat d'inacció i de clima tristot. Les queixes al seu germà sobre els atacs de debilitat semblaven més una tàctica per preparar-se unes vacances a Calella. A més, la polèmica no l'havia deixat indiferent i tenia una gran curiositat per seguir-ne les últimes incidències. La possibilitat d'internar-se en una casa de salut hauria agreujat encara més l'aïllament, que era la causa principal de l'atac de depressió. El matrimoni Rosa l'havien convençut de passar una temporada a Calella; fent broma li havien escrit que al Canadell hi havia una dona que tenia els braços bonics com els d'Adi. Pere no va tenir més remei que anunciar als pares la tornada d'Adi i Pla i preparar la casa. Van arribar al Canadell a finals d'agost. La casa era d'estiueig i per tant d'un confort precari, la humitat ho impregnava tot. Anaven cada dia a dinar a Can Batlle, on el peix era fresc, acabat de pescar, i l'escudella molt bona; a més, Adi estava encantada de poder trencar el ritme i no haver de cuinar. Tot i que tenien el temporal rentabótes a sobre, preferien les inclemències del llevant que no pas la grisor i el fred escandinaus. Adi, que tot i tenir sang nòrdica era una fredolica integral, preferia la humitat i rebre el vent a la cara. A més, els canvis i l'anar d'una banda a l'altra els provaven; coincidien en el mateix esperit d'aventura.

Anaven sovint a Barcelona i s'estaven a casa d'Olga Wretman. Pla tenia la intenció de publicar el dietari de la seva estada a Madrid. Va fer alguns passos amb López Llausàs, que no el va acceptar; en canvi, Josep Maria Junoy va accedir a editar-lo a *La Nova Revista*. Els drets van quedar fixats en el trenta-cinc per cent sobre el preu de venda i el llibre havia de sortir el desembre. A finals d'octubre van tornar a Suècia, i, en la calma d'Estocolm, Pla va començar la redacció del nou llibre. Va fer una tria entre els trenta articles de l'estada a Madrid el 1921, que el seu germà li havia guardats. En va escollir vint-i-un, que va traduir i reescriure. Reiterava el projecte d'escriure unes memòries sobre els països i les persones que havia conegut. Partia d'una perspectiva idealitzadora per descobrir el Madrid real de la joventut, i set anys després, des del Canadell i Estocolm el reconstruïa al ritme lent dels records.

Coincidint amb la redacció del llibre i amb l'inici de la col·laboració de *La Veu de Catalunya*, va publicar uns articles sobre el realisme que anaven més enllà de la definició tradicional. En primer lloc, es declarava integrant de la generació posterior a la Primera Guerra Mundial, que tenia com a principi la comprensió de la realitat. Aquesta afinitat el distanciava d'Ors. La teoria de Pla sobre el realisme es completava amb aportacions, encara que puguin semblar irreconciliables, avantguardistes. Una conferència de Salvador Dalí i la commemoració del sisè aniversari de la mort de Marcel Proust li permetien d'exposar-ne els trets bàsics. Pla destacava els elements de la teoria daliniana sobre l'art, que permetien una aprehensió més completa de la realitat, com eren la intuïció, l'instint, l'inconscient. Segons Dalí, la consciència hauria ofegat els impulsos irracionals, i calia que els artistes, que eren els qui estaven dotats d'instint i d'una vida interior superior, descobrissin la realitat per mitjà del subconscient. En canvi, Pla no acabava d'agafar el fons de la literatura de Proust; creia que tot es limitava a posar el retrat d'un home vivent sobre un paisatge o una atmosfera, quan el més important en l'autor francès era l'anàlisi minuciosa dels sentiments a partir de l'emoció provocada per la coincidència entre sentits i inconscient. Certament, Pla no es mourà en el camp dels sentiments, tret dels morals, però sí en el dels sentits, i voldrà anar més enllà de la «bellesa» segons la definició de Milà i Fontanals. El filòsof de Vilafranca posava l'enteniment i el coneixement per sobre de la resta de facultats, per accedir a un ideal que tenia molt de platònic.

En una sèrie d'articles molt posteriors amb el títol genèric de *Confessions literàries*, Pla no aprofundia en aquesta nova percepció de la realitat que li havia descobert l'avantguarda i es quedava en una concepció vitalista i antiintel·lectualista. Entenia la creació literària com un acte vital, escriure era l'acte d'anomenar el que no tenia nom, el moment d'eternitat contingut en l'instant viscut. La qualitat del «relleu», tan elogiada per Manuel de Montoliu, sintetitzava allò que d'etern tenia l'art; l'expressió del que quedava ocult sota la realitat aparent. I ja aleshores, per sobre de purismes estilístics, proclamava la seva voluntat de sacrificar-se per a la continuïtat, per fer-se llegir.

La materialització d'aquestes teories es pot trobar en moltes pàgines del *Madrid*, de la sèrie sobre Itàlia per a *La Veu de Catalunya*, de *Cartes meridionals*. La visió que havia donat de Madrid el 1921 era bastant completa, però limitada a la simple constatació, mancada d'intenció crítica. Ara, en reescriure aquells articles tocava el nucli del que aleshores l'havia inquietat, és a dir els trets més característics de l'esperit de Castella, com eren la pobresa, l'imperialisme, la reconquesta, el poder de l'església i de la noblesa, la monarquia. A la sèrie d'articles sobre Itàlia, Pla anava més enllà de la realitat immediata, cercava el sentit que amagava cada paisatge. En uns, hi veia l'íntima relació de l'home amb la terra, l'esforç de civilització per a durar i evolucionar a partir del caos i de l'informe. En altres articles manifestava el rebuig de les manifestacions de la vanitat humana. Finalment, també expressava la seva sensibilitat per la bellesa i la perfecció que el misteri i el temor de la mort havien donat a l'obra de l'home. Totes les imatges posseïen una gran sensibilitat poètica, un sentit transcendent i moral que no era producte del raonament abstracte i intel·lectual, sinó de l'observació, del plaer, de la sensibilitat. Pla trobava en la contemplació del món un sentit, alhora inquietant i tranquil·litzador. Donava una interpretació moral a les sensacions que li produïen certs paisatges, que l'acostaven a la comprensió de l'existència humana i al dolor de constatar que aquesta divina espiritualitat de l'home convivia amb la seva animalitat.

Partint de la mateixa perspectiva, l'estiu següent i des de Llofriu, va preparar l'ordenació i redacció de *Cartes meridionals*. Pla no es limitava a buscar l'adjectiu més sorprenent o adequat per reproduir la realitat, sinó que volia trobar la raó de l'emoció que li produïa aquella realitat, més enllà de la sensibilitat. Les reflexions culturals, polítiques, estètiques o morals, a partir de l'observació de la realitat immediata, tenen raó de ser per la necessitat de trobar el secret que amaga el seu ordre, el significat d'una impressió fugissera i colpidora, o per la necessitat de comentar les escenes de la quotidianitat, el moviment dels homes i les dones. Els articles i el llibre sobre Itàlia havien guanyat en espiritualitat: revelaven una nova consciència moral i ètica.

X. AL SERVEI DE FRANCESC CAMBÓ I DE LA LLIGA. LA DIFÍCIL CONVIVÈNCIA AMB ADI ENBERG.

(de l'octubre de 1929 a l'agost de 1932)

Pla va enllestir el *Madrid. Un dietari* en tres setmanes. El ritme havia estat més dur que mai, però l'ambient convidava: d'una banda, la tranquil·litat que sabia crear-li Adi tenint cura absolutament de tot; de l'altra, el temps era ben poc engrescador, ja que estaven a cinc graus sota zero, nevava i només era l'octubre. Però tenien calefacció i llar de foc. Adi es cuidava de sortir a comprar i de fer tots els possibles per seguir un ritme de vida normal, passejaven pel moll del Strandvegen i miraven els vaixells amarrats. Els pocs familiars de la banda materna que li quedaven els havien obert la porta a una certa societat, el director de Premsa del Ministeri d'Afers Estrangers, Davidson, i el cònsol Magnus Nordbeck els havien presentat molta gent. Adi i Pla feien vida social com la resta de la ciutadania, sortien a sopar, anaven als espectacles. Però quan els va envair la impressió d'hivern blanc, no van dubtar-ho ni un moment: van desllogar la casa i van decidir tornar a Catalunya.

Fallides les gestions amb *El Sol* per anar a Rússia i Turquia a fer uns reportatges, van agafar el tren a finals de gener de 1929. Van arribar a Barcelona a principis de febrer, després d'una breu estada a Holanda i a París. La primera impressió que van tenir va ser de fred intens, havien oblidat que eren en un país mediterrani i que les cases no tenien calefacció. Els pisos de l'Eixample eren glaçats, al teatre Romea el corrent d'aire convertia qualsevol espectacle en una tortura. Com que la corresponsalia de *La Veu* volia un contacte directe amb l'actualitat política i cultural, i aquesta actualitat girava, en bona mesura, a l'entorn de la penya de l'Ateneu, van decidir llogar un pis a Sarrià, per descarregar de feina la mare d'Adi. Sarrià tenia tots els avantatges d'un poble: tranquil·litat, contacte amb la naturalesa, tothom es coneixia i, des que s'havia inaugurat el tren elèctric, estava molt ben comunicat amb el centre de la ciutat. Instal·lat a la nova casa i voltat pel cant dels ocells i dels galls, Pla es va dedicar a escriure el segon volum del *Cambó.* Qualsevol aparició de Pla en la vida barcelonina o la manifestació d'alguna opinió eren un pretext perquè la premsa fes el comentari. Des de la polèmica ocasionada per l'aparició del primer volum del *Cambó*, s'havia convertit en un home públic que donava peu a tota mena d'ironies i bromes. Un sopar en el qual parlés amb redactors de *La Publi* i *La Veu* provocava expectacions i la decisió de retirar-se al mas va ser molt comentada i, fins i tot, es va apuntar que es volgués dedicar a la cria de gallines.

Efectivament, havien decidit avançar l'estiueig, però en comptes d'anar a Calella, on hi hauria tota la família i estaria ple d'estiuejants, van preferir retirar-se al mas. Feia temps, des que havia començat la redacció de *Madrid* al Canadell, que Pla somiava a convertir el mas en residència fixa. Adi estava entusiasmada amb la idea i estava disposada a col·laborar econòmicament per dur-hi a terme les millores més urgents. A diferència de la casa d'estiueig del Canadell, que no tenia llum ni aigua corrent i on s'havia de cuinar en uns fogons de murrí, el mas disposava d'unes comoditats mínimes: electricitat, aigua corrent, una cuina econòmica de carbó que havia fet posar la senyora Maria Casadevall. Encara que el mas no fos completament autosuficient, disposava d'un bon hort i d'aviram, cosa que significava que no havien de fer despeses en aquest sentit. El mas Pla de Llofriu s'anava perfilant, més i més nítidament, en la ment de tots dos com la llar noble, rústica i austera, sòlida i voltada de naturalesa benigna. A mitjan maig s'hi van traslladar. Tot i que, per a la majoria d'amistats i per a la família Enberg, la instal·lació al mas els semblava poc realista, era, però, el millor lloc per passar l'estiu, lluny de xafarderies, compromisos i comèdies. De totes maneres, baixaven a Barcelona sempre que es presentava l'ocasió, per visitar l'Exposició Internacional, sopar amb les amistats, parlar amb Francesc Cambó i, de passada, anar una estona a la penya de l'Ateneu. Quan Pla va presentar Adi a Cambó, aquest li va comentar que entenia per què Pla volia viure amb ella, però no entenia com ella volia viure amb Pla.

El mas els permetia, també, aïllar-se davant les possibles repercussions de l'aparició del segon volum del *Cambó*. Pla seguia el ritme de sempre, escrivia i llegia fins tard a la nit i dormia fins a migdia. Al capvespre anaven tots dos a Palafrugell o al Canadell, a visitar un moment Pere i Maria Miquel, o bé els seus pares i germanes, a veure els amics. Algunes vegades Pla feia cap a la tertúlia del Fraternal. La tranquil·litat del mas, la poca feina, l'estricta d'ells dos, el contacte constant amb la naturalesa, ajudaven a refer la salut d'Adi, que, amb tant de trasllats i haver d'organitzar cases i ritmes de vida nous a llocs tan diferents, havia quedat una mica malmesa. Li hauria agradat treballar, a estones perdudes, al camp, però ni els masovers ni la senyora Maria la deixaven. Passejava tota sola per la pineda, moltes vegades s'emportava un llibre per llegir, sovint ella i Pla anaven tot caminat fins a Begur pel camí vell. Un dia van trobar Gervasi, que estava treballant en una vinya que s'enfilava per un turonet. Gervasi, Josep i ella van seure en un marge del camí que feia una mena de banc; al davant s'estenia el mar. A Pla, li agradava molt de parlar amb Gervasi; aquell dia, esperonat per la presència d'Adi, que callava tot mirant el mar, Gervasi va deixar anar que les dones sempre anaven al darrere de l'home, que el buscaven i que no paraven fins que el trobaven. Ella, com sempre que sentia comentaris d'aquesta mena, preferia no dir res.

Adi passava també moltes estones al costat de Pla mentre escrivia o escoltant-lo. Era la interlocutora perfecta, seguia el que anava dient amb una atenció concentrada i només l'interrompia quan no entenia alguna cosa o per fer un comentari divertit. Recordava quan una nit que Pla li explicava la ideologia d'Action Française i de Charles Maurras es va quedar adormida, tot i la passió que ell posava en el discurs; quan Pla se'n va adonar, la va despertar escridassant-la.

Aquell estiu estaven decidits a fer el viatge a Grècia i Turquia que havien abandonat l'any anterior. L'estada a Llofriu, amb les setmanes, havia posat al descobert uns comportaments familiars que no agradaven gens a Adi. La senyora Maria, la mare de Pla, tenia molt ben assumida la funció de la dona en una casa. Com que era una feinera compulsiva creia que la dona del seu fill, l'hereu, havia d'ésser també feinera i estalviadora. A Adi, aquest model més aviat l'anguniejava; la família Enberg-Wretman era molt diferent, tothom feia la seva vida, els seus pares estaven divorciats i tota aquesta comèdia, vista des de dintre no li feia cap gràcia.

Quan feia tramuntana la senyora Maria tenia un neguit de neteja, de ventilar-ho tot, de «fer l'escala i la sala, la sala i l'escala», de cuinar, rentar la roba, buscar llenya, donar menjar a les gallines, canviar la sanefa de tela de la campana de la xemeneia. Un dia l'obsessió de canviar la sanefa li va valdre un bon disgust, perquè va caure i per poc no pren mal de debò. Adi, prou nerviosa, només de veure-la en aquell estat de frisança tenia ganes d'anar-se'n a la pineda a jeure sota un pi. Per compromís s'havia de quedar a ajudar-la; no és pas que li desagradés cuinar, ni netejar, de tant en tant li encantava jugar a fer de pagesa, però no pas cada dia. La rutina l'avorria i més si era mecànica, i tampoc no li agradava fer d'esposa casolana, estalviadora i resignada. Per a una dona educada al col·legi alemany, que havia passat part de la joventut a París i a Londres, que disposava d'un capitalet per permetre's ser independent, que, a més, havia d'ajudar econòmicament, de vegades, Pla, la perspectiva de vida en comú amb ell cada dia que passava li semblava menys atractiva.

La imatge era més i més clara: preparar el sopar cada dia, esperar —fins que tot era fred i covat— que Pla tornés de la tertúlia amb els amics, mentre ella sargia silenciosament a la vora del foc. Perquè, a ella, també li agradava molt xerrar de llibres i de tot el diví i l'humà amb els amics de Pla, preferia escoltar-lo, anar a sopar amb ells, com feia a París. Però Can Tinyoi no era La Rotonde de Montparnasse. Pla es posava nerviós quan la veia xerrant amb els seus amics, mentre el sopar estava per fer. Aquella situació enervava Adi: entre la idea del paper molt marcat de la dona que tenia la senyora Maria i que, a Pla, li anava d'allò més bé, i la formació i tendència natural d'Adi, que no s'adequaven a aquest model, començava a entendre que mai no s'adaptaria al destí de *bonne et paillasson* que li estaven reservant els Pla. Encara que Adi era molt forta, les situacions d'angoixa, si s'allargaven massa, l'afeblien. El descobriment del que l'esperava al costat de Pla l'aclaparava. Se sentia atrapada.

Adi havia estat aprenent grec, però com més s'acostava el dia d'emprendre el viatge, més ànsia li feia. Per molt que Pla li repetís que s'havia de posar forta, perquè les pedres de Roma cansaven molt, ella, que sempre es delia per viatjar, i més encara amb ell, n'havia perdut les ganes. Necessitava allunyar-se'n per guanyar perspectiva. A primers d'agost van marxar del mas. Pla va agafar el tren per anar al sud de França i Adi es va quedar a casa de la seva mare a Sant Gervasi.

També va anar a passar uns dies a les Ferreries amb el seu pare i la seva germana Ina. Els grans boscos negres de pins alts, els barrancs i la foscor enamoraven la família Enberg, perquè els feien pensar en els boscos noruecs. Feien els àpats sota la parra que cobria el porxo, a l'entrada, es banyaven a l'estany del torrent que s'aplanava al molí, darrere la casa. Les relacions amb el seu pare eren tibants com sempre, però Adi preferia la solitud del paratge, les reunions familiars, l'amistat dels pagesos, que no haver de fer la comèdia de l'esposa feinera, endreçada i submisa.

Pla va viatjar per la Mediterrània durant els mesos d'agost i setembre, aproximadament unes cinc setmanes. A mitjan setembre es va embarcar a Constantinoble en un vaixell anglès per dirigir-se a Constança i a Bucarest, i d'allí va tornar a Catalunya en dos o tres dies. Va passar per Romania, Bulgària, Sèrbia, Croàcia i Eslovènia d'estació en estació i de tren en tren. És molt possible que no arribés mai a Albània. Un viatge pels Balcans d'un gran rendiment: va fer-ne trenta-vuit articles entre l'octubre de 1929 i el gener de 1930. Pla hi va analitzar el problema de la unitat iugoslava en tots els seus aspectes. Explicava com les pretensions unificadores croates havien topat amb les ambicions territorials sèrbies, i tot plegat havia abocat el país a un retrocés.

Després de l'experiència biogràfica del *Cambó,* Pla desitjava donar continuïtat al gènere, en la línia creativa del *Manolo,* i amb aquesta idea va parlar amb Francesc Pujols. El personatge donava molt de si: posseïa un anecdotari ric i ple d'esperit, la seva personalitat intel·lectual i física tenia un punt d'excentricitat i la conversa era sempre intencionada i plena d'esperit. Tant Pla com López Llausàs tenien la certesa que una biografia sobre Pujols seria un èxit. Però el filòsof no estava per biografies, que considerava massa prematures, sinó que veia en aquell apropament de Pla una ocasió única per donar a conèixer les bases del seu sistema filosòfic. La contraproposta d'entrada va desconcertar Pla, que tenia ganes de fer una obra més divertida; haver de tornar a l'estil del *Cambó,* en filosòfic, no l'atreia gens. Però vist l'entusiasme de Pujols i de l'editor va decidir llançar-se a l'aventura. El més interessant de l'experiència seria el procés de redacció: l'estada a Martorell i el contacte seguit amb Francesc Pujols.

A mitjan abril, Pla es va traslladar a Martorell; havia cregut que es podria allotjar a casa dels Pujols, però la mestressa es va negar a tenir un hoste que prometia ser encara més difícil que el seu marit. Pla, tothom ho sabia, era dels qui es llevaven tard, cremaven els llençols amb les espurnes de cigarret i donaven feina. Va haver d'anar, doncs, a la fonda, encara que, de fet, s'hi estava molt poc, el temps de refer forces, perquè es passava tot el dia, fins a la matinada, xerrant i passejant amb Pujols. Pla es llevava tard, feia els àpats a casa dels Pujols. Al senyor Paco, li agradava la cuina bona i abundant, era un devorador refinat. A la tarda caminaven una mica, de cafè en cafè, mentre Pujols l'introduïa en els secrets de la seva filosofia-religió. Al vespre anaven al Progrés, una societat republicana molt activa. Solien freqüentar la tertúlia de Francesc Riera, que era batlle republicà i president de la Unió de Rabassaires. A la matinada feien una darrera caminada abans d'anar a dormir, arribaven als afores de la vila, fins a l'Anoia, on s'aturaven a sentir cantar les granotes, mentre Riera els explicava la situació del moviment revolucionari. Com que Pla no entenia gaire res del contingut del llibre dictat per Pujols, va haver de trobar-se amb el filòsof de Martorell dues vegades més, l'una a Martorell, a principis de setembre de 1930, i l'altra a l'ermita de Sant Sebastià, a finals d'octubre. A Martorell van rebre la visita d'Adi, que va causar un gran efecte per la seva distinció, cultura i agudesa. També els va anar a veure l'editor López Llausàs. Van enllestir el llibre a Sant Sebastià. Pujols estava emocionat, havia comprès el sentit íntim que tenia per a Pla aquella ermita:

en la punta més enlairada de l'angle recte entre la terra i el mar, Pla hi havia dibuixat els seus quatre punts cardinals, els pobles i el paisatge familiar, la mort i el jardí de vinyes i conreus.

El que més fascinava Pla era la conversa de Pujols, perquè tenia un llenguatge viu, en el qual barrejava els registres cultes i erudits amb els populars. Utilitzava dites i frases fetes en les situacions més extravagants. Posseïa un anecdotari enciclopèdic. Tots aquests elements li servien per alimentar el seu mecanisme humorístic, que consistia a trencar les regles del joc. Pla el considerava «un terrorista de l'esperit» i va decidir d'incorporar aquestes fórmules a la seva escriptura, en especial l'anècdota, amb una doble finalitat: l'exemplificació moral i la d'atreure l'atenció del lector. Pla perdia l'agressivitat de les primeres narracions i per mitjà d'uns recursos molt calculats, que suavitzaven el text, el feien més divertit i atractiu, satiritzava fins al grotesc les formes establertes.

De tot l'anterior es desprèn que l'experiència amb Francesc Pujols li va ser més útil en l'aspecte literari que no pas a l'hora d'escriure la biografia que hauria desitjat. El tractat sobre l'existència que en va sortir té un interès ben relatiu i en alguns moments aconsegueix un to d'hilaritat que no s'adiu a un pretès manual d'hiparxiologia. Pujols volia fer arribar al gran públic les seves teories sobre els fenòmens de la vida i de la mort; també havia fet l'ordenació i classificació dels diferents éssers existents, dels materials als espirituals. El resultat no era res més que una barreja de lleis elementals de la física, de la filosofia de Leibniz, dels principis de la ciència universal lul·liana, amb unes pinzellades de catarisme. El contingut del llibre havia estat inspirat per Pujols, però l'estil traïa les maneres de Pla, tot i que utilitzava algunes de les imatges del filòsof. Les formes populars, que habitualment acolorien el discurs d'aquest, eren incorporades en un text bàsicament científic, que li donava un to equívoc, com si fessin befa d'un academicisme que, en el fons, els resultés massa estret. El lector és pres per l'estupefacció quan troba expressions com: «no hi ha més cera que la que crema», per tancar un raonament sobre l'existència de l'encarnació, o «qui fa un cove fa un cistell... i el difícil és fer un cove» per demostrar l'existència d'una altra vida. Pla, per la seva banda, es permetia alguna ironia. Resulta evident que com més s'endinsava en els misteris de la nova religió, més boirós ho veia tot i, amb un matís d'incredulitat que s'acabava convertint en franca ironia, encapçalava l'apartat sobre els esperits: *Portem els testicles plens d'àngels.* Perquè una de les teories del filòsof era que els òrgans genitals de tots els éssers eren «dipòsits d'esperits en funció separativa».

El llibre va ser rebut, primer amb desencís i després amb indiferència. En tot cas no va aportar cap millora a l'economia de Pla, que estava passant per un moment molt precari. La seva adhesió a Cambó i a la Lliga no li estava donant el rendiment que havia esperat. Ni la col·laboració a *La Veu*, ni les relacions amb els membres més influents del partit li havien servit per a gaire més que per perpetuar el passament al qual semblava condemnat. Aquest estancament econòmic l'amoïnava i no li permetia arreglar el mas per fer-lo habitable. D'altra banda el seu matrimoni estava passant per un període de crisi. Malgrat que sabia que la seva actitud era la causa principal del distanciament d'Adi, tampoc no feia gran cosa per acostar-se a ella. No volia parlar del que estava passant, perquè això li hauria descobert el que ja sabia, que la seva manera d'entendre la convivència no era deixar que Adi interferís en la seva vida de relacions, ni que deixés mai de complir amb les seves obligacions casolanes. També sabia que ja no l'interessaven gaire els seus desitjos, necessitats o inclinacions, i d'aquesta manera dia a dia la relació anava perdent sentit, els havia pres el cansament i la indiferència. Les diferències que, al principi, a París, Londres, Barcelona,

Llofriu o Estocolm, eren gairebé imperceptibles, ara s'havien convertit en insuperables. Adi sentia la necessitat d'allunyar-se per una temporada de Pla. Volia tornar a Anglaterra, on podria seguir un curs de secretariat que li permetria més endavant trobar feina i no haver de dependre de ningú. El seu pare s'havia compromès a pagar-li les despeses. S'estaria al Youth Hostel de Bloomsbury i tenia la intenció d'ajudar-se treballant. Els Pla van quedar parats, no entenien el caràcter individualista i tossut d'Adi, ni tampoc l'estrany matrimoni que formaven.

El març de 1931, Pla no va poder evitar una recaiguda filosòfica, va formar part del grup d'intel·lectuals selectes i de periodistes convidats a la Setmana de la Saviesa de Formentor, organitzada per Joan Estelrich, secretari del Conferentia Club de Barcelona. Havien fet invitar el comte Von Keyserling, que aleshores gaudia d'una estela de popularitat perfectament incomprensible. D'aquesta manera, pretenien estimular la societat literària catalana i espanyola. Entre els il·lustres assistents, hi havia Isabel Llorach, el pintor Junyent, Josep Maria de Sagarra, Ortega y Gasset, Pérez de Ayala i Sainz Rodríguez. Tots ells es van instal·lar a l'hotel Terramar, propietat d'Adan Dhiel, que va rebre la felicitació unànime de concurrents i conferenciants per haver demostrat una sensibilitat filosòfica tan exquisida en haver-se fet càrrec de totes les despeses. Les aportacions més interessants durant la conferència van venir dels participants catalans. El comte de Keyserling va expressar les seves obvietats habituals; defensava el vitalisme i el seu magisteri es basava en la suggestió, el discerniment i la revelació. Una màxima de to magicomístic sintetitzava la seva doctrina: «Arriba a ser el que ets.» Pla va entendre de seguida el fons molt concret de la personalitat del comte; com que el propòsit de Keyserling d'integrar l'home en el cosmos, o a la inversa, volia molta vitalitat, i com que cultura per a ell volia dir saber viure, resultava ser un devorador exquisit de llagostes i un bevedor insaciable de xampany francès. Assegut a la sorra de la platja, Pla escoltava les explicacions del filòsof bàltic no tant fascinat pel personatge com per l'enlluernament que provocava en l'auditori. El president del Conferentia Club, el vescomte Eusebi Güell, Ovito Güell per a la societat barcelonina, feia el contrapès al quadre filosòfic amb un concretisme tenaç. Va proposar a Pla de ser el seu secretari i d'escriure-li, d'una manera atractiva, uns treballs sobre la causa del paral·lelisme de les paral·leles. Com a conseqüència de la redacció del *Manual d'hiparxiologia* i de la Setmana de la Saviesa, les inquietuds filosòfiques de Josep Pla van quedar molt esmorteïdes.

Tampoc no va tenir temps de dedicar-se a lleures tan enlairats: el 13 d'abril va ser enviat a Madrid, per cobrir la informació sobre la proclamació de la República. Però aquesta no seria l'única finalitat del viatge. Anava en el mateix tren que Francesc Cambó i, segons explicava a Pere, havia de preparar les relacions entre Cambó i Lerroux, perquè aquest facilités l'entrada del dirigent de la Lliga al govern de la República. Pla va viure l'adveniment de la República des dels carrers de Madrid. Descrivia la situació de la Monarquia, la formació del govern provisional i, sobretot, la reacció del poble. Els seus primers articles sobre els projectes immediats del nou govern republicà eren objectius i no gens alarmistes. Per sobre de tots els incidents durant el procés de constitució del règim republicà, Pla, com la majoria dels ciutadans, tret dels més radicals, estava interessat a mantenir l'atmosfera d'harmonia i de moderació que n'havia caracteritzat l'adveniment. Era evident que Pla defensava la Lliga i, per tant, totes les opinions sobre economia o les crítiques contra la política de l'Esquerra partien de la perspectiva regionalista. A mesura que la Lliga es va allunyar del poder, com va succeir a les eleccions del juny de 1931, Pla es va manifestar cada vegada més catastrofista i va recollir només un sector de l'opinió pública. Criticava la participació dels intel·lectuals esquerrans en les tasques de govern i la reforma agrària espanyola. Però, sobretot, se centrava en els dos aspectes més febles de la política de la República: la situació desastrosa de l'economia i la falta de mètode i de política de govern. Empès per la voluntat d'unir literatura i vida, Pla volia creure que l'equivalent polític al realisme literari es trobava en el pragmatisme de la Lliga. Des de Madrid, Pla contribuïa a desprestigiar la política d'Esquerra Republicana i a preparar el terreny a la Lliga, que presentava com l'únic partit capaç de fer la política de realitat i d'ordre que el país necessitava.

Adi anava seguint, de Londres estant, els esdeveniments polítics a Espanya per mitjà de la correspondència de Pla i d'Olga Wretman. Al principi, s'hostatjava a l'Hostel de Bloomsbury i a les tardes anava a estudiar a l'Acadèmia Pitman. Una amiga sueca, que també s'estava a la residència, li va presentar una senyora, també sueca, que tenia una casa molt gran amb habitacions per llogar. Però les seves manies, l'obsessió pel seu gos Beauty, les mesquineses i la vulgaritat amb què les va tractar les va fer desistir de passar-hi més d'una nit. El gos menjava a taula, els llençols estaven bruts i vells, el menjar era el pitjor que havia pogut trobar al mercat. L'amiga sueca la va introduir als tes que organitzava l'Església sueca els dimecres per només mig xíling. En agraïment, Adi va decidir anar al servei religiós dels diumenges.

En un d'aquests berenars, li van presentar una senyora sueca d'uns setanta anys que anava amb bicicleta i es cuidava de procurar feina i allotjament a les noies que li ho demanaven. Una amiga finlandesa va demanar a Adi que la hi presentés i intercedís per ella, perquè necessitava feina. La senyora va recomanar la noia finlandesa a l'agregat comercial de l'Ambaixada sueca a Londres i al secretari de l'agregat militar que vivien en una casa a prop de l'Acadèmia Pitman.

Els diplomàtics necessitaven algú que els portés la casa, mentre esperaven una noia que havien contractat a Suècia per fer aquesta feina i que s'estava retardant. La noia finlandesa finalment s'hi va repensar i Adi la va haver de substituir. Malgrat que els diplomàtics li van prometre que no tindrien convidats i només hauria de cuinar per a ells dos, els va agradar tant el que preparava que van començar a convidar gent. Sempre feien baixar els convidats a la cuina per presentar-los Adi. Un d'ells la va reconèixer i els va dir que tenien de servei la filla del cònsol de Dinamarca a Barcelona. Tots van quedar molt sorpresos, però la feina no va baixar. Acostumada com estava a seure la meitat del dia, es cansava molt quan havia de rentar tants plats, i s'havia d'agenollar perquè les cames no l'aguantaven. A més de cuinar, havia de fer la plata i els llits. Poc després va arribar un noi jove per ajudar-la i finalment la noia que esperaven. Al capdavall, s'hi havia estat dues setmanes; «una experiència divertida», com deia, amb un petit somriure. Quan feia uns mesos que era a Londres va estar temptada d'embarcar-se en una autèntica aventura: unes amigues del Hostel la van convidar a passar unes vacances a casa d'elles. L'una era filla d'un metge molt conegut de Shangai i l'altra d'uns comerciants rics de Bangkok. Fins i tot es va comprar una maleta nova, però una carta molt trista de la seva mare la va fer desistir.

Poques setmanes després, Adi va rebre una carta de Pla on li demanava que tornés. La separació de gairebé un any l'havia fet recapacitar, la soledat i la malenconia el feien adonar-se de com necessitava Adi. Sense ella, el somni del mas no tenia sentit. Adi, per la seva banda, havia adquirit uns coneixements administratius que li permetrien d'independitzar-se i no haver d'aguantar les impertinències d'ell. En el fons desitjava tornar i per aquesta raó no li va costar gens de cedir. Va agafar un ferri fins a Calais i un tren fins a Irun, on s'havien de trobar. Pla li havia de donar un bitllet de periodista que li havia proporcionat *El Sol*, per estalviar a Adi de pagar el viatge d'Irun a Madrid. Quan ella va arribar a les vuit del matí a Irun, no va trobar ningú a la sala de l'estació. Pla dormia profundament a la fonda; havia arribat molt cansat de Madrid i se li havia acudit d'anar a reposar mentre esperava el tren de París. Amb el canvi de torn del personal de la taquilla, havien perdut el seu missatge, i quan Adi va voler informar-se, no li van saber dir res. Estava tan desconcertada que no sabia què fer, finalment va decidir pujar al primer tren que anés a Madrid. Va tenir la sort d'un viatge agradable, Adi era molt sociable i de seguida es va trobar embrancada en una conversa d'allò més animada amb el seu company de compartiment, un anglès molt distingit i amable.

A Madrid, va anar a la pensió que figurava a les cartes de Pla. Estava situada al carrer de Miguel Moya, a prop de la plaça del Callao i de l'edifici de la Premsa. Era pobra i bruta, les parets estaven adornades amb caps de braus. Adi va arribar de nit i va trobar-se amb dues sorpreses, la primera que Pla no hi era i la segona que un nan dormia com un tronc al seu llit. Adi va aconseguir de treure'l del llit després de sacsejar-lo i cridar una bona estona. La dispesera, que era valenciana, alta, grossa, morena i vulgar, no li va voler donar llençols nets. Adi no va poder aclucar els ulls durant tota la nit. La rebuda que va fer a Pla, l'endemà al matí, va ser tempestuosa, en la línia de les grans enrabiades de les pitjors crisis. Adi cridava, vermella i furiosa, la vena del coll inflada, no volia continuar ni un minut més en aquell cau miserable. Es va escaure que Figueras Dotti els va anar a veure, sobretot per conèixer Adi, de qui Pla li havia parlat molt, i va coincidir del tot amb ella. Adi li va dir que si en el moment d'arribar a la pensió hagués tingut cent lliures hauria tornat aquella mateixa nit a Anglaterra. Gràcies a un amic català, Pla va trobar una cambra de matrimoni en una dispesa humil, neta i sense pretensions, portada per dues germanes. Al cap de pocs dies, l'anècdota corria per les tertúlies de Madrid. Adi va contar l'aventura a Julio Camba mentre dinaven; Pla callava, entre avergonyit i murri. Camba estava encantat de trobar-se novament amb l'Adi de París i no podia entendre per què Pla s'obstinava a voler fer de cavaller romàntic i anar-la a buscar a Irun, quan no n'estava gens dotat; d'altra banda, Adi s'havia fet un tip d'anar sola pel món i sempre s'havia espavilat d'allò més bé.

La situació de provisionalitat no afavoria gens la relació. Els bons propòsits de Pla es fonien enfront d'unes condicions de treball i de vida que no havien millorat gens, ans al contrari. La corresponsalia a Madrid no proporcionava cap de les satisfaccions culturals i civils a què estaven avesats quan vivien a París i Londres. El sostre era considerablement més baix. Adi, d'altra banda, encara no tenia el títol d'administrativa i li era difícil de trobar feina. No tenien prou diners per llogar un pis i la vida de pensió i cafeteria els començava a pesar. En qualsevol cas, la relació entre ells dos havia millorat. Pla es tornava a mostrar atent i comprensiu, només havia de fer l'article diari i tenia moltes hores per llegir, estar amb ella i anar a les tertúlies. Estava orgullós de presentar-la als seus companys madrilenys, però també se sentia incòmode quan la veia passar-se hores i hores amb ell a les tertúlies. Al cap d'uns mesos, la vida a Madrid els pesava i van estar de seguida d'acord que una estada a París els faria un gran bé. Pla va proposar al diari una estada a França per escriure una sèrie sobre el caràcter dels francesos i l'organització política, social i econòmica del país. La proposta era intencionada, perquè la República francesa era el model dels republicans espanyols i catalans, i Pla la volia desmitificar. La idea va ser ben acollida per *La Veu de Catalunya* i la Lliga.

A principis de juliol de 1932, Adi i Pla tornaven a París. Des dels primers articles, Pla desprestigiava la República Francesa en descobrir-ne el fons essencialment menestral, burgès, de petits propietaris agrícoles. Pla reivindicava el paper de la burgesia i se'n declarava admirador, perquè havia creat la cuina i la conversació, dues manifestacions de la més refinada civilització. La imatge de màxima poesia que Pla havia interioritzat com a l'expressió de l'amor de l'home per la terra, el conreu de la vinya, esdevenia també símbol de la lluita contra la destrucció del temps i coincidia amb l'esperit conservador i materialista de la burgesia francesa. Arribats a la qüestió dels sentiments polítics del poble francès, Pla orientava la sèrie al que n'era possiblement l'objectiu principal: la descripció del conservadorisme de fons d'un poble que havia enlluernat els republicans de casa nostra. Pla utilitzava la imatge del formatge holandès, blanc per dins i roig per fora, és a dir socialment conservador i políticament revolucionari. Però tot i els trets comuns entre França i Catalunya, a causa d'una mateixa base social, el nostre país patia d'una manca d'autoritat que el feia vulnerable a les doctrines abstractes i al desordre.

Les primeres setmanes, Adi i Pla s'allotjaven en un petit hotel, perquè l'estada havia d'ésser, en principi, breu. Però al cap d'uns quants dies van entendre que necessitaven uns mínims d'independència. A Pla, no li agradava haver de menjar sempre als restaurants i tampoc no es conformava amb un entrepà de formatge a migdia, com feia Adi. Un vespre li va fer preparar ous escumats amb pèsols, amb un fogonet d'alcohol que tenien a la cambra de l'hotel per escalfar-se el cafè. Ella, en canvi, va haver d'anar a sopar al menjador, com feia sempre. Pocs dies després van trobar un piset a prop del parc Monceau i s'hi van traslladar. Malgrat que els primers dies eren feliços —tornar a viure a París els omplia de vitalitat i el nou apartament era petit però confortable—, la quotidianitat va trencar el tel de respecte i van tornar els crits i les discussions de sempre. I novament es va produir la ruptura. El motiu, una aparent banalitat que descobria l'abisme que els separava. Pla, com sempre, es llevava tard, normalment abans del dinar, que Adi solia tenir a punt. Un dia, però, Pla va dormir fins a mitja tarda, Adi l'havia avisat que aniria a dinar amb una antiga amiga farmacèutica. Quan Pla es va llevar i va veure que Adi no hi era i que el dinar que li havia preparat era fred, va tenir una enrabiada de les fortes. Adi va decidir deixar Pla una altra temporada i tornar a Londres per acabar els estudis d'administració. Amb el títol a la mà estava segura de trobar feina i de fer valdre la seva independència. No volia tornar a viure amb Pla si no era amb aquesta condició, estava tipa de fer-li de minyona.

Malgrat que no portava gaires diners ni tenia permís de treball, la van deixar entrar a Anglaterra sense cap problema. Gràcies als contactes de l'Església sueca, va aconseguir feina d'institutriu en una família d'importadors de mobles indis i xinesos que vivia a Thaworth House a Ottershaw, Surrey. Només s'havia de cuidar i d'ensenyar francès a la filla gran, Elisabeth, que tenia set anys. Hi havia dos nens més petits que estaven a cura de les mainaderes. La família era molt puritana i rígida, però eren senzills i bona gent. Li donaven una lliure diària i li pagaven el transport. El xofer de la casa l'acompanyava i la recollia cada dia a l'estació, li donaven el dinar i el te. Menjava sempre amb ells, encara que hi hagués convidats. Al vespre, entre les sis i les nou, Adi anava a l'Acadèmia Pitman.

XI. LA VIDA A MADRID DURANT LA REPÚBLICA
(de l'agost de 1932 a l'abril de 1936)

Pla, un cop acabada la sèrie sobre França, va desllogar el pis de París i va arribar a Palafrugell a mitjan agost. Un diumenge que va anar al Canadell, el seu cunyat Frank Keerl, casat amb la seva germana Maria, li va presentar Lilian Hirsch, una jove suïssa d'uns vint anys que passava l'estiu a casa d'una seva tia alemanya casada amb Jordà. La noia, que havia sentit a parlar de l'escriptor, perquè era un dels temes de xafarderia i d'admiració, va quedar seduïda per la seva personalitat i simpatia. L'atracció va ser mútua; Lilian, de temperament artista, sensible i rebel, estava impressionada pel prestigi del gran escriptor, reconegut per tothom, que encara conservava l'aurèola de provocador i anticonvencional. El fet que tingués quinze anys més que ella el feia més interessant. Pla va quedar encantat per la bellesa, la joventut i l'alegria de Lilian. La separació d'Adi li deixava plena llibertat per fer el que volgués. L'idil·li només va durar una setmana, però va ser intens. Van estar junts per primera vegada a la barraca de l'Hermós, Pla es va banyar nu davant d'ella, el dia era calorós i va acabar en tempesta i, en un moment de tendresa, ell li va oferir un tros de terra verge per construir-s'hi una barraca. En cap moment, Pla no va perdre el cap, sabia perfectament que aquell amor era impossible, només la il·lusió de fugir del camí

Pere Pla (abril de 1926). (Arxiu: Rosa Selva.)

Els germans Pla: Maria, Pere i Rosa a Palafrugell (abril de 1926). (Arxiu: Rosa Selva.)

Pere Pla amb la seva esposa Maria Miquel a Llafranc (1927).
(Arxiu: Rosa Selva.)

El Canadell, Calella de Palafrugell (1924). (Arxiu: Rosa Selva.)

Adi Enberg als setze anys. (Arxiu: Josep Duran.)

D'esquerra a dreta: Olga Wretman, Ina Viscarri Enberg i Adi Enberg durant la guerra europea. (Arxiu: Adi Enberg.)

Josep Pla (1977). (Fotografia de Francesc Català-Roca.)

que ja tenia marcat el feia abocar-se en una aventura sense futur. Sabia perfectament que, a la llarga, Lilian no s'avindria a compartir la vida que ell li podia oferir. Calia aprofitar el moment. Van passejar per la costa de Calella i van pujar a l'ermita de Sant Sebastià. Pla li va ensenyar Barcelona, Figueres i el Port de la Selva, on van visitar Josep Maria de Sagarra, que els va parlar de *Vida privada*, que estava acabant.

A finals d'agost, Lilian va tornar a Zuric i es va iniciar una correspondència amorosa plena d'ingenuïtat i de passió, per part d'ella. Pla, per la seva banda, seguia el joc; no es pot dir que no estigués il·lusionat, Lilian li agradava molt i el tenia bastant encaparrat, però el seu allunyament i la realitat immediata li feien veure ben clar que l'obsessió per la noia no tenia cap possibilitat de convertir-se en relació, sobretot perquè hauria portat massa canvis en els projectes professionals. Pla feia el paper de pare i de feble, una feblesa que li servia per no haver-se d'arriscar i que seduïa Lilian. Però ell no patia pas tant com feia entendre, aprofitava l'estiu, feia escapades en barca amb l'Hermós i els vespres anaven a les festes majors. Segons explicava a Lilian, van anar a la festa major de Begur, amb Mineu, cosí d'ella, que n'estava profundament enamorat i molt gelós de Pla. Aquest va trobar dues noies taperes per a Mineu, va pagar el sopar i el taxi de tornada, va animar tota la colla i es va reconciliar amb el xicot.

Pla va seguir puntualment, durant la tardor, la política catalana. Tret d'una escapada a Madrid, anava i venia de Barcelona a Palafrugell. Va passar el Nadal a Llofriu amb la família. Ajornava indefinidament l'anada a Zuric i escrivia a Lilian que no es tornarien a veure fins a l'estiu vinent al Canadell. Alhora que li feia evident el seu desig d'estar amb ella, de sentir el seu cos, també assumia un paper de responsabilitat que li permetia renunciar a ella amb elegància.

Adi Enberg va saber de la relació de Lilian i Pla per la seva germana Rosa, que li va escriure. En haver acabat ja els estudis d'administració havia decidit tornar. Pla la va anar a esperar a l'estació de França. Adi havia dit alguna vegada que amb el títol d'administrativa no li costaria gaire aconseguir un contracte per treballar en una empresa de Madrid. Però això no significava que només d'acabar ja tingués el contracte a la mà. De fet havia tornat per viure amb Pla, però en situació d'igualtat. A ell, li anava molt bé l'excusa de la gelosia d'Adi davant de Lilian, però el cert era que ni Adi tenia la intenció d'anar a treballar a Madrid ni, segons ella, estava tan gelosa com volia fer creure Pla. Quan es va publicar la correspondència de Pla i Lilian, Adi es va ofendre molt en saber que ell l'havia feta servir per apartar la noia, la indignava que hagués escrit: «Pensa que és inútil i que Madame E... no es vol separar de mi. Jo em pensava haver-ho arreglat. Ella havia de marxar a Madrid amb un contracte per treballar; però era una excusa, volia venir aquí i no se'n va. Dóna'm un consell, estimada Lilian, dóna'm un consell si no vols que em torni boig. Aquí tens l'explicació de per què no t'he escrit més. Volia portar-me correctament amb tu i res més. Estàs enfadada?» Segons Adi, Pla només li hauria hagut de dir que es volia separar d'ella per deixar-ho córrer, però aquest no era el cas. Com que la seva mare havia deixat la casa del carrer dels Madrazo, van llogar un pis al carrer de Còrsega, 437, molt a prop del passeig de Sant Joan.

Lilian Hirsch i Josep Pla encara es van escriure durant uns mesos. La sensació de precarietat que portava el periodisme exasperava Pla i no volia agreujar-ho amb una fugida que, a la seva edat, li pesava més que no el deslliurava. I aquesta era l'autèntica raó de no voler deixar Adi, tot i el cansament de la relació. Malgrat la rutina, cada vegada menys estimulant, de l'article diari i els dos anys de silenci literari que li feien somiar un canvi, preferia l'estabilitat i s'arrapava al realisme per justificar-la. Contra la vaguetat, és a dir el somni i el viatge, proposava la concreció que ell veia com l'expressió de la felicitat. Els esdeveniments polítics, d'altra banda, afavorien aquesta posició més sedentària. En aquell moment, els problemes socials a Catalunya eren, per als lectors de *La Veu*, més interessants que no pas l'activitat parlamentària madrilenya o els esdeveniments europeus. El descontentament en el sector agrícola i industrial amenaçava l'estabilitat política i la recuperació econòmica i, alhora, afavoria propostes més estabilitzadores; havia arribat el moment per a la Lliga de recuperar l'espai perdut.

El viatge que Pla va fer per Catalunya el març de 1933 va ser molt diferent del que havia fet el 1927, tornant de l'exili. Si aleshores havia escrit un viatge literari, ensems líric i crític, a l'estil de les *Mémoires d'un touriste* de Stendhal i del viatge a Alemanya de Heine, ara seria essencialment periodístic i social. L'itinerari de Pla per Catalunya tenia una finalitat ben concreta, la de descriure una situació social que, segons ell, tenia un caire alarmant de revolta que repercutia molt negativament en l'economia del país i que amenaçava d'agreujar la situació social, que podia abocar en l'enfrontament i la revolució. Feia recaure la responsabilitat de l'agitació en l'Esquerra i en el president de la Generalitat, Francesc Macià. Però l'objectiu principal de Pla era posar en evidència Lluís Companys com a instigador de les revoltes dels pagesos i obrers, comptant que, a curt termini, Companys podria ser el successor de l'actual president. Volia demostrar com el conflicte agrari havia estat creat artificialment, amb falses promeses de millorar la situació dels pagesos, anul·lant el poder del propietari i reservant els guanys de la terra per als qui la cultivaven. Segons Pla, Companys i l'Esquerra s'aprofitaven de la mesquinesa del pagès i s'asseguraven un ampli electorat. Aquest discurs coincidia amb el dels membres de l'Institut de Sant Isidre i, també, de la Lliga. Per reforçar la visió catastrofista descrivia una situació obrera encara més perillosa. L'enquesta de Pla va coincidir amb la campanya electoral d'alguns municipis. La intenció de la sèrie sobre Catalunya era clara: contrarestar electoralment l'Esquerra.

Poc després de les eleccions municipals, que van tenir lloc el 23 d'abril, Pla va tornar a Madrid per reprendre la corresponsalia i Adi es va quedar al pis del carrer de Còrsega amb la seva mare. Durant les moltes hores de lleure que li deixava la feina, Pla va poder ordenar i donar forma a un nou dietari sobre la capital de l'Estat. És possible que enllestís el llibre en poc més de dos mesos, vers la segona quinzena del mes de juny. La fórmula del dietari li permetia donar unitat a una sèrie de proses que, en principi, estaven mancades de relació: anècdotes sobre la vida madrilenya i descripcions de personatges i escenaris. L'objectiu del llibre era mostrar els canvis que estava experimentant la capital de l'Estat i la seva societat d'ençà de la proclamació de la República. El llibre va aparèixer a la Biblioteca Catalana d'Autors Independents d'Eusebi Isern Dalmau, ple d'errors ortogràfics, cosa que significa que el manuscrit no va passar per les mans d'Alexandre Plana. *Madrid. L'adveniment de la República* va desvetllar un gran interès entre la crítica i va ser el centre d'una polèmica sobre la novel·la. Pla va aprofitar per denunciar la mediocritat de la novel·la catalana del moment, que trobava banal de continguts o afectada en la forma. Però a l'hora de plantejar-se-li la possibilitat de treballar el gènere, es tancava en rodó: ni s'hi sentia atret, ni creia que hi hagués un públic lector suficient per a justificar-ne el risc. Com sempre, l'única manera de crear una atmosfera d'interès i d'expectació estava en mans dels escriptors i dels crítics.

Pla va tornar a Catalunya a mitjan agost. Tot seguit ell i Adi es van instal·lar al mas de Llofriu. Des de feia dos anys el matrimoni Sert passava els estius al mas Juny de Castell, que Josep Maria Sert havia comprat el 1929 per uns milers de duros. La propietat estava formada per tres masies: el mas Castell, el mas Olivé i el mas Juny. El pare de Pla, que era agrimensor, l'havia ajudat en els tràmits de legalització de la propietat i li havia presentat la gent del país. Josep Lluís Sert, arquitecte i nebot del pintor, va fer les obres de restauració del mas Juny. Aquell estiu i els següents Pla acompanyava sovint Sert al mas Juny. S'havia casat el març amb Roussadana Mdivani, després d'aconseguir l'anul·lació del matrimoni amb Missia Godebska. Adi defugia el nou matrimoni Sert; a París havia conegut i admirat la primera esposa del pintor, Missia, que simbolitzava la bohèmia daurada i artística. La intromissió de Roussy Mdivani en la vida dels Sert va desplaure Adi; en primer lloc per l'escàndol que el *ménage à trois* havia provocat, fins i tot en l'ambient de Montparnasse —la joventut de Roussy, que tenia trenta anys menys que Sert, hi havia contribuït. En segon lloc, Roussy havia alterat la vida de Sert, portant-lo a unes formes més burgeses, encara que gens convencionals; perquè Sert, sota l'aparença de notari en mànigues de camisa, era un excèntric. Adi va acompanyar Pla al mas Juny les primeres vegades, però de seguida es va cansar d'aquella societat superficial; l'enrenou que organitzaven per no res l'aclaparava. El cert era que l'ambient era d'allò més heterogeni: d'una banda hi havia els convidats de Sert, polítics, intel·lectuals, artistes, milionaris, empresaris i possibles clients, que coincidien als àpats amb esportistes, aventurers, títols de l'aristocràcia russa i celebritats cinematogràfiques, tots ells hostes de Roussy Mdivani. Podia donar-se el cas que Pams o Francesc Macià haguessin de confraternitzar amb Salvador i Gala Dalí, Coco Chanel, René Clair, Marlène Dietrich o Luchino Visconti. Els més renouers eren els amics dels amics, animaven les festes, la seva disponibilitat i resistència a qualsevol hora del dia o de la nit omplia els masos, la platja i les pinedes de crits, de rialles, de músiques i de soroll de botzines i cotxes. Adi havia acompanyat, al principi, el matrimoni Sert i la celebritat de torn en l'Hispano-Suïssa a veure ballar sardanes en alguna de les festes majors del rodal que Pla coneixia. Però la conversa de Roussy l'avorria i la frivolitat i l'esnobisme de tots plegats, tret d'en Josep, l'avergonyia davant els pagesos. Tampoc no entenia gaire la dèria de Pla per estar amb ells, estava d'acord que la vida de societat el podria potser ajudar professionalment, però tampoc no era gaire evident. A Pla, poder disposar d'una societat tan variada i cosmopolita a quatre passes del mas l'encantava, i no perdia cap ocasió per parlar sobre pintura amb Pere Pruna, Domènec Carles, Dalí o el mateix Sert.

A la tardor, coincidint amb els primers temporals de llevant i la represa de la vida política, Pla i Adi tornaven a Barcelona. Tot i que Pla havia de passar algunes setmanes a Madrid, les temporades a Barcelona eren més llargues. Vivien al pis del carrer de Còrsega, que, com tots els pisos de l'Eixample, a l'hivern era glacial. Olga Wretman, que s'estava amb ells i ajudava Adi en les feines de la casa, impedia que les discussions de la parella s'exacerbessin. Quan Pla era a casa, Adi anava cada dia al mercat de la Boqueria i li cuinava els plats preferits. De totes maneres sortien molt, dinaven o sopaven sovint fora de casa i rebien gent. Des que Pla li havia retret la presència a les seves tertúlies en comptes de fer la feina de casa, Adi ja no hi volia assistir com abans i, d'aquesta manera, quan Rosa Pla hi anava, es trobava que era l'única dona. En canvi, tenien sovint gent a sopar. Adi recordava rient com Pla es va despistar una vegada que tenien uns amics noruecs a sopar. Ja feia una bona estona que havien arribat els convidats; Adi i la seva mare van servir un aperitiu i ell encara no hi era. Adi va dir a Remedios, la minyona, que truqués a l'Ateneu; Pla se n'havia oblidat completament. Va arribar de pressa i corrents; gràcies a la seva simpatia natural es va fer perdonar. Mentre sopaven, va comentar a Ludhen, que uns anys més tard seria cònsol de Noruega, que un dels seus grans desitjos era poder escriure un dia un llibre sobre la diplomàcia catalana. Eugeni Xammar va ser un altre dels convidats; amb la confiança d'una llarga amistat no es va poder estar de criticar el pis d'una punta a l'altra: trobava el passadís massa llarg i fosc, la finestra interior del menjador incomprensible. Mentre passejaven pel carrer de Còrsega no podia evitar de comparar la construcció que es feia a Catalunya amb l'alemanya, que ell considerava més sòlida.

De totes maneres, l'estada en aquell pis va durar poc, perquè van decidir instal·lar-se un temps a Madrid. Per l'amistat d'Halfdan Enberg, Demetri Carceller, que era director de la Companyia de petrolis, havia signat un contracte a Adi per treballar a la seva oficina. Havia de portar la correspondència, passar a màquina tots els documents i traduir tot el que li demanaven. En poques setmanes es va convertir en la persona de confiança de l'oficina: guardava la clau de l'arxivador dels clients a la bossa, que no deixava mai, i estava sempre pendent de Demetri Carceller i del delegat, Merring. Quan aquest la veia anar d'una banda a l'altra aqueferada, no es podia estar d'exclamar: «Aquesta dona no para, no de caminar, sinó de córrer!»

Al principi, vivien en un pis bastant gran darrere del Retiro, a la part de dalt. El lloguer els costava cent pessetes, però quedava massa lluny de l'oficina, fet que obligava Adi a llevar-se a les sis del matí per poder arribar a l'oficina a les nou. Com que no tenien ningú de servei havia de deixar la casa endreçada abans de marxar i, quan sortia de la feina, havia d'anar a plaça. De seguida que van poder, van llogar, per dues-centes pessetes al mes, un pis més cèntric i confortable que feia xamfrà amb el carrer del Marquès de Cubas, a dos-cents metres de l'hotel Palace, que era el centre d'informació de Pla. Era un pis interior i també molt gran, hi havia calefacció i el terra era de fusta blanca, tenien una dona de la neteja que s'hi passava dues hores per setmana per polir-lo. Dormien en habitacions separades. Pla, com sempre, treballava de nit fins tard i dormia tot el matí. Adi treballava de dia i dormia a l'habitació del davant. Abans d'anar a treballar preparava el dinar, sovint un rostit que Pla només havia de vigilar i anar-li tirant la salsa. Adi arribava rebentada al vespre. Alguna vegada s'havia hagut de quedar a treballar tota la nit, escrivint cartes, i no havien pogut anar al cinema. Quan, al vespre, deia que estava cansada, Pla contestava de mal humor: «Cansada? Cansada de fer què?!» Només era feliç els diumenges, quan no havia de fer la crònica i ella no havia d'anar a treballar, s'aixecaven tard, preparaven el *pot flamand*, anaven a passejar i a les tertúlies.

A més de les cròniques, estava preparant el segon llibre per a l'editorial d'Eusebi Isern Dalmau. El *Viatge a Catalunya* havia estat publicat al diari *La Nau* el 1927; només va haver d'ordenar els articles, reescriure'n alguns i redactar set capítols nous. En el pròleg, Pla feia una defensa del plagi, com una forma de tradició. El rendiment econòmic de tot plegat era, però, justet. Si només haguessin viscut del seu sou de corresponsal, no haurien arribat a finals de mes. De fet, les obres que van iniciar aquell estiu al mas, arreglar la cuina i un bany, van anar a càrrec d'Adi. Entre la societat de Castell i Joan Ventosa i Calvell, que era a Fornells, no els quedava pràcticament temps per a res. Joan Ventosa va organitzar un petit creuer a Mallorca; Pla, que hi va anar sol i sense diners, dormia al iot, la resta dormien a l'hotel. Com que tampoc no portava gaire mudes, Ventosa n'hi havia de deixar de les seves, fins i tot camises. Pla va comentar en un sopar, ofert, com sempre, pel seu amfitrió, que Paulina Pi de la Serra i Joan Ventosa s'entenien, hi va haver una commoció general a taula i Ventosa li va cridar seriosament l'atenció. Pla es va fer fonedís un parell de dies, i va tornar manyac com un xai.

Pla s'havia anat acostant, en els articles, cada vegada més a la dreta cedista espanyola, seguint la tendència de la Lliga. El seu sentiment davant la creixent preponderància de les dretes a Espanya era complex: d'una banda, constatava una realitat ignorada i menystinguda pels partits d'esquerra i, de l'altra, sentia una certa admiració per la CEDA, que era conseqüència de la seva vinculació professional a la Lliga. Encara que procurava ser tan equànime com les circumstàncies socials permetien, els dos reportatges que va escriure sobre els fets d'octubre —la revolució d'Astúries i els esdeveniments de Barcelona— seguien la tendència dretana. L'octubre del 1934, Pla va ser enviat al nord d'Espanya per cobrir la informació sobre els esdeveniments revolucionaris a Astúries. Només s'hi va estar una setmana i el seu itinerari es va limitar a les zones que l'exèrcit comandat pel general López Ochoa anava ocupant. Pla, per tant, no podia ser gaire objectiu. A més, partia d'una opinió preconcebuda, a favor de la dreta i l'autoritat i contra les esquerres, que, segons ell, portaven el país a la ruïna i a la revolució.

Davant la nova situació política creada a Catalunya arran dels fets del 6 d'octubre, que s'havia resolt amb l'empresonament del govern català i la suspensió temporal de l'autonomia, Pla defensava el retorn de Cambó i de la Lliga a l'escenari polític català. Creia que només d'aquesta manera es podia garantir la normalitat política i la permanència de les institucions catalanes i de l'Estatut. Les cròniques que anava enviant des de Madrid eren un elogi constant a la Lliga per haver sabut salvar les restes de la Generalitat després del naufragi i per fer una política de col·laboració amb el govern de Madrid. Pla valorava de la Lliga que, a més de ser un partit molt cohesionat, fos també un moviment antirevolucionari i constructiu, capaç de canalitzar les aspiracions d'un poble políticament anàrquic.

Després de gairebé un any de treballar a Petrolis, Adi va deixar l'empresa i va entrar de secretària del director d'una agència de publicitat que bàsicament representava els productes de la casa Gal. La millora del sou, un trenta per cent més que amb Carceller, havia estat el motiu del canvi, perquè per la resta preferia treballar a Petrolis. Les depressions del director, Pere Prat i Gaballí, li feien perdre molt de temps; en comptes de dictar-li la correspondència, l'home es passava l'estona fent el ploricó sobre les infidelitats de la seva esposa. El dibuixant de la casa, quan passava per davant de l'oficina i no el veia el director, no parava de fer-li signes tot rient.

Pla i ella rebien molt poca gent, tret de la seva germana Rosa i del seu marit Alexandre Vila que s'havien casat el 1929. Gairebé no sortien a menjar fora si no era un compromís indefugible, com quan els convidaven Joan Ventosa i Calvell o Josep Maria Sert. Però si els amfitrions eren Bertran i Musitu i el seu fill Felip, procuraven trobar excuses per no anar-hi. Halfdan Enberg, que els coneixia vagament perquè eren veïns a Sant Gervasi, estava tot desconcertat de veure que desaprofitaven l'ocasió d'alternar amb gent influent. En el cas dels Bertran, el distanciament era degut al fet que no acabaven de simpatitzar; però, en general, l'estretor econòmica era la causa d'aquesta moderació social i també del mal humor. No podien viatjar, com era la seva vocació, ni tampoc no podien accelerar les obres del mas. La crisi deteriorava profundament la relació, segons era sabut pels companys de Pla. Figueras Dotti i Carles Sentís coincidien en l'essencial, encara que discrepaven en els detalls, que, a la matinada, quan arribava l'hora de pujar a casa a dormir, Pla donava mitja volta i desfeia el camí per no estar amb Adi. Les estretors econòmiques arribaven fins al límit de la deixadesa: quan Adi es va adonar que Pla portava les soles de les sabates foradades, el va escridassar i el va acompanyar, si us plau per força, a comprar-ne unes de noves, però quan, en treure's les sabates, va veure que els mitjons també estaven foradats, la seva indignació es va convertir en avergonyiment. El costum d'aprofitar la roba dels altres s'havia convertit en crònic. Un dia va aparèixer amb un vestit nou de trinca pagat per un amic-mecenes. El vestit, negre amb l'americana creuada, era elegant i el feia més esvelt. Adi va quedar tan agradablement sorpresa que va exclamar que estava a punt de tornar-se'n a enamorar. El proveïdor habitual de les mudes, calçotets inclosos, era Figueres Dotti. L'obsessió per l'estalvi havia arribat a un punt que quan Adi li va suggerir de donar alguna cosa a la portera, perquè acabava de tenir una criatura, va exclamar forassenyat: «Sí, fes-li *regalos* tu, no veus que així tindrà una criatura cada dia!»

A l'estiu, Pla i Adi van tornar al mas. Els pares de Pla ja hi eren instal·lats. Adi va portar la seva mare Olga i la seva neboda Ina, una nena de deu anys que estava convalescent d'un xarampió molt fort. La mare de Pla i la senyora Olga s'estaven sovint amb la criatura, mentre Adi dirigia les obres de la cuina que havia fet arreglar a la planta baixa del mas i d'una cambra de bany. En veure que la seva tia donava ordres als manobres, Inita, amb la ingenuïtat i la franquesa de la mainada, deia que quan Adi es morís ella heretaria el mas i aniria al mercat de Palafrugell a vendre les gallines i els conills. Els grans somreien de les seves dites, però als Pla no els feia mica de gràcia.

Aquell estiu de 1935 va iniciar-se el declivi del mas Juny. El germà de Roussy, el príncep Alexis Mdivani, va arribar al mas a finals de juliol amb la baronessa Maud von Thyssen. Tenia el projecte de fer les obres de restauració del mas Sant Esteve, que havia comprat amb altres propietats al sud del mas Juny. Però en un desplaçament a Portbou per acompanyar la baronessa Von Thyssen, el cotxe d'Alexis Mdivani, que anava molt de pressa per no perdre el tren, va derrapar i va bolcar a l'alçada d'Albons. Van morir tots dos. La mort del germà va impressionar profundament Roussy, que durant una setmana no va poder dormir i no va menjar res. El debilitament la va fer emmalaltir, davant del desconcert dels metges, que no sabien què fer. Sert estava desfet, les festes i la vida social al mas Juny es van acabar.

Novament a Madrid, Pla va seguir atentament la campanya de les eleccions municipals. A cada nova crònica insistia sobre la necessitat de mantenir l'ordre públic a tot Espanya i elogiava la capacitat de Portela Valladares per imposar l'autoritat. Però l'activitat de Pla va anar més enllà que no feien suposar els seus articles; sorprès pel resultat favorable a les esquerres a les eleccions de 1936, va anar a veure Portela l'endemà mateix a les quatre del matí i en nom de Gil Robles li va proposar d'implantar una dictadura. Pocs dies després Portela, davant les dificultats per fer front a la conflictivitat obrera i pagesa, va dimitir i Azaña va haver d'ocupar la presidència abans de la proclamació oficial dels resultats. Les «Cròniques» sobre la política del govern Azaña serien novament molt crítiques. Pla contribuiria amb el seu alarmisme a proveir d'arguments les dretes descontentes, que no havien deixat de conspirar i que posaven com a justificació els desordres socials. La darrera «Crònica» signada per Josep Pla és del primer d'abril. La situació al Congrés s'havia agreujat. Durant la revisió de les actes electorals, les minories dretanes, una quarta part dels diputats que ocupaven la Cambra, la van deixar i, en conseqüència, van depauparar el joc parlamentari. A partir del 2 d'abril, la «Crònica de Madrid» de Pla a *La Veu de Catalunya* va sortir signada per X. Pla i Adi havien deixat Madrid i s'havien instal·lat al mas de Llofriu.

XII. JOSEP PLA I ADI ENBERG AL SIFNE DURANT LA GUERRA CIVIL (de l'abril de 1936 al setembre de 1937)

Encara feia fred, al mas. Adi es va emportar una salamandra que havien tingut a Barcelona i se la va fer instal·lar a les habitacions que ocupaven, com sempre, a la part del davant. Pla s'estava moltes hores al recambró escrivint i llegint, Adi també. Amb l'estufa i el sol de tarda, s'hi estava molt bé i des de la finestra veien Palafrugell. Quan al vespre encenien la llar, la sala principal quedava escalfada i feia bo estar-se a la campana, vora el foc; però la majoria de les vegades havien de fugir del fum, perquè posaven llenya massa verda i estalviaven la bona per no gastar. Adi estava tan tipa de fer olor de fumat, que no es va poder estar de comprar llenya, davant el disgust dels pares de Pla, que no ho entenien.

Aquells mesos, Pla va anar sovint a Barcelona. Com que la mare d'Adi era amb ells al mas, feia nit a casa del sogre, Halfdan Enberg. En una d'aquestes estades li van proposar de presentar el *Viatge a Catalunya* al premi Concepció Rabell. Alexandre Plana es va encarregar de tramitar l'obra a concurs. El certamen es va celebrar el 3 de maig, i Pla no es va presentar a recollir el premi. Segons Adi, la seva absència va ser deguda al fet d'haver rebut una amenaça de mort; segons la versió de Pla, aquell dia va anar a demanar un passaport al Govern Civil de Girona, que no li va ser concedit.

A partir de la segona quinzena de maig, l'agitació social va anar en augment, però la reacció desestabilitzadora de la dreta va crear una situació encara més alarmant. El seu interès per magnificar els desordres i responsabilitzar-ne el govern i el Front Popular tenia com a finalitat justificar la involució per mitjà del colpisme. L'assassinat del tinent Castillo, que era prosocialista, i de Calvo Sotelo va precipitar l'alçament nacional. Adi Enberg i la seva mare van saber la notícia de l'aixecament militar del Marroc per ràdio a Bellver de Cerdanya, on havien decidit passar unes setmanes, perquè Olga Wretman estava malalta dels bronquis. Durant l'estada van coincidir amb la família Junoy, que passava l'estiu a Puigcerdà. Estranyats que Pla no estigués amb elles, Adi, que coneixia Josep Maria Junoy de la penya de l'Ateneu i d'haver tingut a sopar el matrimoni a Barcelona, no va poder evitar obrir el cor. La situació professional i econòmica de Pla, directament lligada a la situació política del país, era una de les causes de la lassitud i la crispació de la parella. El caràcter i els costums de Pla tornaven a ser motiu de queixa, Adi cada dia podia suportar menys el seu mal geni, els crits per qualsevol fotesa, la poca educació, la descura en la higiene i l'aspecte personal, la garreperia i el comensalisme. Els Junoy, que coneixien bé Pla, creien que tenia raó d'estar dolguda.

Però l'atenció de tots plegats va centrar-se de sobte en les notícies sobre la insurrecció. Van quedar colpits davant la imatge de les esglésies que cremaven. Les milícies es van emportar un home de Bellver que no van tornar a veure mai més. Adi i la seva mare van decidir tornar a Barcelona, però el caos s'havia apoderat de la ciutat i van anar a Llofriu. Van trobar-hi el matrimoni Pla, Josep, Maria amb el seu marit Frank Keerl i el seu fill Frank. Pere i la seva esposa eren a Palafrugell. Maria Miquel estava en la fase terminal d'un càncer de fetge.

L'Ajuntament de Palafrugell va reconèixer l'autoritat de

la República i va suspendre la festa major, que tot just havia començat. No es podia entrar o sortir de la vila sense l'autorització del Comitè que s'encarregava de donar els passis. El poble va calar foc a l'edifici dels Pares Carmelites Descalços i va repartir els queviures a l'Hospital Municipal i a l'Asil. El 19 de juliol masses incontrolades van incendiar algunes esglésies de la comarca: Llafranc, Calella, l'ermita de Sant Sebastià, Begur i Sant Climent de Peralta. Pla va veure les columnes de fum des d'un turonet, la seva creu de terme era en flames. Josep Pla i Adi Enberg no es van poder posar en contacte amb Barcelona fins a la primera quinzena d'agost. Quan van saber l'assassinat de Josep Maria Planas van entendre que havia arribat l'hora de l'exili. La mare de Pla no entenia el perquè d'aquella fugida, no li cabia al cap que algú volgués molestar el seu fill. Però el cert era que havia estat amenaçat i, a més, les seves col·laboracions a *La Veu* el delataven com a simpatitzant de la Lliga.

Adi va explicar al seu pare la situació en què es trobaven i la necessitat de sortir del país. Halfdan Enberg va començar a fer totes les gestions per proporcionar un passaport noruec per a Pla i dos passatges en un vaixell francès. Adi va anar a veure el seu vell amic Jaume Miravitlles, secretari del Comitè de Milícies Antifeixistes, que la va voler convèncer que no marxessin i li va assegurar que Pla no corria cap perill, perquè havien manat que el protegissin sense que se n'adonés. Quan Adi va tenir els passaports i els passatges, va tornar a l'oficina de Miravitlles, que li va donar els visats de sortida. Encara recordava la impressió que li havia fet la sala immensa i el passadís ple de soldats russos molt alts. Adi va tornar a Llofriu i a principis de setembre van anar tots dos a Barcelona; ella no recordava si havien fet el viatge en tren, autocar o els va acompanyar en Moret de Can Avel·lí, el veí encarregat de protegir Pla.

Al port, els esperava un vaixell de pavelló francès, el

«Buffon» o l'«Anfas». Van haver de fer tots els tràmits de sortida. Després de passar llista els van fer un parell de controls molt minuciosos de la documentació. Seguidament, els van fer un registre personal i un altre de la maleta, per acabar amb un control de moneda. En total, van passar unes sis hores de nervis, que els van semblar eternes. Aleshores, van agafar l'equipatge i van recórrer els trenta metres des de l'edifici d'embarcament fins a l'escala del vaixell, on encara van haver de passar el darrer control policíac. La majoria de passatgers-refugiats eren de centre-dreta, alguns anaven vestits d'oficials de la marina, altres s'havien fet fer un vestit especial de fugida i n'hi havia que fins portaven els baguls i les maletes. Adi recordava un grup de senyores molt posades i mirades que feien fàstics del menjar; les hauria tirades en mar, sobretot tenint en compte que tots els serveis corrien a càrrec del Govern francès. D'altra banda, Adi i Pla van tenir un policia a la porta de la cabina durant tot el viatge.

Uns dies després, un camió de milicians va anar a casa del pare d'Adi a detenir-lo. Halfdan Enberg els va rebre a la porta i els va dir que si volien se'l podien emportar, però que tindrien problemes perquè pertanyia al cos diplomàtic de Dinamarca. Els milicians van girar cua i van tornar al camió que portava alguns detinguts al fons, vigilats per uns homes amb metralladores. Però el que més els va afectar va ser la notícia de la mort de Maria Miquel, esposa de Pere, per un col·lapse motivat per una peritonitis plàstica. Tenia vint-i-vuit anys.

Carles Sentís els esperava al port de Marsella. Només de baixar del vaixell van anar tots tres a menjar una *bouillabaisse* a un restaurant del Vieux Port. Tot seguit, Sentís va donar compte de la seva arribada a Daniel Ripol Noble, que representava el grup dels refugiats que dirigia Josep Bertran i Musitu. Aquest va demanar a Adi la col·laboració com a secretària de l'oficina d'informació que havia organitzat a Marsella. Els seus coneixements d'idiomes i de taquigrafia els eren imprescindibles; a més, li va recordar que els rojos mataven gent, confiscaven cases i negocis, i que el seu pare i la casa on ella havia nascut podien ser víctimes dels rojos si guanyaven la guerra. Adi va entendre que els havia d'ajudar, tot i que no combregava exactament amb les idees de la Lliga. El seu conservadorisme era més de classe que no pas polític o ideològicament militant; es considerava liberal, respectuosa amb totes les idees i l'horroritzava que es matés gent pel fet d'anar a missa. Tampoc no tenien mitjans per subsistir, ja que des de principis d'abril Pla no col·laborava en cap diari i només portaven diners per a unes setmanes. Adi no podia tocar el compte que tenia en un banc de Noruega, perquè corria el risc que el Govern francès confisqués els diners. Per acabar-la de convèncer, Bertran i Musitu li va prometre que tindria una casa on estaria millor que Madame de Pompadour.

Efectivament, el pis era gran i espaiós, estava en un racó burgès de la ciutat, a Cours Joseph-Thierry, que aleshores era un carrer més curt i tancat que no pas ara, enjardinat a les voreres. Encara avui té l'aire distingit i residencial, gràcies als grans *hôtels* de pisos burgesos a cada banda. Els carrerons laterals són populars, plens de petits comerços. A causa de la guerra espanyola, Marsella s'havia convertit en el centre de la lluita antifeixista, encara que aquesta activitat era una més de les moltes que s'esdevenien a l'entorn d'aquell port. La superposició de cultures, formada per una població tradicional, molt arrelada, i onades de passavolants, no pertorbava el ritme de la vida quotidiana. La menestralia era la classe que aparentment feia funcionar la ciutat, però era la burgesia, molt discreta, que feia els grans negocis. Nôtre Dame de la Garde presidia el Vieux Port, que formava una gran cassola davant el mar, on es barrejaven l'esperit del Midi i un flux provinent de tots els racons de la Mediterrània. El comerç, l'administració, els pescadors feien la vida petita, mentre els grans armadors i els traficants operaven a gran escala. El passeig de la Canebière era el baròmetre de la ciutat.

El conflicte espanyol va mobilitzar el Partit Comunista Francès, que es va encarregar d'assegurar les comunicacions marítimes entre Europa i el Govern de la República. La majoria dels vaixells salpaven del port de Marsella. Les vacil·lacions del Govern francès durant aquell estiu, primer prohibint l'exportació d'armament, més endavant prenent partit per la República, quan Alemanya i Itàlia van fer obertament costat als rebels, van ser la causa que el Partit Comunista prengués la iniciativa. Mentre arribava l'ajut soviètic, l'Exèrcit Popular va haver de procurar-se les armes al mercat europeu. Araquistáin, ambaixador a París, va crear una comissió de compra que s'encarregava de centralitzar les operacions. Però la vigilància dels agents franquistes i dels observadors de la No-intervenció dificultaven el transport de l'armament.

Després del cop militar, s'havia organitzat a França un servei d'espionatge franquista, que sovint comptava amb la complicitat de les autoritats franceses. El primer centre d'ajut als rebels, que va resultar molt itinerant, va ser creat pels monàrquics a la vil·la La Ferme de Sant Joan Lohitzune, a la carretera de Baiona i propietat de la comtessa de Gironde. A mitjan agost, per por de ser descoberts per la policia francesa que els vigilava, el centre es va traslladar a la vil·la Nacho-Enea, a Sant Joan Lohitzune. En poc temps, es va convertir en un consolat oficiós del govern de Burgos i un centre d'informació, propaganda, premsa i reclutament per a l'exèrcit franquista. Un registre de la policia va ser la causa d'un altre trasllat, aquesta vegada al Grand Hôtel de Biarritz. La nova oficina s'encarregava de l'espionatge. Estava dirigida per Francisco Moreno, *conde* de los Andes, i el cap executor era Josep Bertran i Musitu, ajudat pel seu fill Felip Bertran i Güell i el seu nebot Manuel Doncel. La vigilància de la policia francesa, que veia amb alarma la presència de nombrosos alemanys, va obligar a traslladar-la novament, aquesta vegada a la vil·la La Grande Frégate, a Biarritz, llogada a nom de Mariano Iturralde i subvencionada per Luca de Tena i Joan March. Hi havia altres oficines dirigides per alemanys o italians, com les de l'hotel Flots Bleus i Britannia, respectivament, de Sant Joan Lohitzune. Els grups més importants eren, però, a París, un dirigit per Quiñones de León i un altre pels germans Aunós. Finalment, la xarxa realment operativa, si més no numèricament, era al Rosselló i la Provença. La seu del SIFNE (Servicio de Información del Nordeste de España) es trobava a Marsella i estava dirigida per Josep Bertran i Musitu. El sistema d'informació es tancava amb els agents que feien de correus entre els diferents centres i La Grande Frégate a Biarritz, on se centralitzaven totes les informacions que eren enviades al Govern de Salamanca.

Les activitats del SIFNE van ser nombroses, però, segons Josep Bertran i Musitu, en cap cas violentes; era l'estat major de l'exèrcit nacional el que s'encarregava d'actuar segons la informació que rebia. El SIFNE es limitava a vigilar els moviments de la flota enemiga i de les fronteres, a informar sobre els carregaments que transportaven els vaixells, a conèixer les activitats diplomàtiques, a interceptar les comunicacions, a desxifrar codis, a examinar la premsa enemiga i estrangera i a traçar plànols de les costes de Catalunya. El material destinat als republicans que sortia dels ports del sud de França era interceptat pels franquistes gràcies a la informació proporcionada pel SIFNE; els vaixells carregats per a la República eren conduïts a l'Espanya Nacional, on es piratejaven o eren bombardejats per l'aviació italiana, que tenia la base a Mallorca.

Adi Enberg i Josep Pla actuaven, doncs, de tapadora i vigilants de l'oficina que tenien al costat. Bertran i Musitu va demanar a Adi què diria a la policia si l'interrogaven sobre les activitats de l'oficina, i ella li va respondre: «*Moi, je ne sais pas, ils découpent des journaux.*» Si algú l'acompanyava a casa, feia que la deixessin unes cantonades abans per evitar problemes. Quan Pere Rivière o Mariano Iturralde, responsables de l'oficina, sospitaven que eren vigilats, feien baixar Adi al carrer i, des de la tenda de comestibles o la lleteria del davant, mirava si hi havia cap policia francès, agents de la República o membres de la FAI. A més de vigilar, Pla i Adi treballaven directament per als serveis d'espionatge. Adi, a l'oficina com a secretària, portava la correspondència; els seus coneixements de dactilografia, taquigrafia i idiomes els eren valuosíssims. De totes maneres, va haver d'entrenar la dactilografia uns dies per poder arribar a la velocitat d'abans. Tot i això, Mariano Iturralde dictava tan de pressa que va arribar a tenir una neuritis al nervi del braç. Adi també tenia cura de l'arxiu i n'havia de guardar la clau, que portava sempre a la bossa; no la deixava ni de dia ni de nit. Fins als darrers moments de la seva vida, va conservar el costum de tenir la bossa sempre al costat, fins i tot al llit. Ella creia que la mania li venia de quan treballava per a Demetri Carceller a Petrolis, però la seva família coincidia que l'hàbit li venia de quan era secretària al SIFNE.

A més de secretària, Adi havia de fer de mestressa de sa casa per a alguns dels membres més habituals de l'oficina. El primer que es va acostumar a passar cada dia per la seva cuina va ser Josep Brugada Wood. Era solter, ric, alt, atractiu, seriós, simpàtic i li agradava menjar bé. Al principi, els feia companyia mentre ells dinaven, menjava un tros de formatge i xerraven. Per evitar moviments estranys durant la nit que poguessin desvetllar les sospites de la policia francesa, Bertran i Musitu va decidir de fer les reunions a l'hora de dinar al pis d'ells. Eren de cinc a set persones cada dia, fet que representava tanta feina, que a Adi, que havia estat tot el matí treballant a l'oficina i hi havia de tornar a la tarda, arribà un moment que se li va fer una muntanya i l'ajut de la minyona li resultava insuficient. Un altre dels habituals del seu pis era Carles Sentís, que es quedava a parlar amb Pla durant hores i olorava totes les colònies d'Adi. Una vegada li va escriure en el tovallonet del croissant: «*Madame la Marquise je suis bien foutoudé.*» Ell i Josep Maria, el seu germà, rivalitzaven per l'única americana bona que tenien i que havien de compartir, fins al punt que havien arribat a creuar-se cartes.

Les activitats, les noves relacions o la vida a Marsella portaven algunes vegades a situacions que semblaven de ficció. José María Solano, un dels agents més actius del SIFNE a Marsella i parent de Pere Rivière, els va demanar un dia que l'acompanyessin fins a l'estació perquè hi havia uns homes que el perseguien. Segons la versió d'Adi, uns gàngsters havien anat a la seva habitació, a l'hotel Astoria, i l'havien amenaçat perquè havia parlat massa. Mentre baixava per la Canebière, amb Adi a una banda i Pla a l'altra, uns homes els van parar i el van increpar per una qüestió de faldilles. Però és possible que l'amenaça vingués de membres del Partit Comunista. Segons els arxius de la policia francesa, Solano estava molt vigilat, les seves activitats no havien passat desapercebudes: controlava el moviment dels vaixells al moll G, on s'embarcava el material destinat a la República, en feia fotografies, vigilava, també, l'arribada dels trens de mercaderies a l'estació de la Joliette i arrencava les etiquetes dels vagons que portaven armament, per despistar els estibadors que els havien de carregar als vaixells.

Les activitats de Josep Pla eren, de llarg, menys arriscades. Aparentment feia d'esquenadret: sortia tard de Cours Joseph-Thierry, baixava per la Canebière, entrava a alguna cerveseria o restaurant del port, del Quai des Belges, com el Cintra o el Glacier, on solien recalar els mariners dels vaixells que feien el proveïment al Govern de la República. Estibadors, fugitius acabats d'arribar, prostitutes... xerrava una mica amb tothom i, sobretot, escoltava. Una altra de les seves activitats habituals era la d'apuntar regularment les entrades i sortides dels vaixells que cada dia apareixien a la pissarra del port. Les seves informacions eren valuoses, servien per fer estadístiques i resums sobre el moviment de l'armament, s'enviaven a l'estat major, que les utilitzava per fer actes de sabotatge o com a prova de l'incompliment del pacte de No-intervenció. Pla era el que Bertran i Musitu anomenava un «agent conegut», és a dir prou popular per tenir la confiança dels exiliats.

Una altra de les activitats, descrita per Carles Sentís, era la de vigilar les rescloses del canal del Roine que enllaça Le Havre amb Marsella, i del canal del Midi, mig abandonat, que va de Seta a Bordeus, a l'Atlàntic. Com que la vigilància dels enemics de la República dificultava el transport de material bèl·lic, es procurava fer de la manera més discreta possible. Vaixells de petit cabotatge provinents dels països bàltics descarregaven a ports de la costa atlàntica que no eren vigilats pels enemics. El material era enviat a Seta o Marsella en tren o pels canals interiors de França, on era embarcat a l'Espanya republicana en vaixells grecs, espanyols o de France-Navigation, que oficialment tenien com a destinació Veracruz. Pla i Sentís esperaven les lentes gavarres que transportaven el material bèl·lic per a la República. Les informacions que proporcionaven a l'oficina servien perquè es duguessin a terme atemptats amb bomba, incendis en vaixells i camionetes i robatoris de municions.

Mentre Adi era el puntal de l'oficina i treballava com una desesperada, Pla duia una vida d'aventurer en vacances que donava molt de joc. L'avantatge de la feina al SIFNE era que els permetia gaudir de petites experiències que per a ells resultaven insòlites, com les passejades en el iot «Carmen» d'Ulle Lucbick, que havia estat cònsol de Dinamarca a Islàndia. Des de Marsella anaven fins a Cannes, Niça o Mònaco en el iot. Una vegada van baixar a dinar a Saint-Tropez i van veure en una terrassa Colette que parlava, molt animada, amb dos catedràtics, segons els van dir. Adi sentia una gran admiració per aquella dona; havia llegit alguns dels seus llibres i el darrer, *Sido*, l'havia entusiasmada. Recordava els grans ulls, el cabell arrissat, l'expressió plena de vivacitat. Però el iot no servia per fer passejades, sinó que disposava d'un sistema de ràdio per interceptar els missatges dels vaixells de guerra i de transport de la República i per enviar les informacions a l'estat major de l'armada, que tenia la base a Ciutat de Mallorca. En aquests viatges Adi i Pla servien de tapadora.

El ritme de vida portava a unes lectures lligades a la realitat; durant aquells mesos de semivacances forçades, Pla va llegir molt Georges Simenon. Els trets comuns entre els dos escriptors eren sorprenents i afavorien l'aproximació. A més de la mateixa procedència professional, del periodisme de reportatge i de les condicions laborals comunes, a tant la pàgina, compartien una visió de la vida molt semblant. El paral·lelisme en els resultats era molt gran: des d'una perspectiva moral pròxima, basada en l'experiència, havien arribat a una visió escèptica sobre el comportament humà. Però les afinitats estilístiques eren més atractives perquè descobrien un mateix fons de sensibilitat per la realitat immediata, i el seu sentit moral els allunyava de qualsevol pretensió de modificar aquesta realitat, ja que només volien esprémer-la al màxim. Volien crear atmosferes palpitants de vida, captar els detalls i les accions més quotidianes. Pla anomenava aquest estil «realisme sintètic». Però els dos escriptors també compartien les mateixes mancances, és a dir l'esquematisme dels seus personatges i la manca d'interès i de paciència per seguir els meandres dels sentiments, una de les causes que els arguments dels seus llibres fossin tan prims.

El març de 1937, Pla va anar a l'illa de Porcairòlas, a les

illes de Ièras, davant de Toló. Va trobar Simenon jugant a la petanca davant de l'Hôtel de la Langouste. Els dos homes van simpatitzar de seguida i Pla li va fer una entrevista que no seria publicada fins uns anys més tard. Davant del comentari de Pla que al Mediterrani no hi havia misteris, sinó només dialèctica, Simenon en discrepava i veia precisament en el contrast entre l'instint, en tot moment clar i perceptible, i la raó, fosca i complexa, el cultiu per produir els crims més apassionants.

Simenon al·ludia possiblement als grans drames que des de l'antiguitat havien torturat els seus habitants i, ben segur, a la tragèdia bèl·lica que estava dessagnant la península Ibèrica i que tenia l'escenari del conflicte naval allí mateix. Però, a més, presagiava una tragèdia protagonitzada per Pla, que el perseguiria tota la vida. Les qualitats de Pla com a agent del SIFNE eren ben minses. El seu pitjor defecte per a l'exercici de la professió era que no sabia callar, era un bocamoll. Adi explicava l'anècdota de com va ser incapaç de guardar el secret del bombardeig que va tenir lloc el 19 de juliol a Tarragona. Bertran i Musitu ho havia comentat a ella, amb el benentès que no ho diria a ningú. Adi en va parlar a Pla creient que ho sabia, però quan va veure que no, li va fer prometre de no dir-ho a ningú. Poques hores després tothom estava assabentat que una part de Tarragona havia estat arrasada per un bombardeig. Malgrat la contrarietat de Bertran i Musitu, per l'alarma que havia produït entre els exiliats que tenien família a Tarragona, no va perdre la confiança en ella; és més, li va encomanar un servei. Va haver d'anar al moll G a vigilar un vaixell que transportava material bèl·lic per a la República. L'havien enviada a ella perquè resultava menys sospitosa que un home. Militants del Front Popular o del Partit Comunista Francès vigilaven els dics per por que els agents franquistes provoquessin actes de sabotatge. Adi havia d'avisar si el vaixell es disposava a salpar. Observava de lluny els moviments de coberta. Tres o quatre vegades va haver d'anar a passejar-se, tot fent la badoca, per aquells topants inhòspits. El moll G era a cinc quilòmetres del centre de Marsella. Havia d'agafar l'autobús per arribar-hi. El xofer, després d'un parell de vegades de veure-la baixar en aquella parada solitària, no es va poder estar de dir-li: «*Vous en avez des idées de venir vous promener par ici!*» Ella responia: «*J'aime le noir, le charbon, la mer... j'en ai assez de me promener par la Canebière, il faut changer de paysage.*» Però el xofer no semblava gaire convençut: «*Mais il n'y a rien à voir, c'est noir et désert.*» Adi insistia: «*J'aime ça.*» Finalment el vaixell va salpar i ella ho va notificar a l'oficina.

Josep Pla i Carles Sentís, entre molts altres, també havien de vigilar i identificar els vaixells que entraven o sortien del port de Marsella. Normalment, aquests moviments tenien lloc en hores intempestives de la matinada o a la nit, sota el temporal de mestral. Eren carregats amb el material bèl·lic que arribava en trens. El port de Seta també era un dels punts escollits per portar a terme les càrregues i descàrregues. En una d'aquestes maniobres, va arribar al port de Seta un vaixell noliejat pels sindicats grecs que transportava armament per a la República i es dirigia a Barcelona. Joaquim Ventalló, que aleshores era canceller del Consolat de la República a Portvendres, havia de donar el permís de sortida, després de trucar a Barcelona per confirmar si la ruta seria segura i no serien destorbats pels vaixells franquistes. D'altra banda, havien de sol·licitar l'escorta de l'aviació per salpar. Però l'endemà al matí el canceller es va trobar que el vaixell grec ja havia sortit. Segons el vicecònsol, un català amb boina, que va ser reconegut com Josep Pla, havia dit al capità del vaixell que tot estava arreglat i podia salpar. El vaixell va ser identificat i enfonsat a l'alçada del cap de Creus. Anys més tard, Pla encara s'avergonyiria de les seves activitats com a espia del SIFNE. Josep Maria Llompart va ser testimoni del seu penediment.

Des del febrer de 1937 la policia francesa coneixia les activitats de l'oficina de Cours Joseph-Tierry. La detenció de José María Solano havia posat al descobert l'organització. Entre els noms que la policia estava investigant hi havia el d'Adi Enberg, que a l'informe figurava com la llogatera del pis i era qualificada de *«femme élégante»*. D'altra banda, la vigilància dels moviments d'altres oficines, com la de Nacho-Enea a Sant Joan Lohitzune, i la dificultat per detenir-ne els integrants, a causa de les múltiples filtracions entre la policia, va anar posant al descobert una trama més ben organitzada i extensa del que en principi havia cregut el ministeri de l'Interior francès. A banda de la circulació de refugiats, gairebé controlada per la policia francesa, i el contraban de passaports, el ministeri de l'Interior va començar a tenir la certesa que algunes accions dels agents franquistes, estretament vinculats a agents alemanys i a la dreta francesa, podien fer perillar el sistema de defensa del país. Aquesta nova dimensió de l'espionatge franquista i, a partir de juliol de 1937, la intensificació dels bombardeigs contra els vaixells que feien el transport a la República, sovint molt a prop de la costa, van alertar seriosament el Govern francès. Però no va ser fins que els bombardeigs van afectar vaixells francesos i anglesos que van decidir prendre algunes mesures per aturar el que començava a prendre un caire de guerra marítima.

La primera acció va ser desmantellar l'organització d'espionatge franquista. Però la detenció de José María Solano ja havia alertat molts dels membres de l'oficina de Cours Joseph-Thierry, que s'havien dispersat. Quan la policia francesa va anar al pis, l'endemà mateix que Pla i Adi haguessin marxat, van trobar el matrimoni Ojeda, que havia ocupat el seu lloc. Mentre la policia inspecciova, va arribar un paquet de correus dirigit a Adi, que contenia passaports falsos per a exiliats. La policia va detenir el matrimoni Ojeda i, segons Adi, que trobava la senyora especialment bufada i pretensiosa, els agents de la Gendarmerie els van examinar a consciència i, a continuació, els van ingressar a la presó. Però la policia va trobar poca documentació sobre les activitats del centre: Josep Bertran i Musitu havia cremat la informació comprometedora i havia guardat en un lloc segur la documentació i els arxius de La Grande Frégate a Biarritz. Les restes de papers cremats, que la policia va poder recollir d'una salamandra, va permetre a la Prefectura establir una llista de setanta-set noms de col·laboradors de Franco. A la llista sobre els agents d'enllaç figuraven, entre altres, Manuel Vidal-Quadres, Carles Sentís, Josep Maria Sentís, Josep Brugada, Josep Pla Casadevall i Pere Rivière. La policia va ordenar la recerca i captura d'Adi Enberg i dels altres membres de l'oficina, que ja s'havien dispersat per Ais de Provença.

Adi i Pla van decidir separar-se per evitar sospites. Adi va anar al Massif Central. Durant els quinze dies que va viatjar per aquelles muntanyes, no es va estar un sol dia al mateix lloc. Sopava i dormia cada nit en un poble diferent. No estava segura si després havia anat a Biarritz, però ho suposava, perquè recordava haver treballat a l'oficina de l'organització, sol·licitada per Felip Bertran i Güell. Només d'arribar va rebre tota mena de compliments per part dels seus companys. Carles Sentís –que a més de vigilar el moviment dels vaixells, era correu d'enllaç entre Marsella i Biarritz i va fer espionatge al consolat espanyol de Londres– li va dir: «Vostè és més cèlebre a Marsella que l'Agència Cook», i Felip Bertran i Güell: *«Es usted más célebre que una estrella de Hollywood, todo el mundo la reclama para que haga traducciones.»* Poc després, Bertran i Güell va haver de prescindir de la seva magnífica secretària, perquè Francesc Cambó la hi va reclamar. Necessitava algú que escrivís molt de pressa al dictat i sabés llengües. També va escriure una carta a ella, en la qual li deia que tindria un bon sou, que li permetria satisfer tots aquells petits extres que necessiten les dones. La tardor de

1937 Cambó va llogar a Montreux la vil·la Maryland, que havia estat de don Joan de Borbó.

Mentrestant, Pla també havia aconseguit burlar la vigilància de la policia francesa. El 25 de juliol es va refugiar a l'hotel Astoria, a la plaça Garibaldi, a la part baixa de la Canebière. Però quan la policia, assabentada que a l'hotel es refugiaven agents franquistes, va inspeccionar el llibre dels clients a finals d'agost, Pla ja no hi era. En la llista de la Prefectura de Marsella sobre els agents que, en un moment o altre de l'estiu, hi havien sojornat, hi havia el nom de Josep Pla. Segons les dades que havia donat en inscriure's al llibre de registre de l'hotel, no s'especificava la seva edat, era domiciliat a Cartagena, de professió «commt.» i tenia el passaport 240. Pla, com la resta d'agents, devia deixar Marsella quan a finals de juliol va aparèixer a la premsa francesa un article sobre l'organització i les activitats del SIFNE. L'*ABC* de Madrid va reproduir i completar les informacions el 7 d'agost. Entre els noms dels components del grup de Marsella, que, segons el diari, es dedicava sobretot al control dels vaixells que feien el tràfic amb la República, apareixien el d'Adi Enberg i Josep Pla.

A mitjan agost, la premsa francesa i catalana van publicar noves informacions sobre la xarxa d'espionatge franquista i van descobrir les vinculacions de la dreta francesa amb Franco. Però les autoritats franceses no van fer efectives les expulsions fins que els agents franquistes van extralimitar-se: a finals d'agost el comandant Troncoso es va embarcar al port de Sant Joan Lohitzune en el torpediner britànic Keith acompanyat d'altres personalitats rebels per pactar la rendició de Santander, que va tenir lloc pocs dies després. A principis de setembre, els agents franquistes havien traslladat bona part dels documents secrets a una oficina clandestina que es trobava a la cambra 47 del Golf-Hôtel de Sant Joan Lohitzune. L'oficina servia per centralitzar l'enviament de motors d'avió i peces de recanvi per als franquistes. Estava dirigida per un espanyol anomenat Rodríguez i tenia com a col·laboradors Francisco Quintana, Josep Gallart i Miquel Mateu i Pla, que feien d'enllaç entre França, Suïssa i l'Espanya de Franco. Però la policia francesa sospitava que els documents secrets de Nacho-Enea havien estat traslladats a la vil·la La Ferme, domicili particular de la comtessa de Gironde. Finalment i també a principis de setembre, les resolucions preses a la conferència de Nyon convocada pels membres de l'acord de No-intervenció van fer cessar els atacs al Mediterrani. Malgrat això, el comandant Troncoso encara va fer un intent d'apoderar-se d'un submarí C.2 de la República espanyola, ancorat al port de Brest. La detenció del comandant Troncoso va permetre al Govern francès accelerar l'expulsió de França de Josep Bertran i Musitu i els seus col·laboradors.

XIII. EL PERIPLE PER LA MEDITERRÀNIA. L'ESPERA I EL RETORN (del setembre de 1937 al febrer de 1939)

Possiblement Pla va anar a Biarritz, però, davant el setge de la policia francesa, es va refugiar finalment a París. Cambó hi havia obert una oficina d'informació, a l'hotel Meurice, que tenia com a funcions l'edició de publicacions i de llibres sobre les activitats de la República durant la guerra, la direcció de les relacions internacionals i nacionals entre refugiats i el proveïment de documentació als qui no tenien papers. A l'oficina va trobar Paulina Pidelaserra, només de veure-la, Pla, amb la franquesa empordanesa que li era característica, li va comentar que estava molt desmillorada. Aleshores ella treballava a temps complet a la revista *Occident* que dirigia Joan Estelrich i estava rebentada. Vivia en un pis d'una amiga que li havia demanat que se'n fes càrrec mentre era fora. Pla va quedar encantat amb el pis que donava a una *cour* molt tranquil·la. Ell vivia en una *chambre de bonne* minúscula on només s'hi podia dormir. Li va demanar si podia anar a escriure al seu pis, atès que no hi era durant el dia i ella va accedir —aleshores el sentiment de solidaritat i la confiança eren habituals. Deixava les claus a sota l'estora perquè els seus amics poguessin entrar al pis, més d'una vegada se n'havia trobat un dormint en una butaca o al sofà. Pla es va acostumar a anar-hi a menjar i a escriure i no podia resistir la temptació de tafanejar-ho tot. Un dia que va voler ensenyar a la noia de la neteja una truita *flambée,* per poc li incendia el pis. Encara recordava la flama que va veure des de fora i van tenir treballs per apagar-la. El sorprenia sovint escrivint amb lentitud, la ploma suspesa a l'aire. Mentre era allí sortia amb una noia una mica vulgar de *faubourg,* com li agradaven. Un dia que estaven amb Vicenç Solé de Sojo, la noia va dir alguna cosa a Pla a cau d'orella, aquest va esclatar d'alegria i va dir que aquella nit podrien beure xampany perquè la noia s'havia fet un americà. És molt possible que durant la seva estada a París, Pla col·laborés al *Boletín de Información Española,* encara que és difícil de comprovar-ho, donat que el to general és informatiu i els articles no són signats.

Però l'estada a París va ser curta, perquè aquell mateix estiu es va traslladar a Roma, per formar part del grup de catalans il·lustres finançats per Francesc Cambó. En total, hi havia uns noranta beneficiaris del mecenes. A Roma, Pla va trobar Manuel Brunet, Joan B. Solervicens, Pere Rahola, Ramon d'Abadal i de Vinyals, Ramon d'Abadal i Calderó, el Dr. Jacint Vilardell, l'advocat Salvi Valentí, l'esmaltador Miquel Soldevila i la seva esposa i el comte de Logothete. El quarter general era al cafè Greco, a Via Condotti, a prop de la Piazza di Spagna, on formaven una tertúlia plena d'amenitat i que Pla va descriure nombroses vegades en articles posteriors. La concentració de tantes personalitats creava una atmosfera molt favorable a les anècdotes. Dues petites experiències serien recollides per Pla, la visita a la Biblioteca Vaticana i un viatge amb els contertulians del Greco per terres de l'Umbria i la baixa Toscana.

No tot era platxèria en terres romanes. El mecenatge de Francesc Cambó venia a ser un sou a canvi de la col·laboració en la difusió de la causa conservadora espanyola a Europa. Els escriptors, els historiadors i els periodistes treballaven a l'Agence d'Information Franco-Espagnole de París, a la premsa, als mitjans de comunicació, escrivint llibres. L'emissora Ràdio Veritat, la revista *Occident* i els diversos llibres d'història, en especial sobre el conflicte espanyol i els seus precedents, que van publicar-se durant aquells mesos serien producte d'aquesta tasca propagandística. Després dels darrers esdeveniments bèl·lics de l'exèrcit franquista i del caire feixista de la política cada vegada més personalista de Franco, Cambó se n'havia distanciat i volia donar una imatge més industrialitzada, cosmopolita i cultivada de la dreta espanyola.

Encara que el seu nom no figuri a cap dels llibres publicats durant el conflicte bèl·lic, Josep Pla va estar molt ocupat escrivint en nom d'altres. Ramon d'Abadal i de Vinyals ajudat per Joan B. Solervicens va escriure un llibre, *Tradición y revolución,* editat a París el 1938 per la Société Générale d'Imprimerie et d'Édition, que va ser la font de molts altres llibres d'història sobre, aproximadament, el mateix període: de 1810 a la Guerra Civil. Els autors reals d'aquests altres llibres serien, a més de Solervicens, Josep Pla i el comte Antonio de Logothete. D'aquest primer llibre, només se'n van arribar a fer sis exemplars. Fa pocs anys, Joan Perucho va plantejar l'enigma d'aquest llibre: a banda de l'edició reduïda, no era mencionat en cap bibliografia d'Abadal, ni en cap diccionari biogràfic o literari. La resposta al misteri la dóna l'inspirador i finançador del llibre, Francesc Cambó. Una de les funcions de *Tradición y revolución* era la de fer conèixer la Lliga i el seu paper hegemònic en la política catalana durant el primer quart de segle. Cambó no volia que el seu nom hi figurés per evitar protagonismes, però aquesta precaució va resultar insuficient; Felip Rodés, cap de premsa del SIFNE a París, i Joan Ventosa el van pressionar perquè no publiqués el llibre, tenien por que provoqués l'animadversió dels franquistes contra la Lliga. L'Espanya blanca acusava la Lliga i el catalanisme de ser els culpables de la Guerra Civil. Finalment Cambó va decidir fer-ne una edició mínima i el llibre va passar completament desapercebut, però, tot i això, va ser molt utilitzat aquells anys com a font d'informació.

Joan B. Solervicens i Josep Pla van ser els qui més profit en van treure. El llibre va tornar a aparèixer reescrit per ells i va ser publicat el 1940 a Barcelona amb el títol *Itinerario histórico* i sota l'autoria d'Eduard Aunós. Era sabut de tothom que Aunós es feia escriure els llibres per negres de renom. La diferència entre aquest llibre i la resta dels atribuïts a l'exministre de Miguel Primo de Rivera és sorprenent des del punt de vista estilístic. La vivacitat, les imatges i els tics de Pla són evidents a moltes pàgines, el llibre resulta de lectura atractiva, molt lluny del to ampulós i soporífer de la resta de la producció d'Eduard Aunós. D'aquesta manera, el llibre d'Abadal seria aprofitat i el seu contingut divulgat, burlant les reticències franquistes. Abans que no fos publicat en la llengua en què havia estat escrit, en va aparèixer una síntesi traduïda al francès, signada també per Eduard Aunós i editada a París per Fernand Sorlot el 1939, amb el títol d'*Histoire d'une grande crise politique et sociale. 1810-1939.* Cal dir que la traducció era bastant coixa, la sintaxi molt forçada i castellana. Tot fa pensar que Pla hi va tenir part.

Però aquesta no va ser la seva única col·laboració a la causa conservadora des de l'exili de Roma. Segons ell mateix afirmaria més d'una vegada, va participar activament en la redacció d'un altre llibre, *Spagna. Grandezza e destino di un imperio,* signat per Antonio de Logothete. El llibre va ser confeccionat sobre els marbres del cafè Greco i, cal afegir, que, ben segur, sota els efectes d'algun aperitiu. Com el d'Abadal i els d'Aunós, el llibre comença amb les Corts de Cadis el 1810 i, a diferència dels anteriors, acaba a l'octubre de 1938. El contingut ideològic és més proper al discurs franquista que no pas els llibres anteriors. L'obra és fluixa i clarament oportunista. Donat que el comte de Logothete era pobre com una rata i que Cambó estava més que avisat del seu mètode de sostracció pecuniària, cal suposar que la seva publicació es degué finançar per subscripció. L'edició és de bibliòfil, de cent exemplars numerats. L'única contribució de Cambó va ser comprar-n'hi dos exemplars. Pla hi degué posar els coneixements històrics i Logothete el devia redactar en italià. Un italià força macarrònic i ple de petits detalls que traeixen el caràcter llunàtic i arribista del comte. Antonio de Logothete era un d'aquells personatges estrafolaris i excèntrics que tant entusiasmaven a Pla. Era el típic aventurer a la manera de Sadurní Ximénez, entre l'erudit, l'orat, l'aristòcrata i el barrut. Havia recalat a la tertúlia dels catalans del cafè Greco amb la intenció d'aprofitar-ne les engrunes.

Un altre llibre de l'etapa romana de Pla seria el primer volum de la *Historia de la Segunda República Española* a càrrec de Francesc Cambó, que, a més, li va proporcionar tota la documentació difícil d'obtenir en aquelles terres. Pla també va consultar l'exemplar del *Diario de Sesiones* del Congrés a la Biblioteca Vaticana. El llibre descrivia els primers mesos de la Segona República, precedits per dos capítols sobre els antecedents polítics des de la caiguda de la Dictadura. La seva intenció era desprestigiar la República i els polítics dels grups esquerrans; amb aquesta intenció exagerava demagògicament els desordres socials i donava un protagonisme al socialisme que aleshores no tenia. Durant l'estada romana, Pla, pel que contaria posteriorment, va estar, realment, atabalat d'activitat. Va fer, a més, de periodista al *Corriere della Sera* de Milà amb articles d'opinió sobre els esdeveniments de la Guerra Civil espanyola i sobre ciutats del món. Segons els testimonis, per fer aquestes descripcions Pla s'inspirava en les pàgines del Baedecker de manera descarada. Els articles eren anònims.

Mentre Pla era a Roma, Adi treballava a vil·la Maryland com a secretària de Francesc Cambó. Vil·la Maryland estava a Territet, un poblet en el camí del funicular de Montreux a Caux. Adi havia arribat a Montreux a finals de setembre. Els primers dies va viure a l'hotel Régine, que era situat sobre una terrassa. Al cap d'una setmana, i amb el consentiment de Cambó, va llogar un apartament dels blocs que eren contra el mur de contenció de la terrassa de l'hotel. Si no ho havia fet abans havia estat per l'oposició sorda de Francisca Bonnemaison, vídua de Verdaguer i Callís que, a més, era cosina i mecanògrafa de Cambó. Adi no sentia cap simpatia per la senyora Bonnemaison, la considerava vulgar i xafardera. Ella i Manuel Brunet treballaven en una d'aquelles feines que els permetia practicar la seva tendència preferida: xerrar i xafardejar. Eren els encarregats de llegir la premsa estrangera i de retallar els articles que parlessin dels republicans espanyols, però distrets com estaven, els escapçaven tot sovint, perquè no veien que continuaven en una altra pàgina. El gran tema de conversa era l'herència de Cambó, molts la volien, en especial els seus cosins. Francisca Bonnemaison i Manuel Brunet feien córrer que Adi es treballava Cambó perquè li deixés els diners a ella. Però Adi tenia massa feina fent resums i traduccions dels articles que retallaven els seus companys i dels llibres sobre la Guerra Civil, que, si eren considerats d'interès, eren enviats a Salamanca. Tretze d'aquests resums, signats per la Sra. Pla, són fàcilment localitzables a l'Arxiu Francesc Cambó al monestir de Montserrat. Del sou mensual de quatre-cents francs, n'enviava cinquanta a Maria Pla, que s'havia refugiat a Alemanya amb el seu marit i el seu fill, i cinquanta més a Josep, que vivia a Roma. Hi havia poques distraccions a Territet i per fugir una mica de l'ambient claustrofòbic que es respirava a vil·la Maryland, anava a dinar a una petita fonda, on va conèixer un matrimoni anglès, ell era el governador de les illes Fiji, eren xerraires i molt divertits i, a ella, li eixamplaven el cor.

La primera setmana de maig, Cambó li va donar vacances,

perquè pogués anar a Roma: «A rebre a Hitler, a vostè que li agrada tant», li va dir tot rient. La va acompanyar Manuel Brunet. El viatge va durar uns vuit dies. Van arribar a Roma el 3 de maig, el mateix dia que el *Fürher,* i van marxar el dia 8. Adi va trobar que la rebuda dels romans a Hitler era bastant freda. Ella i Pla van aprofitar aquells dies de vacances per fer excursions pels pobles propers. A Roma, anaven cada dia a les tertúlies del cafè Aragno, situat davant del Parlament i molt concorregut pels polítics. Però, a la tertúlia del Greco, s'hi sentien com a casa. Adi recordava molt especialment alguns dels algueresos que s'havien afegit al grup dels catalans, sobretot Mauro Manca, un jove pintor, alt, moreno i amb la dentadura molt blanca, que ella trobava especialment atractiu. També recordava Antoni Simon Mossa, estudiant d'arquitectura. Un dia, que estaven ofegats per l'enyorança, Simon Mossa va transcriure una complanta, *¡Anyorança de l'Alguer!*, i també la primera estrofa de l'himne alguerès, il·lustrats per un dibuix de l'Alguer, possiblement obra del mateix arquitecte. El tot era signat pel grup sard i per Adi Enberg, Josep Pla, el matrimoni Soldevila, Solervicens i Manuel Brunet, que va datar el document: 8-V-1938.

Quan Adi va tornar a Montreux va quedar molt sorpresa que Enrique, l'ajudant de Cambó, la vingués a esperar al funicular. Venia amb un encàrrec personal del polític i havia considerat que aquesta era l'única manera d'evitar indiscrecions. Durant la breu estada a Roma s'havien produït alguns moviments deguts a Francisca Bonnemaison. La vídua Verdaguer havia recomanat a Cambó un advocat que havia viscut a Alemanya, perquè fes d'intèrpret al restaurador txecalemany dels quadres de la seva col·lecció. La rivalitat entre Francisca Bonnemaison i Adi Enberg es feia palesa; la primera considerava que Adi no sabia alemany, perquè no havia viscut a Alemanya. Però els conflictes, deguts a la dificultat en la comunicació, havien esdevingut tan greus que Cambó havia decidit recuperar Adi per fer d'intèrpret. Era l'encarregada d'aconsellar al restaurador que continués la seva feina o que la deixés esperant ordres de Cambó. Els quadres que més li agradaven, a ella, eren els Tiepolo i els Lippi. Li agradaven menys els de Botticelli.

Acabada la redacció dels llibres i, segurament, avorrit d'una situació de provisionalitat que s'eternitzava, Pla va decidir canviar d'aires. L'estretor econòmica l'ofegava i els possibles ajuts de Joan March, que aleshores vivia a Roma i que Pla va visitar algunes vegades, no devien ser prou consistents per permetre-li sobreviure un període tan considerable. Simon Mossa i la resta d'amics sards el van convèncer per fer un viatge a Sardenya. A principis d'estiu es va embarcar a Civitavecchia i els dies que va passar a Sardenya van significar la recuperació del vell somni de la unitat del món mediterrani. El robatori de la cartera amb tots els diners i documents li va espatllar l'estada i el va decidir per reunir-se amb Adi, que era a Opatija amb Cambó. A Càller va prendre el piròscaf Paganini fins a Fiume, fent escala a Trapani, Palerm, Siracusa, Tàrent, Bari, Ancona i Pola.

Cambó havia decidit passar l'estiu a Opatija, tenia el iot ancorat al port i només els col·laboradors de més confiança s'havien traslladat a la ciutat. Normalment els col·laboradors de la seva oficina, *«el circo Krone»,* com els anomenava el seu criat Enrique, es quedaven a Montreux. Adi va llogar un pis petit. Poc després de desembarcar a Fiume, Pla, mancat de recursos, va anar a Opatija a veure Adi. Com que tenien prohibida la companyia de les persones que no fossin col·laboradors immediats, Adi li va deixar diners i Pla va tornar a Fiume. Allí va col·laborar al diari més important de la ciutat, amb un nombre incalculable d'articles en italià, molt mal pagats. Finalment, i malgrat les reticències d'Adi, Pla es va quedar a viure al seu pis d'amagat. Tot i que era un dels protegits de Cambó, no era massa ben vist, perquè era periodista i ho tafanejava tot. Per a Adi la presència de Pla significava més feina: havia de cuinar, fer estofats, convidava amics, ho remenava tot. Per altra banda, les intrigues de Francisca Bonnemaison i de Manuel Brunet ho acabaven d'embolicar i la feien posar nerviosa. Ella hauria preferit estar sola per poder fer tranquil·lament tota la feina que tenia amb Cambó.

Segons la versió d'Adi, ella i Pla van marxar perquè Manuel Brunet i Francisca Bonnemaison van anar a dir a Cambó que Pla vivia amb ella. Cambó no li va fer cap comentari, però ella va decidir acomiadar-se, dolguda i avergonyida. Encara recordava l'escena davant Cambó malalt, al llit. Uns dies després Enrique li va contar que Cambó havia dit a Francisca Bonnemaison: «Paquita, em sap molt greu que l'Adi hagi marxat.» Però el motiu real de l'acomiadament va ser un altre; segons explicava Cambó en una carta a Joan Estelrich, Adi passava a màquina el volum de la Segona República que Pla havia escrit a Roma. A més de les dues còpies destinades a Cambó, Adi n'havia fet una tercera que s'havia quedat Pla. Des del punt de vista de Cambó, el fet era censurable, confonent el mecenatge amb el despotisme, perquè, de fet, Pla tenia també la propietat intel·lectual de l'obra.

Van viure un o dos mesos a Opatija, els agradava anar cada matí al mercat del peix, que era acabat de pescar, compraven llobregants per fer amb arròs. Al vespre menjaven un parell de plats fondos de sopa de llobregant amb arròs i després prenien uns quants cafès, la gran passió de tots dos. De nit anaven a passejar al bosc de llorers de Lussinepicollo, que amb la llum de lluna semblava un lloc màgic. A l'agost de 1938, Pla i Adi van decidir embarcar-se a Fiume, per tornar a Roma, tot fent un petit creuer per la costa de Croàcia. El vaixell era de cabotatge, lent, i anava carregat de mercaderies i bestiar. Només portava cinc o sis viatgers. Van fer una escala d'un dia a Zara; Adi encara recordava el so de les campanes a tothora, que Pla va descriure en un article anys després. Però la imatge que li va quedar gravada va ser la del mercat, s'hi venien herbes medicinals, llangardaixos, serps i peixos de colors. A Split va quedar meravellada davant les ruïnes del palau de Dioclecià. Mentre Pla li explicava la història de l'emperador, ella observava fascinada com el poble havia construït la seva vivenda a les ruïnes. La darrera escala va ser Dubrovnik-Ragusa, van arribar al matí i van pujar el turó pel dret, agafant-se a les mates, per arribar a la ciutat. De Ragusa van agafar un vaixell i van tornar a Roma, per recollir les coses de Pla, i després es van dirigir al sud de França.

Van arribar a Biarritz a finals de setembre, principis d'octubre. Allí van trobar el que quedava del SIFNE després que la policia francesa l'hagués dissolt. L'equip de Josep Bertran i Musitu s'havia fusionat amb els Servicios de Información y Policía Militar, SIPM, dirigits pel coronel Ungría. Adi i Pla van llogar unes habitacions a l'hotel Plaza, paret per paret de la de Manuel Aznar. Adi va entrar a treballar tot seguit com a secretària de Bertran i Musitu. Aznar, que era també el seu veí de despatx, li preguntava sovint què feia una noia com ella en aquell lloc tan estrany. A Adi, li agradava molt com xiulava. Al cap d'unes poques setmanes, Adi i Pla van llogar un pis a dues germanes.

Un dia van tenir un bon ensurt. Van rebre un avís de la policia francesa amb l'ordre de presentar-se a comissaria. Com que tot feia suposar que els expulsarien del país, Aznar i Pla van decidir d'enviar-hi Adi amb els passaports, perquè estaven segurs que se'n sortiria millor que ells. L'endemà al matí Manuel Aznar la va acompanyar, mentre Pla es va quedar a dormir, com era el seu costum. El comissari, estranyat de veure-la arribar tota sola, li va preguntat: «*Comment est-il que votre mari n'est pas venu avec vous, il serait malade?*» Adi va negar amb el cap, i amb la més gran naturalitat va respondre: «*Non, monsieur le commissaire, mon mari n'est pas malade, il dort.*» Els passaports encara els van sorprendre més: el de Pla era una pelleringa i el d'ella de nacionalitat noruega. Els va dir que, a més, disposava d'un passaport francès, perquè el seu primer marit era súbdit francès i «*engagé volontaire*» durant la Primera Guerra Mundial, i d'un permís de residència espanyol, perquè havia nascut a Barcelona. Tot i que el comissari va quedar impressionat, li va dir que havien de triar entre anar a Itàlia o a Espanya. Adi va respondre que la seva intenció era entrar a Espanya, però que estaven esperant poder passar la frontera. Mentrestant, li demanava que els deixessin estar al sud de França. El comissari va accedir i els va donar permís per a quedar-se a França fins al nord del Loire. Aznar, que esperava Adi a fora, quan va veure que feia «no» amb el cap, va canviar l'angoixa per l'alegria, si ells haguessin estat expulsats, tots els altres també ho haurien estat.

Les qualitats literàries i periodístiques de Josep Pla van ser novament aprofitades. Felip Bertran i Güell va proposar a Joan B. Solervicens i a Pla d'escriure un llibre en nom seu sobre algunes figures de l'actualitat política. Els personatges que aplega *La lección de Europa (Cerebros al margen de las líneas Siegfried y Maginot)* tenen com a tret comú l'ambició del poder. Tots ells, fossin marxistes, feixistes o conservadors, l'exercien d'una manera autoritària. Però Pla no es va estar massa temps a Biarritz; de seguida que va poder va passar a l'Espanya franquista. Sembla que d'una manera oficial Manuel Aznar va ser el primer de passar la frontera, per la qual cosa va demanar la garantia de Franco i de Serrano Súñer. El ministre de Premsa Giménez Arnau li va donar la direcció d'*El Diario Vasco* de Sant Sebastià. Manuel Aznar va escriure a Josep Pla per demanar-li la col·laboració al diari, que Pla va acceptar.

El *conde* de los Andes li va donar el permís d'entrada i Eugenio Montes, que havia estat nomenat per Franco membre de la Junta Técnica de Burgos i volia afavorir una aproximació amb els conservadors catalans, va organitzar l'acollida de Pla a la zona nacional. Eugenio Montes, Dionisio Ridruejo i Augusto Assía el van anar a rebre amb un cotxe a la frontera. Pla anava acompanyat d'un seminarista de Vic que s'havia escapat de miracle de ser afusellat per un escamot anarquista. Ridruejo, que era cap de propaganda, es va encarregar dels tràmits d'entrada. Tot seguit es van traslladar a Sant Sebastià. Agustín de Foxà, Ignasi Agustí, Marichu de la Mora, Manuel Halcón i, possiblement, Manuel Aznar els esperaven a l'hotel Continental, amb un berenar de benvinguda.

Existeix una llegenda, segurament feta circular per Aznar i Pla a les tertúlies de Sant Sebastià i de Burgos, segons la qual haurien entrat diverses vegades a l'Espanya nacional, però els delegats del Ministerio de Orden Público, dirigit per Martínez Anido, els denunciaven, els feien detenir i els enviaven a la presó d'Ondarreta. Serrano Súñer els feia treure, passaven la frontera i a Saint-Jean-de-Luz descansaven, menjaven, bevien i tornaven a entrar. Sembla que aquesta maniobra es va repetir dues o tres vegades. Si la versió fos certa hauria tingut lloc abans de l'entrada oficial, i cansats de la roda haurien decidit entrar a l'Espanya franquista amb totes les garanties.

Des de finals d'octubre de 1938 fins al gener de 1939, Josep Pla va col·laborar a *El Diario Vasco*; de fet n'era l'autèntic puntal. Pla va dir una vegada a Javier, un dels fills d'Aznar: «*Parece mentira, su padre me hace escribir sobre todo, tan pronto estoy hablando de cocina, de sociedad, como de política internacional, o de literatura.*» Però dels múltiples articles que va arribar a escriure, només tretze, signats amb doble X, poden ser considerats de la seva autoria. Al costat dels temes habituals en la seva producció, hi ha també els de plena actualitat: el divuitè aniversari de la marxa sobre

Roma, la personalitat política de Mustafà Kemal, la personalitat artística de Josep Maria Sert, la figura ideològica i jurídica de José Antonio Primo de Rivera, la mort de Francis Jammes, les relacions de l'Espanya franquista en la política internacional i una llarga entrevista al ministre de Governació, Ramon Serrano Súñer.

Adi es va traslladar a Sant Sebastià un mes després de l'entrada de Pla. Quan la policia espanyola de la frontera es va adonar del seu fort accent català, li van dir: *«Así que es usted catalana?»* I ella va respondre: *«Si, señor.»* Però quan van veure que al passaport noruec s'especificava que havia nascut a Barcelona, no van poder evitar de comentar, incrèduls: *«¡Vaya catalana, que tiene un pasaporte noruego!»* Adi els va respondre, amb cara de franquesa: *«Si en el pasaporte lo pone...»* L'estada d'Adi a Sant Sebastià va ser molt breu. El clima humit li agreujava la sinusitis. El cap de setmana que van passar a Vera de Bidasoa, on el pare d'Aznar era farmacèutic, el contacte amb la naturalesa, la cuina rica i sana, no van contribuir a alleugerir-la. L'única solució que li proposaven els metges era una trepanació, cosa que l'horroritzava. Aleshores seguint les recomenacions del Dr. Tapia va decidir canviar de clima i va anar al sud de França amb la seva mare, que havia deixat Suïssa, on havia passat la guerra amb la seva segona filla Ina i la seva néta Inita. Van viatjar per Angulema, Rochefoucault i tota la regió. Cada setmana en un lloc diferent. Vivien dels diners que tenien en un compte d'un banc de Noruega.

Mentre s'estava a Sant Sebastià, Pla va freqüentar els restaurants i els cafès donostiarres. Hi anava amb algun dels fills d'Aznar, que estaven entusiasmats amb la seva conversa. Agustín de Foxà també el va convidar a algun sopar al restaurant Andía i el *conde* de los Andes, amb José Félix de Lequerica i José María de Areilza, els va convidar a ell i a Aznar a dinar al Nicolasa o al Rodil. Segurament per algun assumpte d'*El Diario Vasco*, Pla va haver d'anar a Burgos. Joan Ramon Masoliver, que era director de l'Oficina de Ocupación y Avance, havia tingut la idea de traslladar-hi la revista *Destino*. Ignasi Agustí n'era el director i Masoliver va decidir incorporar gent competent a la seva administració, com Josep Puig Brutau i Josep Vergés Matas. Vergés era d'una antiga família de Palafrugell arruïnada. Es va exiliar quan va esclatar la guerra. Va provar un acostament amb la família que vivia a França i a Londres i, davant el poc interès que van mostrar per la seva situació, va decidir entrar a l'Espanya de Franco. Va ser soldat a l'exèrcit, però de seguida va ser enviat a Burgos, on va treballar a l'aparell burocràtic de la Falange Catalana. Portava un uniforme blau i negre, impecable, amb una estrella de sis puntes i una «C» a la solapa, era alferes de comptabilitat. Quan Pla anava a Burgos feia normalment nit als Aposentamientos Militares, perquè era pràcticament impossible trobar allotjament. Una nit, al cap de mitja hora d'haver-se acomiadat, va tornar al cafè Viena, on habitualment es reunia el grup de *Destino*. Quan Masoliver li va preguntar què havia passat, Pla va respondre: «Veuràs, he arribat allà i diu que hi havia un senyor coronel, que el company d'habitació era un senyor coronel, tu ja m'entens...» Aquella nit, i d'altres, Pla va dormir amb ells. Havien de posar un matalàs a terra i dormir de dos en dos.

A les envistes de la victòria franquista a Catalunya, Josep Pla i Manuel Aznar van formar part de l'expedició que s'havia de fer amb *La Vanguardia*. El comboi era format per dos cotxes. Carles Godó, Antonio Martínez Tomás, que era cap de la delegació del diari a Madrid, i Augusto Assía anaven en el Mercedes del comte de Godó. En l'altre cotxe, hi anaven els representants oficials de la premsa franquista: Giménez Arnau, cap de Premsa, Francisco Casares, secretari de l'Asociación de la Prensa de Madrid, José Vicente Puente, Manuel Aznar i Josep Pla. Aquest grup havia estat enviat per Serrano

Súñer per fer-se càrrec del diari i perquè sortís servint el nou ordre sota la direcció de Manuel Aznar. La proposta de Juan Ignacio Luca de Tena d'anomenar Pla corresponsal de l'*ABC* a Londres o a Roma, no havia prosperat. El 27 de gener de 1939, un dia després que l'exèrcit hagués ocupat la ciutat, va aparèixer el primer número de *La Vanguardia*, reprenent la numeració a partir del 19 de juliol de 1936, com si l'etapa de la Guerra Civil no hagués existit. A partir del 28 de gener, el diari portarà el títol de *La Vanguardia Española.* Durant el període que va estar sota la direcció d'Aznar i de Pla, *La Vanguardia Española* va seguir la línia dels grans diaris conservadors europeus d'abans de la guerra. Des de primers de març, que Aznar va ser enviat a Roma per cobrir la informació de l'elecció del nou papa Pius XII, fins a finals de maig, que Galinsoga es va fer càrrec de la direcció del diari, Pla el va portar pràcticament sol. D'entre els molts articles i editorials que devia escriure, només n'hi poden ser atribuïts dos, signats amb la doble X. El primer va aparèixer el 29 de gener i descrivia la seva experiència de la guerra; el segon, del 7 de febrer, era un atac contra les revolucions, amb motiu del descobriment de les txeques de Barcelona. Els articles posteriors ja serien publicats amb el seu nom.

Entre els dies 7 i 9 de febrer, Pla va tornar segurament a Llofriu. Al mas Pla, hi havia el matrimoni Pla i Pere Pla que, després d'haver estat detingut i alliberat al desembre de 1938, vivia mig amagat a les golfes. Rosa Pla, el seu marit Alexandre Vila i els seus fills, Alexandre i Rosa, havien passat la guerra a Girona. Maria Pla, el seu marit Frank Keerl i el seu fill Frank, havien entrat a Sant Sebastià gràcies als contactes de Pla, que també havia trobat feina per al seu cunyat. Tots tres estaven a punt de tornar a Catalunya.

Mentre Pla va ser subdirector de *La Vanguardia Española*, va viure a l'hotel Bristol, però cada dia anava a dinar a casa del sogre. Halfdan Enberg havia passat la guerra a casa seva, només acompanyat del servei. Pla deia que al carrer Ferró era on millor es menjava a Barcelona, el carrer Ferró era com s'anomenava el carrer de Lincoln. Pla s'ho feia anar bé per no haver de coincidir amb el sogre. Quan arribava, Halfdan Enberg ja feia la migdiada i, quan es llevava, Pla ja havia marxat amb l'estómac ple. Invariablement, el cònsol preguntava al servei: «*¿Ha venido José a comer?*» I li responien: «*Sí señor, y ya se ha marchado...*», «*Ah, vaya...*». Si alguna vegada es trobaven, discutien i no estaven d'acord en gairebé res. El paper moneda que es va fer servir a l'Espanya republicana va ser motiu d'una llarga discussió: Halfdan Enberg estava segur que els bancs els canviarien per la moneda en curs, en canvi Pla estava segur que no: «*Ni lo sueñe, ni lo sueñe... estos papeles no valen nada, y no se tomarán la molestia de recogerlos.*» Pla tenia raó, però Halfdan Enberg, gràcies a la seva condició de diplomàtic, els va poder canviar.

A Pla, li hauria agradat continuar essent director d'un diari tan important, però tenia massa forces en contra i ja no figurava en els interessos del govern franquista. Luca de Tena i Serrano Súñer van decidir enviar Galinsoga, que era director de l'*ABC* de Sevilla, de director de *La Vanguardia Española*, perquè fes Espanya a Barcelona. Davant la notícia, Pla es va posar en contacte amb Manuel Aznar, que li va comunicar que no entrava en els seus projectes immediats tornar a *La Vanguardia.* Li va aconsellar que publiqués la notícia sobre el nomenament de Galinsoga i després fes el que cregués més convenient. Pel cantó de l'empresa, Pla tampoc no tenia massa simpaties. Tenien por que acabés lligant massa bé amb el comte de Godó i arribés a dominar massa, minvant la influència d'altres. Les tensions van ser cada vegada més fortes. A mitjan maig, Pla va tornar a Llofriu, havia desistit de recuperar la identitat cultural del país. En una mena d'autoexili interior havia decidit retirar-se de la vida pública espanyola, barcelonina i catalana.

Poques setmanes després, Adi Enberg i la seva mare van passar la frontera per Portbou. El seu passaport va provocar l'estupor habitual de la policia espanyola, però van passar a Espanya sense cap problema. Anys després, Felip Bertran i Güell va dir a Adi que si ho hagués demanat, el govern franquista li hauria concedit una pensió pels seus serveis durant la guerra. Però ella no en va voler saber res.

XIV. ELS ANYS DE POSTGUERRA
(del febrer de 1939 al 1946)

Pla i Adi es van estar només unes poques setmanes al mas, on hi havia tota la família. El fred era més intens a dintre que a fora, només s'estava bé a la llar o a la cambra que s'havien acondicionat i on ella havia instal·lat, anys enrere, una salamandra. Adi anava tota encongida per la casa, amb un turbant al cap, mitenes a les mans i abric; amb prou feines se li veia un tros de pell i el pare de Pla comentava cada vegada que passava tremolant: «Ja patirà el pobre Josep amb aquesta dona...»[1] Les escenes entre la parella eren habituals, una vegada que Pla va trobar l'escriptori brut, la va escridassar dient que ja en tenia prou amb la pròpia brutícia, que, a més, la d'ell, era ben neta.

Després de l'experiència de *La Vanguardia*, la possibilitat de viure a Barcelona no li resultava massa atractiva i com que les relacions amb el seu pare continuaven tenses com sempre, Pla va llogar una casa a Fornells. Era la mateixa on s'havia instal·lat, més de vint anys enrere, el pintor Francesc Gimeno. No era massa gran, però molt bonica. Tenia una terrassa i dos pisos. Des de les finestres es veia el mar emmarcat per pins, oliveres, garrofers, ametllers i xiprers. Malauradament, era més confortable el panorama i la naturalesa que els envoltava que no pas l'interior de la casa. La planta baixa, que en temps remots havia estat un salí i posteriorment el taller de Francesc Gimeno, era de terra sense pavimentar i l'únic que podia fer Adi era escombrar-lo cada matí; li hauria agradat cobrir-lo amb una estora, però Pla s'hi va negar de ferm. Hi feia molta humitat i les condicions d'aigua i electricitat eren molt precàries. Malgrat que era primavera i anaven de cara a l'estiu, Adi hi va fer instal·lar la salamandra que tenia a la cambra de Llofriu. Van col·locar els quatre mobles que ella tenia, però la casa no acabava d'agafar l'atmosfera d'habitabilitat que, a ella, li agradava. La sinusitis li va tornar més forta que mai i la feia estar de mal humor. L'estada de Montserrat Bestard, que portava la casa del seu pare, els va distreure una temporada, però quan la confiança ho va permetre les discussions van reprendre amb la vivacitat de sempre. Tant Pla com Adi l'havien convidada a passar una temporada de repòs amb ells, quan li va pujar la pressió a trenta. Li havien promès que la calma del paratge la relaxaria, viuria lliure de preocupacions. Adi i ella anaven sovint a Llofriu, però era evident que els costums d'Adi xocaven amb el desfici de Maria Casadevall.

Albert Puig Palau i la seva esposa Margarita Gabarró van llogar una casa més petita al darrere de la de Pla. El xofer no hi cabia i s'havia d'estar a l'hotel. Les visites de Pla eren constants, ell i Albert Puig es passaven el dia repapats xerrant, fumant i bevent. Adi i Margarita Gabarró només coincidien a queixar-se d'aquell no fer ni deixar fer.[2] El matrimoni Ventosa també s'havia instal·lat a la casa de Fornells per passar-hi l'estiu. Un dia, Pla i Adi van decidir convidar-los a berenar a Llofriu, a prendre el te. Això de prendre el te en un mas feia molta gràcia a Adi. Quan no era amb Albert Puig, Pla era amb els pescadors; algunes vegades, al capvespre, els acompanyava a pescar, s'estava amb ells hores i hores xerrant tot lligant cigarrets, ajudant-los a arriar les barques. De vegades tornava amb tota una colla de pescadors i escataven el peix allí mateix, al terra de la sala menjador. Adi se n'anava a la terrassa si era de dia o a la seva cambra per no veure-ho ni sentir-los. Pla es llevava, com sempre, tard; s'estava al llit llegint i fumant. Adi no volia que fumés al llit, perquè li cremava els llençols i les coixineres de fil. Quan entrava Adi a la cambra, Pla amagava el cigarret sota el coixí i feia un forat memorable. Si Adi feia arròs a la cassola, podia passar que Pla, que s'acabava de llevar, decidís sortir a visitar algun dels seus amics pescadors, fer un encàrrec sobtat tot just després que Adi hagués tirat l'arròs a l'aigua. Se l'havia de menjar tota sola i quan ell tornava ja estava ben covat i fred. L'escridassava, però ella s'arronsava d'espatlles. També desapareixia sovint, bé perquè hagués sortit a pescar al volantí o a calar el palangre amb els seus amics, o perquè se n'hagués anat a Barcelona amb Albert Puig, sense avisar-la. No tornava fins l'endemà o al cap de dos o tres dies, fresc com una rosa, com si no hagués passat res.

En una d'aquestes escapades de Pla, Adi no va poder més i va començar a empaquetar les seves coses, la seva paciència havia arribat al límit. A més d'haver de fer de minyona, li havia d'aguantar uns mocs impressionants. La seva mare Olga ja feia temps que li volia fer entendre que en Josep, per molt bon escriptor que fos, no li convenia. Una cosa era quan viatjaven d'una banda a l'altra, però quan engolfaven, tornaven a aparèixer els mals humors, una quotidianitat que només l'afavoria a ell i, a sobre, ella era qui pagava. Gairebé cap satisfacció, Adi ja no sentia cap desig per ell. Quan Pla va tornar, van discutir. Aquesta vegada Adi no estava disposada a cedir, el seu mal geni podia ser més fort que el de Josep. Cridant, li va dir que no podia aguantar aquella vida ni un dia més, que ja no s'ho passava gens bé amb ell. Pla, molt picat, li va dir que fes el que volgués, que era ben lliure i que no necessitava ningú, però que recordés bé que el trobaria a faltar. Adi no va dir ni un mot més, va agafar la maleta i li va dir que ja passaria a recollir les seves coses més endavant i el va deixar, se'n va anar a Barcelona a casa de la seva mare.

Poques setmanes després, Adi va llogar una casa a Begur, al número 9 del carrer Comas i Ros, per cent pessetes al mes. Era una casa de poble molt senzilla. Tenia una planta baixa i dos pisos, una finestra a cada pis i un hortet al darrere, amb una glicina i un pou al fons. La part del darrere donava a la carretera de Fornells. Va llogar una tartana per portar tots els seus mobles de Fornells i la salamandra. Maria, la germana de Pla, i ella van seure al capdamunt. La casa li va quedar molt bonica i, segons Maria, la portava molt bé. Adi es va endur uns pocs llibres, els que no havia llegit, i va deixar-ne un munt de francesos, anglesos i alemanys, però Pla es va enfadar perquè ella s'havia quedat els diccionaris. Adi va continuar anant al mas tota la tardor, fins i tot s'hi quedava alguna nit a dormir. Un dia que va coincidir amb Pla a dinar al Canadell, a Calella, Adi li va demanar en el decurs del repàs un escriptori que s'havia deixat a Fornells. Pla li va respondre que no sabia on parava i que ella s'havia endut el que havia volgut de casa seva, que havia marxat per voluntat pròpia, que ell no l'havia treta i creia que «la seva carta s'hauria pogut jugar».

Pla va haver de desllogar la casa de Fornells i, molt a contracor, anar-se'n a viure al mas. Sense Adi, la seva economia havia minvat i el confort mínim s'havia esvaït. El matrimoni Puig Palau va llogar la seva casa, la van restaurar i decorar amb l'ajut de Domènec Carles. Des que Pla vivia sol, les visites a la nova casa d'Albert Puig sovintejaven més que mai. Malgrat que Margarita Gabarró considerava Adi una mica pesada i absorvent, li va saber greu que hagués deixat Pla. Maria Casadevall, la mare de Pla, devia tenir el mateix sentiment, perquè un dia de finals de tardor es va fer acompanyar pel seu fill a Begur, a veure Adi. Aquesta no va entendre mai la raó d'aquella estranya visita. Com que feia molta humitat i l'estufa de baix tardava més d'una hora a escalfar l'habitació, els va fer pujar al pis de dalt, on hi havia la seva cambra i un estudi amb una altra estufa. Estaven una mica tensos i estranyats que els rebés en aquell racó tan íntim de la casa. La senyora Maria li va insinuar que no es prengués les coses tan a la valenta, però en cap moment no li van demanar que tornés. És més, Pla no va badar boca en tota l'estona. Amb prou feines si gosava mirar-la, devia sentir-se avergonyit per la situació. Adi no va arribar a saber mai per què l'havien anada a veure. Unes setmanes després els pares de Pla van anar a veure Halfdan Enberg, per mirar de convèncer Adi de tornar amb el seu fill.

La precarietat econòmica va obligar Pla a buscar algun mitjà de subsistència. Des de finals de juny tornava a sortir regularment la revista *Destino,* que continuava vinculada a la Falange, com a l'època de Burgos. Segons explicava Pla, un dia que passejava pel Passeig de Gràcia va trobar Ignasi Agustí i Josep Vergés. Pla coneixia Agustí de Madrid, del temps de la República. Coneixia menys Vergés per la diferència generacional, malgrat que tots dos eren de Palafrugell. Agustí, tractant-lo de vostè, el va convidar a col·laborar a la revista. La versió de Josep Vergés diferia significativament: ell, tot sol, havia trobat Josep Pla i l'havia convidat a col·laborar.[3] Durant els anys immediatament posteriors a la guerra, Josep Vergés havia fet alguns negocis. Ell i Draper, de les galeries Dalmau, tenien un magatzem de pneumàtics al Born. Compraven pneumàtics en mal estat, els adobaven i els revenien. Però la fortuna la va fer amb el canòdrom Sol de Baix a la carretera de Sarrià.[4] De la invitació d'Ignasi Agustí, en va sortir una primera i única col·laboració el 30 de setembre; l'article «La sonrisa española», on Pla elogiava la posició de neutralitat presa pel govern i el seu «Generalísimo» durant el conflicte europeu. Sense que se'n sàpiga massa la causa, Pla no va tornar a enviar un nou article fins a mitjan febrer de 1940. A partir del dia 24 d'aquell mes encetaria una secció, batejada per Ignasi Agustí amb el títol de «Calendario sin fechas», que esdevindria molt popular. Durant molts anys, Eugeni Nadal va corregir els seus articles.[5] També va iniciar la secció de «Cartas al Director»; per incitar els lectors a escriure-les, va haver de fer-ne les primeres. La idea va ser un èxit i en pocs mesos la secció va fer-se molt popular.

El to general d'aquell primer any de col·laboració seguia la línia marcada per la revista, que tindria a la portada, fins al juliol de 1945, el subtítol *Política de unidad* i unes fletxes. La posició de Pla era ambigua. D'una banda, seguia el fil espiritual de la revista: algun elogi al pensament de José Antonio, pocs, certament, i en qualsevol cas, en els aspectes que ell considerava positius de la seva filosofia que, a més, s'adeien amb l'escepticisme, el recolliment, l'exercici de la vida interior i la necessitat de fer les coses ben fetes defensada també per ell. Pla tampoc no s'estava de fer referències constants a persones que tenien aleshores molta influència i que coneixia, com era el cas de Demetri Carceller, ministre d'Indústria i Comerç, Miquel Mateu del castell de Peralada i batlle de Barcelona, o que formaven part del seu cercle immediat d'amistats: Manuel Aznar, Albert Puig Palau, Domènec Carles, Sánchez Mazas, Paco i José María de Cossío i Eugenio Montes, a qui havia dedicat un article sobre el darrer llibre que considerava el breviari del nacionalisme espanyol. Però, tret d'un parell d'articles, el «Calendario sin fechas» s'allunyava del to de revenja i mediocritat que ho impregnava tot. Pla insistia en un d'aquests articles en l'acusació a les esquerres, que en aquest cas identificava amb els anarquistes i els revolucionaris, als quals censurava el radicalisme i la puresa i que culpava de la crema de les esglésies del seu rodal el 19 de juliol de 1936. L'altre article era un elogi a la Itàlia feixista; segons Josep Vergés, l'havia hagut d'escriure pressionat pel govern després d'un petit incident que li havia valgut la detenció durant unes hores en una comissaria de Madrid.[6]

En aquesta mateixa línia d'adhesió al règim, el 30 de març de 1940 va aparèixer el primer anunci sobre la publicació a Ediciones Destino de la *Historia de la Segunda República española* que havia estat corregint i ampliant des que havia tornat a Catalunya.[7] Caldria afegir que Pla va freqüentar durant aquells mesos la biblioteca de l'Ateneu barcelonès i que arrencava planes senceres dels diaris que consultava.[8] Era el mateix llibre que havia escrit a Roma per encàrrec de Francesc Cambó, que havia passat en net Adi a Opatija i que Pla s'havia quedat. Ara apareixia en dos volums que sumaven set-centes pàgines, amb la pretensió de la perspectiva, l'objectivitat, el rigor i la serenitat, com s'anunciava amb lletres majúscules: «*José Pla acierta a dibujar, con un fino estilete descriptivo, el tatuaje completo de aquel grotesco y agitado periodo político. Los personajes, vistos con la perspectiva excepcional en que Pla acierta a colocarse, cobran el colorido de títeres de la historia* [...]»[9] Pla volia deixar clar l'excés de verbalisme dels republicans i la incapacitat per resoldre els problemes bàsics de la política i de l'ordre públic. Aquesta incompetència de les esquerres pel govern el feia valorar molt positivament l'Alzamiento i donar-li la consideració de legal. No estalviava els elogis a l'exèrcit i al Caudillo que havien carregat amb la responsabilitat de portar el país a l'ordre. Pla utilitzava tota mena de recursos per analitzar la República: exagerava demagògicament els desordres socials, desprestigiava els partits en el Govern i els seus representants. Els seus sentiments sobre la política de les esquerres durant la República havien variat poc des que havia escrit les «Cròniques» per a *La Veu de Catalunya.* Només n'havia hagut d'exagerar les valoracions negatives. Pla, a més, s'apuntava al corrent que defensava la necessitat d'informar sobre els fets de la història recent, considerava aquesta tasca un deure de l'intel·lectual respecte a la societat espanyola.[10] Però hem de creure també en raons més materials i no tan enlairades en els afanys per publicar un llibre que feia dos anys que arrossegava al maletí i del qual podia treure un rendiment.

Per la resta, Pla alternava els articles sobre ciutats del litoral d'Itàlia i de Croàcia, que havia visitat l'estiu de 1938, amb articles sobre el tarannà, els costums, la meteorologia, la fauna i la gastronomia de l'Empordà, en un retorn a un localisme mediterrani, que reforçava amb referències constants a les virtuts espirituals de la civilització de la Grècia clàssica. Proposava fixar-se en les limitacions que oferia la naturalesa, segurament amb la voluntat de suavitzar el triomfalisme unitarista del nacionalcatolicisme franquista. La referència constant a la petitesa i a l'exigüitat del paisatge grec ajudaven a la recuperació d'una mesura més humana. Pla despullava el classicisme grec del contingut revolucionari i sensual que li havien donat Renan i Anatole France i destacava els valors de la dialèctica socràtica. Una manera gens sospitosa de criticar el dogmatisme estatista. Quan Pla s'afegia a la substitució del catalanisme per un molt incipient i tímid barcelonisme, oferia la vertent més mediterrània, simbolitzada per la Rambla de Barcelona.

Pla no podia aturar l'activitat professional que era l'únic mitjà de subsistència. El 7 de setembre de 1940 s'anunciava a *Destino* la publicació de *La Guía de la Costa Brava,* una mena de *Baedeker* del litoral de l'Empordà, però a la manera del *Viatge a Itàlia* de Goethe. Aprofitant la popularitat de la Costa Brava entre les classes mitjana i alta barcelonines, Pla estava segur d'atreure un nombre important de lectors i, de passada, donar una segona via al catalanisme. Si el barcelonisme n'era de moment el succedani molt rebaixat, la Costa Brava tindria la mateixa funció respecte a l'Empordà i Girona. La intenció era crear una sensibilitat pel litoral i l'interior de l'Empordà, uns admiradors equànimes i intel·ligents enfront el perill de l'inevitable turisme de masses. Albert Puig Palau en va escriure el pròleg i va finançar-ne l'edició, tot i portar el segell de Destino. El tiratge de la primera edició seria de deu mil exemplars, però es fa difícil de creure que les liquidacions fossin, al principi, tan generoses com afirma.[11] Primer, perquè no eren fetes pels germans Puig Palau, sinó per Josep Vergés que era el director administratiu de Destino. Pla considerava massa elevat el preu del llibre: a vint-i-cinc pessetes s'hauria venut «com pa beneït». Es queixava del retard en el pagament de les liquidacions i del poc que li havia donat l'edició: «Ja comprendràs que si els llibres es venen, per guanyar això val més plegar d'escriure llibres.»[12]

Pla anava sovint a Barcelona, sopava a casa d'Albert Puig i s'estava hores xerrant amb ell i el seu grup d'amics a la sala que havia convertit en un petit museu de pintures i dibuixos dels Quatre Gats. De matinada feia un tomb per la Rambla abans de tancar-se a l'hotel Bristol on es feia fonedís. També anava sovint a prendre l'aperitiu al restaurant Parellada amb Rossend Ribes i una tertúlia on dominava la presència d'homes de la banca i de la indústria. Pla defugia els intel·lectuals, tant els clandestins com els vinculats al règim. L'avorrien i els trobava infatuats.

A principis de febrer de 1942, una febrada sobtada el va obligar a enllitar-se, se li havia declarat un tifus provocat per la ingestió d'unes ostres al restaurant Suís de Barcelona. Albert Puig va enviar-li el doctor Benet Perpinyà, que tenia el prestigi d'haver retornat a més d'un agonitzant. Va haver d'estar dos mesos al llit i va arribar a trenta-nou de febre. D'entre els arbres que podia veure del llit estant, quan ja estava convalescent, la mimosa, que era ben florida, i la seva olor dolça el transportaven a una de les èpoques més felices de la seva vida: l'estada a Ajaccio amb Adi. Però la tristesa de la pèrdua, la debilitat del seu estat, l'insomni degut a l'excés de repòs i la solitud el feien creure que aquesta sensació no era més que una il·lusió de l'esperit. Una sensació que, en tot cas, li va quedar per sempre més. Les paraules que havia dit a Adi quan el va deixar, amb to profètic, semblava que ara se li giraven en contra. Malgrat saber que la vida amb ella era impossible, que la convivència matrimonial no s'adeia amb el seu ritme vital, que la paciència amb els altres no era una de les seves virtuts, Pla no podia reprimir un sentiment de nostàlgia pels moments de felicitat, pel confort que havia donat a la seva vida mentre van ser junts. L'olor de les mimoses li tornaria intermitentment, quan Adi, que s'havia casat amb Joan Antoni Fuster i Valiente, s'allunyava de la seva vida, quan Aurora l'havia deixat i s'havia establert a Buenos Aires i quan ell s'havia estabilitzat de manera definitiva en la situació de rellogat degut al testament del seu pare. A l'hora d'organitzar les darreres *Obres Completes,* Pla, ja gran, morta Aurora i mort, també, el marit d'Adi, relacionava les mimoses florides d'Ajaccio amb les noies rosses.[13]

Després del tifus, va tenir una pleuresia i va ser ingressat en una clínica de la Bonanova. L'anaven a veure Albert Puig, Ignasi Agustí, Josep Vergés i Rafael Puget. Fins al mes d'abril, no va poder reprendre la col·laboració a *Destino* que, durant aquelles setmanes, havia tornat a publicar alguns articles seus dels primers mesos de 1940.[14] Al juny, Pla, convalescent, va anar uns dies a Núria amb Albert Puig Palau. De seguida que es va trobar bé, va tornar a l'activitat literària amb més energies que mai. Continuava la via de redescobriment del país que havia obert amb la Guía, completada ara amb la recuperació d'algunes personalitats artístiques, que li permetien donar a conèixer l'ambient històric i cultural de la Catalunya del període modernista. *Rusiñol y su tiempo, El pintor Joaquín Mir,* la reedició de la *Vida de Manolo (contada por él mismo)* formarien una sèrie sobre pintura catalana gens susceptible de provocar els recels del règim. Pla ja havia assajat el tema amb una progressió d'articles sobre pintors i escultors modernistes i contemporanis: Manolo Hugué, Rafael Benet, Ramon Casas, Josep Maria Prim, Francesc Gimeno, l'escultor Josep Llimona i Santiago Rusiñol. El més important no era la reivindicació d'un moviment artístic, sinó obrir una porta al coneixement de la història i de la cultura catalanes. Però encara que els temps havien canviat, Pla no quedava exempt d'escàndols; ara es qüestionava l'originalitat del *Rusiñol.*[15] El fill de Miquel Utrillo acusava Pla de plagiari, d'haver adaptat al castellà l'original no publicat del llibre del seu pare *Història anecdòtica del Cau Ferrat* que li havia deixat Xavier de Salas, director dels Museus d'Art de Barcelona. Pla minimitzava al pròleg de la versió catalana el to encès de les acusacions d'Utrillo com un producte de l'època i dels qui pretenien tenir l'exclusiva d'alguns temes, però el cert era que les consultes de correspondències o arxius havien estat mínimes. Tret dels retalls que li havia facilitat Miquel Capdevila, dels testimonis de Rafael Puget, Josep Maria Sert i Josep Maria Junoy i de la consulta de l'obra de Rusiñol, el gruix del llibre provenia de l'original d'Utrillo; segons el seu fill, més de 250 pàgines de les 368 que tenia la biografia. L'adaptació que n'havia fet Pla era molt més àgil i divertida, la utilització del treball inèdit d'Utrillo li havia permès de superar-lo i de donar-li un to més atractiu per al gran públic.[16]

El primer intent de publicació en català va ser ben tímid: la reedició de bibliòfil, 150 exemplars, de *Cartes de lluny*, destinat a present de Nadal del 1945. Pla va haver de lluitar per obtenir-ne una liquidació decent. Escrivia a Josep Vergés: «He posat 7.000 pts del llibre perque suposo que el vendreu a un preu fabulós de manera que jo tindré el 2 o el 3 per cent. T'adverteixo que em comença de cansar de treballar d'aquesta manera. Jo trobo plausible que us guanyeu la vida pero trobo que jo també me l'hauria de guanyar, sobretot després del que us he servit.» [*sic*][17] Pla es malfiava del tiratge oficial que se n'havia fet, les irregularitats no li passaven mai per alt, sobretot quan li tocaven la butxaca, per aquesta raó escrivia estranyat a Josep Vergés sobre l'edició de bibliòfil de *Cartes de lluny* signada per ell: «He trobat molt estrany que un dels llibres venuts a la Rosa no portés la firma meva. És que heu tirat més exemplars del que era tractat? Jo em semblava que els havia firmat tots.»[18] L'any següent va aparèixer la reedició en català del *Viatge a Catalunya*, publicat el 1934, ara ampliat amb una part sobre muntanya. Justificava el parèntesi de silenci per les circumstàncies polítiques i formulava el desig d'iniciar d'aquesta mancra la publicació de la seva obra en català. Durant l'interval havia continuat l'exploració del país pel cantó de l'antropologia amb l'edició en forma de llibre d'alguns articles publicats a la revista *Destino: Viaje en autobús*,[19] *La huida del tiempo, Humor honesto y vago*, aquest darrer possiblement el més comercial de la sèrie. *Las ciudades y el mar*, per encàrrec d'Argos, era un reconeixement del llegat del Mediterrani al món occidental i una invitació al manteniment del seu esperit.

Pla no tornaria a publicar un llibre escrit originalment en català fins al 1947 i al marge d'Edicions Destino, que acusava el pes de la censura i la por dels atacs d'algun escamot falangista, com s'havia esdevingut el 1943. També cal tenir en compte les reticències, essencialment econòmiques, de Josep Vergés al moment de plantejar la publicació de llibres en català. El precedent de la reedició del *Viatge a Catalunya* havia pesat ben segur en la decisió de Pla de cercar un editor més entusiasta i just: «Mas Pla. 29/6/46. J. Vergés. Barna. Estimat Josep: Perdona, però el *Viatge a Catalunya,* tal com l'he deixat, no es pas un llibre curt. Pots calcular una llargada com *La huida del tiempo.* Ara bé: escolta un moment = d'aquest llibre en fareu, mínim 4.000 exemplars, si no en feu mes. En fareu pagar, minim 30 pts. Vols fer el favor de fer números? Us demano 10.000 pts. Encara vols que cobri menys? Vols donar-me menos del 7 per cent? Parles seriosament? Jo estic disposat, sempre, a ésser l'ase dels cops, perque he nascut per fer aquest paper. Però tot te un límit. El límit l'he deixat sempre a la vostra consciència. Feu el que us sembli.» [*sic*][20] Pla va publicar el segon llibre en català a l'Editorial Joventut. *Cadaqués* era possiblement el llibre més ambiciós que havia escrit de la guerra ençà.[21] La idea inicial de considerar el poble com una illa era manllevada de Víctor Rahola. El contingut general assolia una gran força poètica en fondre aquesta perspectiva insular amb les descripcions líriques, la història de la vila i el tarannà dels seus habitants. L'any següent van aparèixer dos llibres més, en castellà i a Destino, dins el gènere viatge: *Guía de Mallorca, Menorca e Ibiza* i *Viaje a pie*, que completaven la visió general que volia donar del país.

Malgrat que Pla treballava rabiosament, els guanys eren, com sempre, magres. Les oportunitats que se li van presentar el 1947 per publicar la traducció d'algunes obres van acabar en no res. L'E.M.S.A., la «Casa del Autor», li va proposar al març la traducció a l'anglès d'algun llibre seu i, dos mesos més tard, Marian Andreu es va posar en contacte amb ell per encàrrec de Gallimard per editar a la *Nouvelle Revue Française* la *Vida de Manolo* que havia de traduir al francès Léon-Paul Fargue. Pla hi estava d'acord i només calia el consentiment d'Edicions Destino. Però els projectes no es van materialitzar mai, fos perquè no s'arribés a un acord o, el que sembla més versemblant, perquè ni tan solament es fes la gestió, és a dir que es deixés caure per deixadesa. «L'afer del llibre de Manolo —segons em diu Teixidor— està resolt —vull dir la traducció francesa. És veritat? No ho digué Teixidor per dir alguna cosa, abans de marxar? Vols dir-me alguna cosa, si et plau.» Unes setmanes després, Pla insistia: «Teixidor no ha fet res amb Andreu respecte de la traducció per

Léon-Paul Fargue del *Manolo*? ¡Quina llastima! Vols dir-li que em posi un mot desseguida que pugui?» [sic][22]

D'altra banda, la col·laboració a la revista, que fins al 1944 havia estat fixada a cent vint-i-cinc pessetes l'article, havia pujat a cent setanta-cinc pessetes gràcies a la mediació d'Albert Puig Palau. Els reportatges llargs oscil·laven entre les dues-centes cinquanta i les cinc-centes pessetes. La seva intenció era arribar a un acord per fixar la col·laboració mensual en dues mil pessetes a canvi de vuit articles i un reportatge de dues planes.[23] Però el tracte no es va tancar mai, el 1946 va aconseguir apujar el preu del «Calendario» a duescentes pessetes, que era el que ja cobrava Azorín el 1940.[24] Pla, per la seva banda i des que havia nascut el primer fill de Vergés, va tenir sempre a disposició la llet de vaca del mas que no estava «batejada» amb aigua. Finalment i per acabarho d'arrodonir, la censura inutilitzava molts dels seus articles i ell no s'atrevia a cobrar-los. La suspensió de la revista durant sis setmanes, el 1944, va significar la congelació de tot pagament. Amb el temps, Pla va aprendre a refer i a adobar els articles censurats i fer-los passar sense problemes. No és estrany que estigués enderiat cada Nadal per treure la rifa. El 1945 va saber que des de Madrid pressionaven perquè la direcció el sancionés privant-lo d'escriure. La tenacitat de la censura el treia de polleguera. «Estic molt emprenyat i plegaré d'escriure. Aquesta setmana passada m'han tret 3 articles (120 duros) i m'han fet perdre tota la feina. Posaré un molinet per blanquejar arròs i faré l'estraperlo.»[25]

XV. AURORA, CONSUELO ROBLES I ADI ENBERG (del 1946 al 1952)

El molinet no el va posar mai, però es va fer construir una barca a les drassanes Sala de l'Escala pel mestre d'aixa Salvador Feliu, Vadoret. El Mestral tenia onze metres d'eslora i vuit tonelades de llast. Al setembre de 1944, Pla havia obtingut a Roses el títol de patró. El 1946 el senyor Calvo, d'Indústria i Comerç, li havia donat, gràcies a la mediació de Joan Ramon Masoliver, el permís per a la importació d'un motor Kelvin Diesel.[1] L'objectiu era fer contraban amb Lluís Llimona, bàsicament de peces de recanvi per a automòbils. Però ho van abandonar després que la policia francesa els interceptés al port de Seta. Pla, avorrit, cansat i adolorit per l'artrosi, es va vendre el motor el 1948 per unes trenta mil pessetes.[2] De moment es va haver de resignar a escriure articles sense solta i a «tocar l'organet de la poesia». Es va haver de conformar que li mutilessin articles sobre temes d'allò més absurd i banal i a acostumar-se, serrant les barres, que el setmanari s'avingués al joc.[3] Fins i tot havia hagut d'intervenir directament, amb l'ajut de Miquel Mateu i Demetri Carceller, en l'alliberament de Santiago Nadal que era a la presó des del gener de 1944.[4] Pla es va queixar diverses vegades a Vergés de l'atonia que dominava la revista i proposava més agressivitat. Ja el 1945 havia cregut arribada l'hora d'iniciar un diari de nit a la mateixa impremta de *La Vanguardia*, de to liberal, català i anglòfil, de donar més empenta a la revista, variar les col·laboracions i fer més reportatges i entrevistes, com els setmanaris de gran tiratge europeus. Insistia en les reunions de la redacció de *Destino*, a l'hotel Trias de Palamós o a les Set Portes, sobre la necessitat de cohesionar i donar més vida al setmanari.

A partir de finals de 1945 i principis de 1946, Pla havia obert la porta als grans reportatges sobre política internacional utilitzant el pseudònim de Tristán. El 1947 publicava dos reportatges sobre Jean-Paul Sartre, uns fragments traduïts del llibre sobre Rússia publicat el 1925, el testament de Francesc Cambó, articles extensos sobre la gran Barcelona, i l'agricultura, la indústria i la demografia de Catalunya. El to era completament nou en la premsa espanyola, introduïa els aires que es respiraven a Europa i informava sobre els problemes de Catalunya i de Barcelona que interessaven als lectors. És més, creava un estat d'opinió sempre atent a les necessitats del país, que la política estatista ignorava. Reaccionava contra el pessimisme de Joan Estelrich, una actitud que considerava lícita durant la guerra, però que no s'avenia als temps de pau. Completament aliè, de sempre, als gremis dels doloristes i dels redemptors, proposava reaccionar amb energia, fos defensant l'hegemonia dels Estats Units al món, o la nova obra de Salvador Espriu, *Primera història d'Esther*, que l'atreia pel que tenia d'antiacadèmic i de realista.[5]

La nova orientació de *Destino* no havia passat desapercebuda a l'exili. Un article de Domènec Montagut va donar peu a una polèmica que tenia com a punt central el plantejament d'una qüestió tan important com era la reconciliació entre els catalans de dreta i d'esquerra. Montagut reconeixia el paper determinant de Josep Pla en la crítica contra el règim francofalangista, però també entenia que l'alternativa proposada per ell i la resta del grup *Destino* era la de la «dictadura ben entesa», d'una mena de despotisme il·lustrat, sota un monarquisme «poc parlamentari» i gens democràtic. Emili Vigo, director de *La Humanitat* i secretari particular del president de la Generalitat a l'exili, Josep Irla, i Eugeni Xammar, cap del seu gabinet, eren, per contra, més radicals i es declaraven francament «destinofobis», titllaven els redactors de la revista d'oportunistes i proposaven el silenci. Consideraven la nova col·lecció editorial de *Destino* una trampa que portava a la provincialització de la llengua catalana.[6]

Però aquelles manifestacions irades deixaven fred a Pla. La seva primera preocupació era guanyar-se la vida escrivint. Seguia la mateixa estratègia d'obertura al *Diario de Barcelona* que, malgrat que li permetia arrodonir el sou, li semblava horrible: «un ambient de murcianos i aragonesos i de periodisme suburbial d'ínfima categoria».[7] A partir d'octubre de 1946 també va iniciar una col·laboració setmanal a *Informaciones* de Madrid, d'allò més innòcua i a base dels articles més lírics i intranscendents que havia publicat a *Destino.* Pla va arribar a popularitzar des d'aquestes tribunes un castellà que de Catalunya estant podia tenir una certa gràcia; era el castellà de Francesc Pujols a *El nuevo Pascual o la Prostitución,* entre la incorrecció i la ironia. Pujols havia proposat un nou model que era una befa de la retòrica habitual. La intenció crítica podia ser, però, interpretada com a provincianisme. Malgrat que alguns escriptors castellans l'admiraven com si fos un transgressor de la censura i un model de llengua viva, alguns catalans, sobretot els de l'exili, consideraven les seves traduccions literals dels modismes empordanesos un recurs sense sentit que no justificava, en absolut, la utilització del castellà. Per als lectors de *Destino* els *«tocados del ala», «soñar tortillas», «mudos y a la jaula»* i els *«había para alquilar sillas»* eren perles esperades cada setmana.[8]

La tendència aliadòfila que havia anat imposant a la revista no li venia de nou. Des que vivia a l'Escala, Pla i el seu germà Pere col·laboraven als serveis d'espionatge aliats: facilitaven la fugida de jueus que havien pogut fer-se escàpols de l'ocupació alemanya travessant els Pirineus o d'algun aviador britànic que s'havia llançat amb paracaigudes. Pla i el seu germà, entre altres, els posaven en contacte amb el director de l'orquestra de l'hotel Ritz de Barcelona, que servia d'enllaç amb els consolats, perquè poguessin passar a Portugal o a Casablanca via Gibraltar. Els americans els havien demanat informacions detallades sobre la geografia del golf de Roses i d'altres punts de la costa per a un possible desembarcament. Els germans Pla i els contertulis del bar Sport de Palafrugell rebien informes polítics i militars sobre la zona ocupada al sud de França, per mitjà d'un servei de correus format per una organització de contrabandistes molt eficient, i tenien una persona a la Jonquera a la qual enviaven la matrícula dels cotxes dels alemanys que anaven a menjar a Ca la Neus de l'Escala. Frank Keerl, el cunyat de Pla, els feia parlar quan hi anaven a sopar i s'assabentava de les seves posicions. Tota aquesta informació, la feien arribar als serveis americans. Però el punt escollit per al desembarcament no va ser el litoral català, sinó Sicília. Segons un document de la Guàrdia Civil de Palafrugell els germans Pla, Josep Sagrera, Manuel Brunet, Josep Quintà, Paulí Joanola, Lluís Matas, Isidre Cervera, Ramir Medir i Lluís Bonal eren considerats pròxims al servei americà. La Comandància de Girona havia rebut una informació que el 6 de desembre de 1944 hi hauria una reunió de les persones esmentades amb la intenció de conspirar contra el règim. La Guàrdia Civil de Palafrugell desmentiria en un altre document aquesta sospita, però els descrivia com a simpatitzants dels aliats i en contacte amb Nicolàs Woedvosdky Arapoff, propietari de la finca del Cap Roig, i amb Monedet, empleat del consolat francès a Barcelona. Després de la guerra, els serveis d'informació americans van voler concedir una medalla als germans Pla, però ells la van rebutjar.[9]

Des de feia uns anys, exactament després del tifus del 1942, Pla s'havia fet la imatge de l'escriptor solitari i bohemi, que no tenia rellotge ni horaris, del localista cosmopolita, que tant se'l podia trobar als mercats setmanals discutint el preu d'un ase amb els gitanos com a can Parellada fent l'aperitiu amb industrials i banquers o fent de cicerone al director general de Turisme. Ell afirmava que li agradava conversar amb persones sense horaris, que no creien en els diners, la pedanteria o el favor, i era cert en alguna manera, però també li agradaven els triomfadors, en especial si havien fet diners. La seva tendència per la bohèmia trontollava quan aquesta obstaculitzava el bon funcionament dels negocis i no tolerava els improvisadors ni els frívols. De sempre s'havia tingut per un solitari, la vida al camp li permetia dur aquesta vida. Podia passar setmanes reclòs a la seva cambra llegint o escrivint i de sobte ésser pres per una febrada de sociabilitat. La resistència heroica i l'estoicisme davant la pobresa que tant admiraven els seus contertulis, editors i coneguts era més una conseqüència de la incapacitat per mantenir uns mínims de convivència amb cap altra cosa que no fos l'escriptura. Pla havia comentat en un article que l'escriptor havia d'estar disposat a perdre l'existència per escriure.[10] La integritat del seu ofici era tan complexa que no deixava lloc als afectes ni a les passions. Dels dos camins que l'escriptor podia prendre, aconsellava el que garantia una vida tranquil·la, és a dir el matrimoni de conveniències. Però l'amor de Pla per Adi no havia tingut prou força per resistir el temps i la convivència. Renunciar a casar-se i pagar el sexe: aquesta seria la forma de vida que havia hagut de triar d'ençà que Adi l'havia deixat.

Els dos o quatre dies al mes que passava a Barcelona es trobava amb una dona que l'esperava a la seva cambra de l'hotel Viena: Aurora, que segons testimonis havia conegut en un bordell de Sant Feliu de Guíxols. Pla freqüentava habitualment els bordells. Quan les reunions de la revista eren a Palamós, ell i Ignasi Agustí solien passar la nit a Ca la Rossa, que aleshores tenia més de cinquanta anys. Tenyida de ros poll, un ull pixós i el pit generós i punxagut, dirigia un estol de «nenes» molt apreciades per l'element masculí de la comarca. Aurora havia estat companya d'un militar de la República i per sobreviure treballava habitualment en un prostíbul de Mataró.[11] Quan a l'octubre de 1942 Pla va decidir passar llargues temporades a l'Escala, Aurora l'acompanyaria algunes vegades. Era rossa, bonica, bona persona, agradable i molt callada. Durant un temps van viure en un pis llogat a sobre la fàbrica d'anxoves. Valeri, el noi de Ca la Neus, que aleshores tenia uns nou anys, l'havia d'acompanyar sovint a la platja, seguint ordres de Pla que no volia que hi anés sola. La vida de l'Escala li resultava més atractiva pel moviment constant de pescadors i perquè els cafès eren oberts fins tard, fet que li permetia estar tota la nit de tertúlia, mentre Aurora l'esperava al pis o els esguardava sense badar boca en una taula propera.[12] L'opinió que tenia de les dones era contundent com sempre: la cuina era el seu recer i havien de ser les dipositàries de l'estabilitat, la paciència i el conservadorisme, mentre l'home es podia permetre estar tocat de bogeria. Pla semblava mogut per la necessitat d'expressar les seves opinions sobre les dones cada vegada que iniciava una relació estable.[13] Aurora, a més de ser la dona que cuinava, discretament, era sobretot la dona que havia d'estar ben disposada al llit, en tot cas era el que n'esperava.

La mort d'Antoni Pla va coincidir aproximadament amb la partença d'Aurora a Buenos Aires, on va poder fer realitat una de les seves aspiracions: ser mestressa d'un bordell. Amb l'ajut del seu marit, don Pedro, van obrir un prostíbul al barri de Ramos Mejías. Després de la mort del seu pare, el primer de novembre de 1944, Pla va tornar a Llofriu. El testament el deixava com a hereu universal, però en una clàusula s'especificava que en cas de mort sense descendència, o bé si aquesta no estava encara en edat de testar, l'hereu seria el seu germà Pere i en les mateixes condicions. I d'aquesta manera, tots els germans. Pla podia viure al mas amb la seva mare que n'era la usufructuària.[14] Ell i el seu germà van heretar també una bòbila de rajols que el seu pare i el seu associat, Lluís Bonal, havien construït al camí vell de Tamariu. Antoni Pla no havia deixat diners i Josep va haver de pagar a l'Estat les vuit mil pessetes de la testamentària, per la qual cosa va haver de demanar amb urgència dues mil cinc-centes pessetes a Josep Vergés a compte de la segona edició del *Señor de Barcelona*.[15] Josep i Pere Pla quedaven com a hereus gravats. El disgust i la sensació d'inutilitat els va oprimir durant molts anys. Pla es va començar a fer càrrec de les despeses: la contribució, el manteniment de l'edifici, el bestiar, els cultius... A finals de 1945 va començar a fer breus escapades a Cadaqués.

L'estada d'Adi a Begur havia estat molt breu. Un cop restablerta una relativa normalitat a la frontera amb França i davant la declaració de guerra a Alemanya, la seva mare va voler tornar a Suècia, perquè va tenir por de quedar-se sense diners i de morir a Espanya. Adi va poder rellogar la casa de Begur a uns amics suecs i va acompanyar la seva mare a Estocolm. Les primeres setmanes va viure a casa d'una farmacèutica que tenia una filla de dos anys, la cuidava a canvi de la manutenció. Ben aviat va entrar de minyona en una casa. Entre altres coses havia de fer melmelades, però el que més l'aterria era haver de guardar-les en un rebost que era a fora i on s'entrava per una trampa que s'obria a terra. Tenia la impressió que un dia l'estirarien cap a dins. Només s'hi va estar una setmana, perquè va trobar una feina d'institutriu que li va permetre llogar un petit apartament. Tenia al seu càrrec els fills del metge del rei Gustau: dos nois i dues noies.

Només de veure-la, el gran, que tenia dotze anys, li va dir al petit que en tenia vuit: «Ara se t'ha acabat de fer el dimoni, aquesta no te'n deixarà passar ni una.» Va estar-se a casa del doctor fins que, com li va dir el fill gran, va poder «treballar amb el cap». Dos corresponsals del *Daily Express*, Gordon Young i Lemaitre, van fundar una revista, *Avenir Politique, Économique et Diplomatique*. Els dos primers números havien sortit amb faltes d'ortografia, sense alguns titulars; a partir del tercer número Lemaitre va demanar a Adi que hi col·laborés. Feia pràcticament la revista tota sola, corregia, coordinava, visitava gent per demanar-los articles o per entrevistar-los, com el doctor Poul Bjerre o el ministre xinès d'Afers Exteriors.

Un cop acabada la guerra, ella i la seva mare van tornar a Barcelona. Van llogar un apartament al carrer de Tavern i, de seguida que va poder, Adi va anar a viure a Begur. Al principi feia una vida solitària i tranquil·la, només parlava amb la gent del poble que la van tornar a rebre encantats. La coneixien com la senyora Pla i era molt respectada. Es va fer amiga de la filla del vigilant. Enriqueta, la filla de Mascort, li feia la feina de la casa i anava a comprar, cosa que Adi feia rares vegades. Mascort la va introduir en l'entrellat de la vida de Begur. Tenia un mas als afores del poble i era una de les autoritats. Era gran, sense dents, els ulls blaus, altíssim i esvelt, tenia un posat elegant, grec. Havia passat la joventut a Cuba. Mascort coneixia a tothom i trobava la manera de solucionar tots els problemes. Paulí Joanola, que vivia a Palafrugell, baixava moltes nits a Begur, n'era un dels noctàmbuls habituals. Havia viscut trenta o quaranta anys als Estats Units, aleshores ja tenia la seixantena i estava retirat. Apareixia en bicicleta des de Palafrugell a les dues o a les tres de la matinada, la despertava cridant des del carrer: «Senyora Pla, senyora Pla!», i un cop ella l'havia refet del pedaleig amb un ressopó, començava la tertúlia fins a les set de la matinada, a la qual s'afegien Mascort i el vigilant. Gràcies a Mascort Adi va conèixer l'escriptora Carmen Kurtz, que feia poc que s'havia comprat una casa per passar-hi els estius. S'havien creuat algunes vegades, però s'esquivaven, es tenien per estiuejants esnobs. Un dia van coincidir casualment a les sis de la tarda, Adi la va convidar a casa seva a prendre cafè després de sopar, van estar parlant fins a les sis de la matinada. Van fer-se bones amigues i compartien les tertúlies nocturnes.

Adi era pessimista i escèptica respecte a la gent, però quan trobava algú que li agradava donava la seva amistat generosament, sense demanar res a canvi, s'hi bolcava completament. Sovint dinaven o sopaven juntes; malgrat que Adi gaudia d'una situació econòmica folgada, tenien el costum d'inventar-se negocis que les permetessin fer-se riques. Carmen Kurtz era deu anys més jove que Adi i sentia una autèntica admiració per aquella dona esvelta i rossa, intel·ligent i culta que vivia sola. Adi llegia cada matí, amb el retard d'uns quants dies, *Le Monde*, prenia el sol a la terrassa i després es dutxava. No era gaire amant dels banys de mar i era una de les poques privilegiades que tenia aigua. Habitualment anava a dinar a la fonda. Era vegetariana i naturista, però sense radicalisme. En el Begur d'aquells anys, mancats sovint del servei d'un metge, es practicaven molt els remeis naturals. Quan se li va inflamar un gangli del coll, una infecció tuberculosa que semblava que només es podria solucionar amb una intervenció quirúrgica, Mascort li va portar una tassa plena d'una terra roja que havia recollit entre les arrels dels pins d'un lloc que ell coneixia. Se'n va fer un cataplasma que es va aplicar al coll i la infecció va desaparèixer. Adi sortia a passejar a la tarda amb Carmen Kurtz carretera avall. Sorprenia a aquesta per la vitalitat i el sentit de l'humor. Una vegada van voler arribar a la vista de Ses Negres. Feia molta calor, el camí era ple de pols, les mosques s'enganxaven a la pell, estaven molt cansades, els feien mal els peus. Carmen va preguntar a Adi: «I queda molt camí perquè puguem veure Ses Negres?» Adi va respondre: «Ses Negres no ho sé, però jo estic veient Ses Morades!»

Al vespre anaven a prendre la fresca a la plaça amb Mascort, Paulí Joanola i els amics de sempre.[16] La venien a veure sovint de Barcelona amics com Manuel Rocamora, Àngel Zúñiga, que la va despertar de matinada, a la manera de Begur, és a dir cridant des del carrer: «Senyora Pla, senyora Pla!», Aurora Bertrana, que s'hi volia quedar a escriure un llibre, però tant ella com un pintor suec amic d'Adi consideraven que la casa era massa endreçada per a una artista. També hi anava algunes vegades l'escriptor Josep Maria Gironella, que no li agradava gens. Des que s'havia creat el premi Nadal, el 1945, no feia més que buscar-la, però davant del poc entusiasme d'Adi va anar a picar la porta de Rosa Pla i, segons es comentava, van arribar a ser bons amics. L'any següent va guanyar el premi Nadal amb *Un hombre*, una novel·la que tant Adi com Josep Pla consideraven horrible. Pla no s'havia volgut presentar al sopar del Nadal per no contribuir a les intrigues i perquè estava atabalat per Gironella.[17] Fins i tot Adi encara recordava com li havia demanat diners per poder comprar un Sant Crist amb el compromís que li tornaria el deute amb francs. Mai no va veure aquells francs i quan una amiga islandesa els hi va reclamar en nom d'Adi, Gironella es va fer el desentès, dient que havia de rebre els diners d'un llibre i que en aquell moment no tenia res. Sense buscar-ho, Adi es trobava ser el centre d'un grupet heterogeni format pels amics de Begur, pintors i intel·lectuals. Li encantava xerrar i, sobretot, escoltar; concentrada no perdia paraula, sempre es quedava amb el raonament que li semblava més lògic, que més s'ajustava al que creia era la veritat. No era gens mentidera, era noble i discreta, qualitat essencial en un poble. Es feia respectar per la dignitat i la força de caràcter i estimar pel sentit de l'humor i la senzillesa.

Des que Adi s'havia instal·lat a Begur, Josep Pla ja no hi apareixia. Les gresques nocturnes i etíliques amb Amador Mon i els festejos a Reparada, la filla del carnisser, s'havien acabat feia temps. Havien estat la reacció a la marxa d'Adi de Fornells. El seu centre de distracció s'havia desplaçat primer a l'Escala i, quan Aurora se n'havia anat a Buenos Aires, a Cadaqués. Ningú no va sentir mai que Adi pronunciés una paraula en contra seu, al contrari, encara l'admirava com a escriptor i retallava tots els articles d'ell i sobre ell. La relació entre els dos, si bé indirecta, no s'havia trencat del tot. Adi no podia evitar de voler veure Pla. Moltes tardes, quan era a Barcelona, després de dinar, anava amb una seva amiga al Guinea, a prendre cafè, perquè sabia que en una petita tertúlia que s'hi formava, algunes vegades hi anava ell. Tampoc no havia perdut el contacte amb Rosa Pla. Quan aquesta va saber que Adi havia decidit passar la tardor a Mallorca, li va proposar que s'emportés la seva filla Roseta, que tenia dotze o tretze anys i que havia tingut una bronquitis. Li havien fet deixar l'escola de monges, li havien posat una institutriu i a l'estiu l'havien enviada a La Molina amb una infermera. Roseta va passar un mes a Valldemossa, amb Adi i la seva neboda Ina, i un altre mes a Ciutat de Mallorca. S'estaven a l'hotel dels Artistes de la família Quetlas. Aviat Adi va esdevenir molt popular. Els fills dels propietaris de l'hotel, que eren els integrants del conjunt musical *Los Valdemosa*, se l'estimaven com si fos un membre més de la família. Va conèixer a la Caixa d'Estalvis Miquel Forteza, que havia traduït el *Corb* d'Edgard Alan Poe, i es va convertir en un bon amic. Quan Adi ja era ingressada al geriàtric, recitava en anglès els versos del poema. Eren lliçons de mort. Coneixia la majoria dels estadants de les cel·les de la Cartoixa: pintors, artistes, estrangers que buscaven pau i naturalesa.

Quan van tornar a Girona, Rosa li va proposar de quedar-se a casa d'ells a passar el Nadal, perquè no estigués sola.

Segons Adi si va acceptar la invitació va ser perquè una amiga de la família la va convèncer: el matrimoni Vila Pla passava per un dels períodes més crítics i Adi era l'única que podria fer entrar en raó Rosa. Les seves despeses, l'allunyament progressiu del seu marit havien, fins i tot, fet intervenir, sense cap resultat, Josep Pla. La tensió era creixent, el mal humor i els crits una constant; Adi, bona amiga de Rosa, procurava fer-li entendre que amb tres fills, una de pocs mesos, no podia fer res més que aguantar. Però Rosa seguia gastant i avorrint el seu marit cada dia més. Les nombroses excursions que feien s'acabaven sempre amb Alexandre Vila i Adi d'una banda i Rosa de l'altra, si no és que els deixava a mig camí o ni tan solament sortia. Adi va fer també amics a Girona. Periodista i aprenent d'escriptor, Joaquín José Saurina es va convertir en el seu confident literari. Passaven hores davant del foc de la llar parlant de llibres. La seva relació amb Josep Pla la investia d'una aurèola intel·lectual que, unida a la intel·ligència, sensibilitat i bon gust innat, la feien especialment atractiva. D'altra banda, Adi posseïa una virtut, la de saber escoltar amb l'atenció més viva i saber fer preguntes intel·ligents. Van conservar la relació epistolar durant uns anys.

L'hivern següent, Adi s'endugué altra vegada Roseta a Valldemossa. Com sempre, s'estaven a l'hotel dels Artistes i Adi va reprendre la relació amb les amistats de l'any anterior, en especial els qui s'estaven a les cel·les. Un d'aquests estadants, Ramon Eugenio de Goicoechea, va ser un dels seus confidents enamorats, la primavera de 1948 li va dedicar un poema, carregat de ressonàncies llangoroses: «Soneto a Adi Enberg amiga en Valldemosa para que lo lea en Bagur cuando esté lejos».[18] També va arribar a tenir una bona amistat amb Lluís, el nét de l'arxiduc Lluís Salvador. «Vaig fer fregar el terra al nét de l'arxiduc», deia rient. Va convidar Lluís i el seu cosí Toni, que també era nét natural de l'arxiduc, a la festa de Cap d'Any que celebraven a l'hotel dels Artistes. Lluís semblava, en la manera de menjar i en el posat, un home del renaixement. El seu cosí era més tímid i fi. Després de sopar i beure xampany, la gent va marxar tret dels dos cosins; com que el terra era brut, ella els va demanar que l'escombressin abans de retirar-se. Lluís li va respondre: «Si vos aneu a cercar sa granera, jo vaig a cercar una galleda per esterrejar.» I així ho va fer. Adi li anava dient: «Passeu el drap per aquí, que ha quedat brut, i allí també...»

Després Adi i Roseta van anar a la Molina, s'estigueren a l'hotel Solneu. Mentrestant, el matrimoni Vila Pla preparava el trasllat a Barcelona; es van instal·lar en un pis que havien llogat al carrer de Santaló. Adi era, com sempre, molt ben rebuda per la família Pla. Si s'esqueia que durant el Nadal era a Barcelona, la convidaven a passar les festes amb tots ells a Palafrugell. La tia Adi cantava ineludiblement les nadales sueques, noruegues, alemanyes, angleses i franceses, i més n'hagués sabudes. Cantava molt bé, però els nebots, que al principi se l'escoltaven embadalits, a la tercera cançó començaven a neguitejar-se, fins que feien per escapolir-se. Els Nadals anaven fatalment lligats a les nadales de la tia Adi.

Des de la mort del pare, Pla vivia al mas amb escapades més o menys llargues a Cadaqués. Consuelo Robles era la seva nova companyia sentimental: bruna, de raça gitana, d'una família molt humil que demanava caritat. Se la tenia per mig bruixa i era molt respectada. De jove havia estat una bellesa i ella mateixa contava que de petita, a principis de segle, es banyava nua a la badia de Cadaqués amb un ganivet a la boca. Els forasters quedaven fascinats davant la visió. La relació amb Consuelo era sensual per sobre de tot, com havia estat amb Aurora. Pla, malgrat que algunes vegades es queixava d'estar massa sol, en especial quan es trobava malament o es quedava sense minyona, preferia la solitud i esbargir-se de tant en tant. Si va decidir comprar la casa del carrer del

Call a Cadaqués, va ser perquè ja estava cansat de la precarietat de les cases llogades i no li agradava haver de menjar sempre a la fonda. No renunciava a les escapades a Peralada, Figueres, Granollers, on solien passar la nit per després fer alguna excursió o, si era a Barcelona, la deixava que es passés el dia comprant mentre ell s'estava a *Destino* i després feia cap a casa d'Albert Puig Palau. La Fonda Europa de Granollers oferia també algunes compensacions com la d'estrenar cambra de bany o fer un sopar de marisc que el deixava esllomat, perquè li «encenia massa la imaginació». Li hauria agradat poder passar una setmana amb ella amb un mínim de confort, per variar de les cambres glaçades i de les sortides llampec. Creia que no eren bones les llargues temporades d'abstinència només trencades per un parell de dies escadussers de normalitat, que aquests sí, li donaven la pau suficient per assegurar-li una son que el deixava nou.

Però Pla compensava els dejunis amb la pràctica de l'onanisme, que s'acabava resolent en cartes a Consuelo, que pel fet de no saber llegir ni escriure prenien una dimensió prou interessant. Una nit, després d'un sopar al mas Juny, que Jordi Puig Palau havia comprat a Josep Maria Sert, va beure tant cafè i whisky que no va poder aclucar l'ull en tota la nit. Se li va disparar la imaginació i, de sobte, durant hora i mitja es va trobar transportat als vint-i-sis anys. Li va fer tanta il·lusió que no es va poder estar d'escriure-li una carta per elogiar-li la força que tenia a distància i, per tant, la molta que n'havia de tenir quan era a prop seu. Li demanava com a resposta que dictés una carta ben bonica i sense trampa i que mirés bé la cara de la seva escrivent mentre ho feia, perquè es faria un tip de riure. La compra de la casa del carrer del Call va significar una estabilització en les relacions i, el que Pla apreciava més, confort. Consuelo cuinava i tenia cura de la casa que va esdevenir el seu domicili. Es cuidava d'amoblar-la i vigilava la feina de paletes i fusters. Pla li va fer comprar un bidet i s'encarregava de totes les despeses i de les gestions per liquidar la hipoteca o per escripturar la casa. La relació amb Consuelo era ben pública i Pla era el primer de no amagar-se'n. Si a Palafrugell procurava ser discret era, sobretot, per la seva mare. Al principi de la relació i davant de les dificultats per trobar una minyona que volgués anar al mas, havia fet la prova amb Consuelo. Per la resta, Pla no dissimulava davant els seus amics; es va acostumar a demanar cada Nadal a Josep Vergés que enviés també una panereta a Consuelo: «He rebut el paquet tradicional, moltes gràcies. Si t'es possible, envia una caixeta de coses a Consuelo Robles, c. del Call, Cadaqués (per el recader de Figueres). Moltes i moltes gràcies.» [*sic*][19]

Però, a banda d'aquestes escapades, la majoria del temps el passava a Llofriu treballant. Abans de sopar solia anar a alguna tertúlia de Palafrugell, al bar Sport o al cafè Tinyoi, que aleshores era al barri de la Tarongeta. També anava de vegades a Palamós, a Ca la Rossa o a passar l'estona a casa de l'escriptor nord-americà Robert Ruark, vora l'Aubi, tocant Sant Antoni de Calonge. Xerraven tot bevent whisky, tenien un amic comú i també bon bevedor i conversador, Rex Smith, que durant la República havia estat director de l'agència Associated Press a Espanya. La conversa començava a decaure quan, asseguts al jardí, veien com el cel es tenyia de rosa rere el campanar. Joan Ramon Masoliver li havia presentat Francesc Pujol, propietari de l'hotel-restaurant Comtat Sant Jordi, entre Platja d'Aro i Roques Planes. L'establiment el fascinava i hi anava sempre que podia. Allí va conèixer Sánchez Bella i Ruiz Jiménez. L'ambient de tertúlia que havia aconseguit formar Jordi Puig Palau al mas Juny de Castell li era també molt atractiu. Pla hi va arribar a fer mitja vida, hi menjava, hi dormia, fins i tot s'hi vestia. Jordi Puig li havia de deixar invariablement una de les seves camises. Pla apareixia radiant al matí amb una camisa de seda amb les mateixes inicials que les seves, J. P.. Portava la camisa tota la setmana i se l'anava a canviar a casa de Jordi Puig.[20] Pla va incorporar Marià Vinyes a les vetllades del mas Juny, que sovint s'allargaven dies sencers i es van convertir en un centre d'art i cultura. Vinyes, Pla i Jordi Puig passaven molts dies junts a l'hivern. Prenien el sol a la tarda, en un o altre racó arrecerat de les terres del mas, sopaven i, després del cafè i el conyac, Vinyes es posava al piano fins a la matinada. Aquest ritme de vida s'anava allargant fins que recordaven que havien d'anar a treballar. Una de les vetllades més memorables va tenir lloc al desembre de 1949, quan, amb motiu del centenari de la mort de Chopin, Marià Vinyes va donar-hi un concert davant d'un auditori escollit i selecte: Francesc Ripoll, el mestre Llongueres, Joan B. Solervicens, els Puig Palau i Pla. Malgrat que Néstor Luján i el matrimoni Vergés també van ser convidats no hi van poder assistir.[21] Pla va arribar a organitzar també algun dinar al mas. Una vegada va convidar, entre altres, al matrimoni Ventosa i a Paulina Pidelaserra a menjar un arròs amb llagosta que va resultar deliciós. Quan ja prenien cafè, la mare de Pla va dir tota moixa: «... i a mi, tant que m'hauria agradat que en Josep i l'Adi haguessin tingut un fill...» Pla se li va acostar i li va acaronar el clatell.[22]

XVI. LA PRIMERA EDICIÓ DE LES *OBRES COMPLETES* (del 1952 al 1960)

A partir de l'estiu de 1952, Pla va començar a viatjar a l'estranger. Primer es va limitar a França, Suïssa i Portugal; més endavant va visitar gairebé tots els països d'Europa. Josep Vergés i *Destino* s'encarregaven de gestionar-li els visats i d'arreglar-li el passaport. Habitualment aprofitava que algun amic hi anava amb cotxe, per apuntar-s'hi: Lluís Bonal, Manuel Ortínez, el matrimoni Rosa, Emilio Bofill i la seva esposa Maria Levi, Josep Quintà, Enric o Joan Sagrera, el seu cunyat Frank Keerl. D'aquesta manera s'estalviava el viatge i només havia de demanar a la revista les despeses d'hotel i manutenció. Durant la dècada dels cinquanta va començar també els grans viatges: el 1954 va anar a Cuba i a Nova York, el 1957 va visitar Israel i Turquia, el 1958 Argentina, Uruguay i Brasil i el 1959 va viatjar fins al Golf Pèrsic, Aràbia Saudí i Egipte. Pla estava entusiasmat d'haver pogut reprendre el costum de viatjar encara que només fos per breus períodes. L'ambient del país l'asfixiava i, fins i tot, havia declarat a Vergés que tenia por que si continuava sense poder sortir a l'estranger l'haurien d'internar en un sanatori.

El creuer a Amèrica era organitzat per *Destino*, el va acompanyar Néstor Luján i, segons va declarar Pla en una autoentrevista, va ser irrisòriament curt, «una ocasió perduda». Amb prou feines una setmana van visitar l'Havana, Nova York i l'estat de Nova Jersey; però gràcies a Pere que va escriure a Mr. Ginzburg, president de la Crown Cork International, van ser rebuts com dues personalitats i en sis dies els van ensenyar més que no hauria vist un turista en quatre mesos. Pla va escriure un gran nombre d'articles per a la revista. Nova York el fascinava i juntament amb Grècia era un dels seus llocs preferits. En canvi Luján va quedar atuït i no va poder escriure res; Pla ho atribuïa al fet que era una mica castellà i massa intel·lectual. A ell, però, l'efecte se li va produir a l'arribada, la ressaca mental es va convertir en depressió quan es va adonar de la sordidesa i abandonament del nostre país, com un «gran cementiri» poblat «d'ànimes en pena».[1] Les restriccions elèctriques accentuaven el dramatisme ambiental. Només donaven llum al mas dos dies per setmana i a partir de les vuit del vespre, això feia que les dues hores anteriors fossin, en plena tardor, d'una penombra que la tènue llum del quinqué encara feia més asfixiant.

La resta de viatges, a Amèrica del sud i a l'Orient mitjà, els va fer gairebé sempre en petrolers de la Compañía Española de Petróleos, gràcies a l'amistat amb Demetri Carceller, que es remuntava als anys de Madrid, quan Adi era la seva secretària, i a les bones arts de Manuel Ribes, director de la secció de publicitat de la revista. D'aquesta manera, *Destino* s'estalviava una part de les despeses d'un viatge que, en un creuer normal, haurien resultat prohibitives. Això sí, segons Pla, presentava alguns inconvenients, com el menjar, que trobava infecte, unes travessies inacabables, converses limitades als capitans, poques escales i sovint mancades d'incentiu periodístic: eren escales tècniques, de carregament de cru i, per tant, en emplaçaments petrolers allunyats dels centres urbans. En general, no hi havia mitjans de transport públic. Més d'una vegada s'havia hagut de quedar a la cabina, perquè no hi havia ni un trist taxi per dur-lo a la ciutat. Pla destacava, però, un fet positiu: no es podia fumar i per tant podia fer llargues cures de tabac. D'altra banda, tenia tot el temps del món per llegir, escriure, pensar i avorrir-se. Una de les anècdotes més il·lustratives va tenir lloc a El Ferrol del Caudillo, el Nadal de 1958. El vaixell, el Seahawk, un dels petrolers més grans d'Espanya i acabat d'estrenar, va haver d'ajornar la sortida prevista per a mitjan desembre fins el 22 del mateix mes, a causa d'un problema de turbines. El vaixell era en dic sec i tota la tripulació s'havia dispersat. Pla va haver de passar la setmana de Nadal a El Ferrol, «sinistra població», fins que salpés el vaixell. «Jo estic be, però memorablement aburrit i trist. El país és mediocre, car i sense amenitat. Estic a l'hotel Suís —pretenciós, car i dolent— 300 diàries. Com s'ha posat el país deu meu!». [*sic*][2] Dos anys més tard, Pla tornaria a topar amb la mateixa pedra, aquesta volta a Ceuta. Va haver d'esperar el vaixell que l'havia de dur a Veneçuela i que es va endarrerir una setmana. Només portava les mil cinc-centes pessetes que li havia donat l'administrador de *Destino*, Paco Sagrera, i va haver d'escriure urgentment a Vergés, perquè es posessin en contacte amb Fuster de la Compañía Española de Petróleos, que hauria de procurar-li els diners necessaris per passar el tràngol. D'altra banda, el seu interès per Ceuta era molt limitat i la ciutat tampoc no donava massa de si. Pla estava desesperat: «Una setmana totalment perduda, bestia, aburrida, anguniosa i gastant uns diners que necessito per coses molt més importants. Es estrany que Ribas no podés mirar amb més exactitut el pas del barco. Aquesta estada, a Ceuta, no ha estat gens favorable al meu pressupost, ja prou migrat.» [*sic*][3]

En aquestes condicions, els desplaçaments de Pla eren de molt rendiment per a la revista. El viatge a Israel, Xipre i Turquia, un total de quaranta dies, va costar 50.000 pessetes, però el d'Amèrica del Sud encara va ser més ajustat, 45.360 pessetes per cent dies de viatge, és a dir 456 pessetes diàries.

Els empleats de la companyia Quero li donaven els diners en comptagotes i mentre no en rebia més, s'havia de defensar a base de «fer el portuguès i d'anar per les cases a menjar i beure». Giménez Arnau li va haver de deixar cent dòlars, Mestre Jou, quaranta i Jesús Cambó i la seva esposa li van haver de deixar els diners per poder tornar a Espanya. Tant al Brasil com a Buenos Aires, Montevideo, Caracas i Washington va tenir sempre un amfitrió o altre que el va recollir i alimentar, fos Antoni López Llausàs, Jesús Cambó, el Dr. Devoto, el matrimoni Martínez Matilla, Carme i Melvin Lord o Aurora. Per estalviar-se segells escrivia els articles en paper aeri, amb una lletra minúscula i a doble cara, que els feia de lectura impossible. Ina de Martínez Matilla recordava com portava personalment la correspondència a correus de Caracas, amb mil recomanacions als funcionaris i amb l'ai al cor per por que no es perdessin. Tot i això alguns no van arribar mai a la redacció de *Destino*, en concret els enviats des del Brasil, perquè els funcionaris de correus d'aquell país es quedaven els segells de cost elevat i destruïen les cartes. Però el que li semblava més greu era que es perdessin els que havia enviat des dels Estats Units. Pla va viure, en tots els viatges llargs, l'angoixa que els articles no arribessin. Més d'una vegada va haver de reescriure de memòria reportatges de més de deu pàgines.

No és estrany que es queixés quan els reportatges eren publicats amb retard i perdien el valor d'actualitat política que havia estat el motiu principal del viatge. La col·laboració a la revista li reportava l'ingrés principal i qualsevol alteració li era un petit daltabaix al pressupost: «He vist que en l'últim número de *Destino* no has publicat el calendari. Ja veus que he fet un gran esforç. Si no m'ajudes, no farem res. Sospito que el reberes amb temps. Ja comprendràs que considero que això s'hauria de tractar amb una certa generositat després de tantes collonades de diners per sortir pel país i per fora com ets donat. T'adverteixo que escric cada dia amb més dificultat. Que quan escric fumo enormement i que això tindrà un límit fatal i inexorable. Per altra part, el retorn a aquest país m'ha produït un fastig indescriptible i l'únic meu ideal és anar a morir a l'estranger.» [*sic*][4] El 1954 va revisar novament el preu de reportatges i articles, i va deixar en set-centes cinquanta pessetes els primers i tres-centes cinquanta els calendaris, «perquè jo —ni la meva mare— podem viu-re», escrivia a Josep Vergés.[5]

Certament, el mas li portava despeses: fer un pou, arreglar una xemeneia i una teulada que una tramuntanada havia fet caure i comprar adobs. També s'havia de fer càrrec de la manutenció de la seva mare, que, tot s'ha de dir, era la perso-nificació de l'estalvi i de l'austeritat i, d'altra banda, preferia passar l'hivern a Barcelona a casa de la seva filla Maria, que tenia calefacció i minyona. Tot plegat se li feia una càrrega feixuga. Si a més tenim en compte que havia comprat la casa de Cadaqués i que de tant en tant donava alguna cosa a Con-suelo i enviava diners a Aurora, que vivia a Buenos Aires, era lògic que fos molt curós en el moment de passar comptes. Aviat s'havia adonat que la manera de fer amollar els diners a Josep Vergés era collant-lo una mica i essent-hi a sobre, per-què si Pla badava, Vergés es feia el distret. Si alguna vegada feien passar, sense consultar-lo, per un «Calendario» un capí-tol del *Girona* o d'un altre llibre que li havia publicat l'edito-ral Selecta, havia d'escriure ràpidament a Vergés per recla-mar-ne l'import. Fins van arribar a publicar un llibre seu, a partir dels articles del «Calendario sin fechas» sense dir-li res: «Veig que sortirà un llibre meu sobre *Lo infinitamente pequeño*. De que es tracta? Jo no he vist res. Es estrany. Supo-so que em donaràs alguna cosa: espero. Jo vaig molt mala-ment.» [*sic*][6]

Tot i els desajustaments econòmics, Josep Pla i Josep Ver-gés sintonitzaven perfectament pel que feia a l'orientació de la revista, però era Pla qui guiava el tàndem. Per aquesta raó les pretensions d'Ignasi Agustí de reprendre la direcció de *Destino*, quan el seu allunyament progressiu havia convertit, amb el temps, Vergés, que n'era el soci gerent, en el director de fet, van topar amb l'oposició franca de Pla i de la majoria dels col·laboradors. Pla no havia volgut assistir al banquet que havia organitzat Agustí al maig de 1954, recuperat d'una malaltia. Va encapçalar la resistència de dinou col·laboradors que van demanar a Agustí que donés una sortida a la crisi, quan al desembre de 1956 aquest va voler reprendre la direcció de la revista utilitzant procediments poc ortodoxes, com el de recórrer primer a la censura i després al ministeri de Información y Turismo per publicar un article d'adhesió al règim. Agustí va solucionar de moment el problema amb la incorporació de nous col·laboradors, com Josep Maria Gironella. El conflicte no es va resoldre fins que Ignasi Agustí va plantejar la compra de les accions de Vergés per dos milions de pessetes. Vergés va contraatacar i va oferir cinc milions i mig per les accions d'aquell. Pla va estar en tot moment al costat de Vergés i va alegrar-se que la crisi es resolgués definitivament amb la propietat majoritària d'aquest, que pocs mesos abans s'havia fet també amb les accions de Godó.

Si la conformitat amb Vergés, pel que feia a l'orientació de la revista, era plena —o caldria matisar i dir que Vergés seguia l'orientació que li proposava Pla—, en canvi, la publicació del seus llibres en català topava amb la reticència de l'editor, que encara no en veia els guanys. Per aquesta raó Pla havia arribat el 1949 a un acord verbal amb Josep Maria Cruzet per publicar la seva obra en català a la Biblioteca Selecta de l'editorial del mateix nom. La col·lecció anava dirigida a un mercat català molt ampli. Amb la regularitat de l'escriptor professional que ha arribat a la maduresa literària, anava publicant un promig de quatre llibres l'any. Un ritme que podria semblar extraordinari, si no fos que es tractava d'una reescriptura i reordenació de l'obra apareguda fins aleshores. Un dels eixos de la nova edició giraria a l'entorn de l'evocació i la memòria, segons ja havia apuntat a les proses de finals de 1921 i principis de 1922 i que, sis anys després, el 1928, havia redefinit per convertir-lo en l'estructura que donaria unitat a una obra massa fragmentada. El projecte, però, havia quedat en suspens; Pla s'havia deixat emportar aleshores per l'onada d'activitat política que sorgia com a conseqüència de l'afebliment de la Dictadura de Primo de Rivera.

El temps i la memòria donarien ara la perspectiva i el to, filtrant les asprors de la joventut, fent més humana i íntima l'aproximació a la realitat i apropant-la a la sensibilitat i experiència dels lectors. Pla reunia en diferents sèries els volums, amb la intenció d'ordenar la seva obra per gèneres: «Coses vistes» per als llibres de narracions i fragments descriptius diversos, «Cartes de lluny» aplegava els llibres de viatge fora del país a diferència dels llibres de la sèrie «Viatge a Catalunya». Altres llibres quedaven fora de la classificació genèrica, o a cavall de dos gèneres, com *Els pagesos* i *Girona*. Aquest darrer llibre té un interès especial per al biògraf, perquè Pla, prenent la veu d'un suposat condeixeble, Albert Ferrer, explica detalls de la seva primera experiència de la vida lluny de la casa familiar. El període coincideix amb els seus estudis secundaris i apareixen algunes opinions del narrador que aclareixen molts comportaments posteriors de Pla. En primer lloc el valor del diner, segons ell, el gran dissolvent i el gran reactiu de les famílies i, per damunt de tot, el motor de la societat del país. Josep Pla que havia viscut de ben jove les angúnies i pressions que els diners exercien en la família recomanava l'exercici d'aficions menys materialistes i més contemplatives, però el cert era que la vida i la pràctica del periodisme l'havien privat de disposar de prou temps per dedicar-se a badar i a observar les persones. Sovint se'n queixava als pròlegs dels volums de la Selecta i a les correspondències.

Un altre comentari interessant que estava molt lligat amb el dels diners era la mala consciència. Pla sentia profundament el sacrifici que havien fet els seus pares per donar-li una carrera. Aquest esforç l'obligava a demostrar a la seva família que era capaç de viure de l'escriptura. L'obsessió per convertir-se en un escriptor professional serà una lluita contra la tendència que el portava a seguir el corrent general: pagar el deute exercint d'advocat o notari. El fracàs reiterat en l'intent de presentar-se a les oposicions consulars, la poca disposició per tancar-se uns anys i preparar una notaria, el portaven a acceptar un ofici, el de periodista, d'un rendiment econòmic més aviat prim. En canvi, li donava una llibertat d'horaris que s'adeia a la seva inclinació per una certa bohèmia. Quan Pla deia revoltar-se davant la vida de grisor conformada que portava la carrera d'advocat o de notari, més aviat es protegia del sentiment d'impotència per millorar les condicions de vida de la carrera periodística. Pla era un bohemi, certament, però, a la seva edat, hauria preferit viatjar en avió i no en petroler, i disposar d'un coixí econòmic i d'un confort, que després de tants anys de treballar a preu fet, encara volava molt alt.

La resta de volums, que anaven apareguent a la Selecta, es podien agrupar, sense que se n'esmentés explícitament el gènere, en tres sèries més: les biografies, les novel·les i les obres sobre el pas del temps. Aquest darrer grup aplegava tres llibres que procedien d'articles publicats a *Destino*. L'esclat de la infantesa, el record de la felicitat, la no consciència del temps, la vida en el present, els jocs d'estiu i la il·lusió de l'amor només entrellucat contrasta amb la realitat, el temps i la seguretat, que tot ho erosionen, la limitació humana, la quotidianitat, la soledat i la incomunicació.

L'èxit dels llibres de Pla era complet. El dia de Sant Jordi de 1953, quan ja havia publicat uns quinze volums a la Biblioteca Selecta, Josep Maria Cruzet va organitzar-li un acte d'homenatge a la Casa del Llibre. Pla només va poder assistir a les conferències que li van dedicar J.V. Foix i Maurici Serrahima i va haver d'escoltar, des de l'altell, les d'Antoni Vilanova i Salvador Espriu a través dels micròfons mentre signava llibres, voltat dels seus amics: Masriera, la senyora Cruzet, Carles Soldevila i Josep Maria de Sagarra. Va estar més de dues hores signant. El reconeixement li arribava tard, però era unànime. Dos anys abans, Josep Maria Cruzet havia ressuscitat el vell premi Creixells, rebatejat ara amb el nom de Joanot Martorell. *El carrer Estret* havia obtingut el premi de la primera convocatòria que es va celebrar a la Casa del Llibre. Al març de 1955 Cruzet li va organitzar un segon homenatge també a la Casa del Llibre, una exposició que comprenia una mostra de tota la seva producció bibliogràfica. Aquell mateix novembre li va ser concedit el premi Pi Suñer de periodisme. Al març de 1962 va ser elegit a la primera convocatòria de l'escriptor del mes que van fer els llibreters barcelonins. Pla va entendre que fins i tot podia treure algun profit d'aquella nova popularitat i va decidir presentar-se a la primera convocatòria de periodisme literari convocat per la Fundació Joan March al desembre de 1960. Estava dotat amb tres-centes mil pessetes i va fer, indirectament, perquè li fos concedit. Va demanar a Vergés que fes la gestió per ell, que truqués Jacint Vilardell, metge de Joan March i que Pla havia tractat a Roma durant la Guerra Civil, perquè parlessin amb el jurat. El premi li va ser lliurat a la residència de Jacint Vilardell.[7]

Malgrat la voluntat de recollir la seva obra en unes vastes memòries, aviat va veure que es tornava a perdre en la dispersió i el fragmentarisme. Al maig de 1956, exhaurits alguns dels volums publicats a la Biblioteca Selecta, Cruzet i Pla van decidir reprendre l'edició en forma d'obres completes. Pla ordenaria els llibres inclosos en la sèrie «Coses vistes» segons el tema: narracions de joventut, narracions marítimes i barcelonines, ciutats lligades a la seva primera experiència en la vida, viatges i retrats que, biografies a banda, no havia reprès des del 1926. Amb el títol genèric d'«Homenots» convertiria els esbossos d'aleshores en retrats d'unes vint pàgines. L'experiència i el coneixement del món i dels homes li permetien plantejar la descripció dels seus personatges des d'una perspectiva menys caricaturesca, més humana i profunda. La majoria dels retrats, en especial els primers, partien d'una visió personal del personatge, desmitificada. Els situava en la seva realitat quotidiana i descobria el temperament lligat a l'aparença física i al comportament, per mitjà d'anècdotes, xafarderies, arriscant judicis sobre la personalitat. Jaume Vicens Vives, que s'havia convertit en el nou mestre de la joventut de la postguerra, l'havia convençut de contribuir a la recuperació de la memòria col·lectiva. La intenció inicial —expressada al primer volum de la sèrie: deixar un record de les persones que l'havien ajudat a comprendre una mica la vida— era compartida pel lector per mitjà de la veu narrativa; el Pla intel·ligent, irònic i sentimental que s'atrevia a expressar el que pensava sobre personalitats d'allò més canonitzades. Gràcies a aquesta sinceritat ben subjectiva, creava una complicitat amb el lector, que, si més no, compartia l'atracció per un coneixement menys mitificat i més humà dels homes que s'havien destacat en la construcció d'una tradició cultural i científica.

Malauradament, la reconstrucció que s'havia proposat de la memòria col·lectiva per mitjà de la memòria personal toparia amb els esculls de sempre: les servituds del mercat i del periodisme. Els articles setmanals li restaven temps. L'edició de les *Obres completes* depenia més de cobrir gèneres fins aleshores poc, o gens, tractats i de reeditar els volums exhaurits a la Biblioteca Selecta, que no pas dels criteris que s'havia marcat en iniciar el projecte. La sèrie d'«Homenots» n'és un exemple: la descripció de personatges s'aniria adaptant als gustos dels lectors, a la seva nova popularitat, com els casos de Raimon i de Joan Capri, i a la consciència de la recuperació de la identitat catalana, com el notari Roca i Sastre, que li serviria per explicar la conservació del dret civil català. En altres casos tenia la funció d'acostament al poder polític de l'ajuntament de Barcelona. Pla, al principi reticent a les maniobres de Josep Vergés per apropar-se a Josep Maria de Porcioles, que es movia entre l'Opus català i la Lliga, ara proclamava clarament la seva adhesió a l'alcalde, li dedicava un «Homenot» i l'elogiava sempre que podia, fins al punt de considerar-lo la figura política que més l'havia impressionat.[8] Això no va servir, però, per fer entrar Néstor Luján i Josep Vergés de *consejals.* S'ha de remarcar, tornant als «Homenots», que molts d'aquests van ser confeccionats amb l'ajut d'amics, com era el cas de Maurici Serrahima, que pràcticament li va fer el de Roca i Sastre. Pla va reproduir, sense afegir-hi ni una coma, el retrat que Agustí Calvet li havia donat, perquè li servís de base per escriure el de Ramon Godó, fins al punt que a l'hora de transcriure'l es va equivocar i va posar Prim per Priu. També va seguir la recomanació de Gaziel de fer una petita introducció explicant que havia consultat diverses fonts, la més important Miquel dels Sants Oliver. El seu germà Pere li va proporcionar tota la informació sobre el negoci del suro per a l'«Homenot» Joan Miquel. Alfred Sisquella i Salvador Espriu van ser els autèntics autors dels seus «Homenots» i Joan Gich del seu «Retrat». Pla va donar-los el to personal, però l'essència l'havien posada ells.[9]

Durant aquells anys cinquanta s'havia anat dibuixant, des de *Destino*, una imatge d'un Josep Pla en plena maduresa. Volien deixar en segon terme l'home frívol i bohemi i, en canvi, donar més relleu a l'escriptor seriós, treballador, que fugia dels passatemps i dels ambients literaris. Amb motiu dels seus seixanta anys van dedicar-li un número especial a la revista. Apareixeria un Pla popular, però que s'amagava rere una gran timidesa, irònic i sentimental. Era la figura del mediterrani antic, solitari, conservador i reflexiu, que buscava el coneixement de la realitat per l'experiència. Per aquesta raó es produïa una identificació perfecta amb el poble que volia ser pensat, que volia que la seva realitat fos l'autèntica realitat mediterrània. La publicació de la seva obra en català havia permès recuperar la consciència de poble que la guerra i els anys de franquisme no havien ofegat del tot, perquè parlava de la vida més immediata i quotidiana, sense retòrica, en to col·loquial, ple de sentit del ridícul i de saviesa del poble. Pla li retornava la poesia del paisatge i l'enriquia de sentit: dolor i sensualitat.

La mort sobtada de Josep Maria Cruzet va interrompre l'edició de les *Obres completes*. Pla havia publicat trenta-set volums a l'editorial Selecta, sense signar mai cap contracte. Si no n'havia publicat més era perquè, segons explicava a Maurici Serrahima, amb una falsa modèstia d'allò més natural, hi havia el perill de provocar l'embafament dels lectors i volia deixar la via lliure als joves que començaven. Ara, la mort de l'editor li feia veure el futur de la publicació dels seus llibres amb pessimisme. Malgrat que Tebé, Miracle i Piña van fer tots els possibles per retenir-lo, Pla va veure molt clar que, amb la desaparició de Cruzet, l'editorial havia perdut una política molt personal de publicacions. L'entrada de cavall sicilià a la Casa del Llibre reclamant un director-interlocutor, els improperis als dependents immòbils de perplexitat i la sortida de la llibreria carregat d'exemplars de la seva obra que, evidentment, no pagava, eren reaccions que, segons els encarregats de l'Editorial Selecta, provaven el mal caràcter i la gasiveria de l'autor. Pla, pel seu cantó, estava indignat: l'esforç i l'autoexigència que li reportava la confecció de l'obra demanava una compensació en el mateix sentit per part dels editors. La mort de Cruzet representava un canvi d'esperit a Selecta que no s'avenia amb ell. Maria Borràs volia publicar la seva obra a la col·lecció «Perenne». Pla es revoltava davant la idea de quedar atrapat en un d'aquests panteons, «Infinit» o «Etern». Va entrar en un estat de desinflament. A la seva edat, no es veia demanant a un nou editor que li publiqués els llibres. L'esperança de deixar el periodisme per dedicar-se plenament a la literatura s'esvaïa novament.[10]

Una altra mort, la d'Halfdan Enberg va fer trontollar sensiblement l'economia d'Adi. Quan s'havia separat de la seva mare, Olga Wretman, Adi s'havia posat al costat d'ella. No va perdonar mai al seu pare aquella separació, encara que aquesta actitud tingués com a conseqüència immediata l'allunyament de la vida regalada. El seu pare, malgrat que estava dolgut amb ella, no va tenir mai un no i li va donar sempre el que va voler. Adi tenia una especial habilitat per fer-se pagar els capricis més cars: la casa de Begur, els hiverns a Valldemossa, no haver de treballar... Quan va morir el seu pare, ella no el va voler anar a veure, ni a l'enterrament, i no va deixar un sopar que havia organitzat a casa seva, a Begur. Però es va endur tots els mobles i la vaixella que ningú no volia. Va vendre el billar a Begur i n'hi van donar deu mil pessetes.

Durant una de les seves estades hivernals a Valldemossa, Adi va conèixer Joan Anton Fuster i Valiente que vivia a Deià. Aleshores la seva pintura era molt anomenada a Mallorca, era el representant més puixant del noucentisme pictòric de l'illa. Era vidu, el primer matrimoni havia estat molt ben avingut. La seva esposa que era molt gelosa, no el deixava mai sol. Quan ell anava a pintar al camp, ella s'estava al seu costat fent ganxet. Va quedar completament fascinat per l'elegància i el cosmopolitisme d'Adi; tenia un temperament bondadós i dòcil i des del primer moment va sentir una mena d'adoració per aquella dona voluntariosa i tossuda. Malgrat que la família d'ell no va veure mai amb massa bons ulls la relació, especialment el fill del primer matrimoni, la van respectar sempre i la decisió de legalitzar la situació per mitjà del matrimoni no va plantejar cap altre problema que el que va sorgir per l'embolic de l'estat civil d'Adi. Efectivament, quan va adonar-se de les dificultats que li posaven l'Església i el govern espanyol per casar-se es va desesperar. Adi ja estava divorciada del primer marit i el fet que ella fos de l'Església evangèlica no l'eximia del gran pecat del seu estat civil. Fuster i Valiente, que era molt creient, es volia casar per l'Església i, de moment, va iniciar algunes gestions a Mallorca mateix. Va fer anar Adi a visitar el canonge d'Artà perquè l'aconsellés; previnguda abans, va aconseguir no esclafir de riure quan li va dir «missenyora». El canonge li va fer escriure una carta a Josep Pla per anunciar-li que es casaria i que volia refer la seva vida, d'aquesta manera acabaria amb les ambigüitats. Però aquesta gestió servia de ben poca cosa, si no era per tranquil·litzar Fuster i Valiente que veia com la neboda de Pla, Rosa Vila, una criatura de dotze anys, la tractava i li deia tia.

La parella va deixar passar uns mesos de nuviatge. Ell va anar a estiuejar a Begur, a la casa d'Adi, la qual, per evitar les males llengües, va convidar la filla gran de Montserrat Bestard, que havia tingut, feia pocs mesos, un nen. El resultat de les gestions que van dur a terme amb l'Església espanyola va ser decebedor; es va negar en rodó a casar-los, perquè considerava indissoluble el matrimoni entre protestants. D'altra banda, sense cerimònia religiosa, aleshores no era possible la cerimònia civil. No els va quedar altra solució que provar-ho fora del país. El capellà espanyol, Gilberto Valtierra, que els havia de casar a París al juny de 1950, es va trobar que, després d'haver-se celebrat la cerimònia civil, l'Església catòlica no acceptava el divorci d'Adi i els negava el matrimoni religiós. La indignació de Fuster i Valiente va ser considerable i es va distanciar definitivament de l'Església. Un any després i des d'Oslo, Adi encara escrivia a Manuel Aguirre de Cárcer, ambaixador d'Espanya a França, per reclamar la validesa del matrimoni civil dut a terme l'any anterior i legalitzar la seva situació, tant per part de les autoritats eclesiàstiques espanyoles com de les civils. Aurora Bertrana, que, des que la va conèixer a Begur, va mantenir una certa relació epistolar amb ella en francès, confessava la seva admiració pel coratge d'haver acceptat novament que un desconegut compartís la seva existència.[11] La senyora Maria, la mare de Pla, la va felicitar i li va confessar que havia fet molt bé, perquè, amb en Josep, era molt difícil de viure-hi.

Les possessions dels Fuster havien quedat molt minvades i repartides, però Joan Anton Fuster encara conservava una finca a Deià. El matrimoni s'hi va traslladar a passar-hi l'hivern, perquè ell trobava Begur massa ventós. La seva vida era molt tranquil·la: ell sortia sovint a pintar paisatges, mentre ella es quedava treballant al jardí o llegint. Aleshores Deià era encara un poblet de pescadors i pagesos. Recordava com Robert Graves treia una canya amb un mocador blanc a la punta per demanar peix als pescadors. Adi estava aleshores molt prima i patia d'insomni, s'aixecava a mitja nit per menjar pa amb oli que li agradava molt. El casalot era molt fred i ella hi va fer instal·lar ràpidament una salamandra. Adi assegurava que era la dona que havia fet instal·lar més salamandres del país. Tot i això, la humitat ho impregnava tot; per mantenir la casa escalfada deixava la llar encesa, fins i tot quan no hi eren. Un dia que havien sortit, va saltar una espurna de la xemeneia i es va calar foc. Van arribar a temps per apagar-lo, però es van cremar molts quadres i obres de valor.

Ni la vida a la casa de Deià ni a la de Begur els acabava d'agradar, a l'una perquè se sentien massa aïllats, a l'altra perquè hi feia massa vent. Els recursos econòmics de la parella tampoc no eren massa considerables. Adi, que sempre havia tingut la dèria dels negocis, va tenir la idea d'obrir un hotelet i no va acabar de veure les possibilitats turístiques, a curt termini, de cap d'aquestes dues viles. En canvi Sitges tenia ja, en aquest sentit, una infraestructura molt sòlida. Van comprar a mitges una gran casa al número 63 del carrer de Jesús i van pagar-ne la hipoteca. Li van posar Residència Victòria.

Des del febrer de 1960, Pla col·laborava amb tres articles setmanals al *Correo Catalán*. La proposta li havia vingut de Manuel Ortínez, que, feia anys, el 1945, havia conegut gràcies al matrimoni Rosa Fina de Palafrugell, sogres d'aquest. De mica en mica s'havia anat distanciant dels Puig Palau. Malgrat la fascinació que li produïa l'aristocràcia industrial, la influència de Jaume Vicens Vives i el propi sentit pràctic de la vida i de la política li feien girar els ulls cap a la nova tendència de liberalització de l'economia proposada pels tècnocrates de l'administració de l'Estat vinculats a l'Opus. El pla d'estabilització del 1959 significava la racionalització de l'economia i, a la llarga, la liberalització de la política espanyola i la prosperitat de Catalunya. No és estrany que Pla s'apropés a la tendència representada per Manuel Ortínez que, al capdavant del Consorci de Cotoners, havia impulsat el pla de reconversió de la indústria tèxtil catalana, i que es distanciés cada vegada més dels Puig Palau que representaven la tendència proteccionista. Un article criticant la postura d'alguns representants d'aquest sector, que qualificava d'anarquistes de la Diagonal, va provocar la ruptura definitiva. Malgrat que no havia donat noms, tothom havia entès que havia apuntat directament contra els Puig Palau i la reputació d'ingratitud i d'oportunisme va tornar a les boques de mig Barcelona, sobretot dels amics comuns, gent de la Lliga.[12] Pla podia ésser un oportunista i un ingrat i moltes altres coses; la seva relació més o menys cordial amb la gent durava fins que el decebien. El fet de cansar-se aviat de la gent —un dels trets del caràcter familiar, segons els Pla—, la manca de paciència i el mal humor se li manifestaven quan aquella persona ja no encaixava amb la imatge que se n'havia fet. Aquesta reacció no era pas deguda a la feblesa o a la frivolitat, com succeïa a altres membres de la família, sinó al desencís i, també —i en això coincidien tots—, al fet que aquella amistat ja no els podia aportar res més.

L'amistat amb Manuel Ortínez significava la possibilitat d'entrar en el projecte de modernització del país. La seva incorporació al *Correo Catalán*, juntament amb Joan Fuster, sota la direcció d'Andreu Rosselló i Manuel Ibáñez Escofet n'era la realització immediata. El *Correo* podia ser aquell diari més europeu i liberal que havia de fer de contrapunt a *La Vanguardia*. Pla estava tan entusiasmat que havia proposat una pàgina cultural seguint el model dels grans diaris italians com el *Corriere* o la *Stampa*; també havia aconseguit la col·laboració de Jaume Vicens Vives, que malauradament va ser molt breu. Aprofitant l'avinentesa del diari i el fet que molts membres de la seva redacció tenien la segona residència a l'Empordà Petit es va arribar a formar una tertúlia de caps de setmana que es movia entre el bar Sport, Can Tinyoi de Palafrugell, Ca la Neus de l'Escala, Cal Mercader de Pals, Ca la Teta de Figueres, Can Trias de Palamós i La Gavina de S'Agaró. Una fotografia que s'ha fet popular mostra una representació prou completa de la tertúlia: Fabià Estapé, Armand Carabén, Manuel Ibáñez Escofet, Joan Fuster, Josep Pla, Manuel Ortínez, Joan Sardà i Dexeus i Jordi Nadal. També n'eren habituals Manuel Ballbé i Joaquim Maluquer. Tots els contertulians tenen un record memorable d'aquelles reunions i malgrat que l'objectiu prioritari era conspirar i començar a pensar en el govern que hauria de rellevar el franquisme, el cert era que xalaven d'allò més.

XVII. EL *QUADERN GRIS* I L'*OBRA COMPLETA* D'EDICIONS DESTINO. PARÈNTESI A BUENOS AIRES AMB AURORA (del 1960 al 1967)

Per un temps li va semblar que les noves relacions li proporcionarien la plataforma de publicació que, després de tants anys de treballs per donar un sentit a la seva prosa, creia que aquesta mereixia. L'eufòria i la il·lusió que dominaven el grup va arribar al punt de l'acció. Manuel Ortínez i Armand Carabén eren homes acostumats a portar a la pràctica els somnis: si ja s'havien fet amb un diari que amb poc temps s'havia convertit en la tribuna de l'expressió liberal, per què no haurien pogut omplir el buit editorial que la mort de Cruzet havia deixat? D'escriptors sense editor n'hi havia i de qualitat. Josep Pla es va encomanar de l'entusiasme de l'editorial A.C., era un projecte fet a la seva mida i de Joan Fuster, que també es trobava en una situació econòmica i de publicació molt precària. Si l'esperit i les bones intencions de la nova editorial s'adequaven perfectament a les seves aspiracions, en canvi els fallava l'experiència; per la resta, tots ells tenien ocupacions empresarials i administratives més urgents i rendibles. Malgrat la molta il·lusió pel projecte i l'enlluernament pels seus realitzadors, Pla tenia prou coneixement del negoci editorial per saber que no podia funcionar a base de fundacions o mecenatges. Tenia vuit o nou volums inèdits, estava treballant en una nova versió de les obres completes que aplegava una vintena de volums de cinc-centes a set-centes pàgines i volia fer valer i demostrar la seva professionalitat; però era conscient que trobar un editor que fos capaç de comprendre la seva ambició i de fer-se'n càrrec, era pràcticament impossible. Tampoc no tenia gens clar que, tot i les promeses, l'editorial A.C. fos capaç d'assegurar-li, com a mínim, les dues mil pessetes setmanals que necessitava per viure sense haver de dependre del periodisme.

La projecció que Pla havia guanyat amb la publicació de l'obra a la Selecta i amb els articles setmanals a *Destino* i al *Correo Catalán* havien fet entendre clarament a Josep Vergés que l'aposta per un Pla en català era jugar sobre segur. L'èxit del programa diari a Ràdio Barcelona amb Joaquín Soler Serrano li acabava de confirmar la capacitat d'atreure's amplis sectors. S'havia creat un públic fidel i disposava de la revista per fer-ne el llançament sempre que calgués. Al febrer de 1961 ja s'havia produït un conflicte que havia tingut com a origen l'atenció excessiva a la figura de Pla i s'havia tancat amb la baixa de Josep Maria de Sagarra. Una carta al director demanant el premi Nobel per a Pla, i una nota molt elogiosa de Vergés a un reportatge seu sobre l'illa de Madeira, van provocar la reacció indignada de Sagarra que considerava revoltant que la direcció del diari treballés, d'una manera tan descarada i aprofitant la més mínima avinentesa, la candidatura d'un seu col·laborador. En una carta a Vergés, Pla es posava al seu costat, comparava la reacció de Sagarra amb la d'Ignasi Agustí i li aconsellava que també prescindís d'ell com un altre cas de ressentiment.[1]

Malgrat el contracte que havia signat amb l'editorial A.C. per publicar l'*Obra Completa* i haver rebut, el juliol de 1963, un avançament de vint-i-una mil pessetes per *El quadern gris*, Pla es va fer enrere de seguida que va captar l'interès de Vergés. El 22 de gener de 1965, Josep Vergés va portar al mas Pla el contracte de publicació de l'*Obra Completa*. Les condicions no eren pas massa avantatjoses: el cinc per cent de drets d'autor sobre el preu de venda no era un tracte just per a un autor consagrat i que tenia un nombre creixent de lectors. Però Pla tenia el convenciment que les «grans baluernes» representaven un risc per a l'editor i, per aquesta raó, havia arribat a la conclusió que els guanys que en pogués treure eren el de menys. Pla es debatia entre el desig de dedicar-se en exclusiva a la seva obra i el preu que n'havia de pagar per poder-la editar. En qualsevol cas, l'experiència li havia ensenyat a no vendre's la propietat dels llibres com si fossin «parells de sabates». Volia deixar-la al seu germà Pere i formar un petit grup de bona gent perquè l'assessoressin, entre els quals volia comptar-hi Maurici Serrahima i el notari Raimon Noguera de Guzmán. Però les condicions del nou contracte establien que rebria cinquanta mil pessetes per cada volum entregat, a compte dels drets, i la liquidació dels que sobrepassessin aquesta quantitat es faria quatre anys després de la publicació de cada volum.

Pla preferia un contracte dur que li assegurés l'edició, perquè l'ofici i l'experiència eren al darrere, que no pas donar-ho a una editorial d'aficionats que no li garantien cap continuïtat, encara que els tractes fossin molt més generosos. Havia deixat la vida en la seva obra, tenia 68 anys i la seva obsessió era acabar-la. Josep Vergés posseïa, a més, el *pedigree* dels grans cacics industrials del suro. Encara que ell, personalment, ja s'hagués trobat amb una situació econòmica bastant desballestada, degut, sobretot, a la crisi profunda del sector, conservava intacte l'orgull de can Barris i l'ambició de recuperar- ne el prestigi. Pla, com a bon petit propietari agrícola, sentia l'admiració i el respecte feudal, atàvic, pel poder. Els Barris pertanyien a la classe dels senyors que planaven en el seu Palafrugell de l'adolescència i joventut. Un cop signat el contracte, el procés es va accelerar: Pla va notificar-ho a Manuel Ortínez que va donar per no vàlid el contracte que havien signat amb anterioritat, i per perduda tota la feina de mecanografiar els primers quatre volums que tenien projectat publicar. Josep Maria Castellet tampoc no va arribar a temps d'aconseguir la publicació de la seva obra per a l'editorial que acabaven de fundar Max Cahner i Ramon Bastardes. Els encarregats de l'editorial Selecta, Piña i J.V., se'n van assabentar per la premsa i no van aconseguir posar-se en contacte amb Josep Vergés fins passats uns dies. Finalment, aquest els va informar que Pla i ell havien decidit reprendre el projecte d'anys enrere d'editar l'*Obra Completa* en català; un somni que, segons l'editor, Selecta havia estroncat, i els va proposar un acord per liquidar totes les existències de l'obra de Pla. Vergés, o Edicions Destino, comprava per 600.000 pessetes els volums en dipòsit al magatzem d'Edicions Selecta per un valor brut d'1.500.000 pessetes. A banda del desprestigi, l'operació salvament va resultar clarament negativa per a la Selecta, sobretot quan van començar a rebre devolucions massives de llibreters i distribuïdores.[2] Amb el contracte signat, Pla donava a Josep Vergés una llista inicial de trenta volums. Tres dies després, Pla el va escriure per concretar alguns detalls que volia que s'afegissin al document. En primer lloc, li demanava de mantenir en secret el contracte fins que no hagués tornat el deute de vint-i-una mil pessetes a Ortínez. Conscient de la importància de les formes i del públic al qual anava dirigida l'obra, proposava un format com el de les obres completes de la Pléyade, però en vermell, per donar sumptuositat a les biblioteques. També creia que el sistema de venda més eficient seria per subscripció, en comptes de directament a les llibreries.

Pla li havia entregat els dos primers volums que corresponien a la còpia d'*El quadern gris* mecanografiada per l'editorial A.C., amb afegits i correccions. El llibre tenia com a material bàsic el dietari escrit entre 1918 i 1919, fins ara inèdit, i les narracions de *Coses vistes* i *Llanterna màgica* que és possible que ja hi fossin incloses en estat molt embrionari. De manera que, partint de l'experiència i les sensacions dels vint-i-un anys, reconstruïa el dietari de l'escriptor novell.[3] Per donar-li més credibilitat afegia una relació dels orígens familiars que també li servien per explicar els seus vincles amb la terra —Llofriu, el Canadell i l'Empordà Petit—, i els costums, la filosofia de la vida i el temperament dels seus habitants. La voluntat reiterada d'expressar la intimitat li permetia donar fe de la sinceritat del dietari. Iniciava el llibre amb la simbolització de la mala consciència: la mare servia per a postres el dia dels seus vint-i-un anys una plata de crema cremada i un pa de pessic. El narrador feia balanç del rendiment que havia significat el sacrifici econòmic dut a terme pels seus pares; reconeixia que, per la seva banda, el saldo havia estat negatiu. El tema no és nou, ja havia aparegut a *Girona.* Si tenim en compte, a més, que el primer dietari havia estat escrit en una llibreta llarga de comptabilitat, amb el *debe* i el *haber*, la metàfora li dóna un valor mercantil francament suggestiu. El llibre s'acaba amb el bateig professional del narrador, la marxa a París. L'escriptura d'aquest procés d'aprenentatge és el fil conductor de l'obra, el sedàs i la síntesi, que li permet unificar la diversitat i el calidoscopi: breus narracions sobre els personatges més pintorescos del rodal; anècdotes sobre la vida familiar, vilatana i universitària i sobre els membres de la penya de l'Ateneu; descripcions del paisatge immediat, de les sensacions de la terra i del mar, i dels costums. Un immens retaule de la vida quotidiana i de la geografia de l'Empordà Petit pintat amb un llenguatge sensual, ric en matisos i en afirmacions contundents. Conservava l'esperit de rebel·lia profunda de la joventut, que començava en el llenguatge i que, amb l'experiència de la vida, es consolidaria: es girava contra les formes estàtiques i es declarava crític i subversiu davant la mentalitat imperant. El Pla jove volia millorar les coses i per aquesta raó les descrivia i les analitzava; amb el temps, aquesta posició es mantindria, però la intenció seria ben diferent: ja només voldrà transmetre unes formes de civilització a les generacions futures, salvar-les de la destrucció del pas del temps.

El quadern gris mostra clarament el canvi d'actitud de Pla respecte a la vida i l'escriptura. Malgrat que no puguem disposar del primer manuscrit per contrastar-lo amb la versió definitiva, és possible deduir alguns dels fragments que corresponen al període de formació i els que van ser escrits en èpoques posteriors. L'amor per la vida, als primers, el portava a l'aproximació cap a les persones. Els personatges, més que res pintorescos, eren descrits amb tendresa davant la fatalitat; la grandiositat indiferent de la naturalesa acreixia encara la seva compassió. Però rares vegades el narrador els feia mirar les estrelles, com havia fet Ovidi amb el primer home de la creació; gairebé sempre romanien amorrats a la terra. Més endavant conservarà la sensualitat per la naturalesa, pel paisatge, el respecte per la seva indiferència i força destructora. Només s'interessarà per les persones quan l'obra serà prou extraordinària per despertar-li l'admiració. Aquest canvi d'actitud serà gradual i cristal·litzarà a partir de l'experiència de la Guerra Civil. La destrucció de la convivència, de la tradició, de les formes de la tolerància, simbolitzades per les esglésies del seu rodal cremades el 18 de juliol de 1936, la pèrdua de la civilització anterior a la guerra van acabar de radicalitzar el seu escepticisme sobre l'espècie humana.

Altres fets havien influït en aquest desinterès progressiu: l'educació familiar havia suprimit qualsevol forma de diàleg i d'aproximació sentimental que havien estat substituïts pel respecte i l'obediència. La disciplina de l'escola havia assumit la funció formativa que la família defugia. Aquest comportament no era exclusiu de la família Pla Casadevall i era molt generalitzat a principis de segle entre la pagesia, la menestralia i la burgesia. Amb els anys la relació amb els pares encara es va refredar més. Els negocis ruïnosos del pare li havien amargat la joventut. La manca de suport en els inicis, tan durs, de la carrera literària, el caràcter torturat, dubitatiu, entre la mania i la depressió d'aquell, els van distanciar. La decisió final, influït per la seva esposa, de desheretar els dos fills, a favor de la filla gran, la desconfiança i el desconeixement de l'esperit conservador i de família de Josep i Pere, va ser un cop duríssim per als dos germans. Josep Pla no va perdonar mai la feblesa del seu pare ni el caràcter dominant de la seva mare. Quan, després de la mort del marit, es va convertir en la usufructuària de totes les propietats, Pla va voler que li signés un contracte cedint-li tots els béns a canvi d'una pensió vitalícia, però la dona no ho va acceptar.[4]

Vivien Pla i ella al mas, la mare feia el menjar i portava la casa ajudada per la minyona de torn. Mesell, feia tot el que li deia, però també la feia patir: desapareixia durant dies sense donar explicacions, li feia molts compliments de «senyora Maria», en especial davant les amistats, però li mentia descaradament. Ja gran, la dona preferia viure a Barcelona, a casa de la seva filla Maria, sense haver de fer res, i anar a passar els estius al Canadell. El fred del mas li feia pànic. Davant la llarga agonia de la seva mare, Pla confessava al seu editor un certa tendresa: «I ara et diré una cosa molt curiosa i es que tot i ser tan racional i normal el morir-se, i molt més fàcil morir-se que viure, lo que pasa amb aquesta llarga agonia de la meva mare —a la qual no tinc cap raó racional per estar agraït— em produeix cada dia més afecte i em commou d'una manera inexplicable.» [*sic*][5]

Pel que feia a la relació amb els germans, es va distanciar molt de Rosa, que havia estat la preferida; les despeses forassenyades, la inconsciència i les mentides —en això s'assemblaven molt—, desesperaven Josep i Pere. Comentant el suïcidi de Sandret, el fill de Rosa, reconeixia que la mort solucionava moltes tensions familiars. Davant l'aclaparament del matrimoni Vila, Pla es va girar la boina i se'n va desentendre. Pere va ser l'únic que va continuar al seu costat: mentre era a Lisboa van mantenir la comunicació epistolar regularment. Un cop instal·lat a la casa del carrer de Torras i Jonama, li portava cada dia el correu a Llofriu, l'acompanyava amb cotxe, pagava els comptes dels restaurants, anaven de tronc junts, fos amb Josep Gou, Josep Quintà i els amics de Palafrugell, el grup d'Ortínez i Carabén o el dels Martínez Matilla de S'Agaró. Pere era també qui decidia en els assumptes familiars, com la venda de la bòbila, els problemes d'herència a la mort de la mare, que havia desheretat Rosa, o la venda dels terrenys d'Aigua Xelida. Pla elogiava en *El quadern gris* les virtuts del seu germà: les conviccions sòlides, la fortalesa i la voluntat de caràcter, que s'imposaven per sobre de trets menys favorables com la lentitud i la manca d'agudesa.

L'amistat era per a Pla més una qüestió de necessitat que d'afecte. Hi havia diferents classes d'amics: els xofers, els que tenien una posició econòmica i social important i que admirava profundament, els tertulians i l'editor. Pla tenia una cordialitat i simpatia ben naturals, però s'entregava rarament. Tenia necessitat de parlar, de mantenir una o altra tertúlia, de tenir interlocutors, però s'interessava poc per aquests, tret de la curiositat inicial. No feia preguntes de caràcter personal, per educació i, també, perquè ni li passava pel cap. Pla atribuïa, en *El quadern gris*, aquesta actitud a causes diferents; algunes, degudes a la seva personalitat mòbil, com les seves faccions, o bé a la manca de condicions per a l'amistat. Creia que l'única sortida era la conversa banal, perquè la solitud era un estat natural que només es podia trencar pagant. De jove s'havia decantat per les persones que li podien ensenyar alguna cosa o que el distreien. Pensem en els primers mentors, tots més grans que ell: Alexandre Plana, Joaquim Borralleres, Eugeni Xammar, havien estat autèntics mestres, Pla en sentia un reconeixement sincer. Les descripcions que feia d'aquests grans amics eren divertides, agudes, però en cap cas no s'endinsava en els revolts de la personalitat i dels sentiments. Els amics posteriors a l'etapa de la Guerra Civil li permetien exercir la passió per la conversa i medir les espases de l'enginy i de la cultura. Pla, possiblement ja madur, justificava en *El quadern gris*, aquesta seva impossibilitat per entendre la psicologia humana: les excuses eren la limitació dels seus mitjans d'expressió, la manca d'imaginació, la insondabilitat de les persones. La negació per al coneixement humà l'incapacitava per escriure aquella novel·la que semblava ser l'obsessió de la seva joventut. Al cap dels anys, Pla no tenia manies a l'hora d'opinar sobre el gènere i els qui el practicaven: considerava els novel·listes uns ingenus, perquè es cuidaven dels problemes dels altres, i les novel·les, la literatura infantil de la gent gran. Segons ell eren obres fictícies i els conflictes que plantejaven no servien per a res.

Finalment, *El quadern gris* pràcticament no menciona el sentiment amorós, si no és per fer mofa de les escenes de festeig entre els cadells dels estiuejants procedents de la menestralia barcelonina. S'ha de recordar que, precisament mentre era a dispesa, va mantenir una relació sentimental amb Mercedes, la filla de la dispesera. Tot i el compromís de sinceritat que havia contret al dietari, en cap moment no esmentava aquest primer amor que, pel que sembla, el va arribar a trasbalsar. En canvi, bolcava la sensualitat vers Adela, la nena de tretze anys del far de Sant Sebastià, la visió d'un desig que no es va concretar. Al coll de Can Marquès del Puig, al camí vell de Begur, anant cap a Aigua Xelida, Pla s'encantava davant un dels seus paisatges preferits; hi somniava una casa confortable «i la companyia d'una senyoreta de sensibilitat mòrbida i vegetal, però esvelta i molt ben vestida —amb la màxima simplicitat—; sabates fortes, mitges fines, un fulard rogenc al coll, els cabells en llibertat, perfumats pel vent, i una predisposició innata a despullar-se en el moment propici. I bon tabac, llibres, etc.».[6] «Al coll d'en Marquès? Si sóc jo», deia Adi i, somrient, afegia: «Una cabana per passar la nit...» La necessitat que tenia Pla d'harmonitzar la sensibilitat i la sensualitat pel paisatge i la dona només era apuntada, amb prou feines insinuada. No volia anar més enllà en la relació amb les persones, ni amb les més estimades, per incapacitat, por, prevenció pels sentiments? Coneguda la biografia sentimental més significativa, ja no podem només explicar els silencis pel sentit del pudor de Pla o per la seva delicadesa, com han fet sovint els interessats en mantenir-ne una imatge simplificada.

El quadern gris és l'exemple més complet de descripció d'un procés que havia començat amb la il·lusió i l'afany per ser escriptor i que es tancava amb l'assoliment d'aquesta ambició, a partir de la perspectiva dels més de quaranta-cinc anys de professió periodística i literària. El procés descobreix la diferència entre la vida de l'home —vital, sensual i feble—, i de l'escriptor —racional, materialista i fort—. L'home oferia a l'escriptor els afectes disponibles, que havia abocat al paisatge: sentia la poesia i el misteri de les coses i del paisatge, no de les persones. Pla havia reduït tots els afanys humans a necessitats materials d'allò més immediates i biològiques: diners, sensualitat i ventre, que eren, d'altra banda, les preocupacions essencials de la gran majoria. Conscient de la responsabilitat de l'escriptor, utilitzava el llenguatge d'aquesta gran majoria per donar-li els signes permanents i genèrics que podia extreure del moviment informe i atzarós dels homes i de les dones. Per a Pla escriure s'havia convertit en una «lluita contra la desmesura» i, com alguns estudiosos ja han assenyalat. *El quadern gris* podria ser considerat la gran novel·la que sempre havia desitjat fer, malgrat les crítiques constants contra el gènere. Aquí el protagonista era ell i l'argument: els esforços per trobar l'expressió justa de la seva veu, que volia que fos identificada com la veu intel·ligent de la gran majoria.

El pròleg de Joan Fuster havia de servir per donar al llançament del llibre i de l'*Obra Completa* el reconeixement de la intel·lectualitat més progressista. Tot i que Pla se sentia afalagat pel fet que un bon amic, que ell admirava, li dediqués un estudi tan impressionant, no estava gens d'acord amb la interpretació ideològica: «[...] totes aquestes cullonades neo-marxistes no tenen cap interés perquè són arxipassades de moda. Però què hi vols fer?» [*sic*][7] L'èxit de vendes del llibre li va confirmar que podia comptar més amb el públic de tota la vida que no pas amb la crítica. La reacció de Pla contra la indiferència que li semblava percebre des d'aquest grup era, en part, justificada. Un llibre tan diferent, d'una qualitat poc habitual, demanava temps per ser valorat i assimilat i, l'observació de Pla, que la mediocritat era més acceptada, era certa. Però en aquesta actitud, també hi havia molt de fals victimisme, de deixar-se prendre per la inèrcia del joc de l'incomprès i del rebel, que havia mantingut durant la seva etapa inicial, d'abans de la guerra.

Ara, com aleshores, però per circumstàncies diferents, la literatura catalana era reduïda a una condició minoritària i anòmala. L'acabament del període Sagarra-Riba, després de la mort d'aquest darrer, el portava a concloure que el rendiment de Riba hauria d'haver estat més important.[8] Quan no eren les obsessions personals, les condicions polítiques del franquisme ofegaven les aspiracions més normals en qualsevol país, com eren el mestratge universitari o la polèmica. Pla portava el desencís envers la crítica catalana fins a considerar amb displicència la notícia que Antoni Vilanova, qui millor havia sabut valorar la seva obra, fes dos articles del llibre.[9] La desafecció per la crítica del país i pels medis universitaris seria explotada per Josep Vergés, durant i després de la publicació de l'*Obra Completa*. D'aquesta manera podia prescindir de qualsevol rigor a l'hora d'establir-ne l'edició i convertir les possibles crítiques en aquest sentit en simples manies d'erudits llepafils.

Més d'un any després d'haver signat el contracte i d'haver-li enviat la primera llista provisional, Pla establia una segona llista on, a més, plantejava la qüestió de la publicació del *Cambó* i la conveniència de la reedició de la *Historia de la segunda República*. La refosa feta per Vergés de les dues llistes en una de sola per publicar-la al darrer volum de l'*Obra Completa*, i el fet d'haver suprimit la indicació de l'estat en què es trobava cada volum (publicat, entregat, acabat, per acabar, per organitzar o per recollir) crea l'habitual confusió, tan característica de la manera de fer de l'editor. A més de no permetre distingir els títols que no havien estat inclosos a la segona llista i que figuraven a la primera, tampoc no deixa veure quin era l'abast de la feina per fer i com Pla calculava complir el compromís de publicar quatre volums per any.[10]

Un cop signat el contracte, Pla es va posar a treballar sobre els cinc volums següents: *Aigua de mar, Primera volada, Sobre París i França, El nord* i *La vida amarga*. De tots, *Aigua de mar* i *Sobre París i França* eren els que volien encara més hores de treball; el primer, perquè s'havia de completar amb unes dues-centes pàgines d'una *Navegació d'estiu* que havia de servir per arribar a les sis-centes o set-centes pàgines acordades amb Vergés. Però el llibre sobre França estava pràcticament per fer. Pla podia aprofitar molts dels articles que havia enviat a *La Publicidad* des de París, entre 1920 i 1921, i a *La Veu de Catalunya*, el 1932; però s'havien de recopilar i els primers s'havien de traduir, és a dir que s'havien pràcticament de reescriure. En total va haver d'escriure unes sis-centes pàgines, en dues etapes. Després de sis mesos i mig de feina, a mitjan octubre de 1965, va pensar haver-lo acabat i haver depassat el nombre mínim de pàgines, però a principis de febrer de 1967 va haver de completar-lo perquè havia quedat curt. El llibre va resultar-li un autèntic malson, el cansava, l'avorria, l'obsessionava i qualsevol excusa li era bona per interrompre'n la lenta gestació: les visites innombrables, els conflictes originats pel projecte de la construcció de la central nuclear a la platja de Pals, la venda dels terrenys d'Aigua Xelida, les excursions, les escapades a l'estranger, els sopars, les vetllades amb whisky i, també, els indefugibles articles per a *Destino* i *El Correo Catalán.*

Bastant recuperat de la trombosi arterial que havia tingut el 1962 a la cama esquerra i que l'havia immobilitzat un temps al llit, i de l'atac de reuma a la cama dreta que va patir al maig de 1963, Pla va sentir la necessitat de tornar a veure Aurora. A més, el fred que feia al mas li era cada vegada més insuportable i la pressió d'haver d'acabar i entregar els primers volums l'havia deixat exhaust. Pla desitjava climes més càlids i recollint l'oferta que li havien fet nombroses vegades Ina Viscarri Enberg, neboda d'Adi Enberg, i el seu marit Juan Luís Martínez Matilla, va decidir passar els mesos d'hivern a Amèrica del sud: Caracas, Buenos Aires i São Paulo.

Quan Adi va assabentar-se que Pla aniria a passar uns dies a casa de la seva neboda va voler parlar amb ell. Feia més d'un any que s'havia mort Joan Anton Fuster i Valiente i Adi havia fet passes per assegurar el seu futur. No es veia amb forces per portar tota sola l'hotel de Sitges. El seu marit s'havia ocupat sempre de la recepció, dels clients, de la comptabilitat i de portar els paquets, mentre ella havia estat sempre a les dependències amb el servei. Tossuda com era, no hi havia hagut mai manera de fer-li entendre que els clients volien fer els tractes amb ella, que parlava idiomes i era simpàtica, agradable i culta. En comptes d'això, preferia ajudar a esbandir llençols i estendre'ls al terrat. Una vegada que es van quedar sense servei, va fer ella sola els salons, totes les habitacions, les cambres de bany, va rentar vint-i-quatre llençols amb una màquina molt rudimentària, els va estendre i els va planxar. Va quedar esllomada. Durant els dotze anys de matrimoni van portar una vida tranquil·la, sense ensurts; esperaven l'arribada de la tardor per poder tancar l'hotel i viatjar. No és pas que Adi estigués enamorada de Fuster, però li agradava que fos tan atent, que l'obeís cegament i fos tan bona persona, però, segons la seva família, Adi s'avorria moltíssim amb el seu marit. Com a contrapartida ella sempre manava, als viatges ella era la guia, ell portava els paquets i seguia un pas darrere seu. Adi es posava sovint malalta, el cert era que, per paradoxal que pugui semblar, no li agradava gaire treballar i només se li eixamplava el cor quan s'acabava la temporada i podien viatjar. Segons Fuster la seva salut es podia comprar amb bitllets de tren. Però la placidesa es va girar en drama quan van diagnosticar un càncer a Fuster. L'home estava abaltit, ja no amagava l'enyorament per l'illa i cada dia pujava al terrat per veure si la distingia a l'horitzó. El dolor i el debilitament no li deixaven fer res i passava el dia assegut a una butaca de balca sota els arbres del jardí del darrere. Va morir silenciosament, sense queixar-se, i van treure el fèretre a la matinada, perquè els clients no se n'assabentessin.

Vídua i amb seixanta-tres anys, Adi només tenia dues sortides: conservar l'hotel, amb el propòsit que progressivament algú altre fes les feines dures i ella només s'hagués d'encarregar de l'atenció als clients, o bé vendre-se'l i traslladar-se a viure a Barcelona. Ina i el seu marit, Martínez Matilla, semblaven interessats en comprar l'hotel, però no es van arribar a posar d'acord en la qüestió econòmica. Adi volia que li pagués una entrada de dos milions i la resta a terminis però Ina només li volia donar una quantitat fixa cada mes. Adi també va arribar a proposar-ho a la neboda Pla, Rosa Vila, i al seu marit, Francesc Duran, que aleshores estava passant per un mal moment a l'empresa tèxtil familiar, però la idea no els va acabar de seduir. Pla insistia a Adi perquè no es vengués l'hotel, li encantava aquella casa.

Adi va voler tenir un canvi d'impressions amb Pla abans que marxés a Veneçuela i va anar, acompanyada de Rosa Pla, a casa de Maria Pla a l'hora de la sobretaula per poder parlar amb ell abans del viatge. Adi estava extremadament interessada en arribar a un acord amb la seva neboda i comptava que Pla podria intercedir favorablement. Dos dies després, Pla marxava amb avió cap a Las Palmas. El viatge li va semblar extraordinari, com sempre que podia utilitzar aquest mitjà. I com sempre que havia de continuar en petroler, va quedar penjat. Va haver d'esperar-se deu dies a Santa Cruz de Tenerife per poder fer l'enllaç. Aquesta vegada va ser atès pel personal de la companyia de petrolis CEPSA i es va allotjar a la residència que l'empresa tenia a Santa Cruz, que va trobar magnífica. Va passar els dies com va poder, més o menys entretingut per l'enginyer de la companyia i la seva família: excursions, algun dinar o sopar i moltes hores de solitud, llegint, escrivint algun article per a la revista i avorrint-se. El porter li portava cada nit un got de llet que li va pagar al final de l'estada amb una propineta de dues-centes pessetes, si no havia sopat comprava un parell de panets per sucar. Els deu dies de travessia en el Vitoria van tenir, d'altra banda i segons ell, tots els alicients habituals: menjar horrible, converses sense cap interès amb una oficialitat molt més jove que ell, la lentitud del viatge que se li feia interminable, les moltes hores d'avorriment i l'obsessió permanent d'Aurora que no el deixava des que havia salpat de Barcelona.

Pla experimentava una gran incertesa sobre el que podria passar en el moment de trobar-la, tenia por de no arribar mai a Buenos Aires i una sensació de vellesa que acreixia la mala alimentació del vaixell. «El *retour d'age* dóna una força falsa —purament imaginativa, fictícia. Com més imaginació, més feblesa física.»[11] Quan el vaixell va arribar a Maracaibo no es va poder estar de reconèixer la seva immensa paciència durant la travessia. Juan Luís Martínez Matilla l'esperava al port. Tot li semblava meravellós: el viatge en avió, prodigiós, la casa, de somni, el llit i els llençols, magnífics, el menjar, boníssim. Cal dir que el matrimoni Martínez Matilla va fer tot el possible perquè durant els dotze dies que va estar amb ells se sentís com a casa: dinars i sopars amb les personalitats més interessants de la colònia catalana, amb amics de Palafrugell com Isidre Cervera i la seva família, excursions... Li feien una cuina senzilla i de qualitat, com a ell li agradava, per refer-lo de la cuina del vaixell i dels sopars de compromís. Li rentaven la roba i el deixaven descansar. Juan Luís Martínez Matilla recordava rient com, tot just desembarcat, li van proposar sobrevolar amb avioneta els pous de petroli, un tomb que va declinar, perquè estava massa cansat, i la sorpresa que van tenir quan, poques setmanes després, van poder llegir a *Destino* un article seu sobre l'excursió aèria. Evidentment, també van parlar de la família Enberg, d'Adi, de l'hotel de Sitges, però la posició d'Ina era en aquest sentit inflexible i Pla no va insistir.

Finalment, el dotze de febrer va anar amb avió a Buenos Aires i d'allí a Ramos Mejías, a casa d'Aurora i don Pedro, el seu marit. Feia mesos, anys, que Pla desitjava tornar a estar amb Aurora. Les notícies que podem treure del dietari, publicat després de la seva mort per l'editor i objecte de supressions per part d'aquest, donen una idea bastant aproximada de l'estada.[12] La casa, tot i que no es digui, era un autèntic bordell, una casa prefabricada de fusta.[13] Les primeres impressions eren la calor insuportable i el desori. Es menjava de qualsevol manera, Pla anava tot el dia en bata i pupil·les i bestioles convivien en una sorollosa i agitada harmonia. L'objecte principal del viatge, satisfer l'erotisme que l'obsessionava de temps, es va resoldre des del primer dia. El segon dia Pla escrivia al dietari: «L'erotisme 3», que tant podia voler dir que ho havien fet tres vegades, com que n'havia pagat tres mil pessetes, tot i que és més probable la primera cosa, perquè Pla escrivia que aquella mateixa tarda havia pagat sis mil pessetes per la seva manutenció. Estava meravellat de la llibertat absoluta i de la naturalitat de les converses: «El desori. L'erotisme. La conversa total. Els animalets. Com arreglarem tot això? On m'he ficat?», «Mai de la vida no m'havia trobat en una situació semblant.»[14] La realitat que estava vivint el desbordava fins al punt de no poderla descriure, però aquell ambient tan desmanegat li agradava. Aprofitaven totes les ocasions per satisfer el desig eròtic: al bany, a la cambra d'ell, a la d'ella... La seva carn daurada i plena, el vestit que portava li marcava les formes generoses del cos... Era una dona pels moments. Mirant la televisió hi havia un frec a frec de cames i cuixes, li acaronava el genoll...

Pla passava la major part del dia a la seva cambra, però el televisor, la ràdio, que de bon matí el despertava, els crits i rialles de les noies, els animalets, la humitat, les filtracions d'aigua a la casa quan plovia i el menjar pèssim arribaven a enervar-lo, hi havia moments que estava tan crispat que hauria desitjat marxar. Al vespre, enganxats a una televisió pueril, no podia evitar revoltar-se: «La tendència de la gent a passar l'estona de qualsevol manera.»[15] El tracte, tanmateix, no podia ser més atent, don Pedro, el marit de la senyora, l'acompanyava a Buenos Aires. Feia el seu canvi de moneda, els encàrrecs i, sovint, anaven junts a buscar algun vell conegut català que vivia a la ciutat. Pla considerava Aurora un exemple autèntic de dona de la prostitució, no tenia gens de memòria, però, des del punt de vista eròtic, la considerava insuperable. La vigília del seu retorn a Barcelona, el 8 de març, Pla complia 69 anys. Pres d'un moment de depressió i tristesa, s'exclamava: «Com ha passat la vida! Què he fet? No he fet res. Inanitat completa.»[16]

De retorn a Llofriu, Pla va reprendre amb més energies que mai l'edició de l'*Obra Completa*, alternant-la amb alguns viatges a Alemanya, Suïssa, València i la Catalunya Nord. La vida social el tenia també molt enfeinat, quan no eren la colla de Palafrugell, eren els barcelonins dels caps de setmana. Les anades a S'Agaró sovintejaven des del retorn de Pere al país, que havia coincidit amb la seva estada a Veneçuela i a Argentina. Els interessos personals també l'entretenien, els terrenys d'Aigua Xelida l'obligaven a assistir a reunions, a fer gestions i consultes a advocats i, quan no, estava molt pendent del projecte de construcció de la central nuclear a la platja de Pals, que havia proposat una societat francoespanyola encapçalada per Pere Duran Farell. Pla se sentia pressionat per totes dues bandes: Duran Farell era un bon amic seu i el pagès que havia de vendre els terrenys on s'havia d'instal·lar la central, Josep Gou, company de sortides i sopars, estava molt interessat a treure'n el màxim profit; d'altra banda els representants dels interessos turístics havien convidat Pla a adherir-se al grup de protesta. Pres entre els dos fronts proposava més informació sobre el projecte i es queixava que la deixadesa del darrer tram del Ter hagués portat a aquella situació.

Tot i les entrades i sortides contínues, la feina d'ordenació dels volums i, més encara, la redacció de les parts que mancaven per arribar al mínim de pàgines acordat l'avorria d'una manera indescriptible. No és estrany que en aquelles circumstàncies es revivés el desig per Aurora. Era cert, però, que, un cop a casa, havia de reconèixer que el desori que havia viscut a Ramos Mejías l'havia desinflat. El record d'Aurora ja no li desvetllava el foc eròtic d'abans del viatge, fins i tot s'havia arribat a preguntar si l'erotisme es valia tants afanys. Pla se sentia vell, però, malgrat tot, encara va tornar a l'Argentina el Nadal següent. La perspectiva de passar l'hivern al mas i el fred l'horroritzaven. Aquesta vegada, però, va fer l'anada amb avió i la tornada amb un vaixell holandès. Pel que explicava al dietari, la relació semblava haver-se refredat físicament. Pla, d'altra banda, va arribar constipat i va tenir un petit atac de lumbago. Va passar els primers dies de mal humor. El desordre, el desmanegament d'Aurora, el menjar (pollastre o ous ferrats per dinar i per sopar), la ràdio i el televisor engegats permanentment, els animalets...: «Tot plegat és sinistre, brut i horripilant.»[17] La situació, encara que ell ja no se n'estranyés, era bastant curiosa: don Pedro li portava cada matí l'esmorzar al llit i l'acompanyava a Buenos Aires. Quan don Pedro va tenir també un atac de lumbago, Pla es va encarregar d'acompanyar-lo al metge i a la farmàcia. Cada vespre, mentre miraven la televisió, el frec de cames i cuixes entre Pla i la patrona no semblava pas molestar el seu marit. Quan don Pedro sortia una tarda i Pla es quedava sol amb Aurora aprofitaven l'estona. Moltes vegades es limitaven a una conversa pujadeta de to o picant, com ell mateix escrivia, mentre li acaronava les cuixes. Però aquesta segona estada li va començar de pesar, els dies se li feien llargs i s'avorria; sense l'atractiu de la novetat que l'havia fet aguantar les situacions més inverosímils, no podia evitar un cert enuig. Poc abans de deixar la casa, Pla escrivia: «Tot això és un procés d'il·lusions fallides.»[18]

XVIII. L'OBSESSIÓ DE L'*OBRA COMPLETA*, LA VELLESA I LA MORT (del 1967 al 1981)

Pla va tornar en un vaixell holandès fent escala al Brasil, San Salvador, Rotterdam i Amsterdam. D'allí va anar a Barcelona; en total gairebé un mes viatjant en condicions més adients a l'edat i a l'estat físic. D'aquesta manera s'havia estalviat un altre hivern gèlid al mas. Va ser el seu darrer viatge llarg. Durant els deu anys següents, Pla es dedicaria gairebé exclusivament a l'*Obra Completa* i, molt esporàdicament, faria algun viatge, sempre per Europa, Espanya i Catalunya. El compliment dels terminis: els quatre volums anuals i l'obligació de les sis-centes o set-centes pàgines, que Pla havia proposat potser amb una certa inconsciència, l'arrossegaria a un ritme de treball forçat. Abans de marxar a l'Argentina havia establert una llista de trenta volums que considerava factibles, setze dels quals ja eren acabats i la resta, per organitzar, acabar o recopilar. Vist en plena eufòria i entusiasme, el projecte semblava perfectament viable, però posat a la feina, resultava esgotador. Alguns dels volums que comptava haver acabat resultaven massa curts i els que creia que podria acabar i organitzar sense massa problemes van complicar-se, perquè s'hi afegia el compromís de les dimensions.

Pel que semblava, Pla tenia la tendència de tirar curt. Només d'arribar a Llofriu va haver de completar el *Sobre*

París i França, que ja havia donat per enllestit abans de marxar. «Aquest treball em fatiga i m'exaspera enormement.»[1] El mateix li havia succeït amb *El nord*, que no sabia com allargar-lo per arribar a les sis-centes pàgines: «*El Nord* em dóna molta d'ànsia, és un llibre que no veig clar, que no sé ben bé com resultarà. Aquestes *Obres Completes* em donen una feinada obsessionant, més que no em pensava.»[2] Com més avançava més negre ho veia; *Notes disperses*, que era un embalum de notes sense ordre ni concert que entusiasmava a Josep Vergés, se li va convertir en un malson. Creia que el primer volum ja era acabat i que faltava poc per enllestir-ne el segon, però a l'hora de la veritat, Vergés li escrivia que el primer volum també feia curt. Ajuntats tots dos feien un volum insuficient. Pla hi va haver de treballar més d'un any: «quina terrible murga és aquest llibre infaust!»[3], exclamava.

Aquesta era la situació de la majoria dels volums que encara li quedaven per entregar: els vint retrats que havia de completar de *Retrats de passaport* li feien venir febre, la traducció del reportatge sobre Israel per a *Les escales de Llevant* li resultava endimoniada, *En mar* li portava tanta feina que tenia ganes de deixar-ho córrer, i haver d'allargar el *Francesc Pujols* per a les *Tres biografies* se li va fer una muntanya, l'engavanyava i l'enervava. Finalment el va acabar amb penes i treballs, gràcies a la biografia d'Artur Bladé i Desumvila. Precisament a principis dels seixanta, quan Pla va escriure les tres biografies, va anar a Martorell a procurar-se informació a l'antiga minyona dels Pujols que el va aviar, com també el fill d'aquells. Aleshores va anar directament a Bladé i Desumvila per demanar-li el llibre que encara no era imprès, però no en va treure res. Pla va fer el mateix amb el *Joan Maragall*; va escriure diverses vegades a Maurici Serrahima, perquè demanés a Josep Benet el manuscrit del seu estudi sobre Maragall per poder-lo aprofitar, com havia fet amb els estudis sobre el Cau Ferrat de Miquel Utrillo per al *Rusiñol*. Josep Benet, com és natural, no li va voler deixar el manuscrit abans de ser publicat. El costum de Pla era ben natural. D'aquesta manera havia fet l'*Homenot* de Miquel Dolç, és a dir amb l'ajut de la notícia que aquest li havia enviat i, en plena senectud, s'havia beneficiat d'una tesi doctoral publicada als *Annals de l'Institut d'Estudis Empordanesos* per escriure una part dels *Escrits empordanesos*. La dedicada a la cuina i els cuiners havia estat escrita gràcies a l'assistència generosa de Josep Mercader del Motel Empordà de Figueres.[4]

Pla, als setanta-set anys, només tenia una obsessió, acabar l'*Obra Completa* perquè li pertorbava massa la vellesa. Tota la seva vida girava a l'entorn d'aquella obra magna que havia començat a excedir les seves previsions inicials. Havia arribat a fer nou volums més dels que en principi s'havia proposat. Gran, malalt de les cames, inflat per la cortisona, encara tenia esma per ordenar i acabar els darrers volums alhora que feia l'article setmanal, «és horripilant»[5] s'exclamava. En canvi, se li havia afeblit l'esperit d'intervenció pública; quan van segrestar la revista, no va voler entrar en la polèmica malgrat que Vergés insistia perquè ho fes. A més, li feia l'efecte que l'editor estava massa content del que estava passant, fins i tot del processament de Néstor Luján, perquè tot plegat representava popularitat i soroll. A Pla, se li feia difícil de comprendre aquesta posició de Vergés.[6]

Tampoc no se sentia amb prou forces físiques per emprendre cap viatge de volada, encara que, cal dir-ho, l'estiu de 1969 va fer un creuer fins a Rússia i escrivia a Vergés la intenció de passar l'hivern novament a Amèrica del Sud. El cert era que la darrera estada a Ramos Mejías l'havia refredat molt i l'hivern següent el va passar pràcticament a S'Agaró, malgrat que les llaunes de Josep Ensesa li feien posar la pell de gallina.[7] Però Teresa, la seva minyona, havia tingut una afecció cardíaca que l'havia obligada a deixar el servei i els metges de Buenos Aires havien diagnosticat un càncer a

Aurora. Pla va quedar desconcertat, al principi ni tan solament podia escriure-li, no sabia què dir-li, «Els malalts em deixen frigorificat»,[8] comentava; el desig i la sensualitat s'havien fos. Passada la primera sorpresa li va continuar escrivint i enviant petits ajuts econòmics.

El mas sense servei era inhabitable, el fred era intens, la brutícia s'acumulava. Durant uns dies els masovers li pujaven el menjar i li encenien el foc de la llar. Després d'un viatge per Alemanya que va fer el febrer de 1968, la impressió de desempar i solitud encara era més intensa. Al principi feia el cor fort i es reconeixia un temperament de solitari, és més, de presidiari, però al cap de quatre dies estava desesperat: «La meva vida és horrible —sense el menor servei. No sé com acabarà tot això. Vaig molt malament. Em sap greu de molestar tant Pere. Com ho haig de fer? Tot és una brutícia. Penso en la mamà. Aquesta casa, qui l'ha vista i qui la veu! No sé què fer i el drama és que, en tot això, no hi tinc res a fer.»[9]

Una setmana després, Pla s'instal·lava a l'hotel La Gavina de S'Agaró. La millora era notable: escalfat, bona cuina, li rentaven la roba, li respectaven els horaris matinals, li portaven l'esmorzar al llit, aperitius, sopars amenitzats per la música del pianista de la casa, Lizcano, i passejades per sa Conca i Punta Prima. A l'hivern podia gaudir de la calma de la temporada baixa, només interrompuda per Pere i els amics de sempre, Josep Quintà, els Sagrera, Armand Carabén, els Ortínez i, els caps de setmana, la família Ensesa, de qui era el convidat d'honor i de prestigi. De cara a l'estiu, els caps de setmana, el tràfec de visites distingides era constant: Narcís de Carreras, membres del govern local, Duran Farell, els Carmona, els Trueta, els Trias Farga, el doctor Trias de Bes..., les excursions al Pedró de Pals, els sopars i les tertúlies reforçades amb whisky o conyac fins a les hores petites. A mitjan juny, amb l'arribada del bon temps i de la temporada turística, Pla anava al mas. Però a la tardor, quan, després d'algun sopar o excursió amb amics interessants, havia de tornar al casalot, li queia al damunt i, aleshores, el prenia la tristesa i la consciència del seu abandó: «Al mas. Quan m'hi trobo sol m'hauria posat a plorar de solitud i tristesa. Però no sé plorar de cap manera.»[10]

Reprenia l'únic que donava sentit a la seva vida i l'únic que sabia fer: escriure. L'*Obra Completa* l'esperava, però ara que ja n'havia publicat vuit volums i que pràcticament ja en tenia enllestits una quinzena, s'adonava que l'objectiu que s'havia imposat el depassava. La raó potser cal buscar-la en el contingut d'aquesta obra: la crònica sostinguda d'un temps, d'un país i d'una realitat, que per a ell consistia en la relació de la quotidianitat d'uns éssers que, més que individus, eren els representants d'una classe social que, a la llarga, resultava més que ensopida, francament descoratjadora. Pla havia anat perdent, amb els anys i les circumstàncies polítiques que li havia tocat viure, la confiança i l'interès en la capacitat humana per anar més enllà de les necessitats i els interessos immediats. Si, com ja hem vist, la família no li havia donat cap exemple de convivència basada en els sentiments, les relacions amoroses l'havien refermat en el convenciment que, a banda de l'amor físic compartit, no hi havia res que les alimentés. O potser sí, el confort; o almenys això era el que havia buscat en Adi, més tard en Consuelo i, també, en Aurora, malgrat que les condicions de vida que havia trobat a Ramos Mejías el revoltessin. Les amistats que freqüentava aleshores tampoc no li podien donar gaire més que xafarderies vilatanes baixes de sostre, els uns, o la relació de grans projectes de progrés industrial i econòmic, els altres. Per la resta, Pla buscava una companyia que li permetés exercitar les qualitats de polemista, que li fes sentir que participava directament en el procés modernitzador del país, encara que tot quedés en un sopar a Ca la Neus de l'Escala o en una pujada al Pedró de Pals. Si recorria a la memòria no trobava més que escenes i relacions a París, a Itàlia i a Alemanya que ja havia descrit i on, per cert, figurava com un protagonista-narrador insegur, individualista, amoral, sorneguer fins al cinisme i egoista. Un desplaçat que no trobava l'encaix i que preferia fugir abans de comprometre's. Pla no disposava, ni per temperament ni per experiència, de la curiositat i la paciència per seguir l'evolució dels cors.

Més tard, quan s'havia atrevit a encarar-se amb el gènere novel·lístic, havia defugit l'anàlisi dels personatges, tipificant-los, o bé, parafrasejant Montaigne, havia adduït que entrar en els sentiments dels altres era impossible perquè eren ondulants, feien pujades i baixades. Pla utilitzava un dels seus arguments favorits, és a dir el perill de vorejar la literatura imaginativa o bé la psicologia. Tot plegat era per eludir allò que de més profund i humà li podien donar les persones. I recordem que se sentia francament fora de lloc en els terrenys de la literatura de ficció i de la lírica. Havia arribat al convenciment que la humanitat era molt poqueta cosa, fins i tot els grans homes eren vulnerables. L'admiració que de sempre havia sentit per les persones que havien demostrat una capacitat per elevar-se per sobre de la mediocritat general, s'havia esvaït. Si ell es reconeixia amb la resta de l'espècie humana, s'avergonyia de ser un animal mentider, adulador i covard i es penedia de les seves activitats durant la Guerra Civil. En canvi, no tenia cap inconvenient per creure que tothom podia ser víctima de la mateixa feblesa, fins i tot els «grans homes». La crònica notarial dels fets i de les obres que havia deixat l'afany de superació humana podia resultar, a la llarga, ben àrida; el cultiu de la memòria moral, sense l'atractiu de l'esperit irònic, hauria resultat ben ensopit. La vellesa li havia debilitat la capacitat de sorpresa i l'agudesa. Li costava aguantar la passió lírica amb la vitalitat de la joventut. Pla s'adonava que li mancava una condició essencial per arriscar-se més enllà de la superfície de la quotidianitat, per buscar en les persones alguna cosa més que uns tics de classe per mitjà d'unes anècdotes divertides: «Em poso a treballar en aquests escrits amarguíssims. He estat un home sense cor, i ara, a setanta-un anys ¿ho he descobert?»[11] Seria gratuït lamentar-se del que Pla no podia donar, però és molt possible que l'interès pels sentiments dels altres li hagués obert unes possibilitats literàries, tant pel que fa a la tècnica com als continguts, bastant més interessants que no li donava la mera relació de la banalitat humana.

Durant uns anys, Pla va continuar passant els hiverns a S'Agaró. Quan el soroll de la tramuntana a la xemeneia del mas el feia tornar boig, s'instal·lava a La Gavina, on era rebut com la gran celebritat literària del país, l'orgull de la casa. Amenitzava les vetllades amb la seva conversa sempre interessant i divertida, les sortides de to i els estirabots eren celebrats com a genialitats. Finalment rebia el reconeixement intel·lectual de Catalunya, els premis i els homenatges li plovien de totes bandes: quatre premis de crítica «Serra d'Or», el primer per *El quadern gris* que també era guardonat amb el Ramon Llull; Edicions Destino instituïa el premi que portaria el seu nom; li eren concedides les medalles de la Diputació de Girona, de la província de Barcelona i de Sant Jordi; rebia el Premi Ciutat de Barcelona; la Medalla d'Or de la Generalitat; la Gran Cruz del Mérito Civil; el feien periodista d'honor; el consistori de Palafrugell el nomenava fill adoptiu de la vila i el director general de biblioteques i museus feia donar el seu nom a la biblioteca de Palafrugell. Dionisio Ridruejo estava traduint *El quadern gris* al castellà i Girona va organitzar a la Fontana d'Or un homenatge a l'obra literària.

Alguns homenatges, com aquest darrer i l'orquestrat pel diputat convergent Ramon Sala i Canadell el 1979, serien una resposta a les tensions ocasionades per la no concessió del Premi d'Honor de les Lletres Catalanes; una polèmica que es repetiria cada any a partir de 1972. La penalització no anava dirigida a les seves activitats profranquistes durant la guerra, sinó al fet d'haver donat per liquidada Catalunya a la immediata postguerra. Segons Josep Benet, que havia contribuït a la redacció de les bases del premi, però que no havia format part del jurat, aquelles contenen una expressió decisiva que és la continuïtat: «Mantenir la continuïtat en l'ús del català com a eina de cultura.» S'hauria pogut concedir el guardó a Francesc Cambó, un dels principals finançadors de l'espionatge contra la República espanyola al sud de França, perquè havia prosseguit les seves activitats nacionalistes després de la guerra, tot i viure a l'exili. S'havia concedit a Jordi Rubió, malgrat que havia escrit en castellà. Cap d'ells no havia trencat mai la continuïtat. Pla sí, quan va tornar a Catalunya després de la Guerra Civil, segons Benet, «no intenta publicar *La Veu de Catalunya*, sinó que vol ser director de *La Vanguardia*, que es caracteritzava llavors per la seva anticatalanitat. Per sort, al cap d'uns anys torna a escriure en català i aporta, com altres, una acció decisiva per a la supervivència de l'idioma».

La revista *Destino* serviria, com sempre, per canalitzar la contraofensiva i reactivar la figura literària de Pla. Primer, a les «Cartas al Director» i més endavant amb una taula rodona dirigida per Baltasar Porcel, amb la intervenció d'Oriol Bohigas, Josep M. Castellet, Antoni Comas, Joan Fuster, Jordi Llimona, Ernest Lluch, Joaquim Molas, Maurici Serrahima i Josep Termes que, unànimement, reivindicarien la figura literària de Pla. Alguns d'ells qüestionarien la poca claredat en la definició d'un premi que unia activisme cultural i creació. La majoria coincidia en el perill de caure en puritanismes i sectarismes que no servirien per vigoritzar una cultura catalana, que començava a sortir del pou del franquisme. Pla estava habituat a la reacció en contra de la resistència catalanista, per aquesta raó no havia volgut sortir a la televisió el 1966; estava convençut que alguns sectors ho entendrien com un excés de vedetisme i per tant es faria encara més enemics. Tampoc no havia volgut seguir el suggeriment d'Antoni Comas i Joan Teixidor i presentar l'*Obra Completa* al premi de la nit de Santa Llúcia de 1969, perquè va voler evitar intrigues contra protestataris o col·laboracionistes.[12]

La polèmica va durar gairebé deu anys i la va seguir atentament. És extraordinari que després de complerts els setanta-cinc anys, Pla fos encara capaç d'aixecar les passions com en temps del *Cambó*. Com explicava a Josep Vergés, estava tan cansat de la cursileria catalanista que es projectava per mitjà d'Òmnium Cultural, que hauria volgut emigrar. Els sectors incondicionals, d'altra banda, es van afanyar a defensar-lo, a més de Josep Vergés i Ramon Sala i Canadell, el col·legi de veterinaris va desplegar una gran activitat per promoure la seva candidatura al premi Nobel de literatura. La Real Academia va fer dues temptatives per incorporar-lo, possibilitat que a setanta-vuit anys li semblava perfectament absurda. El periodista Joaquin Soler Serrano li va fer, el 1976, una entrevista d'una hora al programa *A fondo* de la televisió espanyola. Hi va haver, també, qui va fer el calet: el consistori de Sant Feliu de Guíxols no es va voler adherir a l'homenatge organitzat per Ramon Sala i Canadell, perquè, entre altres pecats, li atribuïen l'autoria d'un article, «Banderas que volvían...», publicat el 4 de febrer de 1940 a *El Pirineo*. Una setmana després el ple de l'Ajuntament va haver d'esmenar-se perquè es va saber que l'autoria d'aquell article funest era José Pla Comas.[13]

De tots els actes d'homenatge, el més significatiu, possiblement, va ser la visita dels aleshores prínceps d'Espanya al mas, organitzat per iniciativa del mateix príncep o per les gestions de Josep Vergés. La vetlla de Sant Josep de 1975 la guàrdia del príncep no sabia on trobar Josep Pla. Havia anat amb el seu germà Pere i el matrimoni Lord a Figueres, havien sopat al Motel Empordà i havien begut bastant. Van tornar a les tres de la matinada, havia nevat, feia fred i tot estava empolsegat. La guàrdia havia trucat a casa de Pere Pla. Lola, la minyona de tota la vida, estava molt nerviosa, es va posar en contacte amb Josep Vergés i la seva esposa, Maria Rosa, va començar a amassar bunyols, per oferir-los al mas.[14] La difusió de l'acte per mitjà de la revista *Destino*, volia ser una reivindicació de la personalitat lingüística i cultural de Catalunya en un moment clau, en el qual semblava apropar-se la fi de la dictadura. Néstor Luján parlava, a la ressenya de la visita, de desgreuge, desautoritzava el grup de regidors de l'Ajuntament de Barcelona que havien votat contra l'ensenyament de la llengua catalana i feia de Pla l'interlocutor de Catalunya davant la futura monarquia espanyola: *«No sé si Josep Pla expresó algo parecido a la célebre súplica que Enric Prat de la Riba —a quien hemos de volver ahora y siempre— dijera a Alfonso XIII hace setenta y cinco años en ocasión solemne, cuando el Rey expresaba su amor a Cataluña: «Señor, ¡hágase vecino de Barcelona!», significando que serlo era ser catalán moral y físicamente.»*[15] El que no explicava Luján eren alguns fragments de la conversa de Pla, d'un reaccionarisme senil remarcable, tant pel que feia a les seves opinions sobre la nova tendència progressista de la premsa, com sobre el procés de la revolució a Portugal.

La dependència de Pla respecte Josep Vergés s'havia accentuat amb els anys. En depenia econòmicament com a col·laborador de la revista i, des de l'acord de publicació de l'*Obra Completa*, tota la seva atenció es concentrava en el compliment dels terminis d'entrega de cada volum. Pla estava obsessionat per arribar al nombre de pàgines fixat, vigilava que cada volum sortís a la data prevista i que es vengués bé. Patia si la vaga de Torres Hostench impedia el lliurament de paper i en retardava l'edició. Portava rigorosament el compte del pagament de cada llibre. Només vivia per a l'*Obra Completa*. Els tractes econòmics eren, com sempre, molt ajustats. Un any després de signat el contracte, Pla escrivia al dietari: «Vergés cordialíssim... però cap diner de més.»[16] I, com sempre, havia de vigilar que no publiquessin cap article provinent d'algun dels seus llibres, sense avisar-lo i, el que era més greu, sense pagar-li el que li corresponia.[17] Malgrat que el 1972 cobrava dues mil pessetes per article, el 1974 es considerava el col·laborador més mal pagat de la revista i el 1976 li demanava el llistat del total dels llibres venuts fins aleshores. Això sí, Pla rebia en espècies uns petits serveis que, vistos objectivament, no tenien pas més valor que el d'uns detalls ben baratets: a banda dels paquets de quartilles, de la tinta blava i d'una ploma Parker, Vergés li regalava camises, algun jersei i vestit que, sobretot si eren gairebé nous i de color blau fosc, li esqueien, segons el parer del matrimoni Vergés i de les germanes Pla, d'allò més bé. Només se li havien d'escurçar les mànigues de les americanes, tasca a la qual es lliurava immediatament Maria Rosa, esposa de Vergés, després de puntejar-les amb unes agulles de cap.[18]

D'ençà la publicació de l'*Obra Completa*, els Vergés s'havien sumat a la llista d'amfitrions que l'allotjaven en les estades fora del mas. La cambra que li havien assignat a la casa de Pedralbes a Barcelona era al darrer pis, una biblioteca que disposava d'un sofà llit i tenia un grau de calefacció digne de la més genuïna garreperia britànica. En puc donar testimoni, perquè hi vaig arreplegar un refredat memorable un matí que hi vaig consultar el manuscrit d'*El quadern gris*. Pla, de llarg molt més sofert i endurit, es queixa sovint als dietaris del fred d'aquesta cambra i algun comentari degué deixar anar, perquè un vespre va reconèixer que la calefacció semblava finalment complir les expectatives. Els repassos eren d'una gran austeritat, que els Vergés explicaven perquè Pla no volia portar la dentadura i demanava menges toves; d'aquesta manera era obsequiat amb un règim d'espagueti, pollastre, sopes de pa i truitetes. El tracte era també ben familiar i sense compliments; sovint el matrimoni Vergés sortia a sopar fora i el deixaven sol a casa o, si s'esqueia en cap de setmana, marxaven ja a la tarda per anar al futbol i a jugar a cartes amb les amistats, mentre Pla es quedava a fer l'article de *Destino* o a escriure les quartilles que mancaven per arrodonir algun volum que curtejava.

No es pot ignorar el paper de Josep Vergés en la conformació final de l'*Obra Completa* i, més concretament, dels darrers volums, és a dir del 39 fins al 45, perquè hi va intervenir d'una manera ben activa. També va influir molt directament en l'estructura i, fins i tot, en la creació d'algun llibre anterior, com l'*Àlbum de Fontclara*. Pla havia intentat fer un únic volum afegint fragments nous a una novel·la, *Nocturn de primavera*, que resultava massa curta. El resultat va ser un llibre allargassat i il·legible. Vergés va insistir que allò no es podia publicar i van decidir fer-ne dues novel·les: el *Nocturn de primavera*, segons la primera versió, i l'*Herència*, feta de nou a partir dels afegits. Des de 1973 el ritme d'edició es va reduir de tres i, fins i tot, de quatre volums per any, a dos. A partir de 1976, quan Pla ja tenia setanta-nou anys, el ritme dels dos volums anuals es mantindria, encara que només n'escriuria i ordenaria quatre en total. L'edició de *Prosperitat i rauxa de Catalunya* obeïa al compliment de la voluntat de Jaume Vicens Vives que, anys enrere, havia insistit en la necessitat de publicar els articles de Pla a la *Revista de Catalunya*. L'historiador els hi havia copiat a mà i els hi havia enviat abans de morir. *Notes de capvesprol* era la continuació del dietari que havia portat sempre. *Itàlia i el Mediterrani* era l'acompliment d'un vell desig que acusava, com l'anterior, tots els defectes d'haver estat escrit en plena senectud. *Escrits empordanesos* tenia les mateixes qualitats que els llibres esmentats, era una repetició de molts temes ja tractats per ell en *El meu país*, de tipus divulgatiu i sense la passió i la vitalitat de les primeres versions. Com que l'original era, segons Vergés, impublicable perquè era massa curt i àrid, Pla el va completar amb uns quants capítols sobre cuina i cuiners empordanesos, que pràcticament li va fer Josep Mercader, propietari del Motel Empordà de Figueres.

Però el més interessant són els quatre volums confeccionats a base d'articles de *Destino* traduïts al català pel corrector de l'editorial, Bartomeu Bardagí: *El passat imperfecte, Les Amèriques, Per passar l'estona* i els viatges d'*El viatge s'acaba*. Pla només hi havia posat l'article original en castellà, res més. La tria i l'ordenació dels articles la va fer Josep Vergés i, fins i tot, en va escriure el pròleg de, com a mínim, quatre volums, signant, això sí, J. P.[19] L'estil d'aquests pròlegs és calcat als de Pla, encara que molt esbravat, però poden confondre el lector fidel: la gradació dels tres adjectius, els «enormes», «importantíssims», «immensos», i un ús i abús dels «plausibles» que voreja el grotesc. També hi ha alguna aportació lèxica original, com la utilització d'una expressió ben empordanesa, però gens planiana: «la flor de perer de la burgesia del país».[20] Pel que fa als tòpics, hi són tots, com les ingratituds del periodisme, la seva incapacitat per la novel·la i la literatura d'imaginació, el pessimisme sobre l'espècie humana. És un fet reconegut per tothom que, amb l'edat, Pla s'havia tornat més i més conservador, que cada dia tenia més mal geni i que amb prou feines si escoltava els arguments dels altres, si no era per rebatre'ls amb quatre raons que ja no convencien, perquè els mancava l'agudesa d'esperit i la maduresa intel·lectual d'abans. Represes per Josep Vergés, se simplificaran i es convertiran en tòpics reaccionaris i perfectament banals. És difícil que Pla arribés a un grau de buidor tan acusat com el que ens proposa el reduccionisme de Vergés quan, per exemple, el fa parlar sobre la seva literatura:

«Els meus escrits m'han permès d'enfrontar-me amb les coses que m'agraden: descriure un paisatge, l'enigma del mar, espiar la insensatesa de la vida dels homes i de les dones, trobar un adjectiu al vol d'un ocell, a les corbes d'una noia jove, què dir davant la petulància d'una flor. El resultat de tot això no sé quin és, però es troba en aquesta immensa paperassa que vostès tenen al davant i que constitueix l'*Obra Completa*. Gairebé res, tota la meva vida.»[21] Si prescindim de la puerilitat de «l'enigma del mar» i de «la petulància d'una flor», la resta del fragment encara resulta més inquietant, podria ser que Pla hagués dedicat la vida a no escriure res, mils de pàgines insubstancials.

És evident que Pla practicava l'escriptura per alguna raó més que per combatre el tedi, com li feia dir Vergés en un altre pròleg.[22] Pel que feia a l'escepticisme respecte als seus conciutadans, Vergés l'estirava al límit de l'insult quan esmentava «l'energumenisme nacional i local».[23] Aquesta suplantació, d'altra banda, donava molt de joc: des de permetre la declaració d'amistat eterna entre autor i editor: «el meu estimat amic Josep Vergés», fins a l'elogi a l'obra d'aquest darrer al capdavant de l'equip de *Destino*, lluitant contra condicions adverses, com la censura, que no només havien vençut, sinó que els havia servit d'estímul. Les llargues travessies de Pla en petroler es convertien d'aquesta manera en autèntics viatges de plaer dels quals mai n'estaria prou agraït. Davant els escèptics, voldria constatar que Josep Vergés em va llegir un parell de pròlegs fets per ell i signats J. P. i que en acabat em va dir, sense dissimular l'orgull: «Què et sembla? Eh que podrien ser escrits per Pla?» i quan li vaig demanar què n'havia dit aquest, va respondre que s'havia posat a plorar...[24]

És cert que J. P. estava molt acabat, havia envellit de sobte; el repapieig, el mal geni i el ploricó sovintejaven. Els dos infarts l'havien afeblit, tot i això es negava a deixar la vida de sempre: l'estat de tertúlia permanent li provava, com passava a bona part de la família Pla. Tampoc no podia deixar la conspiració política, fossin els contactes amb el grup Ortínez i Duran Farell, el rei o Tarradellas, encara que tot plegat es resolgués en un canvi d'impressions, en el qual ell sempre feia el paper de mentor. L'afany d'intervenir en els interessos del país era inseparable de la seva naturalesa, sense perdre mai l'esperit de construcció; fet que algunes vegades podia significar anar contra la pròpia ideologia política —com quan va proposar Josep Maria Castellet per ocupar la conselleria de cultura del nou govern Tarradellas.

L'escriptura era per a Pla la vida. A setanta-cinc anys, després del primer infart i quan encara estava embarcat en la redacció dels darrers volums que feia expressament per a l'*Obra Completa*, havia demanat de ser bibliotecari, uns mesos, al Cercle del Liceu per poder escriure el llibre sobre la burgesia que li faltava. Un desig que ja no es duria a terme. Pocs anys després deixaria la col·laboració a *Destino*, no li agradava el to massa catalanista i esquerrà que li volia donar el nou director, Baltasar Porcel; i els articles de Pla, cada vegada més reaccionaris, van ser la causa d'una ruptura que era anunciada d'ençà que Vergés s'havia venut la revista. La intervenció constant d'aquest, com si encara en fos l'amo, havia provocat nombroses tensions.[25]

Encara que el ritme anual de producció es mantindria en els dos volums, pràcticament ja no escriuria res publicable. Com ja s'ha dit abans, eren llibres confeccionats per Josep Vergés a partir d'antics articles de *Destino*, que Pla havia rebutjat perquè els considerava inaprofitables.[26] Però Vergés no era del mateix parer, considerava que el talent era directament proporcional al pes. «El talent podria ser una qüestió de quantitat i la glòria —si un dia arriba— serà pel treball constant. Els homes de talent —diu Jules Renard— són uns bous.»[27]

Mentre l'amic i mecenes, com a Vergés li agradava autodenominar-se, feia els pròlegs, el «bou» no deixava d'escriure articles i portava la carpeta de quartilles amunt i avall. Els darrers anys va baratar La Gavina pel Motel Empordà; les diferències amb el vell Josep Ensesa, que havia preferit entendre's amb l'Estat en comptes d'arriscar-se a fer política a Girona, havien estat en part la causa del distanciament. Però, sobretot, Pla era una nosa, les extravagàncies i el comensalisme de la glòria local s'havien convertit en decadència senil. La gràcia que podia tenir escandalitzant, deliberadament, a les reunions socials dels Ensesa, una mica pedants, ara resultava lamentable. Pla no havia estat mai educat. Quan servien el cafè després de sopar, demanava de mala manera alguna cosa per beure, els cambrers li servien el pitjor whisky de la casa, se'l posava al cafè i al cap d'una hora i mitja s'havia begut l'ampolla, provocant la irritació dels dos o tres cambrers importants que consideraven l'hotel una mica cosa seva.[28]

Pla rebia un tracte més familiar i natural al Motel Empordà. A l'estiu, el Dr. Francesc Dalmau de Palamós l'acompanyava sovint a sopar; l'anada era tranquil·la. Quan arribaven, Pla demanava d'aperitiu un gin tònic perquè creia que li obria la gana, però només en bevia un glop. Amb l'excusa de la manca de dentadura, pràcticament no menjava res, unes cullerades de sopa de farigola, un flam i xarrupava una mica de vi i de whisky. Tenia el fetge destrossat per una hepatitis crònica que gairebé ja era una cirrosi hepàtica i, ben aviat, quedava saturat. El retorn al mas era dramàtic, no parava de xerrar, però, com que no se l'entenia, es posava de mal humor. Quan el deixava, el Dr. Dalmau tenia por que no pogués posar la clau al pany, s'esperava fins que veia llum a la cambra.[29]

Els darrers dos anys, alternava les estades entre el Motel Empordà, el monestir de Poblet i la clínica Santa Creu del doctor Vila. Segons les seves nebodes, era com un gos de vinya quan sent la mort i busca un racó tebi per ajocar-se. A l'hivern, s'estava llargues temporades al Motel Empordà, fugint, com sempre, del fred. El Motel tenia l'avantatge de ser a la vora de la clínica on havia d'ingressar quan el seu estat de debilitament s'agreujava. Entre tots procuraven refer-lo de l'anèmia. Li preparaven els plats preferits que pràcticament no tastava i quan estava tan debilitat que amb prou feines podia caminar, el doctor Ribas de Girona li feia una transfusió que l'eixorivia durant uns dies. Els darrers mesos el pare Abat de Poblet li havia assignat un monjo A.T.S., el pare Marc Vallès, que el cuidava i l'acompanyava a tot arreu. Pla, que havia estat un home independent que sempre havia anat a la seva, de sobte estava espantat; cada dia que passava sentia la mort més a prop, i feia tot el que li manava el jove monjo. Havia perdut bona part de la capacitat visual, estava molt cansat, però encara s'aixecava, gairebé d'esma, per escriure, amb una lletra, primer, minúscula i, més endavant, amb un gargot il·legible, la història inacabable de la seva vida.

Se sentia tan atrapat que va acceptar que el pare Maur Esteva celebrés una missa al mas i li donés la comunió. Josep Vergés descriuria l'escena, que va tenir lloc a finals de gener de 1981, com si s'hagués convertit. Pla no es veia les orelles, és evident, mai no havia estat valent ni tampoc no en tenia cap obligació. Sempre havia cregut que l'Església era l'encarregada de tenir cura de l'estat de l'home: del registre dels naixements i del registre de les morts. El 22 d'abril va patir una congestió que li va paralitzar el costat dret del cos i el va deixar sense parla. Pla va morir sol, l'endemà de matinada. Quan la seva neboda Anna Vila va arribar a les vuit del matí per veure com es trobava, ja era mort. No hi havia ningú al mas i el va vetllar asseguda al seu costat, amb els peus a sobre d'una capsa de cartró que era sota el llit i on Pla guardava divises estrangeres per si hi havia una revolució i havia de sortir del país. Molts teníem coneixement d'aquella capsa, però la seva neboda no. Havia estat foragitada del mas per comunista i des d'aleshores no tenia pràcticament cap relació amb el seu oncle. Es va estar allí rígida fins que la seva tia Maria Pla va arribar a les deu. Abans de marxar es va endur el llibre que era a la tauleta de nit: *Així parlà Zarathustra* de Nietzsche.[30]

Tot seguit, Josep Vergés va organitzar, per satisfacció de la família Pla, un enterrament oficial i multitudinari, que va celebrar el pare Abat de Poblet, a manera d'homenatge pòstum. Ara la publicació de l'*Obra Completa* no es va cloure amb la mort de l'escriptor. Des del 1976, que Baltasar Porcel havia fet aixecar una paret per separar el setmanari de l'editorial Destino i evitar, d'aquesta manera, la intervenció constant de Josep Vergés a la revista,[31] aquest es dedicava, de manera gairebé exclusiva, a l'obra de Pla. Havia fet fotocopiar la majoria d'articles de Pla a *La Veu de Catalunya* i després de fer-ne una tria els va aplegar en tres volums amb el títol genèric de *Cròniques parlamentàries*. En vida de Pla, Vergés havia anat al mas carregat amb una maleta plena d'articles de *La Veu*, en veure-ho, Pla li va dir: «Fot al camp! Què vols que fem amb això?» Seguint el criteri de la quantitat, Vergés encara va publicar un parell de volums més de l'*Obra Completa,* un parell de dietaris i un llibre de correspondència. Cap d'aquestes edicions no havia estat autoritzada per l'autor, però com que segons Vergés, ell i Pla «s'entenien amb la mirada»... Les germanes Pla no en sabien res i tot els semblava bé. Pere va morir un mes després de Josep. L'editor es va trobar que tenia carta blanca. Tots aquests llibres tenien una mateixa característica: la manipulació de què havien estat objecte per part de Vergés.

No m'estendré sobre el que ja ha escrit Marina Gustà respecte la *razzia* duta a terme per l'editor entre articles, agendes i carpetes;[32] només afegiré alguna dada de primera mà, és a dir explicada pel mateix Vergés, que corrobora la valoració que ella fa d'aquests darrers volums i ens dóna una idea força aproximada de l'abast de la manipulació.[33] *Darrers escrits* que, en principi, havia de tancar l'*Obra Completa* era el resultat d'una tria feta per Vergés dels articles que Pla encara traginava amunt i avall a la carpeta. Vergés els va ordenar al seu domicili de Pedralbes, amb els papers escampats a sobre la catifa. Molts eren només retalls, començaments d'articles, fins i tot ell se'n cansava i en va suprimir molts, com també va suprimir els fragments que resultaven il·legibles i, alhora, va fer algunes aportacions de collita pròpia. Quan li vaig preguntar per què l'havia publicat, donat que era un volum senil, ple de repeticions i d'un estil més aviat pobre, va respondre que hi havia coses molt boniques, que era una autobiografia magnífica i que també hi havia un parell de capítols que pràcticament li havia escrit ell, Vergés, i que havien de ser l'*Homenot* que ja no va poder fer sobre el seu editor. Els dietaris de 1965 i de 1966 que, amb prou feines vaig poder fullejar, perquè me'ls va treure de les mans d'una revolada, escrits amb una lletra minúscula, havien estat esporgats per l'editor, havia tret tots els fragments que no s'entenien o parlaven de la seva vida íntima.[34] Les cartes de Pla a Lilian Hirsch havien estat adaptades del francès per Vergés, amb una certa llibertat.

Encara tenia més projectes: volia reeditar la *Historia de la Segunda República*, fer-ne un sol volum que seria traduït per Bartomeu Bardagí, suprimint les citacions. Per donar més força a la seva decisió va dir-me: «Com que tinc l'autorització d'ell per fer el que em doni la gana...» i convençut de les seves bones intencions acabava: «jo no hi afegirés res». També volia que li recollís tots els articles de *Destino* que no s'havien publicat per fer-ne un altre volum i que pressionés el nebot de Pla per mirar el contingut de la cèlebre calaixera. No el vaig veure més.

L'obsessió de Vergés per controlar l'obra de Pla com si fos seva, el va portar a actituds al fil de la irracionalitat o de la puerilitat, com fer inaccessibles, durant quinze anys, els manuscrits als estudiosos. Després de llegir-me un pròleg escrit per ell i signat J.P., em va dir: «Un estudiós s'hi passaria anys i trobaria tantes coses que en faria un llibre i per aquesta raó no s'ha de tocar...» Trobar no es trobarà gaire res més del descrit, encara que més detallat. El lector i l'estudiós sempre faran la distinció entre l'obra de Pla, sensual, plena de vitalitat, humor, intel·ligència i força, i l'ambició d'un editor que de la quantitat en volia fer geni.

ADDENDA MOLT PERSONAL SOBRE ELS ÚLTIMS TEMPS D'ADI ENBERG

Després de vendre's l'hotel de Sitges, Adi va llogar un pis al carrer de Santaló. Malgrat haver nascut amb el segle, connectava perfectament amb l'esperit dels seixanta. De natural independent i bohèmia, tot i la seva essència conservadora, se sentia més a prop de la mentalitat i del nou sistema de vida proposats per la cultura *beat*, que no pas, per posar un exemple, del de les germanes Pla i de l'entorn d'estiueig al Canadell. Per a ella significava un retorn a la joventut dels anys vint a París i Londres, quan l'eufòria econòmica i l'esperit d'avantguarda havien capgirat les tradicions burgeses i havien obert la via a l'aventura i a l'experimentació vitals. Aleshores com en els anys vint es respirava la mateixa atmosfera de llibertat i d'impuls renovador; Adi simpatitzava, es deixava influir i animava els joves que, com ella quaranta anys enrere, en participaven. La néta de Joan Anton Fuster i Valiente, que s'havia desplaçat a Barcelona per estudiar i vivia a casa seva, i Anna Vila, la filla petita de Rosa Pla, encarnaven, més o menys, els ideals d'aquella generació inquieta i contestatària.

Adi procurava seguir tant com podia les activitats culturals i artístiques que tenien lloc a Barcelona. Anava diàriament a l'Institut Francès i a la Filmoteca, sempre xerrava una estona amb l'acomodador i l'encarregat de vendre les entrades, que li tenien un gran afecte. També s'havia format un petit cercle, reduïdíssim, a l'entorn seu, a l'Institut Francès, en el qual participava Rosa Pla. Anava a exposicions i concerts, donava classes gratuïtament de francès, alemany i anglès als nebots i fills de les seves amistats i anava sovint a casa de Rosa o Maria Pla. Josep li enviava, sense fallar mai, cada nou llibre seu signat. L'esperit dinàmic, despert, la feia interessar-se per totes les coses. Passava moltes hores a casa llegint, copiant els fragments que més l'atreien o li podien servir. Per influència de la néta del seu marit, li havia agafat la dèria de les tècniques de relaxament xineses i de les dietes vegetarianes. Adi estava molt sola.

D'ençà de la mort del seu marit, hi havia hagut un tímid moviment per apropar Pla i Adi. Maria Pla tenia por que un cop morta la seva mare, el seu germà, que es feia gran, no sabés com compondre-se-les al mas. Adi era molt especial, Maria la coneixia bé, però hauria tingut cura del servei i, com a mínim, algunes cambres del casalot haurien estat escalfades. Maria no podia entendre, però, que els desordres molt semblants d'Adi i Pla, junts, esdevenien incompatibles. Encara que cap dels dos se sotmetés a horaris —mai no havien tingut rellotge— i que visquessin segons els impulsos de les necessitats o de les ganes, quan aquests dos sistemes idèntics coincidien, la topada estava assegurada. No se suportaven les manies, no tenien cap paciència i s'escridassaven a la més mínima. Eren igual de tossuts i tenien el mateix mal geni. Adi no era una dona per cuidar un home i portar una casa amb abnegació callada, no per incapacitat, sinó perquè tota la seva naturalesa de dona nòrdica i independent es revoltava. La seva neboda, Ina, també va sentir la temptació d'apropar-los. Els germans Pla eren hostes habituals dels sopars i vetllades d'estiu a la casa de S'Agaró. Poc després que Adi quedés vídua, Ina la va convidar a passar uns dies a la finca. Intencionadament o no, segons la versió d'Adi o d'Ina, aquesta va organitzar una festa, a la qual, evidentment, van assistir Pere i Josep Pla. Segons Ina, la festa s'havia fixat aquell dia per fer possible l'assistència del doctor Pompeu Pasqual amb qui Josep Pla volia parlar; segons Adi, Ina havia volgut organitzar una trobada entre en Josep i ella. El cert era que durant tota la festa només va estar per ella, que encara portava dol, com si no hi hagués ningú més i fins va arribar a proposar-li que anés a viure amb ell al mas, però ella s'hi va negar. Quan va marxar ell li va dir: «Quanta frivolitat!», referint-se a la festa. Després hi va haver tota la història del bastó. Pla es va deixar el bastó, segons Adi, deliberadament. Ella es va negar en rodó a anar al mas a tornar-li i es va esperar a Can Reig mentre Inita ho feia. Al cap de mitja hora tornava amb Pla. Van estar xerrant de la manera més amical i tot plegat va acabar en no res.

Pla i Adi s'anirien veient, a casa de Maria, a Barcelona i al Canadell. Pla la menciona diverses vegades i quan al juliol de 1965 va a Mallorca i passa per Valldemossa, recorda que s'estava llargues temporades a l'hotel Artista. Es fa difícil d'imaginar Pla i Adi vivint altra vegada junts. Adi conservava la distinció i la dignitat. Pla s'havia eixamplat amb l'edat, s'havia tornat més deixat i semblava cada vegada més un pagès, fenomenal, això sí. La diferència entre l'un i l'altre era cada vegada més visible, i d'aquesta manera ho veia la família Enberg. Haurien acabat botits, l'un a cada banda del mas, i menjant pa amb oli, que per cert els encantava.

Després de més de vuit mesos de resistir la mort, Adi s'havia anat afeblint. Ja no tenia ganes de lluitar, el confinament al llit la tenia avorrida i adolorida, ja no escoltava la ràdio i es passava moltes hores somicant, però fins l'últim moment va lluitar per una mort digna. Quan van veure que la seva mort era imminent, la van voler traslladar, sense avisar, a una cambra minúscula a la planta baixa, destinada a aquest ús. Adi, quan se'n va adonar, va acarar-se a infermeres i directora que van haver d'afluixar i tornar-la a la seva cambra habitual. Quan l'endemà ens contava, a Conxa Alós i a mi, el desagradable incident, amb el coll llarg estirat, els ulls brillants i plens de vida, les galtes enceses i les mans llargues i fines que es movien contundents, semblava haver recuperat la força i les ganes de viure; però era només la força que li donava l'haver lluitat, per darrere vegada, per la seva llibertat. Un dels retrets que sovint repetia contra Pla era que hagués perdut la dignitat abans de morir, que s'hagués acovardit, com sempre, i s'hagués avingut al joc marcat pels altres. Pla no entrava en la categoria del que ella anomenava els senyors; amb la punta de l'índex i del polze junts formant un petit cercle, baixava la mà de l'alçada del front fins al pit, tot dient d'algun home que li mereixia el respecte: «És un senyor!»

A manera de comiat i sense que jo, en aquell moment, en fos conscient, em va recitar, mig cantar, en alemany unes estrofes de la balada *Erlkönig*, *El Rei dels Verns*, de Goethe:

> «Criatura estimada, vine amb mi!
> Jugarem als millors jocs;
> Les flors més boniques floreixen als marges,
> La meva mare té molts vestits d'or.
> Pare, pare, no sents les promeses que em
> xiuxiueja el Rei dels Verns?
> Calma't fill, calma't:
> És el vent que fresseja a les fulles mortes».

Adi va callar, els seus ulls blaus brillants i tristos es van fixar en els meus, va somriure i va reprendre amb una veu prima i ferma la cançó de Schubert que m'havia cantat nou mesos enrera, quan ja volia morir,

> «T'estimo, la teva bellesa m'enamora,
> I si no et lliures, et prendré per força.
> Pare, pare, m'està prenent!
> El Rei dels Verns m'ha colpit.

El pare tremola, cavalca més ràpid,
Estreny en els braços el fill que gemega,
A males penes arriba a casa;
Als seus braços l'infant era mort.»

Quan aquell vespre li vam dir adéu, li vaig agafar la mà, mentre li besava el front, com sempre, i me la va estrènyer amb més força que mai. L'endemà la van anar a veure unes amigues i cap al tard Rosa Pla, que també hi havia anat, em va trucar esverada, Adi estava a 39 de febre i no parava de tossir i tremolar. Efectivament, i com ja havíem quedat, a mitjanit em van trucar de la residència perquè li fes companyia. Li havien donat un analgèsic, tenia les ungles dels peus i de les mans morades, les extremitats fredes i el cos suat. En veure'm va dir-me amb un fil de veu que marxés, no volia que perdés el temps... vaig seure al seu costat tota la nit. Encara em va dir un parell de vegades més que me n'anés: cada vegada que m'inclinava quan la sentia gemegar i remoure's. Va morir a l'alba del 5 de juny de 1989, deu minuts després que les infermeres m'haguessin fet marxar; al maig havia fet 88 anys. Vam complir la seva voluntat de fer incinerar el cos, però no vaig voler complir la voluntat, —i li ho vaig fer constar quan m'ho va dictar— de llençar les cendres a les escombraries.

Uns dies després, tres dones vam anar a les Ferreries, a Sant Quirze Safaja. Vam seguir un camí a l'altra banda de la carretera, on el pare d'Adi havia tingut llogada la casa de pagès. Robat a un bosc espès i amenaçador, com sorgit d'una balada nòrdica, s'estenia un camp de blat daurat, immens, el mateix on, quan era petita, solia córrer nua amb la seva germana Ina, on anava a fangar amb els pagesos. Vaig obrir l'urna i vaig deixar les cendres al peu d'un gran roure, al marge del bosc. Era un dia lluminós, els pins alts i esvelts, gegants foscos, gronxaven el brancatge obscur, xiuxiuejaven inquiets en el fons blau del cel.

NOTES

PRÒLEG

1. «Pare, que no veus el Rei dels Verns?» (Johann Wolfgang von Goethe, *Erlkönig*).
2. Josep PLA, *Relacions*, Ed. Diana, Barcelona, 1927.

I. ELS ORÍGENS I ELS ANYS D'APRENENTATGE (del març de 1897 a l'abril de 1920)

1. Josep PLA, *Relacions*, Edicions Diana, Barcelona, 1927, p. 133.
2. Josep PLA, *Coses vistes* (1920-1925), Edicions Diana, Barcelona, 1925, pp. 132-141; *Obra Completa,* vol. 1, pp. 88-104, 764-769; *O.C.,* vol. 32, pp. 591-596; *O.C.,* vol. 44, pp. 21-37; Josep Maria CASTELLET, *Josep Pla o la raó narrativa*, Edicions Destino, Barcelona, 1978, pp. 48-52; Xavier FEBRÉS, *Josep Pla: Biografia de l'homenot*, Plaza & Janés, Barcelona, 1990, pp. 16-32; Lluís BONADA, *Josep Pla*, Editorial Empúries, Barcelona, 1991, pp. 11-16; Ernest LLUCH, «Josep Pla: realisme conservador i autoritari», *Revista de Girona*, gener-març de 1982; Jordi SERRAT, «Les notes escolars de Josep Pla», *Avui*, 13-XI-1994; Josep MARTINELL, testimoni, Palafrugell, abril de 1988.
3. Bonaventura PLAJA, testimoni, Barcelona, juliol de 1988; J. M. FONT I PUIGRAJOLS, testimoni, Barcelona, juliol de 1989.
4. Josep PLA, correspondència a Rosa Pla, Arxiu Rosa Pla i Casadevall.
5. Josep PLA, «Bagur, la vila blanca i alta», *Ofrena*, 3-I-1917; «Riudellots de

la Selva», *Ibíd.,*. 6-IV-1917; «La corrúa que va a la sopa, a Girona», *Cenacle*, Manresa, març de 1917.

6. Josep PLA, «Dietari del mar de Barcelona, al desembre», *El Camí*, Vilanova i la Geltrú, gener de 1918.
7. L'article «In Memòriam. Josep Ferrer», publicat el febrer al *Baix Empordà,* encara revela un Pla d'expressió confusa. L'aprenent d'escriptor destaca alguns trets de la personalitat de Josep Ferrer que ens ensenyen molt sobre les qualitats que valora: la sensibilitat que l'havia allunyat de la carrera de dret, una ànima massa rica per ofegar-se en les petiteses vilatanes, la pràctica de la ironia i de l'amistat.
8. Enric BOSCH I VIOLA, «Més de Baix Empordà», *Avi Muné*, 16-XI-1918.
9. Josep PLA, dietari inèdit (Arxiu Frank Keerl Pla).
10. Josep PLA, «Notes al marge de l'obra de Josep Ferrer. I. Els fonaments últims», *Baix Empordà,* 10-XI-1918; «1918. Palafrugell. Guia Sentimental. Sensació a les set de la tarda», *Ibíd.,* 17-XI-1918.
11. Alexandre PLANA, correspondència a Josep Pla (Arxiu Duran Vila).
12. Bonaventura PLAJA, testimoni; Josep PLA, *O.C.,* vol. 1, pp. 515-520.
13. Josep PLA, correspondència a Rosa Pla.
14. Rafael MORAGAS i Màrius AGUILAR [Luís CABAÑAS GUEVARA], *Cuarenta años de Barcelona (1890-1930)*, Barcelona, 1944, pp. 110-111.
15. Josep PLA, *O.C.* 26, p. 20.
16. El darrer full que, juntament amb el primer, he pogut consultar, coincideix amb el text datat el 25 de maig. Les dates a l'etiqueta de la portada del dietari el limiten del 13 d'octubre de 1918 al 25 de maig de 1919. És possible, però, que Pla hagués continuat en altres quaderns el seu dietari. Un mes abans havia publicat «Dietari del mar de Barcelona a l'Abril» que era una evocació de Girona i l'Empordà a partir de la visió del mar a Barcelona. Cal destacar el tel de misteri i la por de la mort que es desprèn de la descripció de Girona, ben diferent de la descripció de l'Empordà, que té com a idea central la intel·ligència del paisatge. A l'Empordà, Petit tot era detallat i lligat a la quotidianitat, lluny de romanticismes i artificis. Josep PLA, «Dietari del mar de Barcelona a l'Abril», *Alt Empordà*, 3-V-1919.
17. Josep PLA, dietari inèdit (Arxiu Frank Keerl Pla). Si Pla va anar a Palafrugell a finals de maig, devia haver-hi estat pocs dies. En una carta a la seva germana Rosa, que estudiava al Col·legi Francès de la Bisbal, li deia que ell i Pere s'haurien d'estar a Barcelona fins a finals de juny perquè havien endarrerit els exàmens; decisió lògica donat el retard que havia sofert el començament del curs per l'epidèmia de grip. Pla no es va poder examinar el mes de maig, sinó el juny, i tot seguit va anar a passar uns dies a Palafrugell i a Calella, per retornar novament a Barcelona.

18. El mateix mes va fer una recensió del llibre de Louis Codet, *César Capéran ou la tradition* que es va publicar a la revista *L'Instant*, Barcelona-París, 30-IX-1919.
19. Josep PLA, *Coses vistes..., op. cit.*, p. 157.
20. Josep CAMÓS I GORGOLL, «El Pla que jo conec», *Proa de Palamós,* novembre-desembre de 1981.
21. La prosa *Records de la caserna* dins *Coses vistes*, sobre la breu experiència militar, descriu l'ambient d'absurditat i desídia que caracteritzava l'activitat casernària. El retrat del sergent instructor dóna la mesura més grotesca del gremi.
22. *Un viatge ple de notícies* podria ser el viatge a la recerca de la pròpia veu. Les imatges del trajecte en tren cap a Barcelona del protagonista d'*Els tres primers capítols de la novel·la. L'home de la cama de fusta apel·lat Joan Pins* i de la vídua i les seves filles a la *Història de la indiscreta bondat* són literalment reproduïdes en aquesta prosa. Però el que la diferencia dels escrits anteriors i li dóna un grau de maduresa és la utilització de la paròdia. La conversa entre l'enginyer noruec i el narrador sembla una burla de la conversa sobre l'estil entre Alexandre Plana i Josep Pla a Girona. Pla sintetitzava els consells de Plana sobre l'estil amb un estirabot que ja havia emprat a *1918. Palafrugell. Guia Sentimental. Sensació a les set de la tarda*: «Abans, comparàvem un sofregit de ceba amb els estels...
»—Sí. I ara comparem els estels amb un sofregit de ceba...» Era precisament en aquesta diferència on s'iniciava el canvi en la manera d'entendre la literatura. (Josep PLA, *O.C.*, vol. 43, pp. 11-21.)
Pla va recollir la invitació de Plana d'escriure sobre el seu tema preferit, Girona, a partir de la nova perspectiva. Si elogiava la feina duta a terme pels noucentistes, per haver sabut enllaçar amb la tradició i per haver liquidat el pintoresc i l'anarquisme anteriors, oposava al paisatge horitzontal i clar, al mar i al classicisme, la humitat, la verticalitat, la descomposició i la sensualitat de Girona. El paisatge li servia per explicar la seva tendència, i bé que no acabava de definir-la d'una manera clara, ni tan sols de decantar-se per cap dels paisatges, podem deduir que Girona i l'Empordà no només simbolitzaven la sensualitat, l'alegria i el primitivisme, sinó, sobretot, la seva posició davant la vida i l'art. (Josep PLA, «Girona. Guia sentimental», *Diario de Gerona,* 14-IX-1919 i 3-X-1919.)
23. Josep PLA, correspondència a Rosa Pla.
24. José PLA, «El estreno de Monna Vanna», *La Publicidad,* 2-I-1920; «El Liceo: Interpretación de los maestros cantores», *Ibíd.,* 21-I-1920; «En el Palau de la Música Catalana: Conferencia astronómico-musical», *Ibíd.,* 9-II-1920; «Crónica local: Conciertos», *Ibíd.,* 5-III-1920. Les recensions musicals signades J. P. eren d'estil impersonal, i de contingut banal i

mediocre, plenes de tòpics, tret d'un article que destacava per l'erudició. Pla no era precisament un entès en qüestions musicals. És molt possible que aquests articles rebessin la inspiració directa d'Alexandre Plana, gran afeccionat i coneixedor de la música.

25. José PLA, «Narracions extraordinàries, segona sèrie. De don Joan Santamaria», *La Publicidad,* 24-XI-1919; «Hores del poema eròtic. Poesies de Ramón de Curell», *Ibíd.,* 30-XI-1919; «Grandeza y servidumbre de la inteligencia. Por Eugenio d'Ors», *Ibíd., 13-XII-1919; «Pío Baroja: La caverna del humorismo», Ibíd.,* 21-XII-1919; «Los enemigos de la mujer; novela por don Vicente Blasco Ibáñez», *Ibíd.,* 27-XII-1919; «Los libros», *Ibíd.,* 5-I-1920; «José María López Picó: El meu pare i jo; J. Salvat-Papasseit, Poemes en ondes herztzianes, de J. Torres Garcia; Salve. Poesies de Robert Mainou», *Ibíd.,* 11-II-1920.
26. José PLA, «Los enemigos de la mujer; novela por don Vicente Blasco Ibáñez», *La Publicidad,* 27-XII-1919.
27. Josep PLA, «L'eternitat de Pere Brincs, home de Bagur», *D'Ací d'Allà,* gener de 1920.
28. Per completar la personalitat del jove Pla cal fer esment de les seves idees polítiques. Pla expressava per primera vegada la seva tendència en aquest sentit en un article a *El Fígaro* de Madrid sobre la feina d'ideòleg d'Antoni Rovira i Virgili. Es declarava partidari d'una democràcia moderna i del nou concepte de nacionalisme basat en la voluntat de nació que proposava Rovira i Virgili. (José PLA, «La vida catalana. Rovira y Virgili», *El Fígaro,* 30-III-1920, reproduït a José PLA, «Rovira y Virgili», *La Publicidad,* 2-IV-1920. Pla va publicar un parell d'articles més al diari madrileny: «La vida catalana. Eugenio d'Ors, orador», *El Fígaro,* 9-III-1920. On feia una defensa d'Eugeni d'Ors poc després de la seva defenestració com a director d'Instrucció Pública de la Mancomunitat. Segons les versions que donaria anys més tard Josep Pla, hauria votat a favor de Xènius (Josep PLA, *O.C.,* vol. 12, pp. 69-85.) Una acció que no va poder realitzar, perquè aleshores encara no era diputat de la Mancomunitat. (Lluís BONADA, *Op. cit.*, pp. 47-48.) És possible, però, que influís en algun diputat perquè es posés al costat d'Ors. En qualsevol cas, aquest article il·lustra la valoració que aleshores feia de la seva obra i de la seva influència.
El tercer article publicat a *El Fígaro* era sobre la pintura de Joaquim Sunyer, i es fixava en el seu vitalisme i en la qualitat de captar l'ànima del paisatge mediterrani («La vida catalana. Joaquim Sunyer», *La Publicidad,* 30-III-1920.) En la mateixa direcció caldria considerar l'escrit sobre Domènec Carles publicat l'abril a *Vell i Nou.*
29. Josep PLA, correspondència a Josep Maria de Sagarra (Arxiu Bofill Levi).
30. Josep PLA, correspondència a Josep Maria de Sagarra. Les primeres notí-

cies del nomenament com a corresponsal a París van aparèixer a *La Publicidad* el 20 d'abril, a «Notas Breves». Villacián feia un elogi de la personalitat humana i intel·lectual de Pla, i destacava qualitats poc habituals entre els intel·lectuals «dandis» urbans. Dos dies després apareixia un altre article, aquesta vegada de Josep Maria Junoy, a la secció «De la vida y de los libros».

II. LA CORRESPONSALIA A PARÍS
(de l'abril de 1920 al febrer de 1921)

1. José PLA, «Dos pasiones: El carbón y la barbarie», *La Publicidad,* 8-V-1920; «El tratado, Clemenceau y el lirismo», *Ibíd.,* 13-V-1920; «Antes de Spa», *Ibíd.,* 20-V-1920; «La resurrección del boulevard», *Ibíd.,* 12-VI-1920; «El mes próximo», *Ibíd.,* 17-VI-1920.
2. Alexandre PLANA, correspondència a Josep Pla.
3. Josep PLA, correspondència a Josep Maria de Sagarra.
4. Josep PLA, correspondència a Rosa Pla.
5. Josep PLA, correspondència a Josep Maria de Sagarra.
6. Josep PLA, correspondència a Josep Maria de Sagarra.
7. Josep PLA, correspondència a Josep Maria Junoy (Arxiu família Junoy).
8. Tot i conservar-ne l'essència, els va reescriure: «Arreglo les teves notes pel comentari en la *plaquette* sobre en Casanovas. He aprofitat les notes biogràfiques per a una introducció en la qual procuro imitar tot el que puc la teva manera (Ex.: "Un cel plujós que mastega la boira...") Me sembla que en quedaràs content. Hi faig el que puc, per fer-te quedar bé.» O bé, en una carta de mitjan maig: «La *teva* plaqueta "Casanovas" no trigarà gaire. Dic teva perquè he aprofitat molt lo essencial dels teus articles (del "Fígaro" de "Vell i Nou" i de lo que havia de sortir a "L'Instant"). No he fet més que modificar, retallar i afegir. I les parts afegides veuràs que no's coneix gaire. He procurat imitar-te tot el que pogut. De manera que és ben teva.» [*sic*] (Alexandre PLANA, correspondència a Josep Pla.) Malgrat les interferències d'estil i mentalitat, el text resultant era atractiu, àgil i entenedor, perquè Plana desenvolupava més que Pla el concepte d'art clàssic amb exemples i explicacions.
9. Plana li demanava que escrivís dos dietaris sobre l'estada a París: l'un sobre els sentiments i les experiències interiors, l'altre sobre els fets exteriors. Davant les reticències de Pla, li proposava de fer una dotzena de contes, de dotze a catorze quartilles, per a l'Editorial Catalana, sobre els fets d'un català a París. Creia que algunes «Cròniques» podrien servir de

decorat i ell mateix s'oferia per trobar-li alguns arguments. Alexandre Plana insistia i el 21 de juliol va aparèixer, en una nota sobre llibres a *La Publicidad*, el nom de Pla i la publicació imminent de *9 contes* seus.

10. José PLA, «Notas pintorescas de psicología», *La Publicidad*, 4-VII-1920.
11. José PLA, «Los libros de junio», *La Publicidad*, 21-V-1920.
12. Amadeu-J. SOBERANAS, «Epistolari de Joan Salvat-Papasseit», Barcelona, 1984, pp. 65-66.
13. Josep PLA, «José Maria López Picó: El meu pare...».
14. Josep PLA, correspondència a Josep Maria Junoy.
15. Josep PLA, correspondència a Josep Maria de Sagarra.
16. Josep PLA, correspondència a Josep Maria Junoy.
17. Josep PLA, correspondència a Rosa Pla.
18. José PLA, «El próximo Salón de Otoño», *La Publicidad*, 12-X-1920; «El Salón de Otoño», *Ibíd.*, 16-X-1920; *Ibíd.*, 21-XI-1920.
19. Josep PLA, correspondència a Josep Maria de Sagarra.
20. José PLA, «Clasicisantes y románticos», *La Publicidad*, 31-X-1920; «Táctica del frente del orden», *Ibíd.*, 30-X-1920; «Pacotilla sentimental», *Ibíd.*, 9-XI-1920.
21. José PLA, «Dentro del tedio otoñal», *La Publicidad*, 7-X-1920.
22. Josep PLA, correspondència a Josep Maria de Sagarra.
23. Josep PLA, correspondència a Pere Pla (Arxiu Duran Vila).
24. José PLA, «Redactores de *L'Humanité*. Carles Riba», *La Publicidad*, 5-II-1921.
25. José PLA, «Recuerdos de la Facultad de Derecho — Desaparece *La Lectura*», *La Publicidad*, 9-II-1921.
26. José PLA, «Cambó en Berlín. Las deudas de un apuntador», *La Publicidad*, 31-I-1920.

III. TEORIA I PRÀCTICA POLÍTICA I LITERÀRIA. EL VIATGE A ITÀLIA I LA MARXA SOBRE ROMA (del febrer de 1921 al gener de 1923)

1. Vinyet PANYELLA, «Josep Pla i J. V. Foix: La polèmica política de dos escriptors», *L'Avenç*, abril de 1987.
2. J. V. FOIX, «El Nacionalisme català i l'"Action française"», *Monitor*, febrer de 1921; José PLA, «El nacionalisme català i l'"Action française". Senyor Director de Monitor», *Monitor*, abril de 1921; Albert MANENT, *J. V. Foix*, Gent Nostra, Barcelona, 1992, p. 23; Manuel GUERRERO, *J. V. Foix, investigador en poesia*, Empúries, Barcelona, 1996, pp. 111-118.

3. José Pla, «Anomalías de un catalán de buena fé, puesto en Madrid», *La Publicidad,* 5-IV-1921. Aquell abril, en un article al *Butlletí de les Joventuts Nacionalistes de Catalunya,* Pla remarcava que l'«obsessió catalana» no es donava en els ambients populars, sinó entre el món il·lustrat madrileny, tret del grup de la revista *España.*
4. Josep Pla, *O.C.,* vol. 12, p. 501.
5. José Pla, «Diario de mi estancia en Madrid. Sábado, 5 de marzo. Domingo, 6 de marzo. Lunes, 7 de marzo. Martes, 8 de marzo: día del asesinato de Dato», *La Publicidad,* 10-III-1921; «La moral, cosa turbia», 17-III-1921; «Cosa de los crímenes. La eterna duda. El acento catalán», *Ibíd.,* 22-III-1921.
6. José Pla, «Las memorias y confesiones de nuestro amigo Santaniol», *La Publicidad,* 5-XII-1921.
7. José Pla, «Más notas sobre Dostoievsky. Nietzsche. Vida cósmica y vida humana. Nietzsche y Dostoievsky», *La Publicidad,* 30-XII-1921.
8. José Pla, «Sociedad y soledad», *La Publicidad,* 28-V-1921; «La profunda obscuridad», *Ibíd.,* 7-V-1921; «Epílogo a mi viaje a Mallorca», *Ibíd.,* 26-V-1921; «Sardanas», *Ibíd.,* 18-VII-1921; «Interpretaciones de Stendhal», *Ibíd.,* 31-VII-1921; «En torno al tercer centenario de Molière», *Ibíd.,* 14-X-1921; «Balance del año artístico», *Ibíd.,* 1-XI-1921; «J. Ma. de Sagarra, poeta dramático», *El Día,* 11-X-1921; «Los arquitectos lamentables», *Ibíd.,* 9-XI-1921.
9. José Pla, «Sobre el estilo», *La Publicidad,* 27-IX-1921; «Comprensión de una novela rusa», *Ibíd.,* 28-IX-1921; «El último libro de cuentos de Soldevila», *Ibíd.,* 30-IX-1921; «La vida nua de Luís Valeri», *Ibíd.,* 4-X-1921; Carles Soldevila [Myself], «Carta abierta a José Plá. I», *La Publicidad,* 2-X-1921; «Carta abierta a José Plá. II», *Ibíd.,* 4-X-1921; «Carta abierta a José Plá. De la naturalidad», *Ibíd.,* 5-X-1921; «Carta abierta a José Plá. La única receta», *Ibíd.,* 6-X-1921; «Carta abierta a José Plá. El señorito», *Ibíd.,* 7-X-1921; «Carta abierta a José Plá. Resumen y despedida», *Ibíd.,* 9-X-1921. José Pla, «Contestación a Carlos Soldevila "Myself"», *La Publicidad,* 13-X-1921.
10. José Pla, «Del periodismo y del arte. Román Jori», *La Publicidad,* 11-X-1921; «Notas para un prólogo. El escritor José Ferrer», *Ibíd.,* 15-X-1921. Un article interessant era el dedicat a la crítica de Francesc Pujols i Carles Riba, perquè, partint del mateix principi sobre la valoració de l'obra d'art com a representació de la vida, seguien camins diferents. La preferència de Pla pel sistema de Carles Riba i el rebuig del proposat per Francesc Pujols significava la tria per una crítica teòricament més sincera, que, com Francesco de Sanctis, creia que l'estil eren idees. En canvi, Francesc Pujols seguia el cànon escolàstic proposat per Milà i Fontanals, és a dir

que la condició per assolir la bellesa en l'obra d'art era que la seva harmonia fos vivent. (José PLA, «Carlos Riba, Francisco Pujols, críticos», *La Publicidad,* 24-X-1921.)

11. José PLA, «El espíritu del Ampurdán», *La Publicidad,* 16-V-1921. Paral·lelament, cal també esmentar un article al *Baix-Empordà* on l'estil semblava haver sofert un estrany retrocés. El paisatge empordanès hi era descrit d'una manera forçada, tant pel que feia al lèxic com a la sintaxi. Es poden arriscar dues hipòtesis: que Pla no havia treballat encara prou el català, cosa improbable si pensem en la prosa *L'Eternitat de Pere Brincs, home de Begur,* publicada el gener de 1920, o, més versemblant, que es tractava d'un article anterior, «Vaga notícia del paisatge empordanès», *Baix-Empordà,* 21-VIII-1921.
12. José PLA, «Otoño, agnosticismo», *La Publicidad,* 22-IX-1921.
13. José PLA, «Luís Mercadé, pintor», *La Publicidad,* 21-IX-1921; «Para una guía sentimental de Gerona», *Ibíd.,* 23-IX-1921; «Más sobre Gerona. Los porches. El paisaje militar», *Ibíd.,* 24-IX-1921; «Pintura de Palamós, hecha por un antepasado», *Ibíd.,* 6-X-1921; «Más notas a un prólogo. El escritor José Ferrer», *Ibíd.,* 21-X-1921; «Domingo de convalescencia», *Ibíd.,* 29-X-1921.
14. José PLA, «Ampurdán, enero. El paisaje humano. El buque encallado», *La Publicidad,* 7-I-1922; «Ampurdán, Enero: deseo, hastío. Distracciones: Historia de Pardal», *Ibíd.,* 12-I-1922; «Primera nota sobre Montjuïc», *Ibíd.,* 21-I-1922; «Recuerdos del cuartel», *Ibíd.,* 23-I-1922; «Diversiones. Historia de Gervasio», *Ibíd.,* 13-II-1922; «Segunda nota sobre Montjuïc y una historia», *Ibíd.,* 23-II-1922; «Historia de Carrau», *Ibíd.,* 9-III-1922.
15. Josep PLA, correspondència a Pere Pla.
16. José PLA, «Conciencia de un candidato», *La Publicidad,* 14-VI-1921.
17. Durant les reunions de l'Assemblea, en què va participar fins a principis de setembre, es van presentar algunes proposicions de caràcter local, nacional i internacional. Comprenien, entre altres, temes tan diversos com la crisi surotapera, la creació d'una escola de música i dansa a Figueres, la censura a la premsa, la guerra del Marroc, l'autonomia de Catalunya, la conferència sobre desarmament proposada pels Estats Units i la salutació al poble irlandès.

    La proposició contra la censura a la premsa tenia en Josep Pla un diputat especialment sensible, que en uns articles força crítics sobre la política espanyola al Marroc i sobre la Societat de Nacions n'havia fet menció. Censura a banda, la política espanyola al Marroc li semblava absurda, i més encara després del desastre d'Annual. Sobre la base de la defensa d'interessos particulars, Espanya havia seguit una tàctica d'atac contra els rifenys, en comptes de protectorat, cultura i civilització. Pla considerava revoltant que l'Estat esgrimís un patriotisme fàcil per justificar unes pèrdues econòmiques i humanes que el país no es podia permetre. Era el mateix concepte racial d'una unitat de la pàtria inexistent. (José PLA, «Un nacionalismo incoherente», *La Publicidad,* 20-X-1921.) Per aquesta raó, Pla criticava l'actitud entre inconscient i superficial d'alguns catalans a l'hora de parlar de la política madrilenya respecte a Catalunya, perquè banalitzaven el nacionalisme i perquè demostraven desconèixer l'enemic, és a dir que donaven per inexistents els valors castellans de «l'obcecació vital i ideològica». (Josep PLÀ, «La ironia, com a tàctica del nacionalisme, és un fet de decadència», *Butlletí de les Joventuts Nacionalistes de Catalunya,* octubre de 1921.) Tot i tenir molt clara l'actitud política espanyola, la reivindicació nacionalista de Pla no anava més enllà del pactisme i el federalisme. (José PLA, «Mallorca y Xenius...», art. cit.) Aquesta visió crítica de la política espanyola i el propi tarannà que definia com a marítim, és a dir d'*«hombre liberal, de frente alta y de corazón abierto»* (José PLA, «Pintura de Palamós...», art. cit.) contrastava amb la seva oposició respecte a la democràcia i el progrés científic: *«Quizás lleguemos a convencernos, algún día de que lo más opuesto al progreso moral es la libertad absoluta, el progreso material.»* (José PLA, «Contra el progreso», *La Publicidad,* 8-X-1921.)

18. «Una Comissió Catalana ha inaugurat una exposició d'art català a Lisboa», *La Veu de Catalunya* 15-XI-1921.
19. *La Publicidad,* del 15 al 18-XI-1921; *La Veu de Catalunya,* del 15 al 24-XI-1921; *El Día,* 22, 23, 29-XI-1921; Josep PLA, «La situació política de Portugal», *La Veu de Catalunya,* 21-XI-1921; *Baix Empordà,* 4-XII-1921.
20. José PLA, «Crítica del ideal iberista», *El Día,* 18-XI-1921.
21. José PLA, «Perfiles de sindicalistas: Seguí, Pestaña», *El Día,* 28-XII-1921; «Perfiles de anarquistas», *Ibíd.,* 8-I-1922; «El estado actual del sindicalismo catalán», *Ibíd.,* 15-I-1922; «Otros anarquistas», *Ibíd.,* 20-I-1922; «La aparición de Georges Sorel», *Ibíd.,* 4-II-1922.
22. El *Baix Empordà* de Palafrugell l'anunciava el 23 d'abril d'aquesta manera: «En la llibreria de nostre amic en Ramir Deulofeu, hi hem vist aquesta setmana una obreta del company Josep Pla, que publica en son segon nombre "La Novel·la Romàntica" editada per la casa Alfa de Madrid. És una novel·leta molt original i amena en què es revela el fi ingeni d'aquest notable periodista, la qual serà segurament molt ben rebuda pel públic.» Aproximadament un any enrere l'editorial havia publicat una altra narració de Pla, *El gran amor de Tosca,* que havia passat pràcticament desapercebuda. (Vegeu Xavier Pla, pròleg dins *Josep Pla, Cartes a Pere,* Edicions Destino, Barcelona, 1996, p. 17.)

23. *La Publicidad* havia anunciat reiteradament la publicació de llibres de Pla.
24. És possible també que, com suggereix Marina Gustà, Pla entrés en la minoria d'Acció Catalana per la necessitat que tenia de conservar la col·laboració a *La Publicidad* (Marina GUSTÀ, *Els orígens ideològics i literaris de Josep Pla,* Curial, Barcelona, 1995, pp. 44-45).
25. Marina GUSTÀ, *Op. cit.,* pp. 195-196.
26. Josep PLA, «Tres articles sobre el feixisme. Els orígens», *La Publicitat,* 14-VII-1922; «Feixisme contra socialisme», *Ibíd.,* 15-VII-1922; «Mussolini», *Ibíd.,* 17-VII-1922.
27. Josep PLA, «El 4 d'agost a Milà», *La Veu de Catalunya,* 12-VIII-1922.
28. Josep PLA, correspondència a Pere Pla.
29. Josep PLA, «Línies generals del moviment intel·lectual», *La Veu de Catalunya,* 20-VI-1922.
30. Josep PLA, correspondència a Josep Maria de Sagarra.
31. Josep PLA, correspondència a Josep Maria de Sagarra.
32. Josep PLA, «Perúgia», *La Veu de Catalunya,* 6-VII-1922; «Orvieto», *Ibíd.,* 12-VII-1922; «El papa i el rei», *Ibíd.,* 22-VI-1922; «Nàpols», *Ibíd.,* 22-VII-1922; «Un bany a l'Adriàtic», *La Publicitat,* 22-VIII-1922.
33. Josep PLA, «La qüestió de la Bisbal. Una carta oberta de Josep Pla», *La Veu de Catalunya,* 24-IX-1922.
34. Josep PLA, correspondència a Pere Pla.
35. Segons Marina Gustà, Pla hauria demanat a Joan Estelrich que pressionés la direcció de *La Veu* per poder continuar la col·laboració i, fins i tot, aconseguir-li una corresponsalia. (Marina GUSTÀ, *Op. cit.,* p. 194.) Rebutjada la proposta, Pla va voler donar a entendre al seu germà que ja no li calia la col·laboració a *La Veu de Catalunya* i que en podia trobar d'altres. (Josep PLA, correspondència a Pere Pla).
36. José PLA, «El hombre del momento: Mussolini», *El Sol,* 4-XI-1922.
37. Josep PLA, correspondència a Rosa i Pere Pla.
38. Josep PLA, correspondència a Pere Pla.
39. Josep PLA, «En començar l'any nou: el bon vell temps de l'absolutisme», *La Publicitat,* 12-I-1923.
40. Josep PLA, «Les lliçons de les *Memòries* de Giolitti», *La Publicitat,* 27-XII-1922; «Per una política internacional catalana», *Ibíd.,* 14-II-1923.
41. Josep PLA, «Una paraula entre les conferències d'E. d'Ors i J. M. Junoy», *La Publicitat,* 17-I-1923.
42. La prosa de Pla, els articles tenien una bona acceptació per part del gran públic, i la prova n'eren els afanys de *La Publicitat* per tenir-ne l'exclusiva. D'altra banda, la revista *Le Feu* d'Ais-de-Provença li havia publicat

el gener un article sobre Maragall, «Le poète de Barcelone: Joan Maragall».

IV. EL VIATGE AL RUHR I LA CORRESPONSALIA DURANT LA REPÚBLICA DE WEIMAR
(del febrer de 1923 al febrer de 1924)

1. Josep PLA, correspondència a Rosa Pla.
2. Josep PLA, correspondència a Pere Pla.
3. Josep PLA, «La vida a la República Helvètica», *La Publicitat,* 4-V-1923.
4. Josep PLA, correspondència a Rosa Pla.
5. Josep PLA, «La mort de Stambuliski i els estats de fet», *La Publicitat,* 22-VI-1923; «La germanització de la Universitat de Gant», *Ibíd.,* 26-VI-1923; «Acció Catalana i Acció Francesa», *Ibíd.* 3-VII-1923.
6. Pla va fer novament una declaració de principis estilístics en un article sobre Manzoni, en el qual reivindicava, per damunt de tot, la naturalitat. (Josep PLA, «Manzoni», *La Publicitat,* 30-V-1923.)
7. Josep PLA, «Viena, d'escorç», *La Publicitat,* 8-VIII-1923.
8. Josep PLA, correspondència a Pere Pla.
9. Josep PLA, correspondència a Pere Pla.
10. Josep PLA, «Der Dollar 450.000.000 Mark», *La Publicitat,* 16-X-1923.
11. Josep PLA, «A les palpentes», *La Publicitat,* 31-X-1923; «El cranc monetari», *Ibíd.,* 6-XI-1923.
12. Josep PLA, «L'home fatal», *La Publicitat,* 31-V-1923; Crítica musical, *Ibíd.,* 20-IX-1923.
13. Josep PLA, correspondència a Rosa i Pere Pla.
14. Josep PLA, «Qui té la culpa?», *La Publicitat,* 16-IX-1923; «Concepcions de món, de tren», *Ibíd.,* 13-XI-1923; «Múnic, terra de cops d'estat» *Ibíd.,* 22-XI-1923; «El sorollós subterrani de Baviera», *Ibíd.,* 27-XI-1923.
15. Josep PLA, correspondència a Pere Pla; correspondència a Josep Maria de Sagarra.
16. Josep PLA, correspondència a Rosa Pla.
17. Josep PLA, correspondència a Lluís Nicolau d'Olwer (Arxiu Lluís Nicolau d'Olwer. Abadia de Montserrat).
18. Lluís BONADA, «Les cartes de Josep Pla a Carles Riba», *Reduccions*, núm. 23/24, setembre-novembre de 1984.
19. Els contes eren *L'home fatal, Crítica musical, La veritat sobre una aventura d'en Martinell, a París.*
20. Josep PLA, correspondència a Rosa Pla.

21. Josep PLA, *Herman i Dorotea, Nosaltres, els àngels...* dins el recull publicat per Els Contistes Catalans, Barcelona, 21 de març de 1924. *La tarda del barret fort, Un Àngel* (reproducció de *Nosaltres, els àngels*), *Mauzi, el gat d'En Xammar,* dins *Coses vistes,* Ed. Diana, Barcelona 1925, *Berlín, setembre, Berlín, primers de novembre,* dins *Relacions,* Ed. Diana, Barcelona, 1927.
22. Josep PLA, *Auto-Retrat*, dins «Dotze retrats a la ploma», *Anuari dels Catalans*, Barcelona, 1924.
23. Josep PLA, *Necrologia a distància d'un home jove,* dins *Coses vistes,* p. 117.
24. Josep PLA, *Necrologia a distància d'un home jove,* dins *Coses vistes,* p. 121.
25. Josep PLA, *Coses vistes*, pp. 126-127.
26. Josep PLA, «Pirandello», *La Publicitat,* 29-I-1924; «Barres», *Ibíd.,* 19-XII-1923.
27. Josep PLA, «París. El que la gent llegeix», *La Publicitat,* 20-III-1924; «Triomf del grotesc en el teatre», *Ibíd.,* 25-III-1924; «A l'ombra de Santa Maria del Mar, d'Alexandre Plana», *Ibíd.,* 12-IV-1924; «J. M. Junoy i la joventut», *Ibíd.,* 3-VII-1924; «Joseph Conrad», *Ibíd.,* 8-VIII-1924; «Davant dels atletes», *Ibíd.,* 9-VII-1924.
28. Josep PLA, *Negre i taronja, Herman i Dorotea, Nosaltres, els àngels...,* «Els Contistes Catalans», Barcelona, 21 març 1924.
29. Josep PLA, Eugeni XAMMAR, «Cartes al Director. Periodisme?... Permetin», *La Veu de Catalunya,* 2-II-1924; *Ibíd.,* 3-II-1924; *Ibíd.,* 5-II-1924; «Cartes al Director. Del periodisme al Noucentisme i a l'Americanisme», *Ibíd.,* 28-II-1924; *Ibíd.,* «Cartes al Director. Periodisme?... Permetin!... (Rèplica al Sr. Junoy)», *Ibíd.,* 15-III-1924; «Cartes al Director. Periodisme?... Permetin!... (Rèplica al Senyor de Montoliu)», *Ibíd.,* 16-III-1924.
30. Josep Maria JUNOY, «Les idees i les imatges. No, Josep Pla; no, Eugeni Xammar», *La Publicitat,* 7-II-1924; «Carta oberta a En Josep Pla i a N'Eugeni Xammar», *Ibíd.,* 20-III-1924; Josep Maria de SAGARRA, «Unes cartes d'en Pla i d'en Xammar», *La Publicitat,* 10-II-1924; Manuel de MONTOLIU, «Breviari crític. "Periodisme?... Permetin", articles de J. Pla i E. Xammar», *La Veu de Catalunya,* 13-II-1924; Josep PLA, «Elogi de Pla-Xammar», *La Publicitat,* 30-III-1924; «Definició del periodista», *Ibíd.,* 4-V-1924; «Teoria del periodisme», *Ibíd.,* 6-V-1924.

V. PROCESSAMENT PER INJÚRIES CONTRA L'EXÈRCIT. LA TERTÚLIA DE LA ROTONDE DE MONTPARNASSE I ADI ENBERG. VIATGE A RÚSSIA I ANGLATERRA
(del març de 1924 al novembre de 1925)

1. Josep PLA, «Bèlgica. El país va a l'esquerra», *La Publicitat,* 6-III-1924; «Tradició i "Portugalització"», *Ibíd.,* 7-III-1924; «La solució: Theunis, per falta d'altres», *Ibíd.,* 12-III-1924.
2. Josep PLA, «França. Plantar-se», *La Publicitat,* 29-V-1924.
3. Josep PLA, «Necessitat del Front únic», *Butlletí de Catalunya*, núm. 2, juny de 1924.
4. Josep Pla, «La crisi de l'Autoritat a Catalunya i l'hora de l'"Action Française"», *Revista de Catalunya,* juliol de 1924; «Catalanisme i burgesia», *Ibíd.,* agost de 1924; «La qüestió obrera a Catalunya», *Ibíd.,* setembre de 1924.
5. La seva aversió al feixisme i els redemptorismes era manifesta, com expressava en els articles sobre l'assassinat de Giacomo Matteotti. Cal remarcar, a manera d'anècdota, que els assassins del diputat socialista eren empleats de l'oficina de la presidència del consell de ministres, dirigida per Cesare Rossi, que havia fet expulsar, un any enrere, els periodistes estrangers a Itàlia, entre els quals hi havia Josep Pla. (Josep PLA, «Els crims polítics, Giacomo Matteoti», *La Publicitat,* 19-VI-1924; «Després de l'assassinat de Matteotti. La davallada del feixisme», *Ibíd.,* 20-VI-1924; «Després de l'assassinat de Roma. La clau del feixisme», *Ibíd.,* 25-VI-1924. D'altra banda, la sèrie va encendre novament la polèmica amb J. V. Foix, que va respondre amb uns articles favorables al feixisme, per encàrrec del director de *La Publicitat,* pressionat pel consolat italià. (J. V. FOIX, «Aspectes del feixisme. L'expressió d'una voluntat nacional», *La Publicitat,* 2-VII-1924; «Motivacions italianes del feixisme», *Ibíd.,* 11-VII-1924.)

   Per a més informació, vegeu Manuel GUERRERO, *J. V. Foix, investigador en poesia...,* pp. 115-118.
6. Llegat Francesc Macià (Arxiu Nacional de Catalunya); Josep PLAYÀ, «El archivo secreto de Macià», *La Vanguardia Magazine,* 9-XII-1990; Marina GUSTÀ, *Els orígens ideològics...,* pp. 203, 242-247.
7. José PLA, «A la busca de una política de Marruecos», *El Día,* 1-VI-1924; «El eterno problema», *Ibíd.,* 15-VII-1924; «¿Se abandona Marruecos?», *Ibíd.,* 29-VII-1924.
8. Cristina BADOSA, «Contra Primo de Rivera», *La Vanguardia,* 23-IV-1991.
9. Domènec de BELLMUNT, *Cinquanta anys de periodisme català*, Edicions Mirador del Pirineu, Andorra la Vella, 1975, pp. 66-67.

10. Josep PLA, «La situació internacional. La vigília de la Conferència de Londres», *La Publicitat,* 12-VII-1924.
11. Josep PLA, correspondència a Rosa Pla.
12. Josep PLA, «Intermezzo galant. Bones persones», *La Publicitat,* 8-XI-1924.
13. Josep PLA, «Unes quantes xifres», *La Publicitat,* 22-X-1924.
14. Josep PLA, *O.C.*, vol. 12, pp. 244-247.
15. Va ser elogiat per Carles Soldevila i Tomàs Garcés. Domènec Guansé hi veia, però, una agressió que a voltes arribava a la barroeria. (Carles SOLDEVILA, «Carnet de les Lletres. Carles Rahola: "L'Empordà a la Crònica d'En Muntaner"», *La Publicitat,* 10-III-1925; Domènec GUANSÉ, «Cròniques Catalanes. Les Lletres. "Anuari dels Catalans"», *Revista de Catalunya*, núm. 9, març de 1925.)
16. L'article de Josep Maria de Sagarra sobre la situació de la novel·la a Catalunya s'ha de situar al final del debat sobre la crisi del gènere plantejada des del 1917. Pla hi havia contribuït, el novembre de 1924, amb la publicació de l'article «De com el Renaixement s'esquitllà a Itàlia» a la *Revista de Catalunya*, que no era més que la traducció d'alguns fragments del llibre d'Émile Gebhart *Les origines de la Renaissance en Italie*, i que explicava per què el conreu de la prosa s'havia desplaçat dels Països d'Oc a Itàlia durant el Renaixement. L'article de Sagarra va coincidir pràcticament amb l'anunci fet per Pla de la creació d'Edicions Diana. La independència de l'editorial era remarcada en el títol de l'article de Pla i es referia a la independència dels autors, és a dir a aquells que tenien més dificultats per publicar. (Josep Maria de SAGARRA, «La por a la novel·la», *La Publicitat,* 26-IV-1925; Josep PLA, «Per una editorial independent», *La Publicitat,* 30-IV-1925.) Si bé l'editorial no tenia com a objectiu la publicació de novel·la, la prosa era reivindicada en tots els seus gèneres i s'excloïa ben expressament la poesia. La fase inicial s'havia d'encetar amb quatre llibres: una novel·la de Manuel Brunet, unes memòries d'Eugeni Xammar, un recull de contes i «fantasies» de Ramon Raventós i un llibre de Pla que estava a punt de sortir. Pla va rebre a París una carta de Felip Cortiella amb algunes idees per a l'editorial; el va adreçar directament a Ignasi Armengou perquè tinguessin un canvi d'impressions. (Josep PLA, correspondència a Felip Cortiella [Arxiu Felip Cortiella. Biblioteca de Catalunya].) Amb els beneficis de l'edició d'aquests llibres tenien l'ambició de constituir-se en editors de prosa catalana «que tingui cara i ulls». La reacció va ser immediata: Sagarra va contestar pocs dies després queixant-se de la desqualificació que feia Pla del treball editorial de les publicacions de *La Revista*, que malgrat les seves crítiques havia publicat gairebé tots els escriptors una mica consistents del nou-cents ençà. (Josep Maria de SAGARRA, «Els perills de la trencadissa», *La Publi-*

citat, 3-V-1925; Josep PLA, «Edicions Diana», *La Publicitat,* 9-V-1925.) Joan Estelrich lamentava que Pla publiqués un recull de proses i no «l'obra que els seus lectors exigiríem», referint-se evidentment a una novel·la. Pla va respondre poc després, a l'entrevista que li va fer Carles Soldevila al *D'Ací d'Allà*, deixant ben clar que ell no era novel·lista i que vocacionalment s'inclinava en canvi per les memòries, per descriure allò que havia vist. (Carles SOLDEVILA, «Conversa París-Barcelona», *D'Ací d'Allà* juny de 1925.) El debat es va enriquir encara amb la participació de Gaziel des de *La Vanguardia.*

Ignasi Armengou i Miquel Ferrer i Sanchis havien iniciat des de la Llibreria Italiana, que era el nucli de la resistència catalanista, les Edicions Diana. L'editorial s'estrenava amb la publicació de *Coses vistes* (1920-1925), de Josep Pla. El volum es va començar a vendre el 26 de maig i duia el domicili de la rambla de Catalunya, 125; en les edicions següents, el de Petritxol, 5. Segons figurava en la majoria dels llibres que es van publicar, la Llibreria Catalònia era la seu de l'administració; això explica la intervenció d'Antoni López Llausàs i les gestions amb Pere Pla, per a la publicació dels llibres del seu germà. Però, segons Albert Manent, les obres es coïen a la Llibreria Italiana. (Albert MANENT, «Ignasi Armengou i Edicions Diana», *Lletra de Canvi*, núm. 35, 1993.)

17. Aquest diari havia rebut amb entusiasme el llibre. Josep Maria de Sagarra i Josep Carner van ser els primers d'elogiar-ne sense reserves l'aparició. Sagarra fins i tot agraïa a Pla el retrat que li havia dedicat, malgrat que el comparava amb un pastoret i li retreia la facilitat excessiva i la precipitació en la creació teatral. D'altres destacaven per sobre de tot les seves virtuts periodístiques; alguns, com Domènec de Bellmunt, com una qualitat i d'altres, com el pitjor defecte. El mutisme de Carles Riba, malgrat l'interès i la simpatia per Pla, era degut possiblement a les seves declaracions, manifestament antinoucentistes i confirmades pel nou llibre. A principis de juny Riba va pronunciar la conferència *Una generació sense novel·la?*, on defensava l'aportació lingüística de la poesia noucentista, que havia d'ajudar a la normalització de la futura novel·la. (Josep Maria de SAGARRA, «El llibre d'en Josep Pla», *La Publicitat,* 31-V-1925; Josep CARNER, *La Veu de Catalunya,* 29-V-1925; Domènec de BELLMUNT, «Un assaig de dibuix a la ploma de Josep Pla», *La Publicitat,* 12-VI-1925; «Almanac. Coses vistes, per Josep Pla», *La Revista,* juny de 1925.)
18. Josep PLA, *O.C.*, vol. 26, pp. 20-21.
19. A canvi, van haver d'ajornar la presentació de la sol·licitud d'entrada a la Societat de Nacions, com exigia l'Associació Espanyola, encapçalada per Elorrieta i Josep Pla, de la Secció d'Informació de Ginebra. Aquests

representants espanyols havien estat enviats a petició de Quiñones de León, el Ministeri d'Estat i l'Associació Espanyola, presidida per Romanones. La intenció de la comissió espanyola era, primer, evitar l'entrada de l'Associació Catalana a la Societat de Nacions i, en segon lloc, evitar que aquesta expliqués el punt de vista espanyol sobre la sol·licitud catalana. La delegació catalana va aconseguir impedir la federació amb l'Associació Espanyola com pretenien el secretari de la Societat de Nacions, professor Ruyssen, i la delegació espanyola, ja que l'entrada a la Unió Internacional d'Associacions de la Societat de Nacions s'havia fet sense «necessitat de donar cap penyora a ningú». Per tant, la gestió de Pla havia estat en aquest sentit un èxit i deixava les mans lliures a Lluís Nicolau d'Olwer i a la resta de la comissió per decidir sobre la federació. Pla considerava que l'única qüestió que s'havia de resoldre amb l'Associació Espanyola era la repartició de vots i que aquesta havia d'ésser al més favorable i justa per a Catalunya. En tant que membres de la Unió Internacional d'Associacions de la Societat de Nacions, Pla explicava que tenien veu i vot i això els donava més força que abans per presentar la sol·licitud d'entrada a la Societat de Nacions, ara n'hi havia prou de presentar «un report honrat i de tons moderats sobre la situació política i humana creada a Catalunya pel Directori. Això es podria presentar amb el pretext de descriure l'obra que realitza l'Associació Catalana.» (Josep PLA, correspondència a Lluís Nicolau d'Olwer [Arxiu Lluís Nicolau d'Olwer. Monestir de Montserrat].)

20. Lluís PERMANYER, «Un señor de Barcelona. Víctor Alba», *La Vanguardia,* 27-XI-1988.
21. Josep PLA, correspondència a Pere Pla.
22. Josep PLA, «Cartes de Londres. Soho», *La Publicitat,* 29-XI-1925.

VI. LA VIDA A LONDRES. LA VAGA GENERAL (del desembre de 1925 al juny de 1926)

1. Josep PLA, «Niça», *La Publicitat,* 30-XII-1925.
2. Domènec GUANSÉ, *Revista de Catalunya,* febrer de 1926; Joaquim VENTALLÓ, «Les coses de Rússia», *L'Avi Muné,* 12-IX-1925, d'*El Dia* de Terrassa; Joan FORMENT, «Josep Pla i els Soviets», *Justícia Social*, núm. 101, octubre de 1925; Manuel de MONTOLIU, «Breviari crític», *La Veu de Catalunya,* 20-IV-1926; Jaume PI i SUNYER, «Sobre *Rússia*, de Josep Pla», *La Publicitat,* 9-III-1926.
3. Josep PLA, *O.C.*, vol. 12, p. 494.

4. Els «viatges sense objecte» corresponien a la tria que havia fet dels articles publicats a *La Publicitat,* entre el setembre i el novembre del 1924, amb motiu del seu viatge per Europa central. Havia escollit els articles més descriptius i d'aquesta manera iniciava una entrada lírica en el gènere del viatge. D'altra banda, molts dels capítols ja havien estat publicats anteriorment al *Baix Empordà*, *D'Ací d'Allà*, *La Publicidad* i *La Publicitat.* Les narracions i, en un altre sentit, alguns dels retrats de la nova sèrie s'avenien més a l'etapa vital d'aleshores.
5. Josep PLA, correspondència a Pere.
6. De totes maneres, Pla era molt crític amb dues de les novel·les més interessants que havien aparegut aquells mesos, la *Història gris*, primera novel·la de Miquel Llor, que havia coincidit amb la polèmica sobre la crisi del gènere, i *El senyoret Lluís* de Carles Soldevila. Els reconeixia mèrits que rarament es donaven a Catalunya, però fos perquè la primera era massa barcelonina, poc general i difícilment exportable, i la segona, massa lineal i esterilitzada, més per a paladars intel·lectuals que no pas sensuals, creia que encara s'era lluny d'un tipus de novel·la catalana de mires més universals. (Josep PLA, «Algunes lectures», *La Publicitat,* 27-IV-1926.)
7. Josep PLA, *Llanterna màgica*, Ed. Diana, Barcelona, 1926, pp. 66-76.
8. Josep PLA, *Op. cit.,* pp. 35-51.
9. Josep PLA, *Op. cit.,* p. 37.
10. Un lector anònim descrivia, en un article de defensa a Joan Estelrich amb motiu d'una petita polèmica sorgida entre aquest i Pla, prou encertadament el caràcter d'aquest. Explicava que la pruïja individualista li feia feixuga «l'estimació, l'admiració, la gratitud intel·lectual o moral» i per alliberar-se'n feria els qui l'estimaven. (J. M. B., «El que ens diu Joan Estelrich», *La Publicitat,* 18-IV-1926.)
11. Josep PLA, *Op. cit.,* pp. 52-65.
12. Josep PLA, *Op. cit.,* p. 60.
13. Josep PLA, *Op. cit.,* p. 59.

    El llibre també aplegava una primera narració de caire lleument eròtic. La resolució de la història a *Claudina* es basava en una experiència protagonitzada per Pla, no pas a Londres, com la situava a la narració, sinó a la Barcelona dels seus anys d'estudiant. Pla i uns amics seus havien tirat pebre a l'entrecuix d'una prostituta que coneixien. (Josep COLL I PUJOL, testimoni, Barcelona, hivern de 1994.) La inclusió d'aquesta narració tenia possiblement una intenció provocadora i no pas la funció moralitzadora que creia que corresponia a un tipus de novel·la sovint mal qualificada d'«immoral» pel tartufisme i la hipocresia dels sectors més ben pensants. (Josep PLA, «Moral i art», *La Publicitat,* 9-VI-1926.) El capítol dedicat a Montserrat reescrit a partir d'un article anterior també seguia clarament la via de la provocació. Tot i que l'anticlericalisme hi era compensat per un sentiment natural de la religió, la crítica al mercantilisme, segons ell el motor del monestir i de la muntanya, feia miques la simbologia que per a creients i catalans tenia Montserrat. Imatges i troballes descriptives eren degudes probablement a la influència dels comentaris de Francesc Pujols. (Josep PLA, *Op. cit.*, pp. 89-94; «Montserrat», *La Publicitat,* 11-V-1921.)

14. El primer de maig Ignasi Armengou enviava una nota a Joan de Linares on li feia saber que Josep Pla volia que *Llanterna màgica* portés només la marca d'«Edicions Diana». Mesos després, Sagitari (Rovira i Virgili) explicaria en una nota breu com havia acabat en fracàs l'intent dels escriptors d'independitzar-se de la subordinació a l'editor, esmentant el cas concret d'Edicions Diana. (SAGITARI [Antoni ROVIRA I VIRGILI], *Revista de Catalunya,* novembre de 1926). El comentari va originar una petita polèmica entre Ignasi Armengou i Rovira i Virgili, a les pàgines de la *Revista de Catalunya* del mes de desembre. D'altra banda i donades les dures circumstàncies econòmiques per les quals estava passant, no és estrany que Pla proposés al seu germà de fer conjuntament un llibre sobre el suro. També havia demanat a la seva germana Rosa que es posés en contacte amb un jove que guardava tots els seus articles. Volia recuperar els que havia publicat sobre el feixisme per escriure'n un llibre.
15. Ignasi ARMENGOU, correspondència a Pere Pla (Arxiu Duran Vila).
16. Rossend LLATES, *La Revista de Catalunya,* maig de 1926.
17. A Pla, tampoc no li plaïen els elogis desmesurats, ja que eren una manera d'ensenyar l'orella massa evident. Va haver de demanar a la seva germana Rosa que avisés Joan de Linares perquè Ganiguer deixés de lloar-lo incondicionalment i amb qualsevol pretext al *Baix Empordà.*
La primera crítica sobre *Llanterna màgica* havia aparegut a final de juliol. Tomàs Garcés, tot i observar la seva reincidència en la mateixa estructura de *Coses vistes,* observació que seria compartida per la resta de crítics, lamentava la seva tendència a voler *épater le bourgeois,* que volia dir a simplificar massa. Aquesta simplificació era valorada per Domènec Guansé com un dels trets que més vulgaritzaven la seva literatura, en el sentit negatiu, i que llevaven profunditat als seus judicis. Observava que aquest mecanisme simplificador era possiblement la clau del seu gran èxit de públic. Josep Maria de Sagarra, en canvi, considerava que l'èxit dels llibres de Pla era degut a la seva capacitat de ser distret, entretingut i de saber interessar «amb trampa o sense trampa»; es declarava un admirador del seu gran sentit comercial. (Tomàs GARCÉS, «Carnet de les Lletres. *Llanterna màgica*», *La Publicitat,* 31-VII-1926; Domènec GUANSÉ, «Les Lletres. *Llanterna màgica*, de Josep Pla», *Revista de Catalunya,* setembre

de 1926; Josep Maria de SAGARRA, «Sobre la *Llanterna màgica*», *La Publicitat,* 11-VIII-1926.)

18. I. DOSTOIEVSKI, *La confession de Stavroguine*, Librairie Plon, París, 1922.
19. Josep PLA, correspondència a Rosa Pla.

VII. EL NORD D'EUROPA, MEANWOOD, UN TERCER LLIBRE DE NARRACIONS I LA RELACIÓ AMB ADI ENBERG
(del juny de 1926 al febrer de 1927)

1. Josep PLA, «A l'ombra de Santa Gudula», *La Publicitat,* 8-VII-1926.
2. Josep PLA, «Blanc, negre i grisenc d'Holanda», *La Publicitat,* 14-VII-1926.
3. SAGITARI [Antoni ROVIRA I VIRGILI], *Revista de Catalunya,* agost de 1926.
4. Pi i Sunyer li va presentar el científic Pavlov, el descobridor dels reflexos condicionats, que li va produir una gran impressió per l'aspecte de vellet insignificant, tronat i pagès. La notícia que Pla va donar anys després a l'*Obra Completa* tenia els habituals elements de confusió: el congrés no va tenir lloc l'estiu del 1927, ni aleshores Pla vivia a Estocolm amb Adi Enberg, sinó que hi van estar l'estiu del 1928. (Cristina BADOSA, *Josep Pla, el difícil equilibri entre literatura i política (1927-1939)*, Ed. Curial, Barcelona, 1994, pp. 49-52.)
5. Josep PLA, correspondència a Pere Pla.
6. Josep PLA, *Op. cit.*, p. 274.
7. Josep PLA, *Op. cit.*, p. 133.
8. Josep PLA, *Op. cit.*, p. 138.
9. Josep PLA, *Op. cit.*, p. 136.
10. Josep PLA, *Op. cit.*, p. 134.
11. Manuel IBÀÑEZ ESCOFET, testimoni, Barcelona, hivern de 1987.
12. Josep PLA, *Op. cit.,* p. 150.
13. Pla justificava, en el primer pròleg, l'estructura del llibre per l'existència d'una unitat; d'aquesta manera volia respondre l'article de Carles Riba que li havia retret aquesta mancança. D'altra banda Riba l'havia agermanat amb Sterne perquè presentava els seus personatges amb una semblança prèvia en comptes de deixar que s'anessin revelant pel seu comportament. (Jordi MARCH [Carles Riba], «Josep Pla. I. L'humor», *La Publicitat,* 8-IX-1926; «Josep Pla. II. Homes», *Ibíd.,* 13-X-1926.)
14. Pla havia retret a Riba que no hagués mencionat els seus retrats, la part més interessant de la seva obra, tot i considerar-los simples exercicis literaris. Un autèntic repte per a un escriptor realista, després de descobrir que era «més difícil parlar de persones existents que de persones inventa-

des». En la breu sèrie de confessions literàries, Pla havia respost a les crítiques contra les semblances publicades a *Coses vistes* i *Llanterna màgica*. Reconeixia haver utilitzat la trampa; en el cas de Joaquim Ruyra, havia associat la seva figura amb la d'un conegut que els estius es passejava amb balandra pel cap de Creus. Segons Pla, el resultat havia estat que la crítica havia trobat el retrat massa realista. (Josep PLA, «Confessions literàries», *La Publicitat,* 7-XI-1926; *Ibíd.,* 10-XI-1926; *Ibíd.,* 16-XI-1926.)

15. Antoni LÓPEZ LLAUSÀS, correspondència a Pere Pla (Arxiu Duran Vila).
16. Josep PLA, correspondència a Pere Pla.
17. Manuel IBÁÑEZ ESCOFET, «Jaume Miravitlles, una vida singular», *La Vanguardia,* 11-XI-1988.
18. Maria MACIÀ, testimoni, Calella de Palafrugell, estiu de 1987.
19. Josep PLA, *Relacions..., op. cit.,* p. 146.
20. Josep PLA, *Op. cit.,* p. 146.
21. Josep PLA, *Op. cit.,* p. 148.
22. Josep PLA, *Op. cit.,* p. 148.

VIII. JOSEP PLA I ADI ENBERG COMENCEN UNA VIDA JUNTS. VIATGE DE NOCES A CÒRSEGA I RETORN A CATALUNYA (del març al setembre de 1927)

1. Josep PLA, correspondència a Pere Pla.
2. Josep PLA, *La Noche,* 21-II-1927.
3. Adi ENBERG, testimoni.
4. Malgrat les recerques al consolat espanyol de Londres i als arxius de l'ajuntament de la mateixa ciutat, no em va ser possible trobar cap inscripció matrimonial, com tampoc als arxius dels ajuntaments d'alguns *arrondissements* de París. Tampoc no vaig trobar la informació que en va donar *La Vanguardia.*
5. Família Enberg, testimoni, S'Agaró, Barcelona, estiu de 1988.
6. Josep PLA, correspondència a Rosa Pla.
7. Josep PLA, correspondència a Rosa Pla.
8. Josep PLA, «Avís a les senyoretes», *La Publicitat,* 15-III-1927.
9. Josep PLA, «Feminisme», *La Publicitat,* 14-VI-1927.
10. Josep PLA, «Cyrnos», *Revista de Catalunya,* maig de 1927.
11. Josep PLA, *Relacions...,* p. 147.
12. Josep PLA, «Notes sobre Anglaterra. De les formes de cinisme», *Revista de Catalunya,* març de 1927; «Notes sobre Anglaterra. Sobre Londres»,

Ibíd., abril de 1927; «Cyrnos» *Ibíd.,* maig de 1927; «Nota sobre Chesterton», *Ibíd.,* juliol de 1927.

13. Josep PLA, correspondència a Pere Pla; correspondència a Josep Maria Junoy; Ignasi ARMENGOU, correspondència a Josep i Pere Pla.
14. Josep PLA, correspondència a Pere Pla.
15. Josep PLA, correspondència a Pere Pla.
16. Ignasi ARMENGOU, correspondència a Josep Pla.
17. Josep PLA, «Un manual de decadència», *La Publicitat,* 6-VIII-1927.
18. Carles SOLDEVILA, «Full de dietari. *Relacions* de Josep Pla», *La Publicitat,* 3-IV-1927; Melcior FONT, «El darrer llibre d'en Pla (unes primeres impressions de lectura)», *La Publicitat,* 2-IV-1927; Alexandre PLANA, «Entorn de *Relacions* de Josep Pla», *La Publicitat,* 10-IV-1927; Tomàs GARCÉS, «Carnet de lletres. *Relacions*», *La Publicitat,* 22-IV-1927.
19. Josep PLA, *Llanterna màgica,* p. 216; Josep Maria LÓPEZ-PICÓ, «Butlletins del temps», *La Revista,* març, abril i juny de 1927.
20. Peer GYNT, «Un libro de José Plá», *El Día,* 24-IV-1927; Agustí ESCLASANS, *La Revista de Catalunya,* juliol de 1927.
21. Pla havia aprofitat la sortida de *Relacions* per defensar novament l'estil impersonal i la banalitat, dues de les fórmules més eficaces per contribuir a la normalització literària del català. Contra les veus que s'havien tornat a alçar reclamant-li una novel·la, responia que el seu temperament el portava al realisme, al diàleg i a la polèmica i, en canvi, l'allunyava de les composicions artificioses i de les simplificacions dels caràcters. Josep PLA, «Sobre la normalitat», *La Publicitat,* 8-IV-1927; X. X., «Les teories de Josep Pla sobre la novel·la», *La Publicitat,* 8-V-1927.
22. Josep PLA, correspondència a Josep Maria de Sagarra.
    Malgrat que Pla no havia amagat mai el poc entusiame pel contingut dels drames de Sagarra, sempre n'havia elogiat la qualitat i la facilitat estilística. Quatre anys enrere, en una carta al seu germà Pere ja havia qualificat de «*dramon*» dolent i sense cap interès *Les veus de la terra.* Ara tampoc no s'estava d'expressar la seva opinió sobre la nova producció dramàtica. Segons ell, no deia res, no tenia cap contingut o idea d'interès i, malgrat tot, gràcies al domini de la llengua, a l'instint poètic, tenia qualitat. (Josep PLA, «Josep Maria de Sagarra, dramaturg», *La Nova Revista,* gener de 1927.)
23. Josep PLA, «La qüestió del llibre», *La Publicitat,* 27-II-1927.
24. Carles RIBA, «Polítics i intel·lectuals», *La Publicitat,* 20-III-1927; «Polítics i intel·lectuals. Aclariments per a Josep Pla», *Ibíd.,* 1-IV-1927; Josep PLA, «Intel·lectuals i polítics», *La Publicitat,* 30-III-1927; «L'error dels intel·lectuals», *Ibíd.,* 9-IV-1927; Carles SOLDEVILA, «Full de dietari. Alerta,

amic Pla!», *La Publicitat,* 31-III-1927; «Fulls de Dietari. Polítics i intel·lectuals», *Ibíd.,* 10-IV-1927.

25. Josep PLA, «Ma vida en doina. De Joan Santamaria», *La Publicitat,* 15-I-1926; Carles SOLDEVILA, «Full de dietari. Periodisme», *La Publicitat,* 16-I-1926.
26. Josep PLA, «David i els artistes», *La Publicitat,* 22-I-1926.
27. «Mitja hora amb Josep Pla», *Revista de Catalunya,* maig de 1927.
28. Josep PLA, «Maig», *La Publicitat,* 15-V-1927.
29. Josep PLA, correspondència a Pere Pla.
30. Josep PLA, «Cristòfor de Domènec», *La Publicitat,* 19-VIII-1927; J. ROURE I TORRENT, «Resposta a Josep Pla», *La Publicitat,* 26-VIII-1927; Josep PLA, «Intermezzo. Realitat i aigua de roses», *La Publicitat,* 28-VIII-1927; Ferran SOLDEVILA, «Història i aigua de roses?», *La Publicitat,* 3-IX-1927. Si tenim en compte les definicions de Tomàs d'Aquino sobre el bo i el bell, *bonum* i *pulchrum*, podem entendre que el propòsit de Pla era anar més enllà del que és veritat i del que és bo per al coneixement i, per mitjà de la intuïció i de la trampa, aconseguir la bellesa, és a dir, el plaer. Entre l'obra analítica i l'obra creativa i intuïtiva, Pla preferia aquesta darrera; dit d'una altra manera, entre l'obra de l'artesà i la de l'artista s'inclinava clarament per l'obra artística, tot i que no rebutgés les qualitats artesanals que permetien donar més perfecció a l'obra d'art. (Ulick O'CONNOR, *Biographers and the Art of Biography*, Wolfhound Press, Dublín, 1991, pp. 16-17, 100.)
31. Josep PLA, *Vida de Manolo, contada per ell mateix*, La Mirada, Sabadell, 1927, p. 13.
32. Joan GRANÉS, «A Calella de Palafrugell. Conversa amb Josep Pla sobre Manolo», *D'Ací d'Allà,* gener de 1928.

IX. EL TOMB POLÍTIC I LA NOVA CONSCIÈNCIA LITERÀRIA
(de l'octubre de 1927 al setembre de 1929)

1. Aquest capítol i els quatre següents, fins al final de la Guerra Civil, són una síntesi de la tesi doctoral de Cristina BADOSA, *Josep Pla, el difícil equilibri entre literatura i política. 1927-1939*, Curial, Barcelona, 1994. En aquesta nova biografia he retallat el gruix de les opinions i activitats polítiques, ideològiques i literàries de Pla; a favor de les relacions humanes. El lector interessat en aquest període el trobarà desarrotllat extensament i d'una manera atractiva en aquella tesi, com també hi podrà consultar les dades bibliogràfiques.

XIV. ELS ANYS DE POSTGUERRA
(del febrer de 1939 al 1946)

1. Maria i Rosa PLA CASADEVALL, testimonis, Barcelona, 15-XI-1990.
2. Margarita GABARRÓ, testimoni, Barcelona, juliol de 1989.
3. Josep PLA, «Ante el número 1000. Reminiscencias», *Destino*, 6-X-1956; Josep VERGÉS, *Imatge Josep Pla, O.C.*, vol. 45, pp. 35-36.
4. Rosa PLA CASADEVALL, testimoni, Barcelona, 15-XI-1990.
5. Antonio VILANOVA, «Veinte volúmenes de José Pla», *Destino*, 13-VIII-1955.
6. Josep VERGÉS, *Imatge Josep Pla...*, p. 38.
7. Pla explicava en una entrevista posterior com havia escrit el llibre i d'on havia tret el material: «*La obra fue escrita, día por día, en Madrid, durante la República y completada en Roma cuando al ser expulsado de un determinado país tuve que pasar por Italia camino de la España Nacional. En la biblioteca de la Embajada de España en el Vaticano encontré muchos papeles que me fueron de gran utilidad. Desde estas columnas doy las gracias al Rdo. P. Pou, bibliotecario del Palacio y fraile franciscano, por haberme dado todas las facilidades.*» («José Pla habla de su obra "Historia de la Segunda República Española"», *Destino,* 18-V-1940).
8. Miguel UTRILLO, «Mis testimonios y recuerdos», *El Eco de Sitges,* 10-VI-1989.
9. *Destino*, 30-III-1940.
10. «José Pla habla de su obra...», *art. cit.*
11. Josep PLA, *O.C.*, vol. 31, p. 366.
12. Josep PLA, correspondència a Josep Vergés (Arxiu Josep Vergés). En una altra carta Pla es queixava de la poca previsió en el tiratge i de la mala distribució que havia impedit la venda de més de 2.000 exemplars durant l'estiu. Considerava aquesta actitud gasivera i deixada: «Jo sempre he hagut de treballar d'una manera rabiosa —vull dir sense tenir un editor capaç de poder resistir un any jugant-se 5.000 pts.—. És horrible. Ningú, al món, no treballa així.» (Josep VERGÉS, *Imatge Josep Pla...*, p. 355.)
13. «*Delante de la casa hay una gran mimosa que ahora está en flor y asoma un poco por el ángulo de la ventana. A veces parece que me llega hasta la cama el olor un poco dulzón de la mimosa (olor que me hace pensar tanto en Ajaccio), pero todo es una pura ilusión del espíritu.*» («Crepúsculos», *Destino,* 11-IV-1942.) Pla completava la imatge en un article posterior: «*Las mimosas han cumplido con su obligación, que ha consistido, según he oído decir, en reflejar un ambiente de luna de miel alrededor de su botánica clara, elegante y exquisita.*» («Mimosas, grillos, guisantes», *Destino*, 2-IV-

1949.) Pla donaria més força al record el 1976 a la versió de les *Obres Completes*: «Més enllà d'aquests arbres hi ha unes mimoses que ara pel març i abril floreixen, d'una flor groga i dolça i que em semblava que em portaven sensacions de les mimoses que, davant el mar, hi ha a Ajaccio, a Còrsega. Les mimoses florides tenen la fascinació de les noies rosses. Per això ve tanta gent al mas a buscar aquesta flor, quan els arbres floreixen. Ara, totes aquestes sensacions em fan dubtar sobre si són pures il·lusions de l'esperit.» («Crepuscles» dins *O.C.*, vol. 31, pp. 92-93.) El primer article que va publicar al *Correo Catalán* estaria dedicat també al record i a les sensacions que li portaven l'olor i el color de les mimoses. («¡Planten mimosas, por favor!» 21-II-1960).

14. José PLA, «Calles y plazas», *Destino,* 28-II-1942, és el mateix del 9-III-1940; «Un gigante y un enano», *Ibíd.,* 28-II-1942, és el mateix del 25-V-1940; «Sobre la tramontana», *Ibíd.,* 7-III-1942, és el mateix del 16-III-1940; «Entre el Bentos y el Plancton», *Ibíd.,* 14-III-1942, és el mateix del 4-V-1940; «Palermo», *Ibíd.,* 21-III-1942, és el mateix del 23-III-1940; «Después del naufragio», *Ibíd.,* 28-III-1942, és el mateix del 6-IV-1940. A finals de gener principis de febrer havien també aparegut un parell d'articles traduïts literalment de *La Publicitat,* de 1927: «Sobre la inteligencia de las señoritas», 31-I-1942, corresponia a «Avís a les senyoretes», *La Publicitat,* 15-III-1927; «Sobre las tabernas», 14-II-1942, corresponia a «Cartes de Londres. Tavernes», *La Publicitat,* 16-I-1927. Pla va ressuscitar un nombre considerable d'articles de *La Publicitat,* i de *La Veu de Catalunya*, algunes vegades lleument actualitzats i d'altres traduïts literalment, com per exemple: «Zurich», 3-X-1942; «Soho», 10-X-1942; «Recuerdos: mi primer viaje a Portugal», 17, 31-X-1942 i 7, 14, 21-XI-1942; o la sèrie sobre Sadurní Ximènez que havia aparegut la primavera de 1934 a *La Veu del Diumenge.* Els manuscrits d'aquests articles eren impecablement pulcres.
15. La idea de la publicació havia sorgit arran de les moltes converses amb Albert Puig Palau, entre 1939 i 1943. El llibre va ser fet per encàrrec d'aquest i va ser publicat per l'editorial Barna, que acabava de crear.
16. Josep PLA, *Santiago Rusiñol i el seu temps*, Ed. Selecta, Barcelona, 1955, pp. 15-17; Miquel UTRILLO, «I aquí l'història! Nostre Senyor el tingui en glòria!», *El Español,* 10-VI-1944; «Mis testimonios y recuerdos...», Miquel UTRILLO I MORLIUS, *Història anecdòtica del Cau Ferrat*, Grup d'Estudis Sitgetans, Sitges, 1989.
17. Josep PLA, correspondència a Josep Vergés (Arxiu Josep Vergés).
18. Josep PLA, correspondència a Josep Vergés (Arxiu Josep Vergés).
19. Segons Rafael Tasis *Viaje en autobús* era un llibre ple d'humor i, alhora, revolucionari i patriòtic, «un document inapreciable del nostre temps i

una severa condemna del règim que ha dut el país a la situació que ell descriu». (Rafael TASIS I MARCA, «Els instructius viatges del senyor Pla», *Germanor*, Santiago de Xile, novembre de 1946, pp. 17-24.) Tasis senyalava la paradoxa de com un Pla, considerat per tothom plaga i divertit, hauria esdevingut un moralista malgrat ell.

20. Josep PLA, correspondència a Josep Vergés (Arxiu Josep Vergés).
21. Pla va haver de demanar la mediació de Salvi Valentí i Vendrell que vivia a Itàlia, perquè la censura li deixés passar el llibre. [Josep PLA, correspondència a Joan Ramon Masoliver (Arxiu Joan Ramon Masoliver).]
22. Josep PLA, correspondència a Josep Vergés (Arxiu Josep Vergés).
23. Josep VERGÉS, *Imatge Josep Pla...*, p. 373.
24. Carles GELI, J. M. HUERTAS CLAVERIA, *Les tres vides de Destino*, Diputació de Barcelona, Barcelona, 1990, p. 20.
25. Josep VERGÉS, *Imatge Josep Pla...*, p. 390.

XV. AURORA, CONSUELO ROBLES I ADI ENBERG (del 1946 al 1952)

1. Josep PLA, correspondència a Joan Ramon Masoliver (Arxiu Joan Ramon Masoliver).
2. Josep PLA, correspondència a Pere Pla; Josep MARTINELL, «Contraban», *Punt Diari,* 20-IV-1986.
3. El 9 de febrer de 1947 Pla escrivia a Vergés: «Els tres últims calendaris, han sortit mutilats, no sé si per la censura o per falta d'espai. ¿Com és això? Lujan ha escursat tot lo millor que ha sabut, però el cert és que han resultat ininteligibles. Us hauríeu, finalment, de fer càrrec d'una cosa: escriure durant set anys seguits en un país en què no s'ha pogut tocar cap tema de rendiment autèntic, es difícil, terriblement difícil. O si no, feu la prova. Ara, si després de viure amb l'obsessió de treure rendiment de les coses més absurdes, et trobes que els articles no els entén ningú, com ho farem?» [Josep PLA, correspondència a Josep Vergés (Arxiu Josep Vergés)]. El 1949 Pla ja no cedia davant d'un discurs que volia imposar la inanitat i la ignorància: «Luján m'ha fet dir que escrigui collonades. És el que faré. ¿És que us penseu que el govern caurà d'un moment a l'altre? Esteu equivocats i tots els vostres càlculs fallaran. Això durarà tants anys com vulguis. Crec, per tant, que s'ha d'atacar, que s'han d'aprofitar totes les ocasions per atacar, encara que de vegades es perdi algun article.» (Josep VERGÉS, *Imatge Josep Pla...*, p. 401.)
4. El pecat de Santiago Nadal havia estat la publicació d'un article a *Desti-*

no, «Verona y Argel», en el qual condemnava els afusellaments de Ciano, feixista, a Verona i de Pucheu, esquerrà, a Alger. (Josep VERGÉS, *Imatge Josep Pla...*, pp. 37-38.)

5. José PLA, «A los pesimistas», *Destino,* 4-X-1947; Juan ESTELRICH, «Pesimismo y "brometa"», 11-X-1947; José PLA, «Carta a Salvador Espriu», 20-XI-1948; «Y aquí termina la carta», 4-XII-1948.
6. Domènec MONTAGUT, «Una interessant evolució dins de Catalunya», *Quaderns d'Estudis polítics, econòmics i socials*, Perpinyà, març i abril de 1947; Carles FONTSERÈ, «En favor d'una enquesta», *Quaderns d'Estudis polítics, econòmics i socials,* maig i juny de 1947; D. D. MONTSERRAT, «Responsabilitats i depuracions»; *Ibíd.,* Emili VIGO, «El cas de "Destino". Una equivocació lamentable», *Ibíd.;* Eugeni XAMMAR, «Fora de la comunitat catalana», *Ibíd.*
7. Josep PLA, correspondència a Josep Vergés (Arxiu Josep Vergés).
8. Albert MANENT, *Josep Pla: treinta mil páginas de memorias,* dins *Tres escritores catalanes: Carner, Riba, Pla,* Madrid, Ed. Gredos, 1973, p. 315; A, «Pla, Rataplan», *El Español* 25-V-1943; Rafael TASIS I MARCA, «Els instructius viatges del senyor Pla»; Emili VIGO, «El cas de "Destino"...»; Domènec MONTAGUT, «Una interessant evolució dins de Catalunya», *art. cit.*
9. Francesc DALMAU, «Josep Pla i el seu germà Pere», *Punt Diari,* 23-IV-1982; Francesc DALMAU, testimoni, Palamós, 14-XII-1989; Josep MONÉS I ROBERDAU, testimoni, conversa telefònica, 7-XII-1989; Josep CLARA, *Estudis sobre el Baix Empordà*, vol. 11, novembre de 1992; Josep Maria CASTELLET, testimoni, Barcelona, 23-V-1990; Jordi PUJOL I COFAN, *La navegació diplomàtica de Josep Pla*, dins *El Josep Pla que he conegut*, Edicions Baix Empordà, Palafrugell, abril de 1991.
10. José PLA, «Escribir mal asunto», *Destino,* 19-IX-1942.
11. Josep MARTINELL, testimoni, Palafrugell, abril de 1987.
12. Carles GELI, «L'ombra de Pla recorre l'Empordà i el Raval», *El Periódico,* 18-IV-1991; Joan Ramon MASOLIVER, testimoni, Montcada, 4-II-1988; Frederic VALLS, testimoni, conversació telefònica, Barcelona-L'Escala, primavera de 1995.
13. Pla completava els articles contra el feminisme a *La Publicitat,* l'hivern de 1927 amb un radicalisme que es corresponia perfectament amb l'experiència del trencament amb Adi, i l'inici de la relació amb Aurora. El fragment següent és prou il·lustratiu: «*Por eso el feminismo, con sus demandas, me fastidia. Sobre todo me fastidian las demandas en las que entra la justicia. Y me fastidian porque me destrozan las ilusiones. ¿Hay una ilusión más prodigiosa que la de considerar a la mujer como una almohada fresca, muelle, vasta, agradable? ¿Hay algo más saludable que pensar que alguien vela mientras uno duerme? No me vengan pues con feminis-*

mos. Por otra parte, ¿no habéis observado que en los países donde las mujeres tienen la habilidad de intervenir incluso en los imponderables, el movimiento feminista es nulo?» (José Pla, «Antifeminismo», *Destino,* 25-IV-1942.)

14. Testament d'Antoni Pla i Vilar (Arxiu Duran Vila).
15. Josep PLA, correspondència a Josep Vergés (Arxiu Josep Vergés).
16. Carmen KURTZ, sèrie sobre Begur, *Solidaridad*, octubre de 1969 a febrer de 1970; *Íd.*, testimoni, Barcelona, juliol de 1989.
17. Josep PLA, correspondència a Josep Vergés (Arxiu Josep Vergés).
18. *De amiga en la distancia que dejamos*
te emplazo a renovada compañía:
de aquella Valldemosa tuya y mia
las horas para siempre trascendamos.
Allí quedó el afan en que soñamos
o pudimos soñar, que aún nos espía.
Allí: ante la cartuja que se erguía
como un cipres, el alba que lloramos.
Los días pasaran mientras me aleje
como una flor o un pajaro en otero:
tan brevemente, amiga, como nada.
Piensame incado alli como un esqueje
florecido de ausencia. Prisionero
piensame de amistad por siempre alzada. [*sic*] (Arxiu Adi Enberg).
19. Josep PLA, correspondència a Josep Vergés (Arxiu Josep Vergés); Josep PLA, correspondència a Consuelo Robles (Arxiu Duran Vila).
20. Paulina PIDELASERRA, testimoni, Terrassa, 8-VIII-1989.
21. Josep PLA, *O.C.*, vol. 17, pp. 494-500; Josep Pla, «Chopin», *Destino*, 10-XII-1949; Josep Pla, correspondència a Josep Vergés (Arxiu Josep Vergés).
22. Paulina PIDELASERRA, testimoni, Terrassa, 8-VIII-1989.

XVI. LA PRIMERA EDICIÓ DE LES OBRES COMPLETES (del 1952 al 1960)

1. F. D. [Josep PLA], «A la luz del quinqué. Conversación con José Pla a su regreso de América», *Destino,* 20-XI-1954; Josep PLA, correspondència a Pere Pla; Josep VERGÉS, *Imatge Josep Pla...*, p. 406.
2. Josep PLA, correspondència a Josep Vergés (Arxiu Josep Vergés).
3. Josep PLA, correspondència a Josep Vergés (Arxiu Josep Vergés).

4. Josep PLA, correspondència a Josep Vergés (Arxiu Josep Vergés).
5. Josep PLA, correspondència a Josep Vergés (Arxiu Josep Vergés).
6. Josep PLA, correspondència a Josep Vergés (Arxiu Josep Vergés).
7. Josep PLA, correspondència a Josep Vergés (Arxiu Josep Vergés); correspondència a Pere Pla.
8. José PLA, «El alcalde», *Destino,* 28-V-1960; «Cuestionario Proust», *Destino,* 17-XII-1960.
9. Manuel LLANAS, testimoni, Barcelona, 15-III-1990; Josep PLA, correspondència a Maurici Serrahima (Arxiu Serrahima Villavechia); Josep PLA, correspondència a Pere Pla; Josep MARTINELL, testimoni, Palafrugell, abril de 1987.
10. Josep PLA, correspondència a Maurici Serrahima.
11. Adi ENBERG, correspondència a Manuel Aguirre de Cárcer, ambaixador d'Espanya a París (Arxiu Adi Enberg); Aurora BERTRANA, correspondència a Adi Enberg (Arxiu Adi Enberg).
12. José PLA, «La industria textil y don Francisco Cambó», *Destino*, 21-XI-1959.

XVII. *EL QUADERN GRIS* I L'*OBRA COMPLETA* D'EDICIONS DESTINO. PARÈNTESIS A BUENOS AIRES AMB AURORA (del 1960 al 1967)

1. Carles GELI, J. M. HUERTAS, «Les tres vides de "Destino"», Barcelona, 1990, pp. 50-51; Josep VERGÉS, *Imatge Josep Pla...,* pp. 431-432.
2. Josep PLA, correspondència a Maurici Serrahima; Josep VERGÉS, contracte de publicació de Josep Pla i document de liquidació de l'obra de J. Pla a Editorial Selecta (Arxiu Josep Vergés); Xavier FEBRÉS, *Josep Pla: Biografia de l'homenot,* Barcelona, 1990, pp. 176-177; Manuel ORTÍNEZ, *Una vida entre burgesos. Memòries*, Barcelona, 1993, pp. 72-73; Armand CARABÉN, *Catalunya és més que un club?,* Barcelona, 1994, pp. 114-115; J. V., «"Corranda" sobre les O.C. de Pla», 23-IV-1991 (Arxiu Albert Manent); Josep Maria CASTELLET, testimoni, Barcelona, 23-V-1990, i Perpinyà, 22-IV-1993; Max CAHNER, testimoni, Perpinyà, 22-IV-1993.
3. Per a més informació sobre el procés de redacció d'*El quadern gris,* vegeu Joaquim MOLAS, *Notes sobre el «Quadern gris», de Josep Pla,* dins *Miscel·lània Sanchis Guarner I, Quaderns de Filologia,* 1984, pp. 225-232.
4. Xavier VINADER, «Riells, centre de resistència catalana», *El Temps,* 11-IX-1995.
5. Josep PLA, correspondència a Josep Vergés (Arxiu Josep Vergés).

6. Josep PLA, *O.C.,* vol. I, p. 207.
7. Josep PLA, correpondència a Josep Vergés (Arxiu Josep Vergés).
8. Josep PLA, correspondència a Maurici Serrahima.
9. Josep PLA, correspondència a Josep Vergés (Arxiu Josep Vergés).
10. Josep PLA, correspondència a Josep Vergés (Arxiu Josep Vergés); Josep VERGÉS, *Imatge Josep Pla...,* pp. 499-502.
11. Josep PLA, *Notes per a un diari, 1966,* Ed. Destino, Barcelona, 1986, p. 29.
12. Josep VERGÉS, testimoni, Pontós, del 18 al 22-VII-1988.
13. Josep MARTINELL, testimoni, Palafrugell, 20-VII-1987.
14. Josep PLA, *Notes...,* p. 47.
15. Josep PLA, *Notes...,* p. 51.
16. Josep PLA, *Notes...,* p. 66.
17. Josep PLA, *Notes...,* p. 276.
18. Josep PLA, *Notes...,* p. 290.

XVIII. L'OBSESSIÓ DE L'OBRA COMPLETA, LA VELLESA I LA MORT (del 1967 al 1981)

1. Josep PLA, *O.C.,* vol. 39, p. 339.
2. Josep PLA, *O.C.,* vol. 39, pp. 351-352.
3. Josep PLA, *O.C.,* vol. 39, p. 583.
4. Josep PLA, correspondència a Josep VERGÉS (Arxiu Josep Vergés); Josep PLA, correspondència a Maurici Serrahima; Josep VERGÉS, testimoni, Pontós, del 18 al 22-VII-1988.
5. Josep PLA, *O.C.,* vol. 39, p. 731.
6. Josep PLA, correspondència a Josep Vergés (Arxiu Josep Vergés).
7. Josep VERGÉS, *Imatge Josep Pla...,* p. 455.
8. Josep PLA, *O.C.,* vol. 39, p. 628.
9. Josep PLA, *O.C.,* vol. 39, p. 616.
10. Josep PLA, *O.C.,* vol. 39, p. 733.
11. Josep PLA, *O.C.,* vol. 39, p. 734.
12. Josep VERGÉS, *Imatge Josep Pla...,* pp. 462-463.
13. Xavier MORET, «Josep Benet. Historiador», *El País,* 22-IX-1994; Josep BENET, testimoni, Barcelona, hivern de 1992; «Cataluña, el Premi d'Honor de les Lletres Catalanes y Josep Pla», *Destino,* 13-VII-1974; Esborrany de les actes dels plens de l'Ajuntament de Sant Feliu de Guíxols, 30-VIII-1979; 7-IX-1979 (Arxiu municipal de Sant Feliu de Guíxols).

14. Melvin i Carme LORD, testimoni, Palamós, tardor de 1990.
15. Néstor LUJÁN, «El Príncipe en el "Mas Pla"», *Destino,* 29-III-1975.
16. Josep PLA, *Notes per a un diari, 1966...,* p. 140.
17. «Hi havia cinc números i sis articles —el de la cuina de la llebre. On vares trobar aquest article? En el llibre de la cuina? Em penso que seria normal que, d'aquest article, en donessis 1000 pessetes i en pau.» (Josep Vergés, *Imatge Josep Pla...,* p. 470.)
18. Andreu Teixidor de Ventós, testimoni, Barcelona, setembre de 1988.
19. Josep Vergés també va escriure el pròleg als dietaris de 1967 i 1968, inclosos al volum *El viatge s'acaba.*
20. Josep PLA, *O.C.,* vol. 39, p. 8.
21. Josep PLA, *O.C.,* vol. 36, p. 8.
22. Josep PLA, *O.C.,* vol. 39, p. 7.
23. Josep PLA, *O.C.,* vol. 36, p. 8.
24. Josep VERGÉS, testimoni, Pontós, del 18 al 22-VII-1988.
25. Carles GELI, Josep Maria HUERTAS, *Les tres vides de «Destino»...,* p. 74.
26. Josep VERGÉS, *Imatge Josep Pla...,* p. 483.
27. Josep VERGÉS, *Imatge Josep Pla...,* p. 60.
28. Horacio SAÉNZ GUERRERO, testimoni, Barcelona, 25-XI-1987. Rosa PLA CASADEVALL, testimoni, Barcelona, 15-XI-1990; família ENBERG, testimoni, S'Agaró, Barcelona, estiu de 1988; Adi ENBERG, testimoni, Barcelona (del 16-IX-1988 a l'1-VI-1989).
29. Francesc DALMAU, testimoni, Palamós, 14-XII-1989; *Historial clínic de Josep Pla*, dins *El Josep Pla que he conegut,* Palafrugell, 1991, pp. 37-43.
30. Anna VILA PLA, testimoni, Palafrugell, març de 1989.
31. Carles GELI, Josep Maria HUERTAS, *Les tres vides de «Destino»...,* p. 75.
32. Marina GUSTÀ, *Els orígens ideològics i literaris de Josep Pla...,* pp. 36-40.
33. Josep VERGÉS, testimoni, Pontós, del 18 al 22-VII-1988.
34. Ni els manuscrits originals, ni les fotocòpies d'aquests dos dietaris no han estat dipositats per Josep Vergés a la Fundació Josep Pla de Palafrugell.

ÍNDEX DE NOMS*

* A cura de M. Alícia Mas.

SUMARI